古文字與中華文明傳承發展工程
復旦大學出土文獻與古文字研究中心

商周文字論集續編

謝明文　著

上海古籍出版社

本書得到國家社科基金青年項目"商代金文的全面整理與研究及資料庫建設"（16CYY031）、國家社科基金一般項目"商周甲骨文、金文字詞關係研究"（批准編號：21BYY133）、國家社科基金冷門絕學研究專項學術團隊項目"中國出土典籍的分類整理與綜合研究"（批准編號：20VJXT018）以及"古文字與中華文明傳承發展工程"協同攻關創新平臺、復旦大學出土文獻與古文字研究中心的資助。特此致謝！

目　錄

談談甲骨文中可能用作"庭"的一個字　　001
甲骨文舊釋"益"之字新釋——兼"易"字新探　　010
試論"揚"的一種異體——兼說"圭"字　　037
甲骨文"肯""夋"補釋　　054

"隼"族銅器銘文的整理與研究　　069
試說麥方尊的"奴"　　079
釋魯侯簋"逝"字兼談東周文字中"噬"字的來源　　086
牧簋"粕"字補說　　094
談諫簋"今余唯或䚟命汝"中所謂"䚟"——兼論西周
　金文中表"繼"義的"嗣""賡""纘/纂"的異同　　098
伯夘律簋銘文小考　　111
試談猷器中兩例"聳"字的讀法　　121
新出登鐸銘文小考　　132
曾伯克父甘婁簠銘文小考　　139
說秦公器"高引有慶"及"高陽有靈"　　151
封子楚簠小考　　156
承禄鈹銘文小考——兼談上古漢語中"成"的一種用法　　163
金文叢考（三）　　175
金文叢考（四）　　185
讀《中國出土青銅器全集》瑣記　　194
談談周代金文女子稱謂研究中應該注意的幾個問題　　211

西周金文車器"輨"補釋——兼論《詩經》"鞹鞃" 223

釋徐州北洞山西漢楚王墓出土陶文"容"字與說古文字
　　中的"谷"字及相關之字 235
說夙及其相關之字 249
說"狄" 273
說冢 284
釋"碼" 293

結合傳世文獻與出土文獻談談"從"字的副詞用法 299
《詩經·大雅·韓奕》"淑旂綏章"新證 306

江蘇盱眙大雲山江都王陵出土漆器銘文補釋 316

讀《清華簡(叁)》札記二則 321
清華簡說字零札(二則) 329
《封許之命》"璁玩"補釋 339

出土文獻與古文字研究青年學者訪談020：謝明文 347

附錄　近年發表文章詳細目錄 369

後記 375

談談甲骨文中可能用作"庭"的一個字*

殷墟甲骨文中有如下之形：

A1：▨《拼合集》第 43 則①(《東文研》B0645＋《合》16050)

A2：▨《合》23340

它們所處文例爲：

(1) 庚辰卜，大貞：來丁亥其奈丁于大(太)室，A1 西鄉(饗)。一。

《拼合集》第 43 則(出組一類)②

(2) 庚辰卜，大貞：來丁亥其奈丁于大(太)室，A2 西鄉(饗)。二。

《合》23340(出組一類)

(1)(2)既是同文卜辭，也是同套卜辭，還是同對卜辭。例(2)"西"後面一字，由於右半有殘缺，舊主要有"鄉""饗""既"③等釋法。"鄉"即"饗"之初文，故"鄉""饗"兩種釋法實相同。從(2)的同文(1)來看，可知釋"鄉"

---

* 基金項目：國家社科基金青年項目"商代金文的全面整理與研究及資料庫建設"(項目編號 16CYY031)。

① 黄天樹：《甲骨拼合集》，學苑出版社，2010 年，第 47 頁。

② 崎川隆先生認爲其中的《合》16050 是賓組三類(崎川隆：《賓組甲骨文分類研究》，上海人民出版社，2011 年，第 662 頁)，從綴合版可知此説不妥。

③ "既"的釋法見於姚孝遂主編的《殷墟甲骨刻辭類纂》(中華書局，1989 年，第 410 頁)以及《殷墟甲骨刻辭摹釋總集》(中華書局，1988 年，第 518 頁)。

是正確的。

A1,舊一般作爲兩字處理。如《合集釋文》把它下部釋作"丁",上部則摹録原文作"𠂊"而未釋。①《殷墟甲骨刻辭類纂》釋作"勿""丁"二字。②《殷墟甲骨文摹釋全編》釋作"㐱""丁"二字。③

A2,舊一般亦作爲兩字處理。如《合集釋文》把它下部釋作"丁",上部則摹録原文作"𠂉"而未釋。④《殷墟甲骨刻辭類纂》《殷墟甲骨刻辭摹釋總集》把它下部釋作"丁",上部摹録原文作"𠂉"而未釋。⑤《甲骨文校釋總集》釋作"尸""丁"二字。⑥《殷墟甲骨文摹釋全編》釋作"㐱""丁"二字。⑦

此外,還有一些研究者專門討論了例(1)、例(2),如郭沫若先生釋 A2 爲"勿""丁"二字,他說:"'太室'周金文中習見,其制乃自殷代以來也。'勿丁西卿'不知何義,其下恐有殘文。𢆉若𢆉,羅釋叙,乃祭名。"⑧金祥恒先生釋 A 爲"次""丁"二字,丁爲神主名,"次丁"猶《周禮》"張尸次"之"尸次",鄉訓面,"次丁西鄉"謂"武丁之主次於大室之外位東西鄉也"。⑨黄天樹先生把 A 釋作"𠂉""丁"二字,認爲"𠂉"待考。關於"鄉"字,黄先生説:

甲骨文作或,古代還用來表示方向的"向"。古書中方向之"向",多用"鄉"字表示。上引第一條和第二條[引者按,即(1)和(2)]中的"西"即"西鄉",當在"太室"之中。《禮記·曲禮上》曰:"請席

---

① 胡厚宣主編:《甲骨文合集釋文》第 2 册,中國社會科學出版社,2009 年,第 830 頁。
② 姚孝遂主編:《殷墟甲骨刻辭類纂》,第 142 頁。
③ 陳年福編:《殷墟甲骨文摹釋全編》第 10 卷,綫裝書局,2010 年,第 5970 頁。
④ 胡厚宣主編:《甲骨文合集釋文》第 3 册,第 1167 頁。
⑤ 姚孝遂主編:《殷墟甲骨刻辭類纂》,第 410 頁。姚孝遂主編:《殷墟甲骨刻辭摹釋總集》,第 518 頁。
⑥ 曹錦炎、沈建華編著:《甲骨文校釋總集》第 8 册,上海辭書出版社,2006 年,第 2665 頁。
⑦ 陳年福:《殷墟甲骨文摹釋全編》第 4 卷,第 2098 頁。
⑧ 郭沫若:《卜辭通纂》第 761 片,科學出版社,1983 年,第 545 頁。
⑨ 金祥恒:《釋𠂉》,《甲骨文獻集成》第 12 册,四川大學出版社,2001 年,第 542—545 頁。

何鄉。"疏:"鄉,面也。"其"西鄉"猶"西面"。①

A中"⺕""丁"兩形比較緊湊,中間距離很小,且A與旁邊的"鄉"兩者高度差不多,因此我們認爲A很可能是一個字而不應該被拆分爲"⺕""丁"二字。

在討論A之前,我們先來看看與A上部相關的一些古文字字形:

B:　[字形] 參爵,《集成》07343　　[字形] 參卣蓋,《集成》05343

　　[字形] 參尊,《集成》05942

C1:　[字形]《合》557　　C2:[字形]《合》17375

D:②[字形]《合》4305　　[字形]《合》7251

　　[字形]([字形])《合》13887　　[字形]([字形])《合》17959

　　[字形]《合》137　　[字形]《合》17446

　　[字形]《合》21418

B、C、D,舊一般釋作"參"。D類中《合》13887(即《前》7.21.2)"[字形]"形,胡厚宣先生《殷人疾病考》說:"唐蘭先生釋尿(二五,引者按,指該文尾注二五"見所著《殷墟文字研究》,北京大學講義本")是也。字蓋象人遺尿之形。"③劉釗先生贊同唐說。④

B,據西周早中期的"廷"字來看(參看下文),釋作參應可信。D組字形,確實象人遺尿之形,釋作"尿"的表意初文是非常有道理的。B、D兩者人形下的小點寫法不同,我們認爲參與尿之初文應是沒有關係的兩個字,

---

① 黄天樹:《甲骨拼合集》,第377頁。
② D作爲偏旁,甲骨文中見於《合》29239"[字形]",商代金文中見於參戈(《集成》10651)"[字形]"。
③ 胡厚宣:《殷人疾病考》第52辭,《甲骨學商史論叢初集》下册,齊魯大學國學研究所,1944年,第428頁。
④ 劉釗:《古文字構形學》(修訂本),福建人民出版社,2011年,第270—272頁。

兩者寫法本有別，即前者人形下所從兩或三小點一般不在一條直綫上，而是斜向平行。而尿字初文所從幾個小點往往在同一直綫上。不過由於兩者寫法比較接近，它們在很早的時候就已經發生訛混。如 C1 從字形上看，更接近 B。從辭例看，它用作人名，與 D 中前三形用法相同，它們很可能指的是同一個人。C2 從字形上看，應是 B 即㐱字，不過從文例上看，它與《合》137、《合》17446 中的 D 用法相同，皆與災咎有關。因此我們認爲 C 可看作是尿之初文訛作了㐱。東周文字中習見的"㶒（溺）"字，可分析爲從水從以尿之初文爲聲的強弱之弱得聲，即"尿"的後起形聲字。它或從㐱，或從勿，這皆是"尿"之表意初文的訛變。① 從目前資料看，商代之後似不見 D 形，我們認爲這很可能是 D、B 形近易混所致，大概在很早的時候 B 就吞併了 D（即 B 形兼表示㐱、尿二字）而兼有了藥部的讀音。

根據上文所論，A 的上部應是"㐱"，但不能排除它也可能是"尿"字初文之訛體，我們傾向前者。A 下部是"丁"，因此它可隸作"㐱"，我們認爲 A 應該是一個雙聲字。

《説文》古文"弬"即"顛隕"之"顛"的表意字，"真"從之得聲。② "㐱"聲字與"真"聲字通假，古書中亦多見。③ "真"字，金文中或加注"丁聲"。④ "顛隕"之"顛"的表意字，甲骨文中亦有加注"丁"聲之例。⑤ 由以上論

---

① 參看劉釗：《古文字構形學》（修訂本），第 270—272 頁。從目前資料來看，"㶒（溺）"字最早見於春秋晚期的王孫遺者鐘（《集成》00261），作 ，它左邊從"弓"，這與同銘的"人"旁、"尸"旁截然有別。可證竹簡文字中"㶒（溺）"字最初應從弓，而從尸、從人者皆弓之訛體。據"㶒（溺）"字，可推測強弱之弱本應從弓從尿之初文得聲。後來尿之初文訛作㐱或勿形，最後左右兩部分相互類化即作"弱"形。

② 參看唐蘭：《懷鉛隨錄·釋真》，《考古學社社刊》第五期，1936 年，第 144—148 頁。收入《唐蘭先生金文論集》，紫禁城出版社，1995 年，第 31—33 頁。陳劍：《釋展》，《追尋中華古代文明的踪迹——李學勤先生學術活動五十年紀念文集》，復旦大學出版社，2002 年，第 49 頁。

③ 張儒、劉毓慶著：《漢字通用聲素研究》，山西古籍出版社，2002 年，第 845 頁。

④ 裘錫圭、李家浩：《曾侯乙墓竹簡釋文與考釋》注 72，《曾侯乙墓》，文物出版社，1989 年，第 512 頁。

⑤ 謝明文：《釋"顛"字》，《古文字研究》第 30 輯，中華書局，2014 年，第 493—498 頁。蔣玉斌：《釋殷墟花東卜辭的"顛"》，《考古與文物》2015 年第 3 期，第 107—110、117 頁。李守奎：《漢字倒寫構形與古文字的釋讀》，《古文字與古史考——清華簡整理研究》，中西書局，2015 年，第 251—271 頁。

述可知"真""㝱""丁"三者當音近,因此把"㝱"看作雙聲字是比較合適的。

甲骨文有如下之字:

E: [字形]《合》23265

它所處辭例爲:

(3) 乙酉卜,□貞:毁白(伯)禹□于父丁宗。

貞:于E令。九月。　　　　　　《合》23265(出組一類)

此字上部從"聽"之初文"耴",下部從"丁",舊一般把它釋作"耴""丁"二字合文。王子楊先生對此字有詳細的討論:

> 我們討論的"[字形]"字,主體也是"耴",又在下部添加聲旁"丁"。"丁",上古屬於端母耕部;"耴",上古屬於透母耕部;"庭",上古屬於定母耕部。三者聲紐俱在端組,韻部相同,且中古都是開口四等字,自然可通。因此,"丁"旁可以擔當"庭"之聲符,"[字形]"可以視作"庭"的另一種寫法。①

王先生把"E"看作一字,釋讀作"庭"的意見非常有道理。E,如果静態分析,它亦是一個雙聲字。A 與 E 結構相類,我認爲它亦可讀作"庭"。A 所從"丁"旁是聲符,既然同以"丁"旁爲聲符的 E 可讀作"庭",那麽 A 自然可以讀作"庭"。

西周金文中,"廷""㝱"關係密切,"廷"即"庭"之初文,金文中作如下之形:

F:　[字形]何尊,《集成》06014,西早②前段

　　[字形][字形]小盂鼎,《集成》02839,西早

---

① 王子楊:《釋甲骨文"庭"的一個異體》(未刊稿)。論集按語:此文已刊於《上古漢語研究》第 2 輯,商務印書館,2018 年,第 15—18 頁。

② 西早指西周早期,其他可據此類推。

[图] 親簋,《銘圖》05362 西中前段

[图] 殷簋,《銘圖》05305,西中

[图] 史頌簋,《集成》04230,西晚

[图] 五祀𧽊鐘,《集成》00358,西晚

G1: [图] 羚簋,《銘圖》05258,西中前段

[图] 《銘圖》02501,卅二年逨鼎,西晚

G2: [图] 此簋乙,《集成》04304,西晚

H1: [图] 裘衛簋,《集成》04256,西中前段

[图] 走馬休盤,《集成》10170,西中

H2: [图] 吳方彝蓋,《集成》09898,西中前段

[图] 頌壺乙,《集成》09732,西晚

關於"廷"字,《説文新證》説:

  "廷"字最早見於金文,吳大澂、林義光、高鴻縉等指出,此字從人、從土,乚象庭隅或階前曲地;所從"彡"形,林義光以爲象灑掃形,高鴻縉以爲"彡"聲(參見《金文詁林》229號"廷"字下所引)。旭昇案:"乚"爲"𠃊"的初文,表示一個隱蔽的區域(參見拙作《説𠃊》),字從人立於一個區域,"人"形後來聲化爲"壬(挺)"聲,"彡"可能象灑掃形。上古音"廷"在定紐耕部,"彡"在章紐文部,二字韻部相去稍遠,韻尾也不同,但古書有通押的例子,所以"廷"也有可能從"彡"聲。①

《字源》認爲:

---

① 季旭昇:《説文新證》,福建人民出版社,2010年,第132頁。

金文从乚、壬聲，或从㐱聲。"乚"林義光《文源》以爲"象庭隅之形"。壬字的甲骨文字形像人挺土上，疑爲挺之本字。金文廷字的聲符變異較多，較早的形體从㐱聲，或省作 𢎥、𢎥，或變作 𢎥、𢎥，乃从㐱與壬的結合。①

F 類的前三形屬西周早期寫法，而其他幾類寫法的廷字不見西周早期之例，因此討論"廷"的構形時應把 F 類寫法看作比較原始的寫法。F 从乚从㐱，古書中又有珍聲字與廷聲字相通之例，②因此 F 可直接分析作从乚、㐱聲，研究者認爲廷或从㐱聲是可信的。H1 可能是在 F 的基礎上添加意符"土"，G1 則是 H1 的省體，如果 G1 的土形與人形相結合聲化爲壬則演變爲 G2，此即後世廷字所本。③ H2 之於 H1 猶如 G2 之於 G1。④

"廷(庭)"或从㐱聲，而 A 恰从㐱聲，因此從它上部所从聲符來看，它讀作"庭"亦是非常直接的。總之，不管是據丁聲還是據㐱聲，A 讀作"庭"都是比較合適的。

"庭"，指古代太室中央的廣大空地，金文中之"中庭"，即太室南北之中也。⑤ (1)(2)所言舉行奈祭的地點在太室，A 釋讀作"庭"，恰與太室密切相關。古代册命、祭祀、宴饗、奏樂等重大活動，多在開闊的大庭舉

---

① 李學勤主編：《字源》，天津古籍出版社，2012年，第142頁。
② 張儒、劉毓慶：《漢字通用聲素研究》，第548頁。
③ 楚昭王名"壬"，或作"任"；又名"軫"，或作"珍"〔(清)梁玉繩《人表考》卷七第155號《史記漢書諸表訂補十種》下册，中華書局，1982年，第844頁〕。研究者或認爲它們是語音相通的關係(宋華强：《澳門崇源新見楚青銅器芻議》，武漢大學簡帛研究中心網站，2008年1月1日。論集按語：宋文正式發表於《中文學術前沿》2011年第2期，第192—201頁)。或認爲"諸字形、音皆不近，其關係不明"(陳劍：《楚簡"𦏆"字試解》，中國簡帛學國際論壇2008，芝加哥大學東亞語言與文明系，2008年10月30日—11月2日。論集按語：陳文正式發表於《簡帛》第4輯，上海古籍出版社，2009年，第135—159頁)。根據金文"廷(庭)"字或从㐱聲，或从壬聲來看，頗疑楚昭王應名"㐱"或"壬"，"軫""珍"是它們的假借字，"壬"則是"壬"的形近訛字，"任"則是訛字"壬"的假借字。
④ 也有可能"廷"的初文應从乚从人，後來添加意符土形即成 G1。而廷字中的小點形最初應是與土相類的意符，我們認爲可能表示小土粒。後來土形與人形相結合即聲化爲"壬"，而小點形與人形相結合即聲化爲"㐱"。
⑤ 王國維：《明堂廟寢通考》，《觀堂集林》(外二種)，河北教育出版社，2001年，第58—67頁。

行,王子楊先生在上引《釋甲骨文"庭"的一個異體》一文中曾援引相關甲骨文加以説明,所説甚是。下面我們主要來看看"庭"與宴饗活動相關的一些資料,凡加※號之例表示已見於上引王文。

(4) 甲戌卜,于宗鄉(饗)。
　　　于宕(庭)鄉(饗)。　　　　　　　　　　　　《屯》341(歷二)
(5) ※王其鄉(饗)在宕(庭)。
　　　弜鄉(饗)。　　　　　　　　　　　　　　　《合》31672(無名)
(6) ※王其鄉(饗)于宕(庭)。
　　　弜鄉(饗)宕(庭),肆尊㚔。
　　　其作豐,又正。
　　　弜作豐。　　　　　《屯》2276(《綴合集》66同文)(無名)

例(4)"宗""庭"相對,這似可佐證王子楊先生把例(3)中與"父丁宗"相對的"E"釋讀作"庭"非常合適。例(4)—(6)皆是言在"庭"舉行宴饗活動,根據這些例子,可知例(1)(2)的"鄉"自然當釋讀爲"宴饗"之"饗"而非訓面之"鄉"。據這些例子亦可知 A 釋讀作"庭"從文義看也是非常合適的。此外,從類組方面來看,王子楊先生討論的例(3)屬於出組一類,而我們討論的例(1)(2)亦屬於出組一類,這恐怕不是巧合,説明出組一類在表示"庭"這個詞時,其用字比較特別。

綜上所述,根據我們的意見,例(1)(2)就應該理解爲:

　　　庚辰這一天占卜,貞人大貞問:下一個丁亥日在太室向丁舉行奈祭,在大庭的西邊①舉行宴饗活動。

2016年3月

論集按語:蔣玉斌先生《釋甲骨文"庭"字的兩種異體(提綱)》

---

① 《合》30294[無名]"己巳卜:其啓宕(庭)西户,祝于☒"之"庭西户"與(1)(2)之"庭西"可合觀。

("新出土文獻與古文字考釋青年學者學術研討會"論文,2017 年 9 月 23—24 日,東北師範大學文學院)亦認爲"🖻""🖻"是"庭"字,讀者可參看。

本文曾提交給華東師範大學主辦的"2016 年古文字學與音韻學研究工作坊"(2016 年 10 月 15—16 日,會上正式宣讀的論文臨時改爲《曾伯克父甘婁簠小考》),後來正式刊於《出土文獻綜合研究集刊》第 6 輯,巴蜀書社,2017 年,第 27—34 頁。

甲骨文舊釋"益"之字新釋

——兼"易"字新探*

殷墟甲骨文中有如下字形：

A：典賓：[字形]《合》①11798

賓出：[字形]《合》18542　[字形]《合補》②6291　[字形]《合》12983

賓三：[字形]（[字形]）《北圖》2237（《合》5393）　[字形]《英藏》③1363

出一：[字形]《合》18801＋24739④　[字形]《合》18802

[字形]《合》18803　[字形]《合》26040　[字形]《合》26765

[字形]《合》26766　[字形]《合》26769　[字形]（[字形]）《合》26773

[字形]《合》26774＋17987⑤　[字形]《合》26782

[字形]《英藏》2029

---

* 本文受到國家社科基金青年項目"商代金文的全面整理與研究及資料庫建設"（項目編號16CYY031）的資助。

① 郭沫若主編：《甲骨文合集》，中華書局，1978—1982年。
② 彭邦炯、謝濟、馬季凡：《甲骨文合集補編》，語文出版社，1999年。
③ 李學勤、齊文心、[美]艾蘭：《英國所藏甲骨集》，中華書局，1985年。
④ 林宏明：《契合集》第366組，萬卷樓，2013年，圖版第359頁。
⑤ 蔣玉斌：《甲骨新綴10組》第3組，先秦史研究室網站，2014年12月25日。

出二：▨《掇三》①462＋《安散》②86③

A，孫詒讓疑即"益"字，認爲："《説文・皿部》：'益，饒也。從水皿，益之意也。'此從▨即皿形，從▨即水之省。金文益公鐘益作▨，畢鮮敦益公作▨，形亦相近。"④羅振玉亦釋作"益"，認爲"象皿水益出之狀"，其所從小點"象水形"。⑤ 此説得到了學界的普遍贊同。⑥

花東甲骨文中有如下字形：

B：B1 ▨ B2 ▨ B3 ▨《花東》87 B4 ▨《花東》247

它們所處辭例爲：

(1a) 丁巳卜：子 B1 妭（男），⑦若，侃。用。

(1b) 庚申卜：惠今庚 B2 商，若，侃。用。

(1c) 庚申卜：子 B3 商，日不雨。孚。

(1d) 其雨，不孚。　　　　　　　《花東》87（花東子組）

(2) 庚申卜：子 B4 商。侃。　　　《花東》247（花東子組）

---

① 郭若愚編集：《殷契拾掇・三編》，上海古籍出版社，2005年。
② 傅春喜編拓：《安陽散見殷虛甲骨》，2012年。
③ 劉影：《甲骨新綴第204組》，先秦史研究室網站，2015年7月6日。
④ 孫詒讓：《契文舉例》，齊魯書社，1993年，第47頁。
⑤ 羅振玉：《增訂殷虛書契考釋》，《殷虛書契考釋三種》，中華書局，2006年，第402頁。
⑥ 參看孫海波：《甲骨文編》，中華書局，1965年，第227頁。[日]松丸道雄、高嶋謙一編：《甲骨文字字釋綜覽》，東京大學出版會，1993年，第155頁。李宗焜：《甲骨文字編》中册，中華書局，2012年，第1009—1010頁。劉釗等編：《新甲骨文編》增訂本，福建人民出版社，2014年，第309頁。《甲骨文字編》（第1010頁）"益"字頭收錄《合》24910之字作"▨"，此形摹寫有誤。據《北圖》2729較清楚的拓本來看，此形本應作"▨"。
⑦ "妭"釋爲"男"參看陳漢平先生説（《釋妭》，《屠龍絶緒》，黑龍江教育出版社，1989年，第77—78頁）以及趙平安先生《從楚簡"娩"的釋讀談到甲骨文的"娩妭"——附釋古文字中的"冥"》（《新出簡帛與古文字古文獻研究》，商務印書館，2009年，第47—55頁）所引李學勤先生説。

B1—B3,《花東》疑爲皿之異體。① B4,《花東》:"隸爲皿,祭名。在此爲動詞。"② 姚萱女士把 B 改釋作"益",她説:

其形(引者按:指 B)很清楚當係上從"八"形下從"皿",③拋開多出的"八"形不管而徑釋爲"皿",顯然是不行的。殷墟甲骨文中"益"字作 🌿、🌿 等形(《文編》227 頁卷五 0628 號),羅振玉説"象皿水益出之狀",其所從小點"象水形"(《增訂殷虛書契考釋》中第 9 頁),學者多從之。西周金文中"益"字作 🌿、🌿、🌿、🌿 等形(看《金文編》344 頁卷五 0793 號),其"皿"旁上所從的"八"形和"皿"旁中的點形,一般認爲即由小點之形變化並略加規整而來。"皿"旁中的點形又常常寫得較大較圓,跟皿旁結合似"血"字。西周中期的畢鮮簋(《集成》7.4061)"益"字作 🌿,從"八"從"皿",跟前舉《花東》之形正合。出組卜辭中的"益"字或作如下之形:

🌿《合集》26782　🌿《合集》26765

這類寫法,其中像水點形的最上兩筆顯然很容易演變成爲"八"形。所以花東子卜辭中"益"字寫作上從"八"形下從"皿"並不奇怪。④

《合》30032 上面有兩辭作"叀妞奏,有大雨。吉""叀商奏,有正,有大雨",研究者多已指出"妞""商"是樂曲名。⑤ "妞奏""商奏"對舉,上引《花東》87"B 妞""B 商"對舉正與之相類。B 後面接樂曲名,這與 A 後面常加樂曲或樂舞名的辭例相同,因此姚萱女士又根據 A、B 的辭例相同,證明

---

① 中國社會科學院考古研究所編:《殷墟花園莊東地甲骨》,雲南人民出版社,2003 年,第 1594 頁。

② 同上注,第 1660 頁。

③ 引者按:原注:247.5 之形中的小點當是泐痕,照片上很清楚没有(拓本此處較照片完整,實物似在施拓後此處有剥損)。

④ 姚萱:《殷墟花園莊東地甲骨卜辭的初步研究》,綫裝書局,2006 年,第 177—178 頁。

⑤ 參看宋鎮豪:《殷墟甲骨文中的樂器與音樂歌舞》,載李宗焜主編《古文字與古代史》第 2 輯,中研院歷史語言研究所,2009 年,第 54 頁。

B 當釋作"益"。①

花東卜辭中又有如下兩形：

C：C1：▨（▨）　　C2：▨（▨）　　　　　　　《花東》53

它們所處辭例爲：

(3a) 戊卜：子其 C 瘦②舞，酚▨。

(3b) 戊卜：子其 C 瘦舞，酚二牛妣庚。　　《花東》53（花東子組）

C,《花東》隸作"㳄"。③《甲骨文字編》亦釋作"㳄"。④ 姚萱女士根據《合》18541 殘字"▨"舊有釋作"益"的意見，認爲"益"字早已有從"水"的寫法，又結合 C 後面加樂舞名與 B、A 辭例相同，認爲 C 可能也當釋爲"益"字異體。⑤《新甲骨文編》《殷墟花園莊東地甲骨刻辭類纂》《殷墟花園莊東地甲骨文類纂》等采用了"益"字的釋法。⑥

殷墟甲骨文中另有如下幾例字形與 A 也即舊所謂"益"相近的字形：

(4) ▨▨二牛，酚▨▨卅▨。　　　　　　　《合》27187（師歷間組）

(5a) 丙戌卜貞：丁亥酒▨豕酚小宰丁子。

(5b) 丙戌卜貞：酒丁亥▨豕酚小宰丁子。

《合補》6925（圓體類卜辭）

---

① 姚萱：《殷墟花園莊東地甲骨卜辭的初步研究》，第 178—181 頁。
② 張亞初：《古文字分類考釋論稿》，《古文字研究》第 17 輯，中華書局，1989 年，第 237 頁。馮勝君：《試說東周文字中部分"嬰"及從"嬰"之字的聲符——兼釋甲骨文中的"瘦"和"頸"》，《出土文獻與傳世典籍的詮釋——紀念譚樸森先生逝世兩周年國際學術研討會論文集》，上海古籍出版社，2010 年，第 67—79 頁。
③ 中國社會科學院考古研究所編：《殷墟花園莊東地甲骨》，第 1581 頁。
④ 李宗焜：《甲骨文字編》中冊，第 1021 頁。
⑤ 姚萱：《殷墟花園莊東地甲骨卜辭的初步研究》，第 184—185 頁。
⑥ 劉釗等編：《新甲骨文編》（增訂本），第 309 頁。齊航福、章秀霞：《殷墟花園莊東地甲骨刻辭類纂》，綫裝書局，2011 年，第 281—282 頁。洪颺等編：《殷墟花園莊東地甲骨文類纂》，福建人民出版社，2016 年，第 367 頁。

上述字形,連劭名先生指出不應該釋"益",而應釋作"血"。① 裘錫圭先生在《釋殷虛卜辭中的"㿿""䘏"等字》一文中根據字形及其用法指出,這幾例與"盍""盟"等字用法相同而字形近於"益"的字,連先生釋爲"血"是正確的,但此"血"應是"盍"字的表意初文。② 結合字形與用法,裘先生把上述字形釋作"盍"應可信。在上引裘文中,涉及了甲骨文中的"㿿"類形,裘先生從釋"皿"的釋法,但在文章末尾同時指出此形釋作"皿"也不是毫無問題的,它也可能是"盍"字。在該文附記中指出《合》22231"㿿"字形介於"㿿"與《合》22228 作"㿿"類形的"盍"之間,似乎對認爲二者是一字的看法有利。我們贊同"㿿"釋作"盍"的意見,它只不過是皿中兩點接觸皿壁而已,其變化與"䘏"所從之"臼"形源於"凵"形與其中小點形的結合非常近似。③ "㿿"形中的兩小點相接,它就會演變爲《英藏》1977 作"㿿"類形的"盍"字,類似小點相接變成"凵"形的現象可參看"臼"形的變化。④ 不過由於"㿿"與"皿"形音皆近,它們在作爲單字或偏旁時或可通用。

楊澤生先生根據上引連先生、裘先生説,進一步把 A 與上述字形加以認同,認爲 A 應改釋爲"血"。⑤ 王子楊先生認爲 A 仍應釋作"益"而不能改釋作"盍",他説:

> 從用字習慣看,出組一類卜辭有跟"㿿""㿿"用法一致的"盍"字,如:
>
> (35) 乙巳卜,出,貞:其禦王,㿿五牛,𠦪羌五□五☑。
>
> 英藏 1977(出一)

---

① 連劭名:《甲骨刻辭中的血祭》,《古文字研究》第 16 輯,中華書局,1989 年,第 49—66 頁。
② 裘錫圭:《釋殷虛卜辭中的"㿿""䘏"等字》,《裘錫圭學術文集・甲骨文卷》,復旦大學出版社,2012 年,第 396 頁。
③ 謝明文:《釋東周金文中的幾例"酷"字》,《出土文獻》第 6 輯,中西書局,2015 年,第 82—90 頁。論集按語:收入拙著:《商周文字論集》,上海古籍出版社,2017 年,第 240—252 頁。
④ 同上注。
⑤ 楊澤生:《甲骨文"㿿"字新釋》,《中國文字學報》第 1 輯,商務印書館,2006 年,第 60—67 頁。

(36) ☐示壬,👐一牛☐曆十☐宰。一月。 合集15338(賓出)

如果表示血祭一類的意義,出組卜辭刻手應該使用"👐""👐"等形,而不是"👐""👐",因此,"👐""👐"可能不是"盍"字。如果排查賓組卜辭,也會發現這個矛盾,即賓組卜辭用"👐""👐""👐"表示"盍",用"👐"表示"益",也就是説,賓組卜辭"盍"跟"益"也不相混用。實際上,"👐(盍)"形一般見於圓體類卜辭,如《合補》6925,跟"👐(盍)"用法相同的異體"👐""👐""👐"等也出現在圓體類卜辭,也就是説,在圓體類卜辭中,"👐""👐""👐""👐"通用無别,是一字異體,這是該類卜辭的用字特色。不能以此類卜辭的特色推廣開來,凡與"👐"形相近者皆爲"盍"字,本文討論的出組一類卜辭即用"👐""👐"來表示{盍},而不用"👐""👐"等形。甲骨文"益"字形體比較穩定,除了花東子組卜辭寫作"👐"外,其他類組卜辭一般都寫作"👐"之形,這與"盍"字也是不同的。從這一方面看,把出組卜辭的"👐"釋爲"盍",不符合卜辭的用字習慣。①

關於B,王子楊先生在上引文章中亦贊成釋作"益",②《新甲骨文編》《説文新證》《殷墟花園莊東地甲骨刻辭類纂》《殷墟花園莊東地甲骨文類纂》等亦釋作"益",③《甲骨文字編》則從釋"皿"的意見。④ A、B究竟是不是"益"字呢? 下面我們就來討論這一問題。

---

① 王子楊:《從卜辭"武湯"説到商代的樂歌樂舞》(未刊稿)。蒙王先生2005年11月30日惠贈大作電子版,謹致謝忱! 論集按語:王文修訂稿後改題爲《揭示若干組商代的樂歌樂舞——從甲骨卜辭"武湯"説起》,刊於《中研院歷史語言研究所集刊》第90本第4分,2019年,第635—679頁。

② 同上注。

③ 劉釗等編:《新甲骨文編》(增訂本),第309頁。季旭昇:《説文新證》,藝文印書館股份有限公司,2014年,第417頁。齊航福、章秀霞:《殷墟花園莊東地甲骨刻辭類纂》,第281—282頁。洪颺等編:《殷墟花園莊東地甲骨文類纂》,第367頁。

④ 李宗焜:《甲骨文字編》中册,第1007頁。

從字形看，A 與金文中確定的"益"字作"▨""▨""▨""▨"等形寫法有別，從語音、辭例上也難以證明 A 一定就是"益"字。因此無論是從字形、語音還是從辭例看，A 舊釋作"益"其實都沒有堅强的文字學方面的證據。姚萱女士結合字形與文例，把 B 與 A 相聯繫（參看上引姚文），這是没有問題的。而 B 恰好上部有从"八"的寫法，這似乎正好可看作 A 與金文"益"字的中間環節。因此，姚説一出，似乎爲 A 釋作"益"提供了字形方面的證據。但全面梳理甲骨文相關材料，A、B 釋作"益"恐怕都是有問題的。

B4"▨"上面的"八"形，我們認爲很可能是筆畫斷開所致。甲骨文中筆畫斷開現象是極其多見的，如"▨"或作"▨"，"▨"或作"▨"，"▨"或作"▨"，"▨"或作"▨"，"▨"或作"▨"等，①B4 上部的變化也應是類似的例子。"▨"（《合》36799＋《上博》②2426.1048③）字"皿"形左上筆畫斷開亦其例。B2 作"▨"，左上部相連而没有斷開，可證 B4 上部所謂"八"形確實應該是筆畫斷開所致。我們認爲 B 應從整理者意見釋作"皿"。

關於 C，上引姚萱女士説釋作"益"。但《合》18541"▨"是殘字，又没有文例限制，是否"益"字難以論定。更何況從確釋的"益"字來看，上部作"水"形的"益"字應該是後起的，④因此不能據此形把 C 釋作"益"。此

---

① 參看連佳鵬：《甲骨金文筆畫變形研究》，首都師範大學博士學位論文（指導教師：黄天樹），2016 年，第 32—39 頁。
② 上海博物館編：《上海博物館藏甲骨文字》，上海辭書出版社，2009 年。
③ 李愛輝：《甲骨拼合第 191、192 則》第 191 則，先秦史研究室網站，2012 年 9 月 3 日。又載黄天樹主編：《甲骨拼合三集》第 734 則，學苑出版社，2013 年，第 194 頁。
④ 參看董蓮池：《新金文編》上册，作家出版社，2011 年，第 612 頁。季旭昇：《説文新證》，第 417 頁。珤生尊（《銘圖》11816、11817）銘文中"▨"形，釋法頗分歧（諸家之説參看何景成：《珤生尊"有司眔注兩屖"試解》，《古文字研究》第 29 輯，中華書局，2012 年，第 333—337 頁），研究者或把它與"益"字相聯繫，恐怕也是靠不住的。

外C从∤从皿,甲骨文中,∤形往往表示河流,而A中器皿上的數個小點如果表示水,那表示的應該是液態物質的水,它與∤在甲骨文中的用法有別。① 又C的∤形在皿旁,與A中小點以及金文中確釋的"益"字水點皆在器皿之上也有別。因此C在字形上與A以及真正的"益"字應該都沒有直接的關係。據甲骨文"河""洛""洹"等字的寫法與結構,C最自然直接的分析應是从∤皿聲,可隸作"泅"。C後面的"瘦舞",B後面的"奶""商"都與樂歌或樂舞有關,因此研究者把B、C加以認同,這應該是可信的。B、C應該表示同一個詞,而C从皿聲,從這一點看,可證B不能釋作"益",而釋作"皿"則非常合適。

B、C與A辭例相同,後面的成份都與樂歌或樂舞有關,A、C字形中亦皆含有皿旁,因此研究者把A、B、C加以認同(參看前文)。我們認爲A、B、C表示同一個詞應該是可信的,但它們不是同一個字(參看下文)。我們既已論B釋作皿,C从皿得聲,那麼與B、C同表一詞的A不當釋作與"皿"聲音遠隔的"益"。從這一點看,A舊釋作"益"大概是有問題的。

楊澤生先生把A與《合》27187"🐃"、《合補》6925"🐃""🐃"加以認同,這應該是正確的意見。可惜楊先生並沒有提供有力的證據,故其説沒有得到足夠的重視。並且根據我們的意見,A應該釋作"盍"而不是"血"。

"盍"在各類卜辭中的用字現象,其實比較複雜。裘錫圭先生在《釋殷虛卜辭中的"🐃""🐃"等字》一文中説:"某些字在不同組的卜辭裏使用不同字形或某些詞在不同組的卜辭裏使用不同的字的現象是確實存在的。不過在出現這種現象的時候,例外往往還是有的,'盍'字就是一個例子。不少不同組的卜辭,其時代是相同或相接的。各組用字和字形上的特色不能百分之百地保持,是很自然的。"② 圓體類卜辭中,"盍"既作"🐃"

---

① 參看雷繽碚、喻遂生:《甲骨文字符"水"的表義功能及"🐃"字新釋》,《古籍整理研究學刊》2012年第3期,第81—83頁。

② 裘錫圭:《釋殷虛卜辭中的"🐃""🐃"等字》,《裘錫圭學術文集·甲骨文卷》,第397頁。

"㊀""㊁"類形,也作"㊂"類形。賓組卜辭中,"盁"既作"㊃"(見於《合》271等)形,也偶作"㊄"(見於《合》1027正等)、"㊅"(《英藏》814+《合》9519,蔣玉斌先生綴)形。無名組卜辭中"盁"既作"㊆"(《合》31148),也作"㊇"(《合》31151,關於此形的討論,參看上文)。因此,我們不能僅根據出組一類等卜辭已有作其他形體的"盁"字,就否定 A 是"盁"字。A 究竟是不是"盁"字,最終應該由字形和辭例來決定。下面就來談談我們關於 A 的釋讀意見。

從字形上看,A 是皿中有幾個小點,二點到五點不等。"㊈"中小點是三點,"㊉"中小點是四點,"㊊"中小點是五點,這些"盁"字也是皿中有小點,點數多少不一。A 的構形與它們相合,從這一點看,A 確實可能應釋作"盁"。

《合》21916 是一版圓體類子卜辭,其上有殘辭"㊋豕",從字形看,它與《英藏》2029、《合》11798、《北圖》2729 等 A 相同,都是皿中三小點作倒"小"形。但從辭例看,它與"盁"用法相同,這亦可證 A 可能應釋作"盁"。

《愛米》①1 亦是一版圓體類卜辭,祭祀動詞"盁"或作"㊌",或作"㊍",兩者同見,可見前者中與皿腹左右兩側以及腹底相接的筆畫,其實都是源自後者中的小點形。後者寫法與 A 相近,而 A 中"㊎"類形如果皿形中右上那一小點也像左邊那一小點一樣,與皿腹右壁相接,它就會與"㊏"類形相同。由此可見 A 與"盁"在字形上應該有密切的關係。

"盁室"之"盁"一般作"㊐"類形(見於《合》13562、《合》24942),《京人》②1272 則作"㊑(㊒)",③從字形看,"㊓"介於 A 與作"㊔"形的"盁"之

---

① 宋鎮豪、瑪麗婭主編:《俄羅斯國立愛米塔什博物館藏殷墟甲骨》,上海古籍出版社,2013 年。
② [日]貝塚茂樹:《京都大學人文科學研究所藏甲骨文字》,京都大學人文科學研究所,1959 年。
③ 《合》24944 拓本中此字作"㊕",皿形内的兩小點沒有拓出來。

間,可證A、盂應有關聯。

《合》18217+《合》23611①+《合》23432②屬於出組一類,其上有"[字形]([字形])"字,從綴合版來看,皿中只有一點。《甲骨文字編》《新甲骨文編》都釋作"盂"。③黃組卜辭中常見的一個地名"盂",既可以寫作"[字形]"(《合》36799+《上博》2426.1048,綴合出處參看上文),也可以寫作"[字形]"(《合》36788+《合》36809)、④"[字形]"(《合》36798+《合》36612),⑤從後面兩個字形看,可知研究者把《合》18217"[字形]"釋作"盂"應該是可信的。但從辭例看,"[字形]"與A用法完全相同,它們應是一字異體。既然"[字形]"從字形看可釋作"盂",那麼與之是一字異體的A也應該釋作"盂"。⑥此例應該是A釋作"盂"的強證。

《合》26796"[字形]",皿形內共三小點,其中下部兩點分別與器腹內壁相接,從字形看,它與作"[字形]"形的"盂"字基本相同,都是皿中有三小點,其中兩點分別與器腹左右內壁相接,亦當是"盂"字。但從辭例看,它與A應是異體關係或通用關係,這亦可證A可釋作"盂"或與"盂"音

---

① 劉影:《甲骨新綴第71組》,先秦史研究室網站,2010年5月7日。又載黃天樹主編:《甲骨拼合集》第165則,第183頁。
② 劉影:《甲骨新綴第144組》,先秦史研究室網站,2013年2月27日。又載黃天樹主編:《甲骨拼合四集》第838則,學苑出版社,2016年,第26頁。
③ 李宗焜:《甲骨文字編》中冊,第1008頁。劉釗等編:《新甲骨文編》(增訂本),第316頁。
④ 蔡哲茂:《甲骨綴合續集》第538則,文津出版社有限公司,2004年,第151頁。
⑤ 孫亞冰:《甲骨綴合五則》第1則,《南方文物》2015年第3期,第107頁。
⑥ 李宗焜:《甲骨文字編》(中冊,第1008頁)第3316號"盂"字頭下收錄《合》27973"[字形]"形,此形實是"[字形]"類形的誤摹。《掇三》544反"[字形]"(《合》7695反拓本不如《掇三》清晰),舊一般認爲它即A字,如《甲骨文字編》(中冊,第1009頁)摹作"[字形]",把它與A同置於"益"字頭下。裘錫圭先生把此字作爲"[字形]"類形的異體(裘錫圭:《殷墟甲骨文字考釋(七篇)》第七篇《釋"注"》,《裘錫圭學術文集·甲骨文卷》,第358頁)。從《掇三》拓本來看,此字在左上皿腹一側明顯有"又"形,又結合同版只有此字作傾斜狀,而其他字未傾斜來看,我們認爲它與A肯定不是一字,而裘先生的意見則可能是正確的。

近的字。

《合》26786 是一版出組一類卜辭，其上含有"魚"字的那條殘辭一般被釋作"☐日魚☐之日☐罕"，①所謂"罕"字原作"❈"，應釋作"皿"。楊澤生先生把此"皿"字與 A 相聯繫，認爲它是當"血"字來用的。②《合》26786 又著録於《殷契佚存》③826，後者拓本相對完整一些，其中"日魚"右邊"卜""出"兩字以及其上方的"今"字皆存有部分筆畫，可以辨識。而"皿"上之字殘存部分作"❈"，據該形殘存的魚尾以及右邊魚鰭部分的筆畫，再結合文例可知此字必是"魚"字之殘。因此上引《合》26786 那條卜辭應該釋作"☐☐卜，出，[貞]：今日魚☐。之日[允]魚皿"。"皿"與 A 的文例全同，楊澤生先生把它們加以認同是正確的。由此辭"皿"的文例可知，在一般用 A 的位置，《合》26786 却作標準的"皿"。"皿""盇"音近，甲骨文中常見兩者相通之例。④《合》26786"皿"字可看作 A 應該釋作"盇"而不能釋作"益"的又一個强證。《合》40800 是一版賓出類卜辭，其上有卜辭"癸巳卜，☐，[貞]：翌乙未魚皿酉。十☐月"。由於是摹本，其中"酉"形很可能是"鞀"的誤摹。因此該辭的"皿"也不排除有誤摹的可能。但如果"魚"後面一字没有誤摹確實是"皿"的話，則此例"皿"的用法與《合》26786"皿"的用法相同，亦同樣可證 A 應該釋作"盇"而不能釋作"益"。⑤

---

① 胡厚宣主編：《甲骨文合集釋文》第 3 册，中國社會科學出版社，2009 年，第 1334 頁。曹錦炎、沈建華：《甲骨文校釋總集》第 8 卷，上海辭書出版社，2006 年，第 3032 頁。
② 楊澤生：《甲骨文"魚"字新釋》，《中國文字學報》第 1 輯，第 63 頁。
③ 商承祚：《殷契佚存》，金陵大學中國文化研究所，1933 年。
④ 裘錫圭：《釋殷虛卜辭中的"❈""❈"等字》，《裘錫圭學術文集·甲骨文卷》，第 391—403 頁。
⑤ 《合》3256+《合》2941（蔣玉斌：《甲骨新綴第 1—12 組》第 8 組，先秦史研究室網站，2011 年 3 月 20 日）左後甲靠近千里路的地方有一條殘辭作"☐皿☐出（圃）魚"。根據同版"王作庸奏"以及《合》18804（《合》24576）"辛未卜，貞：今日魚庸。十二（？ 一？）月，在出（圃）魚"、《合》7897+《合》14591+《合》16021（林宏明：《甲骨新綴第 429 例》，先秦史研究室網站，2013 年 9 月 5 日）"乙亥[卜]，貞：其☐鼉（鞀），卒，☐于亘，霽（遘）雨。十一月，在出（圃）魚"，再結合卜辭中習見的"魚 A 鼉（鞀）"等文（參看《類纂》674—675 頁）來看，懷疑"☐皿☐出（圃）魚"之文似與奏樂之事有關，其中"皿"字可能與《合》26786"皿"字用法相同。

綜合以上證據可知,不管是從字形還是辭例方面看,A都與"盉"密切相關;從語音方面看,它與"皿"有通用關係,兩者讀音應當接近,因此A可釋作"盉"。而前文我們已論證B應該釋作"皿",C應從皿聲。這樣一來,A、B、C三者讀音恰好相近,可表示同一個詞,這恐怕不是偶然的。這亦可反證甲骨文中的A不應該釋作"益"而應該釋爲"盉"的異體。① A所表達的詞,《合》26786、《合》40800用"皿"來表示,這與花東卜辭中用"皿"以及從"皿"聲的"汹"來表示同例。如果B4"㊀"類形上部所謂"八"形誠如研究者所論是A中小點演變而來,根據我們對A的考釋,則B4應釋作"盉"。② 不過從B2"㊀"上部沒有"八"形來看,我們認爲B4上部"八"形宜看作是筆畫斷開所致,它們宜釋作"皿"。

A、B、C既已釋出,那麼它們在卜辭中該如何理解呢?A出現在卜辭中比較完整的格式是:前辭[干支+卜+貞人+貞]+命辭[時間+叙+A+樂歌或樂舞名]+驗辭[之日允叙]。關於此類格式中"叙"字的釋讀,

---

① 《合》24910有从A从冊之字,王子楊先生認爲它似可以隸作"䀴",是樂歌名[王子楊:《從卜辭"武湯"說到商代的樂歌樂舞》(未刊稿)]。我們認爲從辭例看,此字確實用作樂歌名,但它應隸作"䀴",當從A得聲。它亦見於《合》18542,用法完全相同。此字又見於《安明》(許進雄:《明義士收藏甲骨文字》,加拿大皇家安大略博物館,1972年)890 殘辭"☐置☐䀴罙☐"(也有可能當釋作"☐䀴罙☐置☐"),《安明》"䀴"字,研究者或以爲當是人名或神靈名(許進雄:《明義士收藏甲骨》,《甲骨文獻集成》第5冊,四川大學出版社,2001年,第121頁)。從甲骨文中"置"常與樂器名搭配來看(參看裘錫圭:《甲骨文中的幾種樂器名稱——釋"庸""豐""鞀"》,《裘錫圭學術文集·甲骨文卷》,第38—39頁),又聯繫《合》18542、《合》24910"䀴"字的用法,可以肯定《安明》890之"䀴"當是樂器名,其中"罙"下殘缺的當是另一樂器名(《合》31017"罙"字用法與此完全相同)。甲骨文中作爲樂歌的"韶""豐""庸"的得名方式,王子楊先生指出是以所奏樂歌的主導樂器爲名。聯繫《安明》890之"䀴"來看,作爲樂歌名的"䀴"亦應屬於此類。

② 仲原父匜(《銘圖》14889)"無"字作"㊀",中部有類似"八"形,這和一般"無"字所从不同。我曾懷疑"八"形可能是"皿"形上部筆畫斷開所致,也可能是下部"皿"變形聲化作"盉"所致("無"聲字與"亡"聲字常音近可通,參看張儒、劉毓慶:《漢字通用聲素研究》,第446頁)。但經仔細考慮後,我們認爲更合理的解釋應該是,"無"本"舞"字初文,"無"既以"無"爲聲符,當然也可以"舞"爲聲符。匜銘"無""八"形應是從"舞"字大人形下端的兩個腳趾部分亦即"舞"字下部所謂"舛"形分離而來。至於分離出來的"八"形與"皿"組合成"㊀"(盉)形,是否含有變形聲化的因素(如含有變形聲化的因素,似對B4釋作"盉"有利),這有待進一步研究。

或以"八"爲聲符,或以"八"爲飾符,具體意見頗分歧。① 在以往諸説中,我們認爲陳邦懷先生根據《説文解字》"龥,从龡、从八。八,分之也;八亦聲。讀若頌",把它釋作《詩經·小雅·魚藻》"魚在在藻,有頌其首"之"頌"的本字②的意見可能是最好的一種。"龥"與A之間是什麽關係呢?我們來看看下揭卜辭:

(6a) 丙寅卜,出,貞:翌丁卯龥A報。六月。

(6b) 貞:翌丁卯不其龥。之日允不龥。

　　　　　　　　　　　《合》26765(《合補》7047)(出一)

(7) 丙寅卜,出,貞:翌丁卯龥A報。不龥。　《合》26766(出一)

(8) ☐龥A報。之日允龥。　　　　　　　《合》18824(出一)

(9a) 己巳卜,貞:今日A祗,不雨。

(9b) 己巳卜,出,貞:翌庚午龥A祗。之日☐。

(9c) 壬申卜,出,貞:今日不雨。

　　　　　　　《合》18801+《合》24739(《契合集》366 組)(出一)

(10) 辛未卜,貞:今日龥庸。十二(?一?)月。在峀(圍)魚。

　　　　　　　　　　　《合》18804(《合》24376 重)(賓三)

(11) ☐☐卜,出,貞:[翌☐]亥龥祗☐。之日允龥。

　　　　　　　　　　　　　　　　　　　《合》26775(出一)

(12) 丙戌[卜],賓,貞:[翌]丁亥王[其]A報。　《合》15805(出一)

(13) 丙戌卜,爭,貞:翌丁亥王其A報,易[日],不[雨]。

　　　　　　　　　　　　　　　　　　　《合》5393(賓三)

(14) ☐午A報☐。　　　　　　　　　　《合補》6221(出一)

(15) 丁巳卜,出,貞:今日A編,卒。之日允卒。《合》26801(出一)

(16) ☐其A☐不雨。　　　　　　　　　　《合》11798(典賓)

---

① 參看于省吾主編:《甲骨文字詁林》第 2 册,中華書局,1996 年,第 1749—1752 頁。楊澤生:《甲骨文"龥"字新釋》,《中國文字學報》第 1 輯,第 60—67 頁。

② 陳邦懷:《甲骨文"龥"字試釋》,《中國語文》1966 年第 1 期。收入同作者:《一得集》,齊魯書社,1989 年,第 35—40 頁。

(17) ［丁］亥卜,出,貞:翌戊［子］王 A □。　　《英藏》2029(出一)

(18) 癸亥卜,出,貞:今日龡 A,其□。　　《合》26769(出一)

(19) □□卜,出,［貞］:今日龡□。之日［允］龡皿(A)。

《合》26786(出一)

(16)(17)A 後面之字雖然殘去,但比較文例可知它應與(12)—(15)屬於同一類型。通過上面的例子,可知"龡"與"A"是動詞,它們既可以組合,後面接樂歌或樂舞名,構成"龡＋A＋樂歌或樂舞名"的格式(例 6a、7、8、9b);它們也可以單用,後面接樂歌或樂舞名,構成"龡＋樂歌或樂舞名"(例 10、11)或"A＋樂歌或樂舞名"的格式(例 12—17)。B、C 與 A 表示的是同一個詞,B、C 也是後面接樂歌或樂舞名而前面沒有"龡"之例。例(18)"龡 A"後面應該是省去了樂歌或樂舞名。從同一版有密切關係的卜辭來看,(6a)(6b)兩者對貞,後者命辭裏的"龡",前者作"龡 A"。(9a)(9b)兩者選貞,前者命辭裏的"A",後者作"龡 A"。從同一條卜辭的驗辭與命辭來看,(7)(8)驗辭裏面的"龡"相當命辭裏的"龡 A 韶",(7)(8)這類驗辭裏面的"龡"應該即"龡 A"之意。從(19)驗辭作"之日［允］龡 A"來看,也可知(7)(8)這類驗辭裏面的"龡"應該即"龡 A"之意。從"龡 A"既可以作"龡",又可以作"A"來看,比較合理的解釋應該是:"龡"與"A"意義相近,"龡 A"是近義連用,它們之間是並列關係。

關於 A 的意義,在已有的研究中,我們認爲王子楊先生的分析最有道理。王先生把 A、B、C 都釋作"益"(參看前文)。他討論了如下花束卜辭:

(20a) 甲寅卜:乙卯子其學商,丁侃。用。

(20b) 甲寅卜:乙卯子其學商,丁侃。子占曰:有求(咎)。用。子🐚。

《花東》487(《花東》336 占辭用"其有疇艱")(花東子組)

(21a) 甲寅卜:乙卯子其學商,丁侃。用。子🐚。

(21b) 甲寅卜:丁侃于子學商。用。

(21c) 丙辰卜：延奏商。　　　　　　　　　　《花東》150（花東子組）

(22) 丙辰卜：延奏商，若。用。

《花東》86（《花東》382 同文）（花東子組）

姚萱女士指出："以上 86、150、336、382、487 爲一組，甲寅、乙卯、丙辰連續三天卜學商、奏商之事；前引 87、247[引者按：即本文(1)(2)二辭]爲一組，丁巳、庚申爲'子益商'等事貞卜。丁巳與丙辰干支相接，隔兩日後爲庚申，這些卜辭皆可繫聯，應爲一時之卜。"①王子楊先生認爲："這（引者按，指上引姚説）是很正確的結論。卜辭先言學商，再言奏商，最後言益商，學者都認爲'商'是一種樂歌或樂舞名稱，可見'益'應該也是與樂歌或樂舞表演相關的一類動詞。"王先生又根據既有"奏男""奏祁""奏韶"的説法，也有"益男""益祁""益韶"的搭配，再結合一些可能爲同卜一事的卜辭，指出"益"當跟"奏"的意義密切相關，可能也有"演奏""編排"一類的意義。王先生最後把"益"訓作"增益"，認爲"益＋樂歌（或樂舞）"格式，反映了商代對古代樂歌進行增益編訂的工作。②

我們雖然不同意王先生關於 A、B、C 釋作"益"的意見，但王先生認爲本文所討論的舊釋"益"之字是與樂歌或樂舞表演相關的一類動詞，它跟"奏"的意義密切相關，可能也有"演奏""編排"一類的意義，這却是非常有道理的。結合前文我們關於"龠""A"關係的討論，我們認爲"龠""A"都是與樂歌或樂舞表演相關而彼此義近的動詞，可能有"演奏""編排"一類的意義。但它們具體表示哪一個詞，則有待進一步研究。根據本文的討論，A 類字形是盍字，它在圓體類中與一般的"盍"字的用法是相同的，即它也表示血祭的用法。但它在賓組三類、出組一類卜辭中，幾乎都表示一種樂歌或樂舞的演奏方式，與用作血祭的一般的盍字寫法有別，這或許反映了在這些組類中不同寫法的"盍"字的異體分工現象。不過由《合》18217 等表示樂歌或樂舞演奏方式的{A}仍作一般的"盍"形來看，可見這種異體分工並不是完全徹底的。

---

①　姚萱：《殷墟花園莊東地甲骨卜辭的初步研究》，第 179 頁。
②　王子楊：《從卜辭"武湯"説到商代的樂歌樂舞》（未刊稿）。

通過我們的討論，舊釋作"益"的 A 應改釋作"㿞"。那麼甲骨文中有沒有"益"字呢，在回答這個問題之前，我們先來討論一下可能與"益"有關係的"易"字的構形。

《說文》："易，蜥易、蝘蜓、守宫也。象形。《秘書》說：'日月爲易，象陰陽也。'一曰：从勿。凡易之屬皆从易。"古文字研究者多已指出《說文》分析有誤。① 商周金文中，"易"字主要作下揭諸形：

D1：[字形] 易爵，《集成》②07770，商晚③

D2：[字形] [字形] 簋，《銘圖》④04580，商晚

　　[字形] 翼父鼎，《集成》02454，西早

　　[字形] 從鼎，西中前段，《集成》02435

D3：[字形] 亳鼎，《集成》02654，西早

　　[字形] 殷鼎，《銘圖》02427，西中

D4：[字形] 彭尊，《銘圖》11738，商晚

　　[字形] 孝卣，《集成》05377，商晚

　　[字形] 圉鼎，《集成》02505，西早前段

D5：[字形] 辪簋，《集成》04192，西中

　　[字形] 仲師父鼎，《集成》02743，西晚

D5 明顯是比較晚的寫法，小篆的"易"即是在這類寫法的基礎上稍加變化而來。商周金文中，"易"字大多數从三小點，極少數寫作兩小點。D2 類寫法是商周金文最常見的寫法，而 D1 類寫法則比較罕見。在上述

---

① 參看季旭昇：《說文新證》，福建人民出版社，2010 年，第 767 頁。
② 中國社會科學院考古研究所：《殷周金文集成》，中華書局，1984—1994 年。
③ 商晚指商代晚期，其他可依此類推。
④ 吳鎮烽：《商周青銅器銘文暨圖像集成》，上海古籍出版社，2012 年。

寫法中,哪一種寫法是最早的呢?"易"字的構形又該作何解釋呢? 談到金文"易"字的構形,熟悉金文的研究者肯定會首先想到西周早期幾件德器中作如下寫法的一些字形:

E: [圖]德鼎,《集成》02405　　　[圖]德簋,《集成》03733

[圖]叔德簋,《集成》03942

德鼎(《集成》02661)之德,研究者一般認爲它與上述三件德器的德是同一人,德鼎(《集成》02661)有"易"字作"[圖]",而上引 E 的用法與之相同。陳夢家先生釋 E 作"益",認爲它是保存了古式的未簡化的"易"字,這是寫作"益"形的"易"。① 郭沫若先生説與陳説相近,他釋 E 爲益,認爲"易是益的簡化"。② 徐中舒先生主編的《漢語古文字字形表》把甲骨文中的"[圖]""[圖]"類形與德器 E 即"[圖]"類形皆釋作"易"。③ 郭若愚先生在郭沫若先生意見的基礎上進一步溯源,認爲甲骨文"[圖]""[圖]""[圖]"類形應該是"益"字初文,"[圖]"類形省去左邊承水之器皿則演變爲德器中的"[圖]""[圖]",後者省去左邊皿壁及座足便演變爲"[圖]"。④ 陳漢平先生認爲"易""益"實爲二字,甲骨文中的"[圖]"類形與德器"[圖]"類形皆應釋作"易","[圖]"省去"廾"則爲"[圖]",再省去被注之器則爲"[圖]",後截取"[圖]"形之局部便作"[圖]"類形的"易"。⑤ 陳五雲先生主張"[圖]"應釋作

---

① 陳夢家:《西周銅器斷代》(二),《考古學報》第 10 册,1955 年,第 109 頁。
② 郭沫若:《由周初四德器的考釋談到殷代已在進行文字簡化》,《文物》1959 年第 7 期,第 1 頁。
③ 徐中舒主編、漢語古文字字形表編寫組編:《漢語古文字字形表》,四川人民出版社,1981 年,第 374 頁。
④ 郭若愚:《德器益字探源》,《上海師範大學學報》1982 年第 1 期,第 155—156 頁。
⑤ 陳漢平:《屠龍絶緒》,黑龍江教育出版社,1989 年,第 8、11、93—95 頁。

"易","易""益"是兩個不同的字。他認爲如把"[字形]""[字形]"類形看作[字形]、[字形]兩個部分,那麼"[字形]和[字形]實爲收付的雙方,[字形]演變爲[字形](引者按:即我們討論的A)、[字形],再變爲金文的[字形],是'收'的一方——水入皿中,從無而有,從少而多:顯然,這是'增加'之義,這是'益'字。而[字形]作爲支付的一方——水由多而少,傾注它皿:這樣,從支付的角度看,產生了'賜予'之義,由[字形]簡化爲[字形],字形始終強調那有鋬的壺形,這是'易'字。由此可見,説'易'爲'益'的簡化字,實爲對[字形]字隸定產生的誤會"。① 王蘊智先生贊成陳説,並在陳説的基礎上進一步論證"易""益"同源。認爲"[字形]"類形是它們的同源母體。此母體的左邊割裂出來演變爲"益"字,右邊割裂出來演變爲"易"字。② 趙平安先生認爲E應該釋作"匜"之象形初文,"[字形]"類形是"匜"的繁體,進而認爲"易是匜的分化字"。③ 張光裕先生認爲E是益字,銘文中用作賜,易不是益的簡化字。④

前些年發表的珂簋銘文中有如下兩個字形:

F:[字形]珂簋,《銘圖》05136　　[字形]珂簋,《銘圖》05137

張光裕先生把F與E相聯繫,認爲F是皿形,其實應爲"益"字簡寫,銘文中讀作"賜"。⑤ 趙平安先生釋作"匜",再次論證"易是匜的分化字"。⑥

---

① 陳五雲:《學習古文字札記二則》,《古文字研究》第19輯,中華書局,1992年,第372—376頁。
② 王蘊智:《"益"、"易"同源嬗變探析》,《甲骨文獻集成》第13册,第482—487頁。
③ 趙平安:《釋"易"與"匜"——兼釋〈史喪尊〉》,《金文釋讀與文明探索》,上海古籍出版社,2011年,第68—74頁。相關内容又見同作者《説文小篆研究》,廣西教育出版社,1999年,第157—161頁。
④ 張光裕:《先秦泉幣文字辨疑》,臺灣大學文學院《文史叢刊》34,1970年,第94—96頁。
⑤ 張光裕:《珂簋銘文與西周史事新證》,《文物》2009年第2期,第54頁。
⑥ 趙平安:《〈珂簋〉銘文在文字演變上的意義》,《金文釋讀與文明探索》,第6—10頁。

把"☗"與德器 E 加以認同，這在辭例方面並沒有確鑿的證據，"☗"很可能與"益""易"無關。關於"☗"類形的釋讀，裘錫圭先生曾結合字形與辭例，提出過一種很有影響的意見，即它是"注"字表意初文。① 相比較而言，裘說似更合理一些。因此在討論"易"字的構形時，如果沒有確鑿的證據，恐怕不能上溯到甲骨文中還未確釋的"☗"類形。關於 E 的諸說，雖然有的說法彼此差異很大，但除張光裕先生說法之外它們都有一個共識，那就是"易"應該是 E 的簡化，這一點恐怕應該是大多數學者都能接受的，我曾經對此也很堅信。但後來經過仔細梳理甲骨文的相關資料，我們認爲"易是 E 的簡化"這個意見很可能是有問題的。

從目前資料看，金文中"易"字出現的時代最早只能到殷墟四期，而甲骨文中"易"字出現的時代要早得多，最早可以早到武丁時代。因此探討"易"字的構形時應該重視甲骨文的相關資料。D2 類寫法的"易"字是商周金文中最常見的寫法，如果單看 D2 與"☗"，前者與後者上部確實很接近，很容易讓人認爲前者是後者的截除性簡化。但問題是，如果 D2 是"☗"之簡化，早期甲骨文中"易"字應該有 D2 類寫法，而實際上這類寫法在武丁時期的甲骨文中一例都沒有發現。從這一點看，"'易'是 E 的簡化"這一意見很可能是有問題的。D1 寫法的"易"字在商周金文中雖然極其少見，但早期甲骨文中的"易"字基本上都作此類形體（少數作兩點），因此我們認爲上述金文"易"的幾類寫法中，D1 類寫法應該是最早的。

甲骨文中"易"字基本上也是从三點，大多作"☗"類形，少數从兩點，如"☗"（《京人》3097）、"☗"（《明後》②1654）、"☗"（《合》20647）、

---

① 裘錫圭：《殷墟甲骨文字考釋（七篇）》第七篇《釋"注"》，《裘錫圭學術文集·甲骨文卷》，第 358—361 頁。
② 許進雄：《殷虛卜辭後編》，（臺北）藝文印書館，1972 年。

"▨"(《甲編》①257)②等。如果要探討"昜"字的構形,我們認爲應該重視甲骨材料中那些時代較早的、與常見"昜"字的寫法既有區別又有聯繫的字形。

《村中南》③390 是一版師歷間類卜辭,其上有"昜"字作"▨",《歐美亞》④91(《合》32187)是一版師歷間類卜辭,其上有"昜"字作"▨""▨",⑤它們除去三小點後的部分明顯象盤形。《合》655 一條典賓類卜辭中的"昜"字或作"▨",其左邊部分明顯不象銎形與器腹一側的結合,而是象盤形。《甲編》2944 是一版賓組卜辭,其上有殘辭"☐不▨☐"(《合》13182 拓本上此字不清晰),"不"後之字,舊一般釋作"昜",可信。此字最右邊亦明顯不是銎形,而是盤的圈足之形,此形實象豎置的盤傾倒水之形。其所從盤形的圈足作三角形,這與"▨(▨)"(《合》114)的盤形所從圈足作三角形相同。根據以上字形的啓示,我們認爲"昜"字本應從豎置的盤形從幾個水點形(一般爲三個水點,少數爲兩個水點),可能是表示用盤傾倒水之意。"昜"字本從盤形,"▨"類形演變爲"▨"(《合》1676)、"▨"(《京人》3097)、"▨"(《明後》1654)類形,猶如"▨"(《合》114)、"▨"(《合》152)類形異體或作"▨"(《合》14911+《合》409)、⑥

---

① 董作賓:《殷墟文字甲編》,中研院歷史語言研究所,1948 年。
② 關於此片的綴合情況,可參看蔣玉斌:《甲骨舊綴之新加綴》第 2 組,先秦史研究室網站,2014 年 12 月 25 日。
③ 中國社會科學院考古研究所:《殷墟小屯村中村南甲骨》上冊,雲南人民出版社,2012 年。
④ 饒宗頤:《歐美亞所見甲骨錄存》,《南洋大學學報》第四期,1970 年。
⑤ 由於《歐美亞》91 整個拓本被水準翻轉,故此兩形我們作了水準翻轉處理(處理之前它們分別作"▨""▨"),使之恢復了本來的方向。
⑥ 林宏明:《甲骨新綴第 299 例》,先秦史研究室網站,2011 年 12 月 16 日。又載林宏明:《契合集》第 299 則,第 305 頁。

"▨"(《福氏》①2)類形,其中盤形的變化正相類,由後者盤形的變化可證"易"字从盤形是很有可能的。《合》24757"癸酉卜,▨,貞:王▨,亡(無?罔?)各雨","王"後一字,《甲骨文編》摹作"▨"。②《新甲骨文編》摹作"▨",置於附錄1007號,並認爲該版屬於出組。③《甲骨文字編》摹作"▨",置於0082號,並認爲該版屬於出組二類。④《安明》1383"▨申[卜],矣,貞:今日王其▨▨","其"後一字,《新甲骨文編》置於附錄0430號,認爲該版屬於賓組。⑤《甲骨文字編》置於0083號,並認爲該版屬於無名組。⑥ 這兩版卜辭應該都是屬於出組二類,"▨"字左邊从豎置的盤形,右上部顯然有"又"形。《安明》1383"王""其"兩字的右邊筆畫有部分殘缺,因此不排除"▨"字右上殘去"又"形的可能,即便它本没有"又"形,但從偏旁的組合以及辭例來看,此兩形應是一字異體,王子楊先生曾把它們加以繫聯,正確可從。⑦ 後者所从"▨"即前者所从作"▨"類形的盤形

---

① 商承祚:《福氏所藏甲骨文字》,金陵大學中國文化研究所,1933年。
② 孫海波:《甲骨文編》,第955頁。
③ 劉釗等編:《新甲骨文編》(增訂本),第1024頁。
④ 李宗焜:《甲骨文字編》上册,第27頁。
⑤ 劉釗等編:《新甲骨文編》(增訂本),第946頁。
⑥ 李宗焜:《甲骨文字編》上册,第27頁。
⑦ 王子楊:《釋甲骨文中的"隋"字》,《出土文獻》第8輯,中西書局,2016年,第4頁注2。"▨",黄天樹先生釋作"盡/盦",認爲左上是"皿"形(黄天樹:《契文瑣記》之四,《出土文獻與古文字研究(第6輯)——復旦大學出土文獻與古文字研究中心成立十周年紀念文集》,上海古籍出版社,2015年,第15頁),王子楊先生據黄先生説認爲"▨"可能也是"盦"字,又認爲其左部是"皿"省去圈足之形(《釋甲骨文中的"隋"字》,《出土文獻》第8輯,第4頁注2)。我們認爲此兩形釋作"盦"可能是正確的,但所从器形應是"盤"而非"皿"。伯六鉟鼎(《集成》02337)是一件西周早期器,其銘有"▨"字,女形下部有脚趾形,右下部是器皿之形。"▨"很可能來源於"▨"類形體,即後者把右下部人形換作同義的女形,右上部變形聲化作"朿",左部盤形置於右下,它就會演變爲前者。"▨"類形把器皿形橫置,它就演變成"▨"(獨鼎,《集成》01768)、"▨"(叔鼎,《集成》02051)類形。如果此説可信,則"▨"(轉下頁)

之變體。而《乙》①4867(《合》9464 正)"▣(易)"所從與"✓"相同,這亦可證"易"字本從盤形是很有可能的。

師組卜辭是各類王卜辭中時代最早的一類的卜辭,下面我們就以這類時代較早的卜辭爲例,再舉證一些"易"字明顯從盤的字形。

《東大》②1157 是一版師組小字類卜辭,時代相對較早,從其黑白照片來看,其上"易"字作"▣""▣",前者是比較常見的寫法,後者右邊明顯有一豎筆。此形《合》20271(《合補》6596)拓本作"▣",右側亦可見有一豎筆。比較照片與拓本可知,此形無疑應從豎置的盤形。此例應是"易"從盤形的明證。

《合》20457 是一版師組小字類卜辭,其上有"▣"形,所處辭例爲"□□卜,王☐▣☐[朋]☐"。此形,《合集釋文》等未釋。③ 董作賓先生摹作"▣",釋作"易"。④ 島邦男《殷墟卜辭綜類》置於"易"字頭下。⑤《甲

(接上頁)確可釋作"盡/齍",卜辭中指盛黍稷以祭祀。

商代的一件觶(《集成》06428),其銘文中的婦名用字作"▣"。我們認爲該字可分析爲從女从"▣",但它也可能本即"▣"字繁體,只因爲它是婦名,故加女旁。"▣"所从"▣"是在"▣"上加注的聲符(謝明文:《商代金文的整理與研究》,復旦大學博士學位論文,指導教師:裘錫圭,2012 年,第 125—126 頁)。蔣玉斌先生認爲"▣"形上部象一直立之人垂頭髮之形,左下方是盤形。盤是承水器,一人垂頭持髮臨於盤上,顯是洗頭——"沐"的形象,"▣"表示洗髮的"沐"這個詞(蔣玉斌:《殷商文字與戰國文字互證兩例(提綱)》第一則,"戰國文字研究的回顧與展望"國際學術研討會論文集,2015 年 12 月 12—13 日,復旦大學,第 161—163 頁。論集按語:蔣文第一則後改題名爲《說與戰國"沐"字有關的殷周金文字形》,發表於《戰國文字研究的回顧與展望》,中西書局,2017 年,第 46—49 頁)。"▣"與"▣"構形非常接近,兩者似一字異體。如蔣說可信,則"▣""▣"亦可釋作"沐"的表意初文。

① 董作賓:《殷墟文字乙編》,中研院歷史語言研究所,1948—1953 年。
② [日]松丸道雄:《東京大學東洋文化研究所藏甲骨文字》,東京大學東洋文化研究所,1983 年。
③ 胡厚宣主編:《甲骨文合集釋文》第 2 册,第 1021 頁。
④ 董作賓:《殷虛文字外編》,《甲骨文獻集成》第 3 册,第 358 頁。
⑤ [日]島邦男:《殷墟卜辭綜類》,汲古書院,1979 年,第 496 頁。

骨文校釋總集》等亦釋作"易"。① 我們認爲釋"易"可從。據其後有"朋"字殘文來看，它應該讀作"錫"或"賜"。從字形看，此字亦明顯從豎置的盤形。

《合》20193（《甲骨文錄》②562）亦是一版師組小字類卜辭，其上有"㊣"形，《甲骨文編》把此字摹作"㊣"，③可從。它所處辭例爲"辛丑卜，王，委其㊣□"。此字，舊或釋作"受"，④島邦男《殷墟卜辭綜類》置於"易"字頭下，⑤我們認爲釋"易"可信。同版另有一辭作"辛丑卜，□取☒"，辛丑卜的這兩條卜辭在內容上很可能有關聯，"易"在卜辭中的意思很可能與"取"所指有關，疑亦讀作"錫"或"賜"。從字形看，此字亦明顯從豎置的盤形。⑥

以上幾例早期的字形與常見的"易"字之間的聯繫是顯而易見的，但它又明顯是從盤之初文。因此，我們認爲若要探討"易"字的構形，應該根據這類比較早的字形。由這些比較早的寫法，可知"易"字本應從豎置的盤形、從幾個水點形（一般爲三個水點，少數爲兩個水點），可能是表示用盤傾倒水之意。

既知"易"字本應從豎置的盤形、從幾個水點形，那麼甲骨文中早期的"易"字爲何從未見 D2、D3、D4 即"㊣""㊣""㊣"類寫法而主要作"㊣""㊣"類寫法也就好理解了。因爲"易"字中那一長弧筆⑦表示的是除去圈足後的盤形，所以早期的"易"形，水點之形都在那一長弧筆即盤形內側，長弧筆的上下兩端都是背向盤底圈足的。如果表示盤形的那一長弧筆的上部筆畫轉向盤底圈足一側，那一長弧筆即作"乙"字形，則"㊣"

---

① 曹錦炎、沈建華：《甲骨文校釋總集》卷7，第2346頁。
② 孫海波：《甲骨文錄》，臺北藝文印書館，1971年。
③ 孫海波：《甲骨文編》，第805頁。
④ 胡厚宣主編：《甲骨文合集釋文》第2冊，第1009頁。曹錦炎、沈建華：《甲骨文校釋總集》卷7，第2323頁。
⑤ ［日］島邦男：《殷墟卜辭綜類》，第496頁。
⑥ 《合》20297是一版師組小字類卜辭，其上有"㊣"字，由於所在之辭殘，用法不詳。結合字形與該版所屬組類來看，它即爲"易"字。《明後》1915上面有兩個殘字，其中一個作"㊣"，很明顯從豎置盤形，盤中有水點形，如果此形完整沒有偏旁殘缺的話，它亦可釋作"易"。
⑦ 甲骨文中少數"易"字作一直筆，應看作偶然的變化。

"少"類形就分別演變爲 D2、D3。如果"少"類形表示盤形的那一長弧筆的上部、下部筆畫皆轉向盤底圈足一側，它就會演變爲 D4。① D1 與早期甲骨文常見的"易"字寫法相同，較 D2—D4 表意程度更高。D2—D4 類寫法的"易"字都已經出現了不同程度的訛變，其中的那一長弧筆已經看不出它與盤形的關係了。如果我們根據這類後起的、已經訛變的字形來討論"易"字的構形，恐怕是很難得出正確結論的。

《乙》7096（《合》811）上有"[字形]"②形，舊一般把它與 A 相聯繫，釋作"益"。此字所从的器形明顯是盤形，而 A 字所从的器形往往器腹比較深，應該是"皿"一類器形。此外兩者上部小點的排列也不同，這些是它們的區別所在。前文已論 A 是盁字，《合》811 此字雖與 A 無關，但釋作"益"却是有道理的（參看下文）。"[字形]"作橫置的盤形上有幾個平行水點之形，如果將它旋轉 90 度豎置則作"[字形]"形或"[字形]"形，這就與"[字形]""[字形]"寫法恰好相同。"[字形]"（《集成》01230）、"[字形]"（《合》17960）乃一字異體，它們字形有橫置與豎置之別，據此我們認爲"[字形]"可看作"[字形]""[字形]"類形的異體，亦是"易"字。③

德器"[字形]"類形除去鎣後之形作"[字形]"，實際上可看作"[字形]""[字形]"兩者糅合産生的變體，即器形采取"[字形]"類形的橫置形，水點采取"[字形]"類形中水點的寫法。商周族名金文中的"[字形]"字，研究者認爲有可能是"般"字異體。④ 如

---

① 宰丰骨（《合補》11299）字體接近殷墟四期金文，其中的"易"字與 D4 類寫法接近。
② 研究者或認爲"[字形]"（《合》29987）與"[字形]"是一字。我們認爲前者上端殘缺，又缺乏辭例的限制，因此難以證明兩者爲一字。
③ 《合》20090"[字形]"，《甲骨文編》（第 955 頁）摹作"[字形]"，舊一般釋作"乎"。但從《合》所錄黑白照片來看，此形下部沒有"乎"字常見的那一豎筆，當然不排除是豎筆缺刻導致的。但如果僅據此形而論，釋"乎"似可疑。我們根據甲骨文中器皿之形常省去底部圈足以及我們提出的"易"字从盤來看的話，此形似可看作省去盤底圈足，有可能應釋作"易"或"易"的分化字"益"。不過由於辭殘，具體釋讀還有待進一步研究。
④ 劉釗：《古文字構形學》，福建人民出版社，2006 年，第 78 頁。

果釋"般"可信（論集按語：族名金文此字，研究者釋作"盉"的意見似更合理），那麼它與一般的"般"作"【字形】"相比，僅僅是器形橫置與豎置之別。"【字形】"（《合》19798）、"【字形】"（《合》19916）比較一般的"般"字，其盤形也是橫置的。"【字形】"（《合》28167）、"【字形】"（《合》17960）乃一字異體，後者也可以看作是把前者的器形豎置所致。伯【字形】鼎（《集成》02404）之"【字形】"，我們認爲即族名金文中"【字形】"（《集成》01174）字異體，這也僅是器形橫置與豎置之別。①"【字形】"與"【字形】"應該也是類似的例子，即僅僅器形有橫置與豎置之別，而水點形基本保持不變。前者雖然器形橫置了，但水點方向保持不變，仍還可以表示用器傾倒水之意。德器"易"字刻畫出了鋬形，水點方向保持不變，以致該形上部確實與當時常見的"易"字相同，這不排除是德器銘文的書寫者由於把本來應該豎置的器形橫置了，有意讓其上部與"易"加以聯繫即變形聲化的可能。根據我們的意見，"易"本從盤形，但在德器中，盤形已經類化爲一般的皿形。

柯簋"【字形】"類形有圈足有流。據考古實物，商周的青銅盤有的有流，②我們認爲"【字形】"應即帶流盤的表意字。結合銘文文義來看，它應該是"【字形】"類形的"易"字省去水點後的省體，銘文中讀作"錫"或"賜"。《合》1304 是一版典賓類卜辭，其上的文字除"易"字外都很規整，"易"作"【字形】"，亦省去水點，僅作盤形，就是同類的例子。這類用字現象是偶然出現的，因爲有文義的限制，故一般情況下仍能對它們加以辨識。③

---

① 謝明文：《金文札記四則》第四則（署名日月），復旦大學出土文獻與古文字研究中心網站，2009 年 4 月 18 日。
② 參看陝西省考古研究所等編：《陝西出土商周青銅器（三）》，文物出版社，1980 年，第 106 頁。張天恩主編：《陝西金文集成》卷 13"宗仲盤"，三秦出版社，2016 年，第 122—123 頁。
③ 《合補》6546"【字形】"不知能否看成"易日"合文，其中"易"也是省去水點形，這有待進一步研究。【字形】簋（《集成》03036）"【字形】"字，舊一般未釋。拓本上此字左邊不是很清楚，有可能本有水點之形。如果左邊確沒有筆畫殘泐的話，似可看作 D4 類寫法的"易"字省去水點形。

"易"字的構形既已清楚,那麼"益"字是否與之有關呢?"[圖]",舊釋作"益",從字形看,這是有道理的。我們認爲"益"與"易"可能是一字分化,即"益"字應該是由橫置的"易"形演變而來。從語音方面來看,益是影母錫部字,易是喻母錫部字,从益聲的溢與易聲韻全同。敔叔微簋蓋(《集成》04130)、夷伯簋(《銘圖》05159)、《清華簡(三)·良臣》(簡1)中有"䓿"字,《說文》以之爲嗌字籀文,傳抄古文則以之爲益字古文,它在《良臣》中用作"益",銘文中則用作"錫"或"賜"(論集按語:它們在銘文中應如有的研究者所論用作"增益"之"益")。可見"益""易"讀音相近。從字形方面看,《乙》4867(《合》9464 正)"易"字作"[圖]",其中三個水點作"小"形。如果"[圖]"類形中的三小點作倒"小"形排列,它就會演變爲金文中習見的"益"字。從甲骨文、金文資料看,"易"字都有从兩個水點的字形,如果"[圖]"類形也僅作兩個水點,它就會演變爲畢鮮簋(《集成》04061)的"[圖](益)"字,其中盤形類化爲一般的皿形,這與"易"本从盤形,在德器中類化爲皿形同例。可見從語音以及字形兩方面,說"益"是由"易"分化而來的一個字都是比較自然的。如果我們這一意見可信,那麼文字學上非常有影響的"益"是"溢"的表意初文這一意見恐怕也是有問題的。

最後,我們歸納一下本文的主要意見。1. A 在字形以及辭例兩方面都與"盉"密切相關,在讀音方面又與"皿"聲字存在通用關係,因此它應釋作"盉"而不能釋作"益"。B 宜釋作"皿",C 可隸作"淜",是一個从水皿聲的形聲字。2. 從較早的字形來看,"易"字本應从豎置的盤形、从幾個水點形,表示用盤傾倒水之意。"益"與"易"可能是一字分化,即"益"字是由橫置的"易"形演變而來。

附記:

本文寫於 2017 年 1 月,2017 年 2 月下旬修改。其中關於"易"字新探部分於 2017 年 4 月 8 日在《中國語文》編輯部、浙江大學漢語史研究中心主辦的"第五屆《中國語文》青年學者論壇"上宣讀,會下蒙田煒先生告知,張桂光先生亦指出了"易"字是盤中盛水自上向下傾注的形象,謹致謝忱。張先生説見於其《古文字考釋四則》之第二則(張桂光:《古文字論集》,中華書局,2004年,第113—114頁),讀者可參看。由於張先生説論述簡略,又没有談到"易"與德器""類形以及"益"字之間的關係,故我們文章的相關部分可作爲張説的補充。拙文承蒙王子楊先生批評指正,謹致謝忱。

2017年4月8日

論集按語:何景成先生《試論殷墟甲骨卜辭與樂舞有關的"益"字》(《出土文獻》第14輯,中西書局,2019年,第1—9頁)在A釋作"益"的傳統説法基礎上將卜辭中與樂舞連用的A讀作"佾",認爲在卜辭中用作動詞,指排列、編排樂舞,讀者可參看。

原載《中國國家博物館館刊》2019年第12期,第7—21頁。發表時格式、内容略有調整,此依原稿發表。

試論"揚"的一種異體

——兼說"圭"字*

商代甲骨文與西周早期金文中有下揭字形：

A. ▨ [《合》①15819(《合補》②4464 重)]

B. ▨ 㠱簋(《銘圖》③04636)　　▨ 㠱角(《銘圖》08789)

　 ▨ 㠱角(《銘圖》08790)　　▨ 㠱瓿(《銘圖》09853)

　 ▨ 父乙尊(《銘圖》11545)　▨ 卣蓋(《銘圖》13272)

A，舊或以爲字不識，或隸作"㚔"，或釋作"埶"。④ 陳劍先生認爲："此形象跪坐人形兩手奉盛食之皀（簋），應該就是'飤'字之表意初文。"⑤《甲

---

* 本文得到國家社科基金青年項目"商代金文的全面整理與研究及資料庫建設"（項目編號 16CYY031）、復旦大學"雙一流"建設人文社科一流創新團隊項目"出土文獻與古文字研究"子課題"商周金文拾遺——《集成》、《銘圖》、《銘續》未錄金文的整理與研究"（項目編號 IDH3148004/005）的資助。

① 郭沫若主編：《甲骨文合集》，中華書局，1978—1982 年。
② 彭邦炯、謝濟、馬季凡：《甲骨文合集補編》，語文出版社，1999 年。
③ 吳鎮烽：《商周青銅器銘文暨圖像集成》，上海古籍出版社，2012 年。
④ 參看季旭昇：《甲骨文從"㲋"之字及其相關意義之探討》，《出土材料與新視野》，中研院史語所，2013 年，第 156—157 頁。
⑤ 陳劍：《釋㠱》，《出土文獻與古文字研究》第 3 輯，復旦大學出版社，2010 年，第 8 頁。

骨文字編》置於"馘"字頭下。① 《新甲骨文編》置於"登"字頭下。② 楊州先生把 A 左上看作"圭"，根據"圭""戈"關係密切，認爲它可能是"馘"字異體，也可能是"登圭"合文。③

B，舊一般釋作"皀（即）"。《新金文編》把 ▨卣蓋（《銘圖》13272）之形收入附錄一 0147 號。④

A、B 除去"丮"形後的部分彼此只有勾勒與填實之別，實是同一形體（下文用 C 來表示這一部分）。A 所從"丮"的手形在 C 下方，B 所從"丮"的手形在 C 上方，但從偏旁組合來看，A、B 兩字應是一字異體。其中的 C 究竟是"埶"字所從，還是"皀"或"圭"呢？ 從字形看，"埶"字所從與 C 差別較大，可以不論。但"皀""圭"兩字皆有寫法與 C 相近同者，下面我們結合前人的研究成果略作論述。⑤ 商代族名金文中有如下字形：

▨ 鄉丙乙鼎（《集成》⑥01699）　　▨ 鄉丙癸鼎（《集成》01701）
▨ 鄉丙簋（《集成》10502）　　▨ 鄉丙爵（《集成》08175）

聯繫金文中常見的複合族名"鄉丙"來看，上述字形中間部分必是"皀"形之變。與上引族名寫法相同者又見於《合》19851" ▨ "" ▨ "，《合補》6733" ▨ "等。《花東》⑦3、14、16 等片的" ▨ "，《合集》19995 作" ▨ "。以上所論皆是"皀"形與 C 近同之例。商代甲骨文常見" ▨ "字，⑧它在族名金文中亦數見，如《銘圖》18729 作" ▨ "，《集成》08756—08759 作填實

---

① 李宗焜：《甲骨文字編》下册，中華書局，2012 年，第 1077 頁。
② 劉釗等：《新甲骨文編》（增訂本），福建人民出版社，2014 年，第 87 頁。
③ 楊州：《説殷墟甲骨文中的"圭"》，《山西檔案》2016 年第 3 期，第 139 頁。
④ 董蓮池：《新金文編》，作家出版社，2011 年，附録一，第 69 頁。
⑤ 參看沈培：《殷墟花園莊東地甲骨"皀"字用爲"登"證説》，《中國文字學報》第 1 輯，商務印書館，2006 年，第 49—50 頁。
⑥ 中國社會科學院考古研究所：《殷周金文集成》，中華書局，1984—1994 年。
⑦ 中國社會科學院考古研究所編：《殷墟花園莊東地甲骨》，雲南人民出版社，2003 年。
⑧ 李宗焜：《甲骨文字編》中册，第 750 頁。

之形"☖","這與A、B所從C的變化相同。近年已經有多位研究者主張將此字釋爲"圭"字,①可信。C與作"☖"類形的"圭"寫法相同。因此A、B既可能隸作"飢",也可能隸作"刲"。如果前者可信,那麼它們都當釋作"飢"字的表意初文,"飢"則是在"飢"的基礎上加注"才"聲而來。②在商代文字中,從"皀"之字數量雖然非常多,但"皀"形省變作近似"☖"形的例子實際上並不是很多見,③它們占的比重非常低。此外,A所屬的《合》15819是一版賓組卜辭,A所從C的上部作"△"形,底部是一橫筆,它與兩側斜筆相接成銳角。賓組卜辭中"皀"形雖有省變得與C相近者,但還是有細微區別的,如同屬賓組的《合》1963"☖(即)"、《合》14396"☖(既)"等,它們圈足上器腹部分的底部筆畫不作一橫筆而作一弧筆,與兩側筆畫相接皆成圓角狀,還可明顯看出這部分是由簋體省變而來,這與A所從的"△"是有區別的。因此我們認爲A、B所從的C更宜看作是"圭"。如果此說可信,那麼A、B可能是"揚"字的一種異體(參看下文)。

《拾遺》647有一人名用字作如下之形:④

---

① 參看勞榦:《古文字試釋》,《中研院歷史語言研究所集刊》第40本上册,中研院史語所,1968年,第43—44頁;王輝:《殷墟玉璋朱書文字蠡測》,《文博》1996年第5期,第9—11頁;王輝:《殷墟玉璋朱書"或"字解》,《于省吾教授百年誕辰紀念文集》,吉林大學出版社,1996年,第64—67頁;李學勤:《從兩條〈花東〉卜辭看殷禮》,《吉林師範大學學報》(人文社會科學版)2004年第3期,第2頁,收入《文物中的古文明》,商務印書館,2008年,第126—129頁;蔡哲茂:《說殷卜辭中的"圭"字》,《漢字研究》第1輯,學苑出版社,2005年,第308—315頁;張玉金:《殷墟甲骨文"吉"字研究》,《古文字研究》第26輯,中華書局,2006年,第70—75頁;王蘊智:《釋甲骨文☖字》,《古文字研究》第26輯,第76—79頁;陳劍:《說殷墟甲骨文中的"玉戚"》,《中研院歷史語言研究所集刊》第78本第2分,2007年,第407—427頁;董蓮池、畢秀潔:《商周"圭"字的構形演變及相關問題研究》,《中國文字研究》第13輯,2010年,第4—10頁。

② 參看陳劍:《釋☖》,《出土文獻與古文字研究》第3輯,第8頁。

③ 參看李宗焜:《甲骨文字編》下册,第1073—1086頁。

④ 宋鎮豪、焦智勤、孫亞冰:《殷墟甲骨拾遺》,中國社會科學出版社,2015年,第122、356頁。

D. 〔圖〕（〔圖〕）

宋鎮豪先生把此字隸作"叜"。① 劉釗先生曾對此字作了詳細考釋，他説：

  宋鎮豪先生的釋文將用爲小臣名字的"〔圖〕"字隸定爲"叜"並不合適，因爲該字雖然从"丮"没有問題，但是却並不从"弋"。所謂的"弋"字還是以是"丰"字的可能性更大（所从之"丰"字部位的骨面似乎有擠壓，變得有些扁平）。焦智勤先生的釋文對該字用原形表示，未加以隸定，但是對原形摹寫不準，筆畫有遺漏，致使"丮"形兩手所捧的部分變得類似"中"形，丟掉了下邊的另一個"中"。該字所从的"又"旁是依附在人身體上的，而古文字中从人旁的字有時會綴加上一個"又"旁，反映的很可能只是這個字繁簡的不同，對該字的音義並無影響。如甲骨文㸚字作"〔圖〕"（《甲骨文合集補編》10290），又从"又"（引者按：原誤作"人"）作"〔圖〕"（《甲骨文合集補編》8734）便是。金文"奉"字从"廾"从"丰"（"丰"旁同時兼聲符）②作"〔圖〕"，象雙手捧物形。古文字中从"廾"與从"丮"在用爲表意偏旁時可以通用，如"對"字既可以从"廾"作"〔圖〕"（燮簋），又可以从"丮"作"〔圖〕"（柞鐘）可證。所以既然"〔圖〕"字从"丮"从"丰"，我們更傾向於將其視爲"奉"字的一種繁複的寫法從而暫釋爲"奉"。③

李發先生在一篇未刊稿中認爲劉釗先生釋"奉"的意見可從，但在字形分析上與劉先生有所不同。他認爲 D 中雙手所捧之形"〔圖〕"與

---

  ① 宋鎮豪：《商代社會生活與禮俗》，《商代史》第 7 卷，中國社會科學出版社，2010 年，第 625 頁。
  ② 原注：關於"奉"字結構的解釋見裘錫圭：《文字學概要》，商務印書館，1988 年，第 159 頁。
  ③ 劉釗：《談新公布的牛距骨刻辭》，《書馨集——出土文獻與古文字論叢》，上海古籍出版社，2013 年，第 60 頁。

"丰"判然有別,它象"土"但非"土",而與"吉"字上部所從相類,又聯繫殷墟出土朱書玉璋上的"👤"字,認爲"土"應是"圭"字。李先生還認爲"吉"字上部本應從"圭",同時更傾向把"吉"字上部看作勾兵之器,並指出從第三期開始"吉"作"👤""👤"等形,上部所從就與"土""土"的形狀訛混了。①

甲骨文記事刻辭中常見"👤"字,可隸作"䙌"。劉桓先生曾將它釋爲"揚",認爲金文中的"揚"(👤)是在其基礎上加注聲符"昜"而成。② 方稚松先生評論此説時説:

> 但金文中的揚字形中間所從乃是玉,並非爲王,金文中玉、王分別明顯,揚字中所從的玉字不可能是王的訛變,因此,劉先生對字形的繫聯不太可信。不過䙌讀爲揚的可能性還是有的,揚訓舉,與稱同義,而甲骨文中的禹就有表進獻之意,如《花東》363 和 480 上均有"子勞辟,禹黹圭一、珥九"之辭,《合》32721 中有"王其禹琮",③這幾條辭中的"禹"表示捧舉之義,在當時語境下表示的就是奉獻、進獻義。䙌字形中王可表示玉戉,正屬於金文揚字字形中所捧的玉類事物。④

方稚松先生在上引文中還認爲 D 除去字形右下方"又"形後的字形與"䙌"字右邊可看作一字,字形中的"王"晚期演變成了"土"。"䙌"在記事刻辭中應是奉納、進獻之類含義。

商代甲骨文中的"吉"字有"👤""👤""吉"等寫法,第三形顯然是由第

---

① 李發:《釋👤》(未刊稿)。2017 年 7 月蒙李先生惠賜大作電子版,謹致謝忱。
② 劉桓:《殷契新釋·釋玨》,河北教育出版社,1989 年,第 121—127 頁。
③ 原注:李學勤:《從兩條〈花東〉卜辭看殷禮》,《吉林師範大學學報》2004 年第 3 期,收入氏著《文物中的古文明》,商務印書館,2008 年,第 126—129 頁。
④ 方稚松:《釋甲骨文中的"👤"》(未刊稿)。2017 年 9 月蒙方先生惠賜大作電子版,謹致謝忱。論集按語:方文修訂稿後改題爲《釋甲骨文中的"互"及相關問題》,刊於《中研院歷史語言研究所集刊》第 91 本第 1 分,2020 年,第 1—31 頁。

二形演變而來，後兩類寫法的"吉"即西周金文"吉"字所本。勞榦先生認爲"🔺"類形的"吉"字上部是圭形，在解釋"吉"的不同異體時說："金文之吉或作斧形，非如吳其昌所謂一斧一磌謂之吉也。夫一斧一磌，何吉之有？金文中之吉，誠有類斧者在其上，但決不可率然以斧磌釋之。按上世石斧石刀製作匪易，而其用甚廣，故石斧石刀可以代表權威，可以代表貴重，亦可以代表吉祥。從其形制而變者，在玉則有圭璋，在金則有句兵，則有矛鋋，則有斧戚。雖其用不同，而形制相關，仍一貫也。其在吉字上部所從，在甲骨者自以類似句兵之圭而有邸者爲主（引者按：指"🔺"類形），再就各種變化及省略者言之，實亦兼具有圭之親屬中各種形制之器物。"① 殷墟出土玉璋朱書文字中有"𢍺""𢍺""𢍺"形，王輝先生分析爲從"戈"從"土"，"土"亦聲，認爲"土"應爲"圭"之象形，是"圭"的本字，即西周金文"圭"作"圭"所從二"土"之一，而"吉"字上部所從的"🔺""🔺""土"爲一物，亦皆圭形。② 李學勤先生把"𢍺"隸作"𢍺"，認爲"'𢍺'字所從的'玉'省去上一橫筆，當爲玉戈專字"。③ 何琳儀先生認爲"𢍺"即安徽省淮南市蔡家崗趙家孤堆出土的銅戈銘文中用作"癸亥"之"癸"的"𢍺"字，前者所從"土"旁爲後者所從"圭"旁之省，"𢍺"中"戈"旁既可能是疊加聲符，也可能是"圭"旁的裝飾性部件，此字可讀作"圭"。④ 王蘊智先生對"吉"字的演變作了詳細分析，根據"吉"字在商代不同時期的變化，指出"吉"字上部所從的"𠔿""土"等形是由圭形"🔺"演變而來，而不是由王字演變而來的，並進而認爲單獨的"士"也應是由圭形"🔺"演

---

① 勞榦：《古文字試釋》，《中研院歷史語言研究所集刊》第40本上册，第43—44頁。
② 王輝：《殷墟玉璋朱書文字蠡測》，《文博》1996年第5期，第9—10頁。
③ 李學勤：《說裸玉》，《重寫學術史》，河北教育出版社，2002年，第59頁。
④ 何琳儀：《釋圭》，《古籍研究2006》卷下，安徽大學出版社，2006年，第48—52頁。"𢍺"字又見於漢代的大利銅鼎，用作"圭"（鄒芙都、馬超：《大利銅鼎銘文"𢍺"字考釋——兼論漢代的重量單位"圭"》，《文物》2019年第2期，第37—39、75頁）。

變而來，"王""士"同源①的意見不可信，"士"應與"圭"是同源字。② 丁軍偉先生根據同一類組甲骨卜辭中"王"與"吉"字上部所從並不相同以及"吉"字上部後來演變爲"士"的現象，認爲"王""士"同源説不可靠，"士""圭"同源説比較可信。③ 董蓮池先生、畢秀潔女士認爲商代的"圭"字當有二體，分別取象當時存在的兩種實物圭：一爲剡上形者，此即"⬧"類形所從；一爲斧鉞形者，即"⬦"類形所從。由於斧鉞形者與早期"王"字混同，通行剡上形者。到了西周，西周人使用斧鉞形者，由於與"士"字形體混同，遂采用上下相疊以相區別。"圭"字是由二"圭"相疊，與《説文》分析的"土"無關。④ 研究者多已指出，表示"圭"的"⬧"與"戈"形音關係非常密切，"⬧"實即"戈"的"戈頭"部分。⑤ 高玉平、陳丹兩位女士據此認爲"⬧"類形上部是源於兵器"戈"，而"⬦"類形的上部"⬨"是斧鉞形，"吉"由"⬧"類形演變爲"⬦""⬩"類形，上部的變化屬於同意義的形符替換，並認爲這種替換産生了一個直接影響就是原本記録[圭]的"⬧"，也就相應地變成了"士"，而如此則造成了記録禮器玉戈[圭]的字形與記録斧鉞[士]的字形相混淆。爲了將此二者進行區別，於是前者把字形進行重疊以與後者區別。⑥ 由以上論述可見，"⬧"類形上部是

---

① "王""士"同源的相關意見參看林澐：《王、士同源及相關問題》，《林澐學術文集》，中國大百科全書出版社，1998 年，第 22—29 頁。
② 王藴智：《釋甲骨⬧字》，《古文字研究》第 26 輯，第 76—79 頁。
③ 丁軍偉：《士、吉淺論》，《華夏考古》2018 年第 2 期，第 114—117 頁。丁先生文蒙方稚松先生審閲拙文時告知，謹致謝忱。
④ 董蓮池、畢秀潔：《商周"圭"字的構形演變及相關問題研究》，《中國文字研究》第 13 輯，2010 年，第 4—10 頁。
⑤ 孫慶偉：《周代用玉制度研究》，上海古籍出版社，2008 年，第 197 頁；陳劍：《説殷墟甲骨文中的"玉戚"》，《中研院歷史語言研究所集刊》第 78 本第 2 分，2007 年，第 407—427 頁。
⑥ 高玉平、陳丹：《"吉""圭"蠡測》，《古漢語研究》2015 年第 4 期，第 91—94 頁。

"圭",研究者基本上已取得共識。① 但"㞢"類形上部是否是"圭"以及"大"與"𠆢"的關係,諸家分歧頗大,研究者還沒有達成比較一致的意見。在談論我們的看法之前,我們先將商周甲骨文中的"吉"字詳細分類揭示如下(有個別獨特寫法的字形,由於與本文討論主旨無關,下文未一一揭示):

E1. ［圖］《花東》228(花東子卜辭)　　［圖］《合》225(典賓)
　　［圖］《合》28011(何組二類)　　［圖］《合》27863②(事何類)
　　［圖］《乙》2297(《合》1793 反)(典賓)

---

① 還有極少數研究者不贊同"𠆢"類形是"圭",如王暉先生根據"𠆢"與考古出土的圭形制不合,"𠆢"象"戈頭"部分,又據"吉"字下部有省去"口"之例,認爲"𠆢"是"吉"的聲符,從而主張"𠆢"不是"圭"字而是《説文》訓作"戟"的"戛",指戈頭,"𠆢"是象形字,"戛"則是會意字(王暉:《花園卜辭𠆢字音義與古戈頭名稱考》,王宇信、宋鎮豪、徐義華主編:《紀念王懿榮發現甲骨文 110 周年國際學術研討會論文集》,社會科學文獻出版社,2009年,第 148—151 頁;王暉:《卜辭𠆢字與古戈頭名"戛"新考——兼論"𠆢"字非"圭"説》,《殷都學刊》2011 年第 2 期,第 1—9 頁。此文蒙方稚松先生審閱拙文時告知,謹致謝忱)。"𠆢"與考古出土的圭形制不合,這並不是它釋"圭"的反證。這完全可能是我們之前對"圭"的形制不了解,把一些本不是圭的玉器稱作了"圭",也就是説考古出土的所謂圭,也許有的應改叫別名,我們反而應該根據"𠆢"的字形來命名相應形制的玉器爲"圭"。周代金文中除了"吉"字,還有从"吉"的"姞",都有"吉"形省去下部"口"形之例,但這種現象都出現得較晚,主要出現在西周晚期和東周時期金文,因此不足以説明"吉"的上部是聲符[前人一般認爲"吉"是會意字,諸家之説可參看上引高玉平、陳丹《"吉""圭"蠡測》一文,其中裘錫圭先生贊同"吉"的上部是勾兵,認爲古人是在具有質地堅實這一特點的勾兵的象形符號上加上區別性意符"口"造成"吉"字來表示當堅實講的"吉"這個詞的(裘錫圭:《說字小記》,《裘錫圭學術文集·金文及其他古文字卷》,復旦大學出版社,2012 年,第 416—418 頁)。張玉金先生根據"𠆢"是"圭"的意見修正裘説,認爲"圭"也具有堅實的特點(甲骨文有"吉圭"一語),因此"吉"的本義仍應視爲堅實(《殷墟甲骨文"吉"字研究》,《古文字研究》第 26 輯,第 70 頁)。"吉"的本義是堅實,下部"口"形是區別性意符這一意見較他説合理。]此外,"戛",《説文》訓作"戟",它並沒有用作"戈頭"的用例。因此將"𠆢"與"戛"相聯繫是不可靠的。聯繫"吉"字的變化以及玉璋"［圖］"、㔷斂"圭"等字來看,"𠆢"釋作"圭"應該是沒有疑問的。

② 關於這一版的綴合情況,可參看連佳鵬:《甲骨試綴第四則》,先秦史研究室網站,2013 年 11 月 13 日。

試論"揚"的一種異體　　045

　　　　[字形]《合》7715反＋《合》562反①（典賓）

E2.　[字形]《合》16313（典賓）　　　　[字形]《合》31225（何組二類）

　　　　[字形]《花東》228（花東子卜辭）

E3.　[字形]《花東》149（花東子卜辭）　　[字形]《合》24988（出組）

　　　　[字形]《合》26967（何組二類）　　[字形]《合》27120（何組二類）

　　　　[字形]《合》26967（何組二類）　　[字形]《合》26957（何組二類）

　　　　[字形]《合》27871（何組二類）　　[字形]《合》30913（何組二類）

　　　　[字形]《合補》9747（何組二類）

E4.　[字形]《合》26088（何組二類）

E5.　[字形]《合》26991（無名組）　　　　[字形]《屯》2665（無名組）

　　　　[字形]《合》32983（無名組）　　　[字形]《合》27057（無名組）

E6.　[字形]《屯》2665（無名組）　　　　[字形]《屯》2711（無名組）

　　　　[字形]《合補》9743（無名組）　　　[字形]《合》27805②（無名組）

E7.　[字形]《屯》2711（無名組）　　　　[字形]《合》27034（無名組）

　　　　[字形]《合》35347（黃組）　　　　[字形]《合》35426（黃組）

　　　　[字形]《合》35646（黃組）

E8.　[字形]《屯》1088（無名組）　　　　[字形]《合》22413（午組）

---

① 劉影：《甲骨新綴第44組》，黃天樹主編：《甲骨拼合集》，學苑出版社，2010年，第153頁。
② 蔡哲茂先生、劉影女士有加綴，參看劉影：《甲骨新綴第79—82組》第80組，黃天樹主編：《甲骨拼合集》，第194、440、441頁。

　　　　　《合》22067（午組）①　　　　《合》35422（黃組）

　　　　　《合》35646（黃組）

E9.　　　《合》26982（無名組）　　　　《合》28351（無名組）

　　　　　《合》28180（無名組）　　　　《合》26951（無名組）

　　　　　西周甲骨 H11：26②

E10.　　　西周甲骨 H11：189③　　　　《合》31047（何組二類）

　　　　　《合》31226（何組二類）　　　《合》28010（何組二類）

　　　　　《合》27591（無名組）

　　　　　《合》27269＋《合》27515④（何組一類）

E11.　　　《合》29800（無名組）　　　　《甲編》511（無名組）

　　　　　《合》28266（無名組）

　　E1 後面兩形顯然是其前諸形把類似"△"部分的下部橫筆斷開而來，E1 實可分析爲"口"與"△"兩部分，而"△"形即"圭"字。E2 前兩形是把"△"形上面一橫筆左右延伸而來，第三形是把"△"形上下兩橫筆皆左右延伸而來。E3 是在 E1、E2 基礎上，"△"形下部受上部類化也變作"△"而來。E4 是在 E3 基礎上把下部"△"填實。E5 是把 E4 的填實部分寫作一豎筆

---

　　①　《村中南》453 是一版午組卜辭，其上有"△"字，研究者或作爲不識字處理（中國社會科學院考古研究所：《殷墟小屯村中村南甲骨》，雲南人民出版社，2012 年，上冊第 60 頁、下冊第 727 頁；李霜潔：《殷墟小屯村中村南甲骨刻辭類纂》，中華書局，2017 年，第 27 頁），此字與 E8 午組"吉"字的寫法相近，也應是"吉"字。

　　②　曹瑋：《周原甲骨文》，世界圖書出版公司北京公司，2002 年，第 23 頁。

　　③　同上注，第 108 頁。

　　④　張軍濤：《何組甲骨新綴十九組》第一組，先秦史研究室網站，2009 年 4 月 22 日。

而來，它也可看作是把E3"圭"形下部的"∧"寫作一豎筆而來。① E6 是把 E5"圭"形的下部一橫筆其中一端與"口"形豎筆相接而來。E7 是把 E5"圭"形的下部一橫筆左右兩端皆與"口"形豎筆相接而來。E7 後面四形是在其前兩形的基礎上把上端填實而來，其中最後一形的上部填實部分已接近一豎筆。E8 則是在 E7 的基礎上把"圭"形下部一橫筆與"口"形橫筆共用筆畫而來。與 E3 所從"圭"形下部"∧"相當的部分，E5、E6、E7 皆演變作一豎筆。與 E3 所從"圭"形上部"∧"相當的部分，E7 後面一形、E8 後面兩形皆演變作近似一豎筆之形。因此 E9 顯然是由 E3 把所從"圭"形上部的"∧"變作一豎筆而來，E9 最後一例西周甲骨的"吉"字顯然是在其前形體的基礎上把"圭"形下部橫筆寫作弧筆，於是所從"圭"形訛變作斧鉞形，與"士"的寫法幾乎相同。E10 是在 E9 的基礎上把 E9 下部所從的"∧"變作一豎筆而來，其中 E10 西周甲骨之形，豎筆上端較粗，還可以看出它是從 E5 這類字形上部演變而來的。E9、E10 兩類字形上部與"士"寫法差不多，此即商周金文"吉"字所本。由此可見"吉"字上部作斧鉞形的部分實即"圭"形的訛變，上引王輝先生認為"吉"字上部所從的"圭""太""土"皆是圭形，王蘊智先生認為"吉"字上部所從的"圭""土"等形是由圭形"圭"演變而來，李發先生認為"吉"字上部本應從"圭"，演變作"吉""吉"等形，上部所從就與"士""土"相混，這些意見都是可信的。而勞榦先生關於"吉"上部不同的變體實亦兼具有圭之親屬中各種形制之器物，董蓮池先生、畢秀潔女士認為"吉"類形上部所從為斧鉞形圭，高玉平、陳丹兩位女士認為"吉"由"圭"類形演變為"吉""吉"類形屬於同意義的形符替換這些意見都是不正確的。"王""士"同源說在字形方面的證據基本上是建立在"吉"從"士"以及把"吉""吉"類形上部當作斧鉞形的基

---

① 《合》29117"圭"則是在 E5 的基礎上把豎筆向上延伸而來。

礎上的。根據"㿟"類形上部類似斧鉞形的部分是由"▲"形訛變而來以及研究者指出的同一類組甲骨卜辭中"王"與"吉"字上部所從並不相同,可知"王""士"同源説明顯缺乏證據。"士""圭"同源説的根據是"吉"字上部的圭形後來演變作"士",但此説仍證據不足,因爲没有找到早期寫法的圭,如"▲"等形單用作"士"的例子,"士"完全可能另有來源,只是在某一發展階段,"吉"字演變爲"㿟""㿢""吉"等形之後,"圭"形才開始與"士"字相混。事實究竟如何,需待將來的新資料作進一步的研究。

E11則是在E3的基礎上把上下兩重"∧"皆變作近似一豎筆之形而來。商代晚期的钧①觥(《出土文獻與古文字研究》第6輯②第134、135頁,《銘圖續》③0893)"圭"作"▓""▓",這與E10所從"圭"形的變化基本相同。作"圭"類寫法的"圭"字可能如研究者所言是因爲"圭"由"▲"演變作"士"以後,容易與"士"相混,於是把"士"上下相疊以相區别。但由E11所從"圭"形變作"▓"來看,我們認爲"圭"類寫法的"圭"也可能是在其上下類似豎筆的部分上同時添加横筆演變而來。"土"由"⊥"類形演變作"土"類形即是在類似豎筆上添加横筆之例。金文中鄘公盨(《銘圖》05677)"▓"字,楚王鼎(《銘圖續》0210)"㿟"所從偏旁作"▓"。不其簋、蓋(《集成》04328、04329)"▓"字,《上博簡(九)・陳公治兵》簡19作"▓"。它們上下兩重"⊥"形的變化皆可證"▓"類形演變作"圭"是完全可能的。如果這種意見可信的話,我們認爲"圭"字在商末周初應該同時有"士""圭"兩種變體,由於前者易與"士""土"等字相混,所以前者最終被淘汰而後者得以保留下來。

---

① 鄔可晶先生《説古文字裏舊釋"陶"之字》(《文史》2018年第3期,第5—20頁)一文對此字有考釋,可參看。
② 復旦大學出土文獻與古文字研究中心編:《出土文獻與古文字研究》第6輯,上海古籍出版社,2015年。
③ 吴鎮烽:《商周青銅器銘文暨圖像集成續編》,上海古籍出版社,2016年。

通過以上論證，可知"圭"作爲偏旁或單字，皆有由"👁"演變作與"土"相近同之例，這亦可證"𢦏""𡉈""𢦔"所從之"土"是"圭"的意見應是可信的。① 根據D(🖐)所從"土"形上部豎筆較粗而與E7"土"、E10"告""白"等形所從相同來看，我們贊成"土"是"圭"演變而來，而不贊成它是由甲骨文記事刻辭中"德"所從"王"形演變而來。D除去下部"又"形後的部分作"🖐"，象雙手奉圭形，而A、B亦可看作雙手奉圭形，"🖐"與A、B實是一字異體。B中諸形雖屬於西周早期，但它們所從"圭"形仍作比較原始之形，這是因爲它們皆用作族名，而族名之字象形意味往往比較濃厚的緣故。

金文中"揚"字較早寫法作"🖐"類形，本是一個表意字，表示雙手奉"玉"之形，後來又在表意字的基礎上加注了"易"聲，作"🖐""🖐""🖐"等形。② "🖐"與A、B象雙手奉"圭"形，造字意圖與"🖐"（揚）相類，而"圭"屬於玉器，我們認爲它們也可能是"揚"字異體。

西周早期前段的寓鼎（《集成》02718，《銘圖》02327）有銘文作"王姒錫寓曼絲，對△王姒休，用作父壬寶尊鼎"，其中"△"原作"🖐"，《殷周金文集成引得》釋爲"易（揚）玨（挂）"二字，③《集成》修訂增補本釋法相同。④《四版〈金文編〉校補》把其下部分釋作"玨"。⑤ 孫稚雛先生指出它是"揚"字分書，⑥《殷周金文集成釋文》《銘圖》等釋爲"揚"。⑦

---

① 朱書玉璋上的"𢦔"應該是自名，也就是說這些所謂玉璋在當時應是稱作"圭"的。
② 參看容庚編著，張振林、馬國權摹補：《金文編》，中華書局，1985年，第778—782頁。
③ 張亞初：《殷周金文集成引得》，中華書局，2001年，第45頁。
④ 中國社會科學院考古研究所：《殷周金文集成》（修訂增補本）第2冊，中華書局，2007年，第1395頁。
⑤ 嚴志斌：《四版〈金文編〉校補》，吉林大學出版社，2001年，第31頁。
⑥ 孫稚雛：《金文釋讀中一些問題的探討（續）》，《古文字研究》第9輯，中華書局，1984年，第410頁。
⑦ 中國社會科學院考古研究所：《殷周金文集成釋文》第2卷，香港中文大學出版社，2001年，第327頁；吳鎮烽：《商周青銅器銘文暨圖像集成》第5卷，第90頁。

根據"對揚"的文例,"△"釋作"揚"可從,但它與从"玉"的"揚"寫法不同,此字左下明顯是"圭"而非"玉",它除去"昜"旁後的"㇞"與"㇞"、A、B顯然是一字異體。

裘錫圭先生在《釋殷墟甲骨文裏的"遠""㚔"(邇)及有關諸字》一文中曾指出:

在古文字裏,形聲字一般由一個意符(形)和一個音符(聲)組成。凡是形旁包含兩個以上意符,可以當作會意字來看的形聲字,其聲旁絕大多數是追加的。也就是説,這種形聲字的形旁通常是形聲字的初文。①

"㇞""㇞"、A、B皆表示雙手奉"圭"形,我們認爲這是"揚"字初文的一種異體,"㇞"是在它們的基礎上加注"昜"聲而來,這與"㇞"加注"昜"聲作"㇞"類形同例。由寓鼎"揚"字,可證"㇞"、A、B是"揚"的一種異體。②

商代文字中有"㇞"及从它之字,根據相關資料,它應與"丮"讀音相近。③

---

① 裘錫圭:《古文字論集》,中華書局,1992年,第3頁;裘錫圭:《裘錫圭學術文集·甲骨文卷》,第170頁。

② 陽飤生匜(《集成》10227)"㇞"字,其左側乍看似可看作早期寫法的"圭"字,其字可分析作从"丮"奉"圭""昜"聲之省去了"丮"形。但聯繫同出的兩件同主的陽飤生簠蓋(《集成》03984、03985)相應之字皆从"阜"从"土""昜"聲以及陽飤生諸器的時代屬於西周晚期來看,匜銘之字還應從一般的意見看作相疊的兩土形,與从"阜"从"土"同義。

③ 商代甲骨文與族名金文中多見从"㇞"的"㇞"字,它在《合》3249、3250、《甲骨拼合五集》(黃天樹主編,學苑出版社,2019年,第251頁)1193則中用作樂歌或樂舞名,與黃組卜辭中數見的用作樂歌或樂舞名的"㇞"表示的應是同一個詞,A所表之詞與它們是否相關,待考[王子楊先生2015年11月30日惠贈給筆者的未刊稿《從卜辭"武湯"説到商代的樂歌樂舞》(論集按語:王文修訂稿後改題爲《揭示若干組商代的樂歌樂舞——從甲骨卜辭"武湯"説起》,刊於《中研院歷史語言研究所集刊》第90本第4分,2019年,第635—679頁)一文對黃組卜辭中的樂歌或樂舞名"㇞"有討論,當時尚未聯繫《合》3249、《合》3250中的"㇞"及金文相關諸字。方稚松先生審閲拙文時,告知王先生後來與他討論時也聯繫上了賓組的"㇞",亦認爲它與黃組的"㇞"表示同一個詞]。族名金文中有"㇞""㇞"等字,最自然直接的分析應是从"樂""丮"聲。黃組卜辭中有"㇞""㇞"形,"樂"形有所省略,它們與族名金文"㇞"顯然是一字異體,後者只不過是把"人"旁換作"女"旁而已,它們應看作是"㇞""㇞""㇞"三者因音近而糅合之形。結合"㇞"的字形以及以上諸字的關係來看,"㇞"應是一個表意字,它與相關諸字的讀音應與"丮"相近,見另文詳述。

而"丬""昜"兩系字有相通之例。① 我們認爲"D"應該就是在"[字形]"類形的基礎上把其下部變形聲化作"[字形]"而來，D應該也是"揚"字異體。由D是在"[字形]"類形的基礎上把其下部人形變形聲化作與"丬"讀音相近的"[字形]"（丬、[字形]與揚聲母不近，變形聲化往往要將就已有字形，因此對兩者語音的要求遠不如通假、假借之類嚴格），這亦可證把A、B、D釋作"揚"字異體是合理的。②

羊己爵（《集成》08796，《銘圖》08047）銘文中有"[字形]"字，左上"士"形部分亦當是由"圭"變來，其形象一女子奉"圭"之形，舊或缺釋，或釋作"妊（娙）"。商周文字中常見"戜"字，象雙手奉"戈"形。《英藏》1291、《前》6.26.7有"娍"字，分別作"[字形]""[字形]"，象一女子奉"戈"之形，陳劍先生根據字形與辭例指出它與"戜"很可能當爲同一字。③ 根據"娍"與"戜"的關係，我們認爲"[字形]"與D所從之"[字形]"是一字異體，亦是"揚"字。④

最後，我們歸納一下本文的主要結論。A、B、D與羊己爵"[字形]"皆應釋作"揚"字，即"揚"字有一種異體作雙手奉"圭"形，寓鼎"揚"字則是在它們的基礎上加注"昜"聲而來。"吉"字上部應從"圭"，上部作斧鉞形一類的

---

① 張儒、劉毓慶：《漢字通用聲素研究》，山西古籍出版社，2002年，第458頁。
② 前文所引"鄕"字，其中"皀+其右側部分"與B類寫法的"揚"形體相近，不知是否含有變形聲化的因素，待考。《合》34596"[字形]""[字形]"中所捧之物究竟是"圭"，還是"皀"，有待進一步研究。《集成》07458"[字形]"究竟是"鄕"字省體還是"揚"字異體，也有待進一步研究。
③ 陳劍：《說殷墟甲骨文中的"玉戚"》，《中研院歷史語言研究所集刊》第78本第2分，2007年；又載復旦大學出土文獻與古文字研究中心網站，2009年9月11日。
④ 《集成》00568"[字形]"，研究者一般隸作"玜"。沈寶春女士認爲"當从工从廾，銘拓混雜，故从'土'耳。字即《說文》訓襃之'廾'，摯乳爲'鞏'，用爲方國之名或族稱"（沈寶春：《商周金文錄遺》考釋（上），花木蘭文化工作坊，2005年，第289頁）。李發先生在前引《釋[字形]》一文中贊同沈說。如隸作"玜"可信，則亦是"揚"的異體。"[字形]"是"戈"的"戈頭"部分，古文字中的"戜"與本文所論雙手奉"圭"形之字是否有關係，待考。

形體是"△"的訛體。作"🌱"類寫法的"圭"字既可能如研究者所言是由作"土"類形的"圭"上下相疊而來,但也可能是在作"🌱"類形的"圭"字上下豎筆上同時添加橫筆演變而來。

　　補記:拙文蒙方稚松先生指正,謹致謝忱!小文於 2018 年 1 月初稿,2019 年 3 月修改,且於 2019 年 3 月 30 日電郵給宋鎮豪先生,投刊於《甲骨文與殷商史》新 9 輯。在小文待刊期間,我於 6 月 6 日讀到裘錫圭先生《談談編纂古漢語大型辭書時如何對待不同於傳統說法的新說》(《辭書研究》2019 年第 3 期,第 1—2 頁)一文,其中也對"圭""吉"兩字作了詳細討論,請讀者參看。

　　香港大唐國際 2019 年春季拍賣會拍賣了一件鴞卣,蓋、器同銘,其中有一人名用字與甲骨文 D 寫法相同(項立平:《青銅之光揭開神秘的商王朝之門》,"大象世界"公衆號,2019 年 5 月 11 日),付強先生把它們都釋作"獻"(付強:《子獻鴞卣考釋》,"古文字强刊"公衆號,2019 年 5 月 13 日),與我們觀點不同。從字形看,卣銘可疑,其真僞有待進一步研究(論集按語:鴞卣蓋銘、器銘分别作"🌿""🌿",其中器銘的可信度似較高,如果器銘不僞,則其"子"下之字亦可證 D 中雙手所奉是"圭"而不是"丰"或"玉")。

　　論集按語:西周早期鼓卣蓋銘"揚"作"🌿"(曹錦炎:《新見鼓卣銘文及其相關問題》,"李學勤先生學術成就與學術思想國際研究會"論文集,2019 年,第 223 頁。曹文後來正式刊於《半部學術史　一位李先生——李學勤先生學術成就與學術思想國際研討會論文集》,清華大學出版社,2021 年,第 428—434 頁。吴鎮烽:《商周青銅器銘文暨圖像集成三編》第 3 卷,上海古籍出版社,2020 年,第 147 頁),从"丂"、从"廾"奉"圭"之形。"丂"有陽部的讀音,"易"本係从"日""丂"聲之字,鼓卣此"揚"字顯然是在从"廾"奉"圭"之形的基礎上加注聲符"丂"而來,這亦可證"揚"字確實有一種異體作雙手奉"圭"形。另文中所舉 B 類字形,由於所从"廾"的手形在"△"上方,在没有更確鑿的證據前,似不宜與雙手奉"圭"形的"揚"字加以認同。

原載《甲骨文與殷商史》新 9 輯,上海古籍出版社,2019 年,第 234—246 頁。

甲骨文"𦣞""夋"補釋*

商代甲骨文中有如下字形：

自組小字類：▨《合》①20397　▨《合》20398　▨《合》20400

自賓間類：▨、▨《合》8425　▨《合》8431　▨《合》8433

黄類：▨《合》35859　▨《合》37840

上述字形，研究者一般認爲是一字異體，可從（下文如對它們不加區別時，則統一用 A 來表示②）。A 舊有"邕""卣""𦣞""𦣞（冒）""曰""免（冕）""髦""苗""目""▨"等釋法，③其中以陳邦懷先生"▨"的釋法最具啓發性。陳先生在《殷虛書契考釋小箋》一文中認爲它們即《說文》"冢"字

---

*　本文受到國家社科基金青年項目"商代金文的全面整理與研究及資料庫建設"（項目編號 16CYY031）的資助。

① 郭沫若主編：《甲骨文合集》，中華書局，1978—1982 年。

② 《合》22546、22547"▨"、《合》9574"▨"，其中"帶"形上的部分不知是否與 A 有關，待考。論集按語：金文中，A 見於商代晚期的一件銅觚（《文物》2013 年 11 期第 75 頁圖 8.2）。▨壺［銘三］（吴鎮烽：《商周青銅器銘文暨圖像集成三編》，上海古籍出版社，2020 年）1027"▨"可能是甲骨文"A"的倒文。

③ 參看［日］松丸道雄、高嶋謙一編：《甲骨文字字釋綜覽》，東京大學出版會，1993 年，第 537 頁。于省吾主編：《甲骨文字詁林》第 4 册，中華書局，1996 年，第 3351—3353 頁。李宗焜：《甲骨文字編》下册，中華書局，2012 年，第 1314 頁 4155 號。《說文新證》亦釋作"目"（季旭昇：《說文新證》，藝文印書館，2014 年，第 615 頁）。

所從之"🀫",他説:

> 此字當即《説文解字》🀫字所從之🀫字,惜聲誼不可考耳。許君説🀫字曰:"柔韋也。從氺、從皮省、夐省。"竊恐未塙。許君未見🀫字,不知其從🀫,故曲爲之説。大徐於從氺爲之説曰:"北者,反覆柔治之也。"其説失之。篆文作氺形即卜辭之卯形而稍省變,許君説從氺不曰從北者,許君知其非北也。段先生於許説夐省下補聲字,注曰:"各本無聲,今補。古音在十四部,此省其上下,取門爲聲也。"其説失之彌遠,竊謂🀫字從🀫,則🀫字之聲必與之近,知夐省聲之不然矣。①

陳漢平先生亦認爲 A 即"甗"字所從之"🀫(肖)",但没有論證説明。② 近年出版的甲骨文方面的大型工具書《新甲骨文編》從釋"肖"之説。③《甲骨文字編》把上引 A 的《合》8433"凸"與"凸""凹"類形看作一字,置於 4151 號。又把上引 A 的其他類形體隸作"肖",置於 4155 號。④《甲骨文可釋字形總表》把"🀫"類形釋作"次"。⑤

賓組甲骨中另有如下字形:

B:🀫《合》32　🀫《合》6543　🀫《合》6553　🀫《合》8422

B,舊有"死""茁""羌""帽""兂""莞""蒙""髦""免"等釋法。⑥ 從 A、B 的舊釋可以看出有不少研究者是把它們當作同一字的簡體與繁體來處理

---

① 陳邦懷:《殷虚書契考釋小箋》,收入宋鎮豪、段志宏主編:《甲骨文獻集成》第 7 册,四川大學出版社,2001 年,第 238 頁。
② 陳漢平:《屠龍絶緒》,黑龍江教育出版社,1989 年,第 46—47 頁。
③ 劉釗等:《新甲骨文編(增訂本)》,福建人民出版社,2014 年,第 491 頁。
④《甲骨文字編》(下册),第 1314—1315 頁。
⑤ 王藴智主編:《甲骨文可釋字形總表》(上册),河南美術出版社,2017 年,第 56—57 頁。
⑥ [日]松丸道雄、高嶋謙一編:《甲骨文字字釋綜覽》,第 483—484 頁。

的。《新甲骨文編》把 B 置於附錄 0011 號，作爲不識字處理。① 《甲骨文字編》把 B 隸作"宠"，置於 4156 號。② 趙平安先生認爲《説文》"甈"字所從之"肖"來源於 B，並描寫其演變序列如下：

[字形]—[字形]—[字形]—肖③

王子楊先生在討論上引趙平安先生、陳邦懷先生的意見時認爲：④

參照"免"字的演進序列，趙平安先生擬列的"肖"的演進過程是完全可能的。

[字形]（免卣）——[字形]（三體石經篆文）——[字形]（馬王堆漢墓帛書《春秋事語》95）——[字形]（《漢印徵補遺》10.2）——[字形]（《睡虎地秦簡·效律》17）——[字形]

"免"字演進序列
（引自趙平安先生《説文小篆研究》第
179 頁，廣西教育出版社，1999 年）

不過筆者認爲，前引陳邦懷先生的意見值得重視。自組小字類、自賓間類的方國名"[字形]"、"[字形]"字形體與《説文》"甈"字上部所從的"肖"旁更爲接近，其間可能存在演進關係：

[字形]——[字形]、[字形]——肖

[字形]——[字形]、[字形]——肖

如此，甲骨文"[字形]"、"[字形]"、"[字形]"、"[字形]"等字可以隸定爲"肖"。

"[字形]（肖）"象帶有飾物的帽子，跟甲骨文"[字形]"字上部的偏旁取象相

---

① 劉釗等：《新甲骨文編（增訂本）》，第 888 頁。
② 李宗焜：《甲骨文編》（下册），第 1315—1316 頁。
③ 趙平安：《説文小篆研究》，廣西教育出版社，1999 年，第 181 頁。
④ 王子楊：《甲骨文字形類組差異現象研究》，中西書局，2013 年，第 236—240 頁。

同。《說文》"毑"字籀文作从"皮"、"免"聲的"❲圖❳",有學者認爲此形下部的"皮"當爲意符,上部的"免"爲聲符,"毑"、"免"同爲元部字,"毑"的聲符"甹"音義當同"免(冕)"。① 此說有理。據此,"❲圖❳"、"❲圖❳"、"❲圖❳"讀音當與"毑"、"免"等相同或相近。

從以上所述來看,研究者關於 A、B 的釋讀並没有達成共識。關於 A、B,我們認爲有兩個問題值得探討,第一是 A 與 B 究竟有没有關係。第二是 A 與 B 何者演變爲《說文》"毑"字所从的"甹"。

一、A 與 B 的關係

《合》8420"❲圖❳(❲圖❳)"即 B 字,人形上部所从與 A 近同。金文中有人名用字作"❲圖❳"("❲圖❳"甗,《銘圖》②03356),下方从二人。族名金文中"旂"或从一人,或从二人,或从三人,③再結合偏旁的組合限制來看,"❲圖❳"與"❲圖❳"應是一字,即 B 的異體,④而"❲圖❳"上部與 A 中"❲圖❳"類寫法全同,由此可見 A、B 在字形上明顯有密切的聯繫。"❲圖❳",一般認爲即冕字初文。金文中"免"作"❲圖❳",《說文新證》認爲"免"字从"❲圖❳"加義符"人"以示人所著冠冕,做動詞用則爲人著冠冕,⑤可從。"甹"字,《合》4078 作"❲圖❳",中山王譻壺(《集成》⑥09735)作"❲圖❳",後者下部从人。"❲圖❳"或从人作"❲圖❳"(《清華簡(壹)·金縢》簡10)。據"免""甹""覓"等字及其異體,我們認爲 B 既

---

① 引者按,原注:趙平安:《〈說文〉小篆研究》第 181 頁,廣西教育出版社,1999 年。
② 吴鎮烽:《商周青銅器銘文暨圖像集成》,上海古籍出版社,2012 年。
③ 王心怡編:《商周圖形文字編》,文物出版社,2007 年,第 472—476 頁。
④ 叔休盉(《銘圖》14778)有"❲圖❳"字,它又見於同人所作的叔休盤(《銘圖》14482)以及三件叔休盨(《銘圖》05617、05618、05619)。此字與"❲圖❳"、B 應即一字異體。
⑤ 季旭昇:《說文新證》,第 641 頁。
⑥ 中國社會科學院考古研究所:《殷周金文集成》,中華書局,1984—1994 年。

可能是 A 的異體，也可能是由 A 分化出來的一個字。

二、A 與 B 何者演變爲《説文》"甏"字所从之"冎"

陳邦懷、陳漢平、王子楊三位先生將 A 與"甏"字所从之"冎"聯繫起來，趙平安先生將 B 與"冎"聯繫起來，這些意見非常有啓發性，但他們的論證僅僅是據字形相似或類似的字形演變條例來立論，自然缺乏説服力。如果再在此基礎上論證其他問題，那麼結論的可靠性就更要大打折扣了。我們知道，不同時代的兩個相似字形，它們之間有的可能有關係，有的可能完全没有關係。因此説甲骨文的某一個字演變爲後世的某一個字，除了在形體上能找到演變脉絡之外，還應該至少在音或義的某一方面有相關證據，結論才更具説服力。

戴侗《六書故》第十五卷"兔"字條説："按复、甏（引者按：此即《説文》"甏"字籀文）、兔皆从冎而聲相近。疑冎自爲一字，三字皆从冎爲聲。"① 徐寶貴、孫臣兩位先生據古文字材料對戴説加以補充論證。② 他們的意見可從。趙平安先生認爲"冎"爲"免"之變形。③ 從西周金文看，"冎"形與"免"形區别明顯，④它們不太可能是一字。"免"爲人帶冠冕形，"冎"本義待考，甲骨文中"禾"形可能與"冎"有關（參看下文）。既然"冎"形與"免"無關，那麼"兔"演變作"冎"也就缺乏類似的演變條例了。因此我們不贊成"兔"演變爲"甏"字所从之"冎"的意見。本文贊同 A 演變爲"冎"的意見，下面我們準備爲這一説法提供一些文字學方面的證據。

---

① （宋）戴侗：《六書故》上册，中華書局，2012 年，第 325 頁。
② 參看徐寶貴、孫臣：《古文字考釋四則》，《考古與文物》2001 年第 1 期，第 81—82、95 頁。
③ 趙平安：《説文小篆研究》，第 179—180 頁。陳漢平先生認爲"复""甏""兔"所从的"冎"爲"所"之省（陳漢平：《屠龍絶緒》，第 46 頁），不可信。
④ 董蓮池：《新金文編》中册，作家出版社，2011 年，第 287、989、1049 頁。

從字形演變方面看,作冊夨令簋(《集成》04300)"冀"字作"☒",作冊夨令簋(《集成》04301)"冀"字作"☒",它們上部稍加變化就會演變作趩廷冀簋(《集成》03686)銘文中的"☒",後者上部即後世"冀"从"北"所本。A中"☒""☒""☒"類形上部演變爲"甃"字所从"𠂤"中的"北"形,這與"冀"字上部的變化完全一致。類似的情形亦可參看"䚷(召)"①"㒸"②"𧌒"③等字的演變。"☒"異體或作"☒",後者下部就作類似"丙"形,這與"𠂤"下部相近。因此,從形體演變方面看,A演變爲"𠂤",這是非常有道理的。

　　下面我們再從語音方面看把A釋作"甃"字所从之"𠂤"是否正確。

　　《合》38303是一版黃類卜辭,上面有卜辭"甲子卜,貞:王𠩺☒(☒),亡𡆥",其中"☒"从A从旬,《甲骨文編》置於附錄上4526號,④《新甲骨文編》置於附錄1037號。⑤《甲骨文字編》把它單獨立爲一個字頭,置於4157號。⑥ A在黃類卜辭中作爲祭祀動詞多見,特別是同屬於黃類的《合》35859"甲辰卜,貞:王𠩺A,卒亡𡆥"與上引《合》38303正可比較,結合字形與辭例,可知"☒"與《合》35859的A表示的顯然是同一個詞。"☒"應是在A的基礎上加注了旬聲。

　　《説文》:"甃,柔韋也。从北、从皮省、从夐省。凡甃之屬皆从甃。讀若耎。一曰若儁。☒,古文甃。☒,籀文甃从夐省。"旬,邪母真部。甃一

---

①　董蓮池:《新金文編》上冊,第112—113頁。
②　參看李春桃:《釋甲骨金文中的"㒸"——兼論〈説文〉中"𣍘"字來源》,"出土文獻與中國古代文明再認識"青年學術論壇論文,河南大學,2016年10月29—30日。此文後來正式發表於《文史》2016年第4期,第283—288頁。
③　董蓮池:《新金文編》上冊,第463頁。
④　中國科學院考古研究所編輯:《甲骨文編》,中華書局,1965年,第820頁。
⑤　劉釗等:《新甲骨文編(增訂本)》,第1029頁。
⑥　李宗焜:《甲骨文字編》(下冊),第1316頁。

曰若偁,偁是精母文部字。邪母、精母同屬齒音。真部與文部、元部之間有密切關係。旬、毳當音近。又研究者指出"夐""毲""夋"實皆从"內"聲,①可信。"夐"與"旬"聲字關係密切,②而"夐"與"毲"之籀文"毲"又同从"內"聲,亦可見"旬""毲"音近。這與"㫃"是在 A 的基礎上加注旬聲以及 A 釋作"毲"所從聲符"肖"在語音方面恰好相合。A 可加注旬聲,可證把 A 釋作"肖"從語音方面看是很合適的。

《合》20805 是一版自組小字類卜辭,其上有卜辭作:"戊午卜,㱿,[字]③甲子,五月。"其中"甲子"前一字,《甲骨文編》置於附錄上 4527 號,④《新甲骨文編》置於附錄 1094 號,作爲不識字處理。⑤《甲骨文字編》把它單獨立爲一個字頭,置於 1389 號。⑥ 我們認爲它可以分析爲"彐""[字]"兩部分,比較 A、"冀"等字上部的變化,可知"[字]""㫃"實即一字。甲骨文中"彗"作"卝"類形,"彐"即"卝"所從,我們認爲它在"[字]"中可能即讀"彗"的音,⑦而"彗"聲字與"旬"聲字可通,⑧因此我們認爲"[字]"應即在"㫃"的基

---

① 參看(宋)戴侗:《六書故》上冊,第 325 頁。徐寶貴、孫臣:《古文字考釋四則》,《考古與文物》2001 年第 1 期,第 81—82、95 頁。

② 《説文・四上・旻部》:"夐,營求也。从旻、从人在穴上。《商書》曰:高宗夢得説,使百工夐求,得之傅巖。""夐求",《説命》序作"營求",《清華簡(叁)・説命》作"旬求"。《詩經・邶風・擊鼓》"于嗟洵兮"之"洵",《韓詩》作"夐"。从"夐"聲的"瓊"與"璚""璇"通,"璚""璇"皆元部字。《説文》"瓊"字有或體"琁","琁""璇"一字。據小徐本,"夋"字爲"夐省聲"。"夋"亦元部字。可以肯定"夐"在先秦應有屬元部之音(參看裘錫圭、陳劍:《説"㽕""謢"》,《漢語歷史語言學的傳承與發展:張永言先生從教六十五周年紀念文集》,復旦大學出版社,2016 年,第 248—279 頁)。

③ 《殷墟甲骨刻辭類纂》(姚孝遂主編,中華書局,1989 年,第 1345 頁)把此字摹作"[字]",誤。

④ 中國科學院考古研究所編輯:《甲骨文編》,第 820 頁。

⑤ 劉釗等:《新甲骨文編(增訂本)》,第 1037 頁。

⑥ 李宗焜:《甲骨文字編》(上冊),第 423 頁。

⑦ "歸"字所從之"[字]"類形大概是讀"彗"的音,而"[字]""彐"二形可通用(參看裘錫圭:《殷墟甲骨文"彗"字補説》,《華學》第 2 輯,中山大學出版社,1996 年,第 33—38 頁。收入同作者:《裘錫圭學術文集・甲骨文卷》,復旦大學出版社,2012 年,第 422—430 頁),那麼"[字]"中"彐"可讀"彗"音也就好理解了。

⑧ 張儒、劉毓慶:《漢字通用聲素研究》,山西古籍出版社,2002 年,第 652 頁。

礎上又加注了"⼮(彗)"聲而來。從用法看,"㞢"似是一個祭祀動詞,與"㞢"表示的很可能也是同一個詞。彗,邪母月部,聲母與"夒一曰若儺"的"儺"的聲母同屬齒音,韻部與"夒"的韻部爲陽入對轉。因此由"㞢"形,亦可證把 A 釋作"夒"所從聲符"冎"從語音方面看是非常合適的。

關於"夒"字,錢坫《說文解字斠詮》、段玉裁《說文解字注》將《說文》所收正篆改爲从"皮"。張舜徽《說文解字約注》說"夒篆既云从皮省,則其下自當从𠬝,不當作瓦,今本許書篆體作㝅,乃傳寫者以形近致誤。"趙平安先生、王子楊先生贊成"夒"下部當从"皮"。①《說文》:"夒,羽獵韋絝。从夒、羍聲。褎,或从衣、从朕。《虞書》曰:'鳥獸褎毛。'"北大簡《倉頡篇》簡 17"夒"作"㝅",與簡 69"頗(頗)",簡 34"气(瓦)"比較,可知"夒"下部既不从瓦,亦不从皮。

劉釗先生《說"夒"和"𠬝"(未定稿)》一文對秦漢文字中的"夒"形有詳細討論,他認爲《盛世璽印錄・續貳》141 號中人名"㝅"字右旁是"夒",根據此形以及北大簡《倉頡篇》簡 17、阜陽漢簡《蒼頡篇》C039"夒"字,從而認爲"夒""起碼從漢代開始,寫成从'巳'的可能性應該最大。"劉先生又認爲"冎"旁上部即"內",該"內"形上部因"重複書寫偏旁筆畫"就會演變爲北大簡《倉頡篇》簡 17"夒"所从的"冉"形,"冉"形頂上的"⼍"改作方向相反則會演變爲《說文》"夒"上部的"北"形,從而贊成"㐅即㐅之變"的觀點。②

劉釗先生認爲"夒"上部"北"形是由"內"形上部重複書寫而又改作方向相反而來,而我們前文的意見是贊成"夒"上部"北"形是由 A 上部演變而來。如果劉先生的意見可信,那麽把 A 釋作"冎"就不免讓人懷疑了。

---

① 以上諸家說法參看趙平安:《說文小篆研究》,第 180 頁、王子楊:《甲骨文字形類組差異現象研究》,第 238 頁。
② 復旦大學出土文獻與古文字研究中心主辦:"出土文獻與傳世典籍的詮釋"國際學術研討會論文集,2017 年 10 月 14 日至 15 日,第 218—234 頁,上海。

因此我們需要對劉先生的觀點加以辨析。

北大簡《倉頡篇》簡 4"奂"作"[圖]""涣"作"[圖]",簡 21"謢"作"[圖]"(右部中間類似"丙"形的右邊一豎筆殘泐)。"奂""涣""謢"皆从"肙"。簡 17"[圖]"([圖])"左半上部作類似同向左的兩人形"[圖]",與同篇"奂""涣""謢"所从"肙"形上部有明顯差別,説明"[圖]"左半上部"[圖]"形應不是"肙"形上部重複書寫而來。我們認爲"[圖]"形應是所謂北形的右邊筆畫受左邊筆畫類化所致。奭字上部兩耳方向本相反,或又演變爲同向(九店簡 44 號簡、《清華簡(壹)·楚居》簡 3 等);金文中"[圖]"或作"[圖]",這些皆是類似的現象。

《戎壹軒藏三晋古璽》100 號著録了一方三晋姓名私璽,①璽文作"左[圖]",第二字照片作"[圖]",應是人名。從偏旁的組合來看,它與"[圖]甗"(《銘圖》03356)中用作人名的"[圖]"應即一字異體。古文字中的"鬲"(其異體下部或作"皿")形,早期古文字中其所从"鬲"的兩側一般作方向相背的兩類似"人"形(方向相背的兩"人"形即構成"北"形),東周文字以後則一般作方向相背的兩"弓"形。或者鼎(《集成》02662)"福"作"[圖]",周乎卣(《集成》05406)"福"作"[圖]",它們从"北"聲。姑鬲(《銘圖續》②0244)"鼐"所从之方向相背的兩"弓"形即是由"北"形演變而來。

"[圖]"的上部如"冀""嚳(召)""傼""虐"等字的上部那樣演變作"北"形,"北"形再如"鬲"等字的上部那樣發生類似演變,即"北"變作方向相背的兩"弓"形,然後其中一"弓"形受另一"弓"形的類化變作方向相同,最終就會演變爲"[圖]"。

從"[圖]"演變爲"[圖]"來看,亦可證明北大簡《倉頡篇》簡 17"[圖]"所从的

---

① 張小東:《戎壹軒藏三晋古璽》,西泠印社出版社,2017 年,第 208—209 頁。
② 吴鎮烽:《商周青銅器銘文暨圖像集成續編》,上海古籍出版社,2016 年。

"丙"類形上部"丱"應是所謂北形的右邊筆畫受左邊筆畫類化所致,而不是"内"形上部重複書寫而來,因此劉釗先生關於"凳"上部"北"形來源的意見值得商榷。

《合》19765 是一版自歷間 B 類卜辭,其中有兩條卜辭分別作"☐祖乙,豕以羌[A]""豕以羌 A",從辭例看,其中 A 可能也是祭祀動詞,它與黃類卜辭中作爲祭祀動詞的 A 意義當相同。據目前資料看,A 出現在自組小字類、自賓間類、自歷間 B 類、黃類,作爲方國名主要出現在自組小字類、自賓間類,①作爲祭祀動詞,見於自組小字類(指"[字]")、自歷間 B 類、黃類。既然早期的自組小字類、自歷間 B 類出現祭祀動詞 A,晚期的黃類卜辭也出現祭祀動詞 A,那麼其他類的卜辭有沒有這一祭祀動詞呢?②下面我們就來討論這一問題。

甲骨文中有如下字形:

C1:[字]《英藏》③162 典賓類　　[字]《合》5254 賓出類

　　[字]《合》5280 事何類　　　[字]《合》26907 何組一類

　　[字]《合》26807 出組二類　　[字]《花東》23 花東子卜辭

C2:[字]《合》5250 賓出類　　　[字]《合》27840 事何類

　　[字]《合》27382 何組一類　　[字]《合》27652 無名類

　　[字]《合》27176 何組二類　　([字])《合》32990 歷二

　　[字]《花東》④454 花東子卜辭

C3:[字]《合》12505 賓組

---

① 《合》8426、8427"A"前的"王"應該屬於前辭,"A"仍是方國名。
② 《合》2160 是一版無名組卜辭,其中有"[字]"字。從卜辭內容看,它很可能也是作動詞,似是一個從 A 得聲的字,與作祭祀動詞的 A 表示的可能是同一個詞。
③ 李學勤、齊文心、[美]艾蘭:《英國所藏甲骨集》,中華書局,1985 年。
④ 中國社會科學院考古研究所:《殷墟花園莊東地甲骨》,雲南人民出版社,2003 年。

C2 是在 C1 的基礎上在表示人形手臂的部分添加了幾小筆，C3 是把 C2 中的丙形移至大人形底部。聯繫相關辭例，上述字形應即一字異體，它舊有"燕""内""舞"等釋法，①其中以"燕"的釋法影響最大。張玉金先生改釋作"奉"。② 王寧先生認為是"案（按）"之初文。③ 裘錫圭先生曾懷疑是"内"字。④《新甲骨文編》置於附錄0089號，作為不識字處理。⑤《甲骨文字編》亦把它作為不識字處理，置於2623號。⑥

《乙》9082（《合》21479）有"▨（乑）"字，舊亦有"燕"的釋法，此說顯然是將它與 C 看作一字異體。我們認為將"乑"與 C 加以認同，應該是正確的。"乑"與 C1 相比，主要區別在於前者作側視人形，後者作正視人形而已。

金文中"幾"作"▨"（伯幾父簋，《集成》03766）、"▨"（乖伯簋，《集成》04331）等形，又作"▨"（幾父壺，《集成》09721）。"伐"字，甲骨文、金文中一般作"▨""▨""▨"等形（參看《新甲骨文編（增訂本）》第479頁、《新金文編》中册第1103—1105頁），其中"人形"也可正視作"▨"（伐爵，《集成》07398）。"▨"（《合》5370）、"▨"（《合》16997），研究者認為是一字。⑦ 族名金文中"▨""▨"應即一字異體，"▨""▨"一般亦認為是一字異體。甲骨文、金文中確定的戍字一般作"▨""▨""▨"等形，▨瓢（《集成》06701）等族名金文中的"▨"，我們曾據

---

① 參看于省吾主編《甲骨文字詁林》（第1册，第261—263頁）以及下引張玉金、王寧兩位先生的文章。
② 張玉金：《釋甲骨文中的"▨"》，《古文字研究》第28輯，中華書局，2010年，第36—40頁。
③ 王寧：《說甲骨文中的"案"》，武漢大學簡帛網，2014年5月14日。
④ 裘先生此說從鄔可晶先生處聞知，謹致謝忱。
⑤ 劉釗等：《新甲骨文編（增訂本）》，第899頁。
⑥ 李宗焜：《甲骨文字編》（中册），第789—790頁。
⑦ 劉釗等：《新甲骨文編（增訂本）》，第600頁。

"幾""伐"所從人形既可以作側視寫法，也可以作正視寫法，懷疑它們可釋作"戍"。①

根據"幾""伐"等所從人形既可以作側視寫法，也可以作正視寫法來看，我們贊成"![]"與 C 是一字異體。"![]"，據金文資料看，我們認爲它可能即"奐"所從之"內"的早期寫法。金文中"奐"作如下之形：

D1：![]②(![]③)史牆盤(《集成》10175)，西周中期

D2：![]史奐簋(《集成》03786)，西周晚期

D3：![]師奐父簋(《集成》03705)，西周晚期

![]師奐父簋(《集成》03706)，西周晚期

![]師奐父盤(集成 10111)，西周晚期

D4：![]姬奐母豆(《集成》04693)，西周晚期

在上述字形中，D1 所屬時代爲西周中期，較 D2—D4 的時代要早。我們認爲它所從之"![]"④應該是目前已發表金文資料中"內"形最早的寫法，此形比較重要（詳下）。"![]"與"![]"比較接近，但後者右上的那一小筆與前者人形上面表示頭部的那一小筆應無關。聯繫"角""魚"等字上部的變化來看，⑤我們認爲"![]"右上角的那一小筆應是後來添加的飾

---

① 謝明文：《商代金文的整理與研究》上編第 265 號下注釋，復旦大學博士論文（指導教師：裘錫圭），2012 年，第 339—340 頁。

② 此彩照選自曹瑋：《周原出土青銅器》第 4 卷，巴蜀書社，2005 年，第 650 頁。史牆盤彩照又見於張天恩主編：《陝西金文集成》第 2 卷，三秦出版社，2016 年，第 134—135 頁。

③ 此形選自蔡玫芬主編：《赫赫宗周：西周文化特展圖錄》，臺北故宮博物院，2012 年，第 26 頁。

④ 奐盤（《銘圖》14528，西中）"![]"所從"內"旁似是在"![]"的基礎上省去了丙形中的兩小筆，不過該盤銘可疑，故我們不把此形放入正文討論。

⑤ 參看季旭昇：《說文新證》，第 365、820 頁。

筆,去掉此飾筆後此形可復原作"🔣",也就是說"🔣"應該是由"🔣"形在右上添加飾筆演變而來,"🔣"應該是金文中"内"形比較早的寫法,它明顯可分析爲丙、人兩部分,丙在人形手臂上方。D2 所從"内"形應該是把"🔣"所從人形的手臂部分加以省略演變而來,D3、①D4 所從"内"即在 D2 所從"内"形的基礎上把表示人形身軀的那一豎筆縮短然後與丙形中的那兩小筆交接演變而來。

"🔣"與"🔣""🔣"相比,區別在於前者的丙形在人形手臂的上方,後者的丙形在人形手臂的下方而已。《京津》4811 中 C 作"🔣",其中丙形往下移而與人形足部共用部分筆畫,《合》12505 中 C 作"🔣",其中丙形可全部移至人形足部之下。丙形既然可以往下移,那它往上移應該也是完全可能的。《安明》1650 中 C 作"🔣",②就是"丙"形可往上移的例子。由此可知把"🔣"中丙形移至人形手臂的上方作"🔣",這是完全可能的。上引《安明》1650 之形似可作爲 C1 與"🔣"的中間形體。以上論證說明 C 釋作"内"是比較合理的。

A 是"鼒"所從聲符"骨","内"是"鼒"字籀文所從聲符(參看上文),而 C 釋作"内",說明 A、C 讀音相近。A、C 在甲骨文中都可以作爲祭祀動詞。C 作爲祭祀動詞,見於花東子卜辭、歷組二類、賓出類、出組二類、事

---

① 曾季卿事奂壺(《銘圖續》0835)"奂"作"🔣",與 D3 所從之"奂"寫法相同。"🔣"(師奂父盨,《銘圖》14704)、"🔣"(師奂父盨,《集成》04348)則是在丙形兩邊添加小點作飾筆。曶叔奂父盨(《銘圖》05655)"奂"字作"🔣",寫法比較特別。《合》5290"🔣",照片作"🔣"(《故宮博物院院刊》2016 年第 3 期,第 13 頁),研究者或把它與 C 聯繫。"🔣"上部似乎與"🔣"的上部有近似之處,但後者不從丙形,與一般的 C 形體不近,而且辭例也有別,難以證明它與 C 是一字異體。"🔣"形很可能應是在"🔣"的基礎上在右上角再添加與左邊飾筆對稱的飾筆演變而來。

② 此形似可看作"丙"形與"大"形共用部分筆畫。《乙》8913"🔣"可能是 C 之異體。

何類、何組一類。① A 作爲祭祀動詞,見於𠂤組小字類、𠂤歷間 B 類、黄類,特別是黄類卜辭中多見(參看上文)。它們的組類分布大致可互補。我們懷疑 A、C 作爲祭祀動詞,它們表示的可能是同一個詞。至於它們相當於後世的哪一個詞,具體祭祀禮儀如何,則還有待進一步的研究。

2015 年 10 月初稿
2016 年 11 月修改
2018 年 11 月再改

補記:此文曾提交給華東師範大學中文系主辦的"第一屆文史青年論壇"(2018 年 10 月 20—22 日),會上蒙劉雲先生提示《合》8425"▨"這類形體上部兩角彎曲得特別厲害,有没有可能是"莧"字。我當時則回答説甲骨文中已有"莧"字,"▨"雖然上部與"莧"接近,但下部與之不類,整字應非"莧"字,它與"▨"(《合》20397)、"▨"(《合》8425)是一字異體没有問題。"▨"這類形體上部之所以彎曲得特別厲害,很可能與變形音化有關,即把"▨"類形上部變作形體接近的"莧"來表音。

蘇建洲先生《北大簡〈蒼頡篇〉釋文及注釋補正》(第六則)("出土文獻與傳世典籍的詮釋"國際學術研討會論文集,2017 年 10 月 14—15 日,第 312—327 頁)對秦漢文字中的"覺"形也有討論,讀者可以參看。另蒙蘇建洲先生告知(2018 年 11 月 4 日),他在還未正式發表的《北大簡〈蒼頡篇〉釋文及注釋補正》的修訂稿中提及:"劉文[引者按:即我們正文提及的劉釗先生《説"覺"和"夏"(未定稿)》一文]中引到《盛世璽印録·續貳》141 號所著録的一方秦姓名私璽,其人

---

① 《合》21479"丁酉卜,乎多方▨▨",從辭例看,"▨"應是動詞(很可能是祭祀動詞),"▨"可能是名詞,作"▨"的賓語。

名寫作'㊞'。此字右旁顯然就是'甝',可以證明'甝'確實從'鳥'。但落實到阜陽簡、北大簡《蒼頡篇》的㊞與㊞字形來説,筆者認爲仍不能排除是受到秦小篆影響而誤寫。如同上文所説,《蒼頡篇》本有標準的'鳥',但'甝'字却是兩篇簡文寫法都一樣,這顯然不是偶然的寫錯字,反而應該是根據某種底本抄寫而來。"言下之意,蘇先生也是認爲"㊞"類形上部"㊞"不是"鳥"形上部重複書寫而來,"㊞"與"㊞"上部是由北而來,與我們文中觀點有相同之處,請讀者到時參看蘇先生文(論集按語:蘇文已正式刊於復旦大學出土文獻與古文字研究中心編:《出土文獻與傳世典籍的詮釋》,中西書局,2019年,第203—217頁)。

2018年11月5日

原載《出土文獻與古文字研究》第8輯,上海古籍出版社,2019年,第84—95頁。

"隻"族銅器銘文的整理與研究*

隻字，卜辭中習見，舊主要有"離""羅""禽"三種釋法。① 現在大多數研究者接受了"禽"這一釋法，認爲它與用作"禽獲"之"禽"的"畢"是一字。我們贊同這一看法，因爲從甲骨文與族名金文來看，隻與畢似具有通用關係或異體關係（詳下文）。在甲骨文中隻一般用作動詞（參看《類纂》第1095—1096頁），但也偶用作人名或族名，如《合》9788"甲午卜，隻，貞：亞受年"，隻即是貞人名。在商周金文中它作族名亦多見，但學者們在研究相關族名金文的時候，由於缺乏資料的全面搜集與比較，有一部分帶有族名"隻"的金文資料並沒有得到很好的釋讀。下面我們先把相關族名資料揭示於下，然後再討論銘文釋讀方面的一些問題。

一、A ② B ③

---

* 本文受到國家社科基金青年項目"商代金文的全面整理與研究及資料庫建設"（項目編號16CYY031）、復旦大學"雙一流"建設人文社科一流創新團隊項目"出土文獻與古文字研究"子課題"商周金文拾遺——《集成》、《銘圖》、《銘續》未錄金文的整理與研究"（項目編號 IDH3148004/005）的資助。

① 參看于省吾：《甲骨文字詁林》第4册，中華書局，1996年，第2824—2829頁。馮時先生新近對釋"離"的意見有所申論，參看《釋"離"》，《古文字研究》第27輯，中華書局，2008年，第89—95頁。

② 隻鼎（《集成》01089）。禽爵（《集成》07649）銘文作" "。

③ 子隻鐃（《集成》00404）。

二、A ① 　　B 蓋銘；器銘②

三、A ③ 　　B ④

四、A ⑤ 　　B ⑥ 　　C 蓋銘；器銘⑦

D ⑧ 　　E ⑨ 　　F ⑩ 　　G ⑪ 　　H ⑫

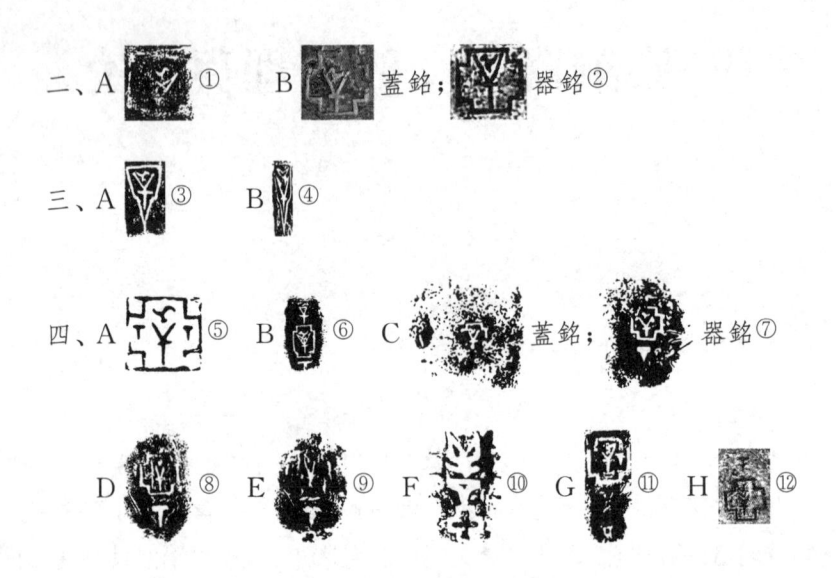

① 亞輦父癸簋(《江漢考古》2011年第3期,第18頁圖14.1)。另葉家山還出土一件觶,銘文作"亞輦父丙"(《考古》2012年第7期,第47頁),拓本未公布。石鼓山西周墓地3號墓出土的一件卣,其銘舊一般釋作"單父丁"。所謂"單"字,《文物》2013年第2期(第35頁)所錄銘文照片作" ",《周野鹿鳴》(上海博物館編：《周野鹿鳴：寶雞石鼓山西周貴族墓出土青銅器》,上海書畫出版社,2014年,第161頁)所錄銘文拓本作" ",所謂"單"上鳥形之嘴部還比較清楚,故舊所謂"單"字似應改釋作"輦"。

② 亞輦卣(《銘圖續》0848)。

③ 輦爵(《集成》08281)。

④ 輦爵[《安徽江淮地區商周青銅器》(安徽大學、安徽省社會科學院、安徽省文物考古研究所編著,文物出版社,2014年)029]。

⑤ 亞輦示壐(《銘圖》19184)。

⑥ 亞輦示罕(《集成》09238)。

⑦ 亞輦示觶(《彙編》998、《總集》6343),《集成》未收。

⑧ 亞輦示觚[《賽克勒》(1987)第245頁34],《集成》未收。

⑨ 亞輦示觚[《賽克勒》(1987)第247頁35],《集成》未收。河南駐馬店市正陽縣付寨鄉閭樓村出土了一批青銅器,其中有一銅爵銘亦爲"示亞禽"(參看何毓靈、岳占偉：《論殷墟出土的三枚青銅印章及相關問題》,《考古》2012年第12期,第74頁注33)。

⑩ 爵(《集成》07829)。

⑪ 雟觚(《集成》07277)。

⑫ 亞輦示彝(朱艷玲：《亞離辛方彝》,《收藏》2014年第9期,第124頁)。從照片看,"輦"字右部似有"示"字。另據《亞離辛方彝》一文披露,香港某收藏家另還收藏一件亞輦卣(通過核查相關信息,可知該卣即前文所引、《銘圖續》0848所著錄的亞輦卣)。

五、A ② B ③ C ④ D ⑤

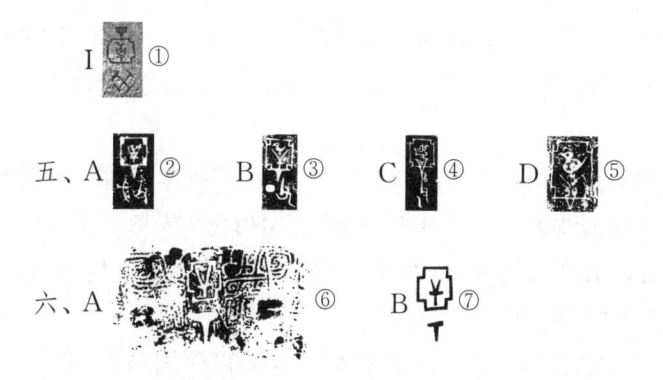

六、A ⑥ B ⑦

第三組A、B銘文相同，其中A 隹爵中的"㊀"，舊或缺釋，或釋作"亞"之變體，根據新出資料，可知它應釋作"示"（參看文末附記），第三組的銘文應該釋作"示隹（禽）"。第一組、第二組銘文的釋文，除了"隹"字釋讀意見不同外，其他的各家意見比較一致。第四組的銘文，其中A、B的相關討論比較多，各家的釋文除"隹"字外亦比較一致。但關於其中的"示"所表達的意思，各家的看法則頗分歧。李學勤先生在討論第四組A、B時認爲："按照商代金文體例，這裏'辛'是以該器祭祀的先人，'亞羅'是器主族氏，'示'是器主之名。"⑧牛濟普先生在討論第四組A亞隹示璽時認爲："示在這方亞形離字璽中的作用應與古代祭禮有

---

① 示亞隹癸觚（《銘圖續》0700）。
② 亞隹父戊簋（《中華遺産》2011年第3期，第108頁；《中國文化遺産》2011年第1期，第90頁）。其照片又發表於《呦呦鹿鳴：燕國公主眼裏的霸國》（山西省考古研究所、山西博物院、首都博物館編，科學出版社，2014年，第43頁）、《正經補史——西周霸國文物》（澳門民政總署文化康體部編，鴻興印刷有限公司，2014年，第38頁）。
③ 亞隹父丁器（《三代》6.14.3，《集成》10535）。《金文詁林附錄》（李孝定、周法高、張日昇編著，香港中文大學，1977年）第417—419頁臚列了諸家關於此銘的考釋意見，可以參看。
④ 亞隹父乙尊（《集成》05727）。
⑤ 亞隹罍（《集成》09959）。
⑥ 亞干示爵（《集成》08785）。
⑦ 亞干示觚（《近出》750）。
⑧ 李學勤：《中國璽印的起源》，《中國文物報》1992年7月26日，第三版；又見氏著：《綴古集》，上海古籍出版社，1998年，第80頁。

關,在其他離氏族的徽號金文中'示'均省却。"①苗利娟女士贊同李學勤先生的觀點。② 在談我們對該"示"字的看法之前,先談談其他含"雈"字族徽的銘文。③

第四組 F 🅰 亞爵,"亞"上之形,《引得》《集成》增補本、《釋文》《銘圖》07537 等皆摹録原形未釋,④《族氏銘文研究》把它列爲單一氏名 A706 號。⑤ G 亞雈觚,《引得》《集成》增補本、《銘圖》09772 釋作"亞雈(離)辛爵",⑥《釋文》釋作"亞雈辛□□"。⑦

第五組的 A 亞雈父戊簋出土於山西翼城大河口西周墓地,發表者把"🅰"當作一字處理。⑧ B 亞雈父丁器,《引得》《集成》增補本、《銘圖》03972 皆釋作"亞離父丁",⑨《釋文》釋作"亞雈父丁"。⑩ C 亞雈父乙尊,一般釋作"亞離父乙"。D 亞雈罍,《引得》《集成》增補本、《銘圖》13992 等釋作"亞離晨",⑪《釋文》釋作"亞雈"。⑫

第四組 F 🅰 亞爵中被各家摹作"🅰"的形體,實際上應該釋作"雈""示"二字。與其他銘文相比,"雈"上無"隹"形,"雈"寫在"亞"形之外,

---

① 牛濟普:《商代兩銅璽芻議》,《中原文物》1993 年第 3 期,第 92 頁。
② 苗利娟:《商代銅器銘文的綜合整理與研究》,四川大學博士學位論文(指導教師:彭裕商),2010 年,第 160 頁。
③ 雈戈(《銘圖》16136)銘文作"🅰(🅰)",上部不是很清楚,它既可能釋作"雈(禽)",也可能應釋作"示雈(禽)"。
④ 張亞初:《殷周金文集成引得》,中華書局,2001 年,第 128 頁,下文簡稱"引得"。中國社會科學院考古研究所:《殷周金文集成》(修訂增補本)第 5 册,中華書局,2007 年,第 4236 頁,下文簡稱"集成"。中國社會科學院考古研究所:《殷周金文集成釋文》第 5 卷,香港中文大學中國文化研究所,2001 年,第 78 頁,下文簡稱"釋文"。吴鎮烽:《商周青銅器銘文暨圖像集成》第 15 卷,上海古籍出版社,2012 年,第 330 頁,下文簡稱"銘圖"。
⑤ 何景成:《商周青銅器族氏銘文研究》,齊魯書社,2009 年,第 538 頁。
⑥ 《引得》,第 124 頁。《集成》增補本第 5 册,第 4073 頁。《銘圖》第 18 卷,第 437 頁。
⑦ 《釋文》第 4 卷,第 464 頁。
⑧ 衛康叔:《大河口西周墓地小國的"霸"氣》,《中華遺產》2011 年第 3 期,第 108 頁。
⑨ 《引得》,第 162 頁。《集成》增補本第 7 册,第 5648 頁。《銘圖》第 8 卷,第 258 頁。
⑩ 《釋文》第 6 卷,第 246 頁。
⑪ 《引得》,第 150 頁。《集成》增補本第 6 册,第 5233 頁。《銘圖》第 25 卷,第 152 頁。
⑫ 《釋文》第 6 卷,第 40 頁。

中間用"示"字隔開。同一族名既可以寫在"亞"形內,也可以寫在"亞"形外,這在族名金文中多見,▽亞爵的"亞𠦪示"毫無疑問就是其他銘文中的"亞𠦪示"。它在文字學上的意義即是可以證明"𠦪"與"𠦪"是異體字或通用字的關係,可證卜辭中的"𠦪""𠦪"的釋讀確實應該統一起來考慮。《屯》663、《屯》664是兩版田獵卜辭,從所記干支和卜辭內容來看,它們是相鄰幾天内爲同事所卜,其中"𠦪"或作"𠦪",這與族名金文中"亞𠦪示"之"𠦪"或作"𠦪"彼此恰可互證,這恐怕不是偶然的。族名金文中的"亞𠦪/𠦪"可能與《合》10825左甲橋記事殘辭中的"亞𠦪"有關。第四組G亞𠦪觚的"𠦪",研究者把它與"𠦪"相聯繫,從銘文內容以及古文字中許多字加"口"不加"口"往往無別來看,這無疑是正確的。但亞形框內"𠦪(𠦪)"的右邊明顯還有"▽"形,然而各家的釋文皆未提及。比較第四組A—E、I的資料,可以肯定亞𠦪觚的"▽"也是文字,應該釋作"示"字。然後我們再來看第五組A亞𠦪父戊簋、B亞𠦪父丁器,可知其亞形框正下方的"▽""▽"都應該釋作"示",它與"亞"形底部邊框共用筆畫。在族名金文中,共用筆畫的現象多見,如亞矣簋(《集成》03090)"▽"、亞舟鼎(《集成》01407)"▽",是"矣""舟"分別與"亞"形共用筆畫。

明白了"▽""▽"應該釋作"示"以後,根據族名金文中字形勾勒與填實常無別來看,可知第五組C亞𠦪父乙尊"▽"、D亞𠦪罍"▽"也應該釋作"示",後兩形采用了勾勒輪廓的筆法。D亞𠦪罍中舊被釋作"昂"的那部分其實是誤把"𠦪"的下部有所訛變的那部分"▽"看作"昂"所致。根據我們的意見,亞𠦪罍的銘文也應該釋作"亞𠦪示"。與第四組中的"示"字相比,第五組的"示"與"亞"共用部分筆畫。

第六組A亞干示爵、B亞干示觚的銘文,一般都釋作"亞干示"。[①] 但

---

① 《彙編》1060著錄一件觚銘作"▽",可釋作"亞干示亞□",但該銘可疑,應是偽作。

六 A 亞干示爵所謂的"干"形内似乎還有筆畫，不知是不是"隹"形之殘，如是，則亞形内的字應釋作"𦥑"，只可惜拓本不清楚，難以判斷。六 B 亞干示觚只存摹本，又不可盡據。即使第六組的銘文確實是"亞干示"，但根據四 A 亞𦥑示璽"▢"、五 B 亞𦥑父丁器"▢"中的"𦥑"旁簡化作類似"干"形來看，我們認爲亞干示爵、亞干示觚中所謂的"干"字可能應看作是四 A 亞𦥑示璽、五 B 亞𦥑父丁器中那類寫法的"𦥑/𦥑"的進一步簡省。①

族名中類似的省略現象如西單隻簋（《集成》03243）、西單隻卣（《集成》05007）等銘文中的"西單隻"之"隻"，《陶彙》1.114"▢"中省作"鳥"。② 木齒見冊鐃（《集成》00401—00403）、木齒見冊鼎（《集成》01762）、木齒見冊罍（《集成》09792）等銘文中的"木齒見冊"之"齒"，木齒見冊尊（《集成》05694）"▢"中省作"口"。耳衛父乙鼎（《集成》01834）"▢"等族名中的"衛"，耳衛簋（《銘圖》03718）"▢"③省作"衍"。牧⿱屍⿱口一尊（《集成》05575）"▢"、牧⿱屍⿱口一父己觶（《集成》06406）"▢"之"牧"，父癸尊（《集成》05755）"▢"省作"牛"。旁尊（《集成》05922）"▢"、周免爵（《集成》08156）"▢"等族名中的"周"，周免觚（《集成》07012）"▢"、免周斝（《集成》09190）"▢"中省作"田"。祖癸觚（《集成》07301）銘文"▢"中的"▢"，守卣（《近出》597）"▢"中省作"廾"。

族名金文，由於其象形程度比較高，研究者一般認爲它的變化比較保守，但由以上諸例可知它簡省的現象其實也是非常突出的，許多族名用字

---

① 有藏家披露了一件爵銘，作"▢"（復旦大學出土文獻與古文字研究中心網站討論區學術討論"求教"貴，2012年4月9日）。我曾因爲該爵銘從而對五 A、B 中所謂的"干"是"𦥑"之簡省的觀點有所懷疑。蒙林澐先生評閱博士論文時告知，藏家披露的這件爵銘，來歷不明，應是僞刻。

② 高明：《古陶文彙編》，中華書局，1990年，第 23 頁。

③ 《銘圖》誤釋作"衍大"。

簡省後往往與當時文字系統中的另外一個字同形，很容易導致誤釋。①不過由於複合族名中各族名之間有彼此的制約，它們之間往往有比較固定的組合，只要我們把相關族名金文加以繫聯，即使有的字形省變得非常厲害，一般情況下仍能辨識。

上文我們已經談過了相關銘文的釋讀意見，接下來再簡單説説我們對這些銘文中"示"的看法。第五組 A 亞隼父戊簋、C 亞隼父乙尊的時代屬於"西周早期"，D 亞隼罍②時代屬於"西周晚期"，其他各器屬於商代，可見亞隼族諸器的時間跨度比較大。而且上述諸器主之父的日名也多有不同，如有"父戊""父乙""父丁"之别，所以其中的"示"應該不會是李學勤先生所説的"器主之名"。而牛濟普先生所説的"在其他離氏族的徽號金文中'示'均省却"與事實顯然不符，"示在這方亞形離字璽中的作用應與古代祭禮有關"更是無據。

"示"作族名見於示卣（《集成》04797）、丁示觚（《新收》1577）等。此外族名"示"也可以單獨置於亞形中，如 1978 年 1 月於河南洛陽市北窰村龐家溝西周墓地出土的一件銅爵，③銘文作"亞示④（示在亞形内）父乙"。作父己觶（《集成》06484）銘文作"亞示⑤（示在亞形内）作父己尊彝"。亞示鼎（《銘圖續》0059）銘文作"亞示（示在亞形内），丁"。上述這些"亞示"也是族名。因此我們認爲本文所討論的隼族諸器銘文中的"示"也可能應看作族名，"亞隼示"是複合族名，它是"隼"族與"示"族的複合。如此一來，那麽在商代、西周都出現"亞隼示"族的銅器並且它們的作器對象的日名多有不同這兩點也就比較好解釋了。此外，我們還可以看出第四組 A

---

① 如父癸尊（《集成》05755）"䀇"上一字，《釋文》（第 4 卷，第 217 頁）、《銘圖》11490（第 20 卷，第 495 頁）誤釋作"告"，《引得》（第 111 頁）、《集成》增補本（第 5 册，第 3599 頁）誤釋作"告（牛）"。

② 各家對此器的斷代意見有分歧，《釋文》斷爲商代，《集成》增補本、《銘圖》13992 斷爲春秋。

③ 蔡運章：《洛陽北窰西周墓青銅器銘文簡論》，《文物》1996 年第 7 期，第 61 頁。

④ "亞示"原作"▨"，發表者誤釋作"米"。《銘圖》08108 所收拓片作"▨"，其中"亞"形中的"示"已經殘泐不清，故其釋文未釋"示"字。《近出》899 釋作"亞示"，可從。

⑤ 此處"示"原作"▨"，或釋作"开"。

亞隼示璽的印文本身並沒有什麼特殊的，它的性質和商周族名金文的性質應是一樣的，①只不過它的形制是璽而已。

綜上所説，本文通過對隼族銘文資料比較全面的搜集，指出過去的相關釋法中，有很多銘文中的"示"②字都被漏釋了。亞干示爵、亞干示觚中所謂的"干"很可能應看作"隼"之省。相關銘文中的"示"既不是器主的私名，也與古代祭禮無關，它可能是族名，"隼示"是"隼"族與"示"族組成的複合族名。

附記：本文原爲筆者博士論文《商代金文的整理與研究》（復旦大學博士學位論文，指導教師：裘錫圭，2012年）下編第一則（第558—563頁），後據新出資料略有修訂。

近年來，在河南駐馬店市正陽縣付寨鄉付寨村閏樓晚商遺址出土了許多帶有族名"禽"的銅器，可知閏樓應該就是晚商禽族的一處居住地。目前該遺址發掘所得的禽族相關銘文尚未全面正式公布，但有許多據傳出自正陽閏樓商代遺址的禽族銅器流散於古玩市場。丘山代、劉文閣兩位先生《河南正陽出土"禽"銘銅器初探》（《南方文物》2016年第2期，第167—177頁，下文簡稱《初探》）一文對傳出正陽閏樓商代遺址而流散於古玩市場的禽族銅器銘文以及傳世或其他處發掘的禽族銅器銘文作了全面深入的討論。《初探》在没有注意到我們博士論文對禽族銘文已有比較全面整理並對相關"示"字已有正確釋讀的情況下，也釋出了亞隼罍（《集成》09959）的"示"、🦅亞爵（《集成》07829）的"禽示"以及亞干示爵（《集成》08785）中所謂"干"爲"禽"之簡化，但仍未釋讀出亞隼父乙尊（《集成》05727）、亞隼觚（《集成》07277）、亞隼父丁器（《集成》10535）等銘文中的"示"。《初探》根據正陽閏樓流散的"禽"銘

---

① 近年殷墟出土了兩枚帶有文字的銅質印章（參看何毓靈、岳占偉：《論殷墟出土的三枚青銅印章及相關問題》，《考古》2012年第12期，第70—77頁），其文字皆是當時銅器銘文中習見的族氏名，亦可證明這一點。

② 示，或應釋作"主"。

銅器中"示"的不同寫法,把 ▽ 隻爵(《集成》08281)"▽"中"禽"形外的"▽"形、癸⊕鼎(《近出》227)"⊕"中"亞"形外的"⊕"釋作"示"字,可從。關於禽族銅器銘文中的"示",《初探》贊同是"祭祀"之意。《初探》披露傳出正陽閏樓商代遺址而流散於古玩市場的禽族銅器銘文,除去日名外的部分有"▽""▽""⊕""⊕""▽""▽""⊕"等不同的情形,即或作"示亞干(禽)",或作"亞隻(禽)",或作"亞屰(禽)",或作"屰(禽)亞",或作"亞屰(禽)示",或作"亞干(禽)示"。根據示亞隻癸觚(《銘圖續》0700)"⊕"中"示"的寫法,我們認爲 ▽ 父己爵(《集成》08580)銘文中的"▽"當釋作"示",它與觚銘"示"字只有勾勒與填實之別,▽ 父己爵"示"字應該是單獨作族名。癸⊕鼎(《近出》227)、癸⊕爵(爵銘未公布,參看王文男、孫亞軒:《河南正陽縣出土商代銅器》,《考古》1992年第12期,第1142頁)銘文皆作"癸亞示"("示"字釋讀參看上文所引《初探》),"示"字應該也是單獨作族名,這兩器爲1981年河南正陽縣傅寨鄉伍莊村劉樓出土,其出土地在禽族銅器的出土地正陽縣付寨鄉閏樓商代遺址西南附近,可知閏樓商代遺址禽族銅器銘文中的"示"應該與"癸亞示"中的"示"統一看待,"示"是族名,"亞隻示"是"隻"族與"示"族組成的複合族名。由《初探》披露的禽族銅器銘文,亦可證"隻"與"屰"是異體或通用關係,而所謂"干"則是"屰"之省。駐馬店市文物考古管理所在《考古學報》2018年第4期(第457—509頁)發表了《河南駐馬店閏樓商代墓地發掘報告》一文,公布了駐馬店市正陽縣付寨鄉付村閏樓商代墓地出土的三件青銅器的銘文,其中M71出土的一觚與一爵的銘文分別爲"亞屰""示亞屰",M229出土的一件爵,銘文爲"亞屰示父乙",這些"屰"即它銘中的"亞隻"之"隻"。

論集按語:《銘三》(吴鎮烽:《商周青銅器銘文暨圖像集成三編》,上海古籍出版社,2020年)0691著録了一件河南正陽縣傅寨鄉傅寨村閆樓商代墓地出土的亞㠭爵,銘文作"㠭(隻)亞"。《銘三》0864著録了一件亞㠭示觚,銘文作"亞㠭(隻)示"。《銘三》1105著録了一件父丁卣,銘文作"亞隻示父丁"。

本文原刊於《西部史學》第3輯,西南師範大學出版社,2019年,第55—63頁。

試說麥方尊的"叔"*

麥方尊(《集成》06015)"王令辟邢侯出伉侯于邢，雩若二月，侯見于宗周，亡愍，①會王饗莽京，酌祀。雩若翌日，在辟雍，王乘于舟，爲大禮。王射大龏②禽，侯乘于赤旂舟從，叔咸，之日，王以侯入于寢，侯錫玄珮戈"，其中"叔"字，劉心源認爲："飡，舊釋作死，義爲叚死爲事。不知此字從卤從又，篆形明是叔，若死字則從卤從几，大相徑庭矣。叔爲殘破殘毁字，非銘文所用義。此假爲飡，從飡者，以膳飲從王備食也。"又把"咸"與"王以侯入于寢"之間的字釋作"時"，説："王在璧廱饗射，井侯爲之供帳上食，不失其時，故云從飡咸時也。"③郭沫若先生釋作"叔"而無説，連下"咸之日"作一句讀，且讀"咸"爲"克滅韓宣多"之"滅"。④ 楊樹達先生也釋作"叔"而無説，且以"叔咸"爲一句。⑤ 孫常敍先生釋字與劉心源相同，但訓"時"爲"中"，"咸時"即"皆中"，從而認爲"叔"義爲"貫穿"。⑥ 李學勤先生釋作"叔"疑讀爲"踐"，訓作"往也"。"侯乘于赤旂舟，從叔"是説"邢侯登

---

* 基金項目：國家社科基金青年項目"商代金文的全面整理與研究及資料庫建設"(項目編號16CYY031)。

① 陳劍：《甲骨金文舊釋"尤"之字及相關諸字新釋》，《甲骨金文考釋論集》，綫裝書局，2007年，第59—80頁。

② 關於此字，有"拱""鴻""供"等不同的讀法。

③ 劉心源：《古文審》，劉慶柱、段志洪、馮時編：《金文文獻集成》，香港明石文化國際出版有限公司，2004年，第450—451頁。

④ 郭沫若：《兩周金文辭大系圖録考釋》，上海書店出版社，1999年，第40頁。

⑤ 楊樹達：《積微居金文説》(增補本)，中華書局，2004年，第113頁。

⑥ 孫常敍：《孫常敍古文字學論集》，東北師範大學出版社，1998年，第151—153頁。

有紅色旗幟的船,隨王而行。"①楊文山先生從李學勤先生說,把"侯乘于赤旂舟,從奴"解釋爲"邢侯乘懸有紅旗的舟,跟從前往。"②

唐蘭先生釋作"奴",認爲:"奴即死,與司同。《小爾雅·廣言》:'司,主也。'主管各事。"並把"侯乘于赤旂舟從奴"意譯爲"侯坐在紅色的從船上管這事"。③于省吾先生釋作"奴",認爲:"奴通尸,此則借爲事。事咸猶言既事也。"④馬承源等先生釋作"死",認爲死通尸,借爲事,指大禮之事。"侯乘于赤旂舟從,死咸"理解爲"邢侯乘坐掛有赤色旗幟的船相隨從,大禮之事皆全。"⑤王輝先生釋作"死",讀爲"尸",訓作"主"。且以"死咸"爲一句,咸訓作皆,"死皆"乃指"邢侯主持的各事者(引者按:者應是都之筆誤)已完成了"。⑥白冰女士的意見與《銘文選》的基本相同。⑦張秀華女士也釋作"死(尸)"。⑧《殷周金文集成引得》⑨《殷周金文集成釋文》⑩《殷周金文集成》(修訂增補本)、⑪《商周金文資料通鑒》11675、華東師範大學《金文資料庫》8371、夏麥陵⑫等皆釋作"死"。所以從目前的相關研究看,釋"死"之說成了最爲流行的釋法。

暫且撇開字形不論,從唐蘭先生的翻譯可以看出,他是把"從"字當

---

① 李學勤:《青銅器與古代史》,聯經出版事業股份有限公司,2005年,第211頁。
② 楊文山:《西周青銅邢器"麥尊"通釋》,《邢臺師範高專學報》(綜合版)1997年第4期,第22頁。
③ 唐蘭:《西周青銅器銘文分代史徵》,中華書局,1986年,第249—254頁。
④ 于省吾:《雙劍誃吉金文選》,中華書局,1998年,第153頁。
⑤ 馬承源主編:《商周青銅器銘文選(三)》,文物出版社,1990年,第47頁。
⑥ 王輝:《商周金文》,文物出版社,2006年,第74—78頁。
⑦ 白冰:《青銅器銘文研究》,學林出版社,2007年,第286頁。
⑧ 張秀華:《西周金文六種禮制研究》,吉林大學博士學位論文(指導教師:吳振武),2010年,第109頁、186頁。但"咸"下之字,張文在186頁的釋文中既釋作"時",也釋作"之日"。
⑨ 張亞初:《殷周金文集成引得》,中華書局,2001年,第115頁。
⑩ 中國社會科學院考古研究所:《殷周金文集成釋文》第4卷,香港中文大學出版社,2001年,第276頁。
⑪ 中國社會科學院考古研究所:《殷周金文集成》(修訂增補本)第5册,中華書局,2007年,第3704頁。
⑫ 夏麥陵:《伯唐父鼎諸器與西周水射禮》,《紀念徐中舒先生誕辰110周年國際學術研討會論文集》,巴蜀書社,2010年,第138頁。

作船的後置定語,實際上此處的"從"應該像大多數研究者所理解的那樣是作動詞(詳下文),可見唐說是有問題的。"事",崇母之部,"死",心母脂部,兩者韻部並不近,金文中也不見"事""死"交涉之例。僅從這一點看,認為"死通尸,借為事"的意見也是不正確的。在金文中讀為"尸"訓作"主"的"死",主要是作動詞或形容詞,在句中作謂語或定語,並沒有是名詞而作主語之例。而且"咸"表示動作結束,在麥方尊中它所針對的不僅僅是邢侯一個人的動作,所以把所謂的"死皆"理解為"指邢侯主持的各事都已完成了"也是有問題的。更何況劉心源早已經指出"死"从"卢"从"人",而"占𠂆"的右邊从"又",兩者有別(可參看四版《金文編》第280—281頁)。所以就字形而言,"占𠂆"應當釋作"奴"而不能釋作"死"。①

　　郭沫若、楊樹達兩位先生雖然把"占𠂆"釋作"奴",但是沒有論及它在銘文中的讀法及其意義。劉心源、孫常敘先生由於把"咸"後面的"之日"誤釋作"時",所以這導致他們對"占𠂆"的解釋也不可信。李學勤先生雖然也釋"占𠂆"作"奴",但讀為"踐"之說也是可疑的,因為金文中講到某某跟隨上級做某事時,都是用"從"(參看張亞初先生《殷周金文集成引得》第483—485頁)而未見"從奴"之例。由於持釋"奴"看法的學者沒有對"奴"在銘文中的意義作出合理的解釋,故釋"奴"之說一直以來並沒有得到足夠的重視。

　　上文已經說明了"占𠂆"當釋作"奴",接下來我們再來討論一下"從奴咸之日"五字的斷句。比較甗鼎(《集成》02721)"師雍父省道至于胡,甗從"、妊小簋(《集成》04123)"伯芳父使虢𡖈(覿?)尹人于齊師,妊小從"、宰椃角(《集成》09105)"王格,宰椃從,錫貝五朋",我們認為麥方尊銘文應在"從"後面斷讀。"咸",動詞,訓竟、終。② 金文中"咸"常可單獨為一句,如

---

① 需要說明的一點,金文中"奴""死"作為偏旁,有相訛之例。如師旂鼎(《集成》02809)"贅"字作"𫶕",上部已與"死"相近。

② 參看楊樹達:《詩敦商之旅克咸厥功解》,《積微居小學述林》,中華書局,1983年,第223—224頁。

作册般甗(《集成》00944)"王宜夷方無敄,咸,王賞作册般貝"、德方鼎(《集成》02661)"唯三月王在成周,祉(誕)武王祼自郊,咸,王錫德貝廿朋",我們認爲麥方尊銘文中的"咸"也應單獨爲一句。"之日"一詞,卜辭中習見(《類纂》第 291—292 頁),麥方尊銘文中的"之日"指代舉行射禮的那一天,作"王以侯入于寝,侯錫玄琱戈"的時間狀語。所以"從奴咸之日"五字所在的相關文句當斷句作"侯乘于赤旂舟從,奴,咸,之日,王以侯入于寝,侯錫玄琱戈"。

麥方尊"王射大龏禽,侯乘于赤旂舟從,奴"之"奴",我們認爲應該是一個動詞,它的賓語乃承前省略,應該是"王"或"王射大龏禽"這件事。體會文義,"奴"應該含有"佐助"一類的意思,我們認爲"奴"當讀爲"贊"。奴,從母元部,贊,精母元部,中古都爲開口一等,兩者音近可通。《楚辭·王逸〈九思·傷時〉》:"時混混兮澆饡,哀當世兮莫知。"王逸自注:"饡,餐也。"《説文通訓定聲》曾指出,从奴得聲的字可和从贊得聲的字相通。①《説文》:"奴,讀若殘。"而从戔得聲的"踐"與从"贊"得聲的"纘"可通,②如《詩經·大雅·崧高》:"三纘之事。"《釋文》:"纘,《韓詩》作踐。"這些是"奴""贊"音近可通之證。

《周禮·夏官·服不氏》:"射則贊張侯,以旌居乏而待獲。"鄭注:"贊,佐也。"《吕氏春秋·務大》:"細大賤貴,交相爲贊。"高誘注:"贊,助也。"《左傳·襄公》二十七年:"大叔儀不貳,能贊大事。"杜預注:"贊,佐也。""在辟雍,王乘于舟,爲大禮。王射大龏禽,侯乘于赤旂舟從,奴(贊),咸,之日,王以侯入于寝,侯錫玄琱戈"其義即"王乘坐着船在辟雍舉行射禮,王射大龏禽,邢侯乘坐掛有赤色旗幟的船相隨而佐射,③射禮結束後的當天,王帶領邢侯進入了寝殿,並在那裏賞賜給了邢侯黑色的琱戈"。可見麥方尊的"奴"讀爲"贊",訓作"佐助",從語音和文義兩方面看,都是比較

---

① (清)朱駿聲:《説文通訓定聲》,中華書局,1998 年,第 760 頁。
② 參看高亨纂著、董治安整理:《古字通假會典》,齊魯書社,1989 年,第 196 頁。
③ 《周禮·夏官·服不氏》"射則贊張侯",講的是"服不氏佐量人、巾車張侯之事"。《周禮·夏官司馬·射人》:"祭祀,則贊射牲。"賈公彦疏:"是以司弓矢共王射牲之弓矢,此射人贊射牲也。"所以這兩句中雖有"射""贊",但跟文中討論的佐射情形無關。

合適的。麥方尊記載了射禮,①把"奴"讀爲"贊"在同樣是講射禮的典籍中以及銘文中還能找到旁證。《詩經·小雅·賓之初筵》:"大侯既抗,弓矢斯張……其湛曰樂,各奏爾能。賓載手仇,室人入又。"《釋文》:"仇,毛音求,匹也。"毛傳:"手,取也。室人,主人也。主人請射于賓,賓許諾,自取其匹而射。主人亦入于次,又射以耦賓也。"這是射禮中稱同在一方的人員爲"仇",這種用法的"仇"亦見於義盉蓋(《集成》09453)"唯十又一月既生霸甲申,王在魯,會即(次)邦君、諸侯、正、有司大射。義蔑曆,罧于王仇"。並且這種"仇"字在金文中還可作動詞,如長由盉(《集成》09455)"穆王饗醴,即(次)井伯、大祝射。穆王蔑長由以仇即(次)井伯。井伯氏(視)彊(引)不奸。長由蔑曆","仇"應該訓爲"匹","次"意爲"輔助""佐助"。長由"仇次"井伯,是說射禮中長由在井伯一方佐助井伯。② 長由在射禮中佐助井伯,邢侯在射禮中佐助周王,講的都是射禮中佐射之事,彼此正可互證,這也說明"奴"讀爲"贊"是非常合適的。交鼎(《集成》02459)銘文作"交從晉(戰),仇毗(比)王,易(錫)貝,用乍(作)寶彝","仇毗"意爲"輔助""佐助"。交鼎講的雖然不是射禮之事,但是先言"從"、繼言"仇毗(比)",這與麥方尊先言"從",繼言"奴(贊)"講的都是器主跟隨時王做某事然後佐助王的情形,兩者在這一點上似可比較。

近年發表的一件作册般銅黿③(《中國歷史文物》2005 年第 1 期封 2,《近二》967,《新收》1553),銘文中有一句作"王一射,[圖]射三,率無廢矢。王命寢馗貺于作册般",其中"[圖]"字,李學勤先生釋作"奴",讀爲"贊",④李凱先生從之。⑤ 張秀華、邵清石兩位先生也贊同李先生的

---

① 劉雨先生曾對跟射禮有關的金文資料進行過集中論述,參看《西周金文中的射禮》《射禮考》,《金文論集》,紫禁城出版社,2008 年,第 3—14 頁、15—26 頁。
② 參看陳劍:《據郭店簡釋讀西周金文一例》,《甲骨金文考釋論集》,第 20—38 頁。
③ 《悠久の美——中國國家博物館名品展》(東京國立博物館、朝日新聞社編,朝日新聞社,2007 年,17 器第 40—41 頁)、《國家寶藏——中國國家博物館典藏精品展圖錄》(深圳博物館、中國國家博物館編,文物出版社,2008 年,第 54—55 頁)都有銅黿器形與銘文的照片,但前者所著錄的照片要比後者所著錄的照片清晰得多,讀者可參看。
④ 李學勤:《作册般銅黿考釋》,《中國歷史文物》2005 年第 1 期,第 4 頁。
⑤ 李凱:《試論作册般黿與晚商射禮》,《中原文物》2007 年第 3 期,第 46—47 頁。

觀點,且根據《儀禮·大射儀》"大射之儀。君有命戒射,宰戒百官有事於射者。射人戒諸公、卿、大夫射,司士戒士射與贊者"的記載説:"説明古代舉行射禮時,確有贊射之人。與李學勤先生的觀點正好相合。"①朱鳳瀚先生釋作"狃(狃)",讀爲狃,訓作"復"。② 王冠英、晁福林、連劭名等先生釋作"般"。③ 裘錫圭先生未釋,但認爲這個字的意義是有可能屬於"贊助""佐助"這一類。也可能這個字是商王徂于洹時所帶隨從中的一種人的名稱。④ 董珊先生釋作"狃(?)",認爲詞義似爲"再次"。⑤ 宋鎮豪先生釋作"狃",認爲有贊佐、佐助之義。⑥ 袁俊傑先生釋作"叔",讀爲"殘",認爲是殘穿的意思。⑦ 根據文義以及字形來看,我們贊同釋"叔"且讀爲"贊"之説,只不過該字中"卢"形與"又"形有部分筆畫因共用而有粘連而已。"叔(贊)"的施事主語在銘文中省略,應該是某位臣子,我們認爲很可能就是作册般,正是由於他贊射有功,後來王才命寢馗轉賜他以銅黽。"王一射,叔(贊)射三"講的是"王射銅黽,(作册般)佐射"之事,而麥方尊"王射大龏禽,侯乘于赤旂舟從,叔(贊)"講的是"王射大龏禽,邢侯佐射",彼此情形正相類,似可互證,這説明"古"釋作"叔(贊)"從文義看是非常合適的。文獻中記載射禮,常説"搢三挾一個",四矢爲一組,因此董珊先生在《從作册般銅黽漫説"庸器"》一文談到銅黽身中四箭時説:"這件銅黽正好身中四箭,不知是否跟射禮有關。"後來陸續有不少研究者都認爲作册般銅黽與

---

① 張秀華、邵清石:《作册般銅黽銘文匯釋》,《黑龍江教育學院學報》2009年28卷第1期,第101頁。
② 朱鳳瀚:《作册般黽探析》,《中國歷史文物》2005年第1期,第7頁。
③ 王冠英:《作册般銅黽三考》,《中國歷史文物》2005年第1期,第11頁。晁福林:《作册般黽與商代厭勝》,《中國歷史文物》2007年第6期,第48頁。連劭名:《兩件商代青銅器銘文新證》,《中國歷史文物》2009年第6期,第70—71頁。
④ 裘錫圭:《商銅黽銘補釋》,《中國歷史文物》2005年第6期,第6頁。
⑤ 董珊:《從作册般銅黽漫説"庸器"》,《古代文明研究通訊》總第24期,2005年,第26頁。
⑥ 宋鎮豪:《從新出甲骨金文考述晚商射禮》,《中國歷史文物》2006年第1期,第14頁。
⑦ 袁俊杰:《作册般銅黽所記史事的性質》,《華夏考古》2006年第4期,第43頁。

射禮有關。① 如可信,則"![字]"與麥方尊"奴(贊)"的語境更加相近,兩者都涉及射禮中佐射之事,益可證前者亦當釋作"奴(贊)"。

2010 年稿

論集按語:關於麥方尊的"奴"字,蔣玉斌先生亦有與我們相同的意見(《作册般黿與麥方尊"奴(贊)"字合證》,《古文字研究》第 32 輯,中華書局,2018 年,第 212—215 頁),請讀者參看。

本文於 2011 年 5 月初投稿於《古漢語研究》,並於同年 9 月 16 日獲得用稿通知,最終刊於《古漢語研究》2016 年第 4 期,第 42—45 頁。發表時略有刪減,此依原稿發表。

---

① 參看宋鎮豪《從新出甲骨金文考述晚商射禮》,《中國歷史文物》2006 年第 1 期,第 14 頁。袁俊杰:《作册般銅黿所記史事的性質》,《華夏考古》2006 年第 4 期,第 43 頁。李凱:《試論作册般黿與晚商射禮》,《中原文物》2007 年第 3 期,第 46—47 頁。楊坤:《作册般銅黿補説》,復旦大學出土文獻與古文字研究中心網站。2008 年 1 月 31 日。張秀華、邵清石:《作册般銅黿銘文匯釋》,《黑龍江教育學院學報》2009 年第 28 卷第 1 期,第 100—101 頁。

釋魯侯簋"逝"字兼談東周文字中"噬"字的來源[*]

魯侯簋是一件西周早期器，現藏上海博物館。該簋銘文曾著錄於《西清》13.9、《貞松》7.17.3、《周金》5.8.1、《小校》5.35.1、《三代》6.49.2、《鬱華閣》191.1、《集成》04029、《總集》4860、《銘文選》58、《夏商周》254、《山東成》488、《銘圖》04955 等，其中以《銘文選》《夏商周》著錄的拓本較優。簋銘共 22 字，作：

唯王令（命）朙（明）公遣（遣）三族伐東或（國），才（在）A，魯疾（侯）又（有）囨[①]工（功），用乍（作）旅（旅）彝。

其中用 A 表示之字原作"▨"（選自《銘文選（三）》第 35 頁），銘文中用作地名。A，《大系》認爲上半右旁是"犬"，上半左旁是"尔"，下半所從是"邑"，它即狁、狉等之本字。[②]《集成釋文》釋作"獮"。[③]《斷代》《銘文

---

[*] 基金項目：國家社科基金青年項目"商代金文的全面整理與研究及資料庫建設"（項目編號 16CYY031）。

[①] 裘錫圭先生認爲"囨"應是卜兆之"兆"的表意初文，"囨工"疑讀爲"肇工"，"肇"應訓作"敏"（裘錫圭：《從殷墟卜辭的"王占曰"說到上古漢語的宵談對轉》，《中國語文》2002 年第 1 期，第 34—40 頁。收入《裘錫圭學術文集·甲骨文卷》，復旦大學出版社，2012 年，第 485—494 頁）。

[②] 郭沫若：《兩周金文辭大系圖錄考釋》（下），上海書店，1999 年，第 11 頁。

[③] 中國社會科學院考古研究所：《殷周金文集成釋文》第 3 卷，香港中文大學出版社，2001 年，第 242 頁。

選》《夏商周》皆缺釋。①《集成引得》②《集成》修訂增補本釋作"邀（擔）",③《銘圖》04955釋作"邀"。④ 四版《金文編》置於附錄下692號,摹作"󰀀",⑤《新金文編》置於附錄二0071號。⑥

四版《金文編》所摹字形不準確,A應摹作"󰀀",它右旁作"󰀀"。A字右旁與西周金文的"犬"形不類,左上與"尒"亦不類,故"肦""柒""獮"等釋法皆無據。釋作"邀",則是認為其左上所從是"甹"形,右部所從是"攴"形,我們認為此説亦非（參看下文）。

亞󰀀鏡（《集成》00387）銘文中的"󰀀（󰀀）",《集成引得》《集成》增補本等釋作"甿",⑦《集成釋文》釋作"醀",⑧何景成先生認為與"󰀀"瓻（《集成》06567）等族名金文中的"󰀀"為一字。⑨

我們曾在討論此字時認為:

舊釋皆不可信,"󰀀"的右邊似是"丮"或"丮身欠首"之訛體,而其左邊與《合》36875"󰀀"、《合》36935"󰀀"等字的左邊相同。後兩形,研究者或認為是"󰀀（斀）"字異體。大簋（《集成》04298）、大

---

① 陳夢家:《西周銅器斷代》,中華書局,2004年,第24頁。馬承源主編:《商周青銅器銘文選（三）》,文物出版社,1988年,第35頁。陳佩芬:《夏商周青銅器研究》（西周上）,上海古籍出版社,2004年,第136頁。
② 張亞初:《殷周金文集成引得》,中華書局,2001年,第70頁。
③ 中國社會科學院考古研究所:《殷周金文集成》（修訂增補本）第3册,中華書局,2007年,第2204頁。
④ 吴鎮烽:《商周青銅器銘文暨圖像集成》第10册,上海古籍出版社,2012年,第289頁。
⑤ 容庚編著,張振林、馬國權摹補:《金文編》,中華書局,1985年,第1286頁。
⑥ 董蓮池:《新金文編》下册附錄二,作家出版社,2011年,第13頁。
⑦ 張亞初:《殷周金文集成引得》,第19頁。中國社會科學院考古研究所:《殷周金文集成》（修訂增補本）第1册,第509頁。
⑧ 中國社會科學院考古研究所:《殷周金文集成釋文》第1卷,第445頁。
⑨ 何景成:《商周青銅器族氏銘文研究》,齊魯書社,2009年,第460頁A262號。

簋蓋（《集成》04299）有"飤"字，分别作"▨▨""▨"，疑"▨"可能即"飤"字異體。①

在上引説法中，我們認爲"▨"字右旁似是"卂"或"卂身欠首"之訛體，現在看來，我們認爲該字右旁應是"欠"旁，下邊突出了脚趾形。弭仲簠（《集成》04627）"諸友 B 飤簠（俱）𩜊（飽），弭仲繁壽"，其中用"B"來表示之字原作"▨"，舊主要有"飱""飪"兩種釋法。《考古圖》著録了 3 件弭仲簠銘，而"B"被分别釋作"飤""飲""飱"。② 結合文意看，我們認爲"飲"的釋法較好。"B"字右邊是欠旁，右下之"▨"亦表示脚趾形，這與"▨"所從"欠"旁畫出脚趾形相同。又"飲食"一詞，金文中見於僕兒鐘（《集成》00183、《集成》00184）、佫侯慶鼎（《銘圖》02324）、中山王譽壺（《集成》09735）。"諸友飲飤俱飽"意指"諸友吃飽喝足"。如果"B"字摹寫可信，那麽説明作爲"歠"字異體的"飲"在西周晚期就已經出現。不過從目前資料看，作爲"歠"字異體的"飲"爲大家所認可的例子見於戰國時期。③ 因此也不能排除"B"字左旁"食"形是宋人受其後的"飤"字影響而誤摹的可能性。

A 字右旁與"▨"字右旁基本相同，"▨"與"▨"相當，"▨"與"▨"相當，"▨"亦當是"欠"的異體，它下端也突出了脚趾形。這與"B"字突出脚趾形亦類似。A 字下部所從之"▨"當是"止"字。A 字左上所從之"▨"，

---

① 謝明文：《商代金文的整理與研究》，復旦大學博士學位論文（指導教師：裘錫圭），2012 年，第 44 頁。
② （宋）吕大臨：《考古圖》（十卷）（附釋文），劉慶柱、段志洪主編：《金文文獻集成》第 1 册，香港明石文化國際出版有限公司；綫裝書局，2005 年，第 57—58 頁。
③ 湯餘惠：《戰國文字編》，福建人民出版社，2001 年，第 600 頁。西周早期的毛公旅鼎（《集成》02724）有"▨"字，春秋的曾孟羋諫盆（《集成》10332）有"▨"字，春秋晚期的朋戈有"▨"字（河南省文物研究所、河南省丹江庫區考古發掘隊、淅川縣博物館：《淅川下寺春秋楚墓》，文物出版社，1991 年，第 188 頁圖一四一；3、4、5），它們中都有"食""欠"兩個部件，不少研究者就是把其中的"食""欠"與"飲食"之"飲"相聯繫。如可信，那麽弭仲簠中出現"歠"字的異體"飲"也就不足爲怪了。

有不少研究者認爲是"㠯"。"▨"與同銘的"▨(遣)"所從"㠯"旁有別,但比較昔須甗(《銘圖》03349)"▨"、遣卣(《集成》05402)"▨"、遣妊爵(《集成》08137)"▨","▨"又與它們所從的"㠯"旁比較接近。這說明"▨"最初應該是一個與"㠯"有別的偏旁,但與某些"㠯"旁的寫法已經比較近似。

郝造遣鼎(《集成》02422)"▨"、郝遣簋甲(《集成》04040)"▨(▨)""▨(▨)",郝遣簋乙(《銘圖》05022)"▨"。前一形從"辵",後面三形從"足","辵""足"作爲表意偏旁可通,以上四形當是一字異體(下文如對它們不加區別時,則統一用C來表示),銘文中它們當指同一人。C,舊主要有"譴""遣"兩種釋法。C除去"足"旁或"辵"旁外的部分,我們用D表示,一般隸作"欪",研究者或認爲它是一個雙聲符字。①

《郭店簡·語叢四》簡19"▨",李零先生讀爲"噬"。② 孟蓬生先生、王寧先生等釋作"噬",③可信。《上博簡(叁)·周易》簡33"▨",今本與之對應之字作"噬"。此字亦見於曾侯乙磬,作"▨""▨"(《曾侯乙》④第582頁圖24.8—10)等形。關於東周文字中"噬"字的來源,研究者有不同的意見。⑤ 下面我們則聯繫上文已提及的A、C、D來談談我們關於這一問題的一些不成熟的看法。

"A"從"▨"從"欠"從"止","▨"從"▨"從"欠"從"辵","止""辵"作

---

① 趙平安:《戰國文字"噬"的來源及其結構分析》,《古文字研究》第30輯,中華書局,2014年,第288頁。
② 李零:《郭店楚簡校讀記》,《道家文化研究(郭店楚簡專號)》第17輯,生活·讀書·新知三聯書店,1999年,第481頁。李先生後來又改爲他讀,見《郭店楚簡校讀記》(增訂本),北京大學出版社,2002年,第45頁。
③ 孟蓬生:《郭店楚簡字詞考釋》,《古文字研究》第24輯,中華書局,2002年,第406—407頁;王寧:《釋郭店楚簡中的"噬"與"溢"》,簡帛研究網站,2002年8月27日。
④ 湖北省博物館編:《曾侯乙墓》,文物出版社,1989年。
⑤ 趙平安:《戰國文字"噬"的來源及其結構分析》,《古文字研究》第30輯;王寧:《從"丐"説到"噬"》,復旦大學出土文獻與古文字研究中心網站,2014年10月28日。

爲表意偏旁可通，又"[甲]"與"[甲]"非常接近，因此我們認爲"A"與"[ ](C)"當是一字異體。"A"除去底部"止"形外的"[ ]"，从"[甲]"从"欠"，它與D當是一字異體。

《合集》34072"[ ]"、《合集》34073"[ ]"，研究者釋作"噈"，並且指出這兩形都將"欠"形的"口"寫得特別大，又將"束"形的一部分寫入"口"形中，似乎也有讓這部分形體兼起一定的指示作用的意圖。①《合集》5411＋《合補》6191正②"[ ]"、《合補》5008"[ ]"，蔣玉斌先生釋作"饐"，認爲它們所从之"[ ]"可隸釋作"歅"，是"懿"的初文，並類比"[ ]"字，認爲亞寫到口中，大概也有兼表品味美酒於口中的意圖。③

蔣先生認爲亞寫到口中兼起一定的表意作用，這是對的。聯繫字形來看，"[ ]"象某物堵塞於口，應該就是"饐""噎"的表意初文，④"[ ]"則是以"饐"字初文爲聲的"饐"字。"[ ]"形口中的"亞"位移到"欠"旁的一側則演變爲金文中的"[ ][ ]"等形，從表意的角度看，它們顯然不如甲骨文中的"[ ]"象形。西周早中期金文中常假借"饐"字初文"[ ]"的變體"[ ]""[ ]"類形爲"懿"。金文中"懿"作"[ ]""[ ]"類形，則是一個从心从"饐"字初文得聲的形聲字，後來亞變形聲化作"壹"，欠演變作形近的

---

① 參看陳劍：《說花園莊東地甲骨卜辭的"丁"——附：釋"速"》，《故宮博物院院刊》2004年第4期，第62頁。收入同作者《甲骨金文考釋論集》，綫裝書局，2007年，第97頁。劉桓先生《殷契新釋》（河北教育出版社，1989年，第224頁）亦指出："歅（引者按：即[ ]）爲形聲字，却包含有會意的成分。倘若細看字形，便可以發現叀字恰恰被標在欠字張口處，這點前人多未注意……"

② 蔣玉斌：《〈甲骨文合集〉綴合拾遺》第九十組，中國社會科學院歷史研究所先秦史研究室網站，2010年12月17日。

③ 蔣玉斌：《甲骨綴合所得新字新形研究》，《古文字學青年論壇論文集》，中研院史語所，2013年11月25—26日，第89—91頁。

④ 陳劍：《甲骨學》課程授課內容，2009年下學期。

"次",它就演變爲"懿"字。"㓷"中"欠"形的"口"亦寫得特別大,並且"㓷"形的一部分也寫入"口"形中,對比"㓷""㓷"兩形,我們認爲"㓷"的構形應與它們相類,"㓷"形的一部分之所以寫入"口"形中,亦當具有表意作用,即"㓷"是一個會意字,結合字形以及 D 來看,我們認爲它表示用口咬某種物體,應即"噬"字初文。由於"昔""噬"音近,"㓷""昔"又形近,故"㓷"所从之"㓷"後來變形聲化作"昔",它就演變爲"㓷""㓷""㓷""㓷"等形所从之"㓷""㓷""㓷""㓷"",其中後面三形皆是左上一部分寫入"口"形中,這一點非常重要,説明它們還保留着比較原始的構形,因此 D 亦當釋作"噬"。D 中的"㓷"形左上已不寫入口中,研究者如果根據此類寫法的"歚"來分析其結構,其結論自然不可信。A 从止、从"噬"字初文得聲,C 从"足"或"辵"、从"噬"字變體得聲,"噬""逝"音近相通,①結合A、C 的意符來看,它們宜釋作"逝"字異體。此外,"㓷"形中"欠"旁下端還保留表示人足的一斜筆,②這顯然與"㓷"形右下端的那一斜筆相當。這亦可證把後者的右旁看作是"欠"是比較合適的。"㓷""㓷"類形加注"辛"聲,它就演變爲"㓷"(《曾侯乙》圖版 254,《集成》00308,《銘圖》15453)、"㓷"(《曾侯乙》圖版 266,《集成》00320,《銘圖》15465)等形。這類形體左上部分已不在口中,表意程度大大降低,爲了更明確地表達"咬噬"的意義,於是又添加意符"齒",它就演變爲"㓷""㓷"(曾侯乙磬,《曾侯乙》582 頁圖 24.8—10)等形。"㓷"省略"欠"旁則演變爲"㓷"[《清華

---

① 參看陳劍:《郭店簡補釋三篇》,《古墓新知——紀念郭店楚簡出土十周年論文專輯》,國際炎黃文化出版社,2003 年,第 121—125 頁。

② "㓷"瓠(《集成》06567)"㓷"形中人足亦用一斜筆來表示。

簡(叄)》①·良臣》簡10]類形。"▨"[《清華簡(叄)·說命》簡5]从"疌"从"▨"得聲,應即A、C之異體。東周文字中常見的"䛣""䛙""䛚"等字或偏旁皆應是"噬"字進一步演變而來的省體。"▨"類形左邊進一步省變爲"言",它就演變爲"▨"(《郭店簡·性自命出》簡62)、"▨"(包山簡137反"▨"字所从)等形,②"▨"類形演變作"▨"[《上博簡(叄)·從政乙》簡4]亦是同類的現象。③《清華簡(肆)·別卦》④簡7跟王家臺秦簡《歸藏》、今本《周易》之"噬"或"筮"相當的卦名之字作"▨",上部當是"▨"類形省略其中的"䛙"演變而來。⑤

綜上所述,我們認爲A、C應釋作"逝"。A所從之"▨"即"噬"字初文,後來其所從之"▨"變形聲化作"䇂",它就演變爲"▨"類形。如果

---

① 清華大學出土文獻研究與保護中心編、李學勤主編:《清華大學藏戰國竹簡(叄)》,中西書局,2012年。

② 參看史傑鵬:《關於包山楚簡中的四個地名》,《陝西歷史博物館館刊》第5輯,西北大學出版社,1998年,第132頁。陳偉:《郭店楚簡〈六德〉諸篇零釋》,《武漢大學學報》(哲學社會科學版)1999年第5期,第31頁。[日]大西克也:《談談郭店楚簡〈老子甲本〉"䚄"字的讀音和訓釋問題》,《中國出土資料研究》第4號,中國出土資料學會,2000年,第77頁。陳劍:《郭店簡補釋三篇》。

③ 參看陳偉:《上海博物館藏楚竹書〈從政〉校讀》,簡帛研究網站,2003年1月10日。在此文中陳偉先生把《從政》"噬悳而恭遜"中"而"前兩字釋讀作"譴(愆)悔",認爲"愆悔"是悔過的意思。復旦大學出土文獻與古文字研究中心研發的"上博簡字詞全編檢索系統"釋讀作"欼(捷?)悳(敏)",我們贊成"捷敏"的讀法。從字形上看,"悳"前一字當是"噬"字。聯繫後文的"温良而忠敬"來看,"噬悳而恭遜"之"噬悳"也應是從正面立論而與品行有關的詞語。"筮"聲字與"枼"聲字可通(張儒、劉毓慶:《漢字通用聲素研究》,山西古籍出版社,2002年,第625頁),"枼"聲字與"疌"聲字可通(《漢字通用聲素研究》,第1033頁)。又"噬"與"䶩"關係極其密切(參看孟蓬生:《郭店楚簡字詞考釋》),"䶩"从"䇂"聲。《清華簡(壹)·祭公之顧命》簡1、簡2、簡7、簡21中"祭公"之"祭"作"▨",左邊从"䇂",右邊从古文"捷"省,是個雙聲符字。由以上例子可知"噬"可讀作"捷"。另"捷敏"一詞,古書中形容人之例數見。因此,從字形、辭例等方面看,"悳"前之字讀作"捷"是比較合適的。

④ 李學勤主編:《清華大學藏戰國竹簡(肆)》,中西書局,2013年。

⑤ 參看王子楊:《關於〈別卦〉簡7一個卦名的一點看法》,復旦大學出土文獻與古文字研究中心網站,2014年1月9日。"止"作爲偏旁常訛作"又",因此不排除"▨"形下部之"又"是"止"形訛誤的可能,此字亦可能本是A字異體。

"▨"類形所從之"甾"不寫入口中，就演變爲"▨"類形。"▨"類形是在"▨"類形上加注聲符"辛"，"▨"類形則是在"▨"類形上加注意符"齒"，東周文字中的"噬"實來源於"▨"。

2014 年 11 月稿

論集按語：關於"懿"字的分析，亦可參看楊敏、孟蓬生：《"懿"及"壹"的來源試析》，《河北師範大學學報》（哲學社會科學版）2016 年第 6 期，第 116—119 頁。

原載《青銅器與金文》第 1 輯，上海古籍出版社，2017 年，第 222—227 頁。

牧簋"耤"字補說

牧簋(《集成》04343)①銘文中有如下一段：

王若曰：牧，昔先王既令(命)女(汝)乍(作)嗣(司)士，今余唯或䌛改，令(命)女(汝)辟百寮(僚)。有(宥)㣇事包(?)廼多闌(亂)；不用先王乍(作)井(型)，亦多虐庶民。厥訊庶右(有)粦，不井(型)不中，廼②厌之🅐。今昀司匐(服)厥罪厥(?)故(辜)。王曰：牧，女(汝)母(毋)敢[弗帥]先王作明井(型)用，雩乃訊庶右(有)粦，母(毋)敢不明不中不井(型)，乃尃(敷)政事，母(毋)敢不妻不中不井(型)。今余隹(唯)申就乃命……。

其中"🅐"字，《銘文選》260、③《集成引得》④《集成》修訂增補本、⑤《集成釋文》⑥《商周金文資料通鑒》04833、⑦《商周金文摹釋總集》04343⑧

---

① 中國社會科學院考古研究所：《殷周金文集成》第 8 冊，中華書局，1987 年，第 307—308 頁。
② "廼"字原作"🅑"，下部省去一筆。
③ 馬承源主編：《商周青銅器銘文選(三)》，文物出版社，1988 年，第 187 頁。
④ 張亞初：《殷周金文集成引得》，中華書局，2001 年，第 92 頁。
⑤ 中國社會科學院考古研究所：《殷周金文集成》(修訂增補本)第 4 冊，中華書局，2007 年，第 2748 頁。
⑥ 中國社會科學院考古研究所：《殷周金文集成釋文》第 3 卷，香港中文大學出版社，2001 年，第 483 頁。
⑦ 吳鎮烽：《商周金文資料通鑒》檢索系統(版本 1.2)，2010 年 1 月。
⑧ 張桂光：《商周金文摹釋總集》第 3 冊，中華書局，2010 年，第 716 頁。

等釋作"以",且屬下讀。唐蘭先生釋作"夗(?)",屬上讀。① 董珊先生亦釋作"夗(怨)",屬上讀。② 李學勤先生釋作"死",屬上讀。③

由於牧簋銘文是摹本,字形多有舛誤之處,如"犇(犇)"訛作"㸙""專"訛作"申""妻"訛作"㞢"即其例。皇盉(《集成》04469)"夗"字作"㝉","㝉"與之形近,它只不過是左邊口形有誤摹,且與人形斷裂開而已。"㝉"左上"肉"形即由"口"形演變而來。如果"㝉"右邊人形寫作意近的"卩"旁,它就會演變為四十三年逨鼎④中的"㝉"。因此我們認為"㝉"應即"夗"字之訛。

"㣇",舊一般釋作"耤",董珊先生改釋作"耕(?)"。⑤ 李學勤先生釋作"措",義為投、置,並把我們釋文中的"㠯"字釋作"囟",讀為"斯",又把"戾"釋作"侯",認為"斯侯之措死"意即這乃是置之於死地。⑥《新金文編》把此字置於附錄二 0679 號。⑦ 比較金文中作"㣇""㣇"(弭伯師耤簋,《集成》04257)和"㣇"(載簋蓋,《集成》04255)等形的"耤"字,㣇字左邊作以手持耒形,而右邊所從"㫺"旁顯然是"昔"字之訛【論集按語:《清華簡(六)·子產》簡20"昔"作"㫺"可參考】,舊釋作"耤"可信。以上所論

---

① 唐蘭:《西周青銅器銘文分代史徵》,中華書局,1986年,第416頁。
② 董珊:《略論西周單氏家族窖藏青銅器銘文》,《中國歷史文物》2003年第4期,第47頁。
③ 李學勤:《四十三年佐鼎與牧簋》,《中國史研究》2003年第2期,第54頁。又收入氏著:《中國古代文明研究》,華東師範大學出版社,2004年,第155頁。
④ 陝西省考古研究院、寶雞市考古研究所、眉縣文化館編著:《吉金鑄華章——寶雞眉縣楊家村單氏青銅器窖藏》,文物出版社,2008年,第55頁。
⑤ 董珊:《略論西周單氏家族窖藏青銅器銘文》,《中國歷史文物》2003年第4期,第47頁。
⑥ 李學勤:《四十三年佐鼎與牧簋》,《中國史研究》2003年第2期,第54頁。又收入氏著:《中國古代文明研究》,華東師範大學出版社,2004年,第155頁。
⑦ 董蓮池:《新金文編》第3冊附錄二,作家出版社,2011年,第120頁。

簡單地說明了"夗""耤"兩字的釋讀,下面我們則重點討論銘文中"耤"字的讀法。

牧簋"耤"字,我們認爲應當讀爲"作"。從語音方面來看,"昔"聲字與"乍"聲字關係密切,如"酢"或體作"醋","酢"或體作"醋"。此外乍與措、乍與藉、作與昔、作與斮、昨與藉皆有相通之例。① 可見從語音方面看把"耤"讀爲"作"是没有問題的。

"廼厌之耤夗"之"廼"是表示因果關係的連詞。"厌",原作"厌",②銘文中作虚詞,似表强調的語氣,可訓作"維""惟"。③ "之",代詞,銘文中指代前一句"厥訊庶右(有)粦,不井(型)不中"。而"耤夗"是"不井(型)不中"導致的後果,"夗"應該是指不好的方面,故董珊先生在"夗"後面括注爲"怨"應可信。叀盨(《集成》04469)"夗"亦讀爲"怨",與牧簋"夗"讀爲"怨",彼此可互證。

有不少研究者已經指出,牧簋與四十三年逨鼎(《考古與文物》2003年第3期,第11頁;《文物》2003年第6期,第20—21頁)的銘文可以對讀。我們把後者銘文中相關部分抄録於下:

> 令(命)女(汝)官䤲(司)歷人,母(毋)敢妄(荒)寧,虔夙夕惠雍我邦小大獻。雩乃專(敷)政事,母(毋)敢不妻不井(型);雩乃訊庶又(有)粦,母(毋)敢不中不井(型),母(毋)龏橐,龏橐隹(唯)又(有)宥從(縱),廼敄(侮)鰥寡,用乍(作)余我一人夗(怨),不小(肖)④隹(唯)死。

我們認爲牧簋"廼厌之耤夗(怨)"在文義上與四十三年逨鼎"用乍(作)余我一人夗(怨)"相近。只不過前者省略了間接賓語"余我一人"而

---

① 高亨纂著、董治安整理:《古字通假會典》,齊魯書社,1989年,第904—905頁。

② 蔡簋(《集成》04340)"勿事(使)敢又(有)厌止從(縱)獄",其中的"止"當讀作"之","厌止(之)"與牧簋"厌之"用法似相同。

③ 參看宗福邦等主編:《故訓匯纂》,商務印書館,2003年,第127頁。"厌"字也不能完全排除是五年琱生簋(《集成》04292)、六年琱生簋(《集成》04293)、帥鼎(《集成》02774)、叔多父盤(《總集》6786)等銘文中的"戾"字之誤摹的可能性。

④ 裘錫圭:《讀逨器銘文札記三則》,《文物》2003年第6期,第76頁。

已。此外"作怨"的説法又見於皇盉(《集成》04469)"俾復虐逐厥君、厥師，廼乍(作)余一人宛(怨)"。四十三年逨鼎"零乃訊庶又(有)粦，毋敢不中不井(型)，毋龏橐，龏橐唯又(有)宥從(縱)，廼敄(侮)鰥寡，用乍(作)余我一人宛(怨)"是周王告誡逨，説訊訟判決之事，舉措不要敢"不中不井(型)"，不要龏橐。如果龏橐有放縱犯罪之事，就是侮鰥寡，從而導致"作余一人怨"的後果。而牧簋"厥訊庶右(有)粦，不井(型)不中，廼厎之耤(作)宛(怨)"是周王告誡器主牧，説訊訟判決之事，如果你的舉措"不井(型)不中"的話，那麼這就會導致"耤(作)(余一人)怨"的後果。牧簋與四十三年逨鼎都是周王告誡下屬對於訊訟判決之事，如果舉措不當，就會導致"作余一人怨"的後果，彼此情形正相類。可見，從文義看，我們把"耤"讀爲"作"也是非常合適的。

綜上所述，"◁╮"應視作"宛"字之訛，銘文中讀作"怨"。而❀字，舊釋作"耤"是正確的。從語音以及文義兩方面來看，"耤"應當讀作"作"。

2011年12月寫

原載《中國文字研究》第24輯，上海書店出版社，2016年，第50—52頁。

談諫簋"今余唯或嗣命汝"中所謂"嗣"

——兼論西周金文中表"繼"義的"嗣""賡""纘/纂"的異同*

諫簋(《集成》①04285,《銘圖》②05336)蓋、器上除去個別字外,基本同銘,其銘如下(本文關於金文的釋文用寬式):

唯五年三月初吉庚寅,王在周師彔宫。旦,王格太室,即③位。嗣(司)馬共右諫入門,立中廷。王呼内史先册命諫曰:先王既命汝總④嗣(司)王宥,⑤汝某⑥不有聞,毋敢不善。今余唯或△命

---

* 本文受到國家社科基金青年項目"商代金文的全面整理與研究及資料庫建設"(項目編號 16CYY031)、復旦大學"雙一流"建設人文社科一流創新團隊項目"出土文獻與古文字研究"子課題"商周金文拾遺——《集成》、《銘圖》、《銘續》未録金文的整理與研究"(項目編號 IDH3148004/005)的資助。

① 中國社會科學院考古研究所:《殷周金文集成》,中華書局,1984—1994 年。
② 吴鎮烽:《商周青銅器銘文暨圖像集成》,上海古籍出版社,2012 年。
③ 蓋銘"即"訛作形近的"叚(叚)"。
④ 李學勤:《由沂水新出盂銘釋金文"總"字》,《出土文獻》第 3 輯,中西書局,2012 年,第 119—121 頁。
⑤ "宥",一般讀作"囿"。陳劍先生、李學勤先生認爲是"家"之誤字,參看張富海:《説西周金文中的"嗣"字》,《北京大學中國古文獻研究中心集刊》第 4 輯,北京大學出版社,2004 年,第 344 頁。李學勤:《由沂水新出盂銘釋金文"總"字》,《出土文獻》第 3 輯,第 121 頁。
⑥ "某",舊一般讀作"謀",誤。從文義來看,它當是一個否定詞。郭沫若先生讀作"靡"(郭沫若:《兩周金文辭大系考釋》,《郭沫若全集·考古編》第 8 卷,科學出版社,2002 年,第 252 頁)。楊樹達先生、白軍鵬先生讀作"無"(楊樹達:《積微居金文説》(增(轉下頁)

汝，錫汝鑾①勒。諫拜稽首，敢對揚天子丕顯休，用作朕文考惠伯尊簋。諫其萬年子子孫孫永寶用。

"△"，《銘文選》釋作"嗣"，讀作"嗣"，並把"今余唯或△命汝"解釋爲"今我又來賡續先王之命而命令於你"。②《引得》《集成》（修訂增補本）、《商周金文摹釋總集》《銘圖》《陝西金文集成》《兩周金文動詞詞彙研究》等亦把"△"釋作"嗣(嗣)"。③《集成釋文》釋作"嗣"。④《金文通鑒》釋作"嗣(嗣)"，並把"今余唯或△命汝"解釋爲"現在我繼續任命你管理原來的事情"。⑤《西周銅器斷代》釋作"司"。⑥ 張富海先生詳細討論了西周金文中的"嗣"字，指出"嗣"與"司""嗣""辝"在用法上有比較嚴格的分工，西周金文中一般用前者表示訓"主"的"司"，用後者表示訓"繼"的"嗣"。如果諫簋"△"釋作"嗣"讀作"嗣"，則與這種通例不合。因此張先生據此再根據册命金文屢見"嗣(申)乃令"之語，認爲此"嗣"字可能是"嗣"字之形

（接上頁）訂本），科學出版社，1959年，第140頁。白軍鵬：《翼城大河口墓地M2002所出鳥形盉銘文解釋》，復旦大學出土文獻與古文字研究中心網站論文，2011年5月4日）。裘錫圭先生認爲先秦漢語虛詞，往往因語氣的輕重緩急而發生分化。否定詞如"不"與"弗""毋"與"勿"，原來可能都由一語分化。訓"無"之"蔑""末"，也可視爲由"無"分化而成。"某"與"無"的關係，可能與它們相類（裘錫圭：《翼城大河口西周墓地出土鳥形盉銘文解釋》，《中國史研究》2012年第3期，第7頁）。李學勤先生疑即"莫"（李學勤：《由沂水新出盂銘釋金文"總"字》，《出土文獻》第3輯，第121頁）。沈培先生認爲應讀爲"毋"（沈培：《試論西周金文否定詞"某"的性質》，《歷史語言學研究》第7輯，商務印書館，2014年，第45—58頁）。

① 器銘無"攸(鋚)"字。
② 馬承源主編：《商周青銅器銘文選（三）》，文物出版社，1988年，第208頁。
③ 張亞初：《殷周金文集成引得》，中華書局，2001年，第83頁。中國社會科學院考古研究所：《殷周金文集成》（修訂增補本）第4册，中華書局，2007年，第2624—2625頁。張桂光主編：《商周金文摹釋總集》第3册，中華書局，2010年，第681頁。吳鎮烽：《商周青銅器銘文暨圖像集成》第12册，第55頁。張天恩主編：《陝西金文集成》第5卷，三秦出版社，2016年，第222、224頁。武振玉：《兩周金文動詞詞彙研究》，商務印書館，2017年，第76頁。
④ 中國社會科學院考古研究所：《殷周金文集成釋文》第3卷，香港中文大學出版社，2001年，第404頁。
⑤ 吳鎮烽：《商周金文資料通鑒》檢索系統（版本1.2），2016年。
⑥ 陳夢家：《西周銅器斷代》，中華書局，2004年，第189頁。

誤,又指出"申命"之語見於《堯典》。①

從目前的相關研究來看,"△"釋作"嗣"讀爲"嗣"是比較主流的意見。"△"到底是釋作"嗣"讀爲"嗣",還是隸作"嗣"而看作"䚋"的形近誤字呢?下面就來談談我們關於"△"的釋讀意見。

諫簋蓋銘"嗣(司)馬"之"嗣"作"■","總嗣(司)"之"嗣"作"■",前者"司"旁所從之"口"與"彐"底部共用部分筆畫。蓋銘"△",拓本作"■","彐"形左下部分與"口"形並不合。器銘"嗣(司)馬"之"嗣"作"■(嗣)","總嗣(司)"之"嗣"作"■",而器銘"△"作"■","彐"形左下部分與"口"形亦不合。以上通過比較蓋銘、器銘中確定的"嗣",可知△右邊與"司"形並不完全相合,因此舊把"△"釋作"嗣"是值得懷疑的。

《陝西金文集成》0552 著録了諫簋的銘文照片,其中"△",蓋銘、器銘分別作"■""■",②蓋銘字形非常清晰,"彐"形左下部分明顯是"田"形,"△"可隸作"嗣"。確定的"嗣"字,金文中習見,從未見有從"田"者,③這是"△"不能釋讀作"嗣"的一個強證。西周金文中"䚋"字習見,一般作從㞢/叀從東從田之形;亦有作"㪟"者,從叀從田;亦有作"䚋"者。④ 從"䚋"的不同異體可知"田"形是它非常重要的一個部件。一般認爲金文"䚋"所從之"田"是聲符,可信。諫簋"嗣"字從"田",它應該就是"䚋"的訛體。很可能是作銘者受到前面兩例形近的"嗣"字(左邊部分相同,都作"㞢")的影響,於是把"䚋/㪟"誤作從"嗣"從"田"之形,但由於有聲符"田"以及它與左邊"㞢"形的組合的限制,在當時並不會引起誤解。諫簋蓋銘"即"訛作形近的"叚(簋)"(兩者左邊部分相同),那麼"䚋/㪟"訛作形近的

---

① 張富海:《說西周金文中的"嗣"字》,《北京大學中國古文獻研究中心集刊》第 4 輯,第 337—344 頁。
② 張天恩主編:《陝西金文集成》第 5 卷,第 223、225 頁。
③ 董蓮池:《新金文編》下册,作家出版社,2011 年,第 2128—2134 頁。
④ 董蓮池:《新金文編》中册,第 1800—1802 頁。

"嗣"也是非常自然的。

以上從字形方面論證了"△"不宜釋作"嗣"而宜隸作"嗣"看作是"䚄"的形近誤字。

從用字習慣與文例方面看,"△"釋作"嗣"讀作"嗣",文義雖通,但與用字習慣不合。西周金文中"嗣"用作訓"主"之"司",而訓"繼"之"嗣"則用"司""嗣""曰"等字來表示,"嗣"沒有確定無疑用作訓"繼"之"嗣"的用例。此外,金文中類似册命語句中,亦未見同樣用法的"嗣"。

西周册命金文中,常見"䚄(申)①先王命""䚄(申)豪(就)乃命"一類的話,與諫簋"今余唯或嗣命汝"一語語境相類,區別在於前者的"命"是名詞,作"䚄(申)""䚄(申)豪(就)"的賓語,後者的"嗣命"之"命"是動詞。② "嗣命"之"命"應與金文中多見的"……䚄(申)先王命,命汝……"一句中的後一個"命"同義。金文中亦見"䚄(申)"與動詞"命"連用者:

(1) 王呼作册尹册䚄(申)命親曰:疋(胥)乃祖服作冢嗣(司)馬,汝廼諫訊有粦,取賸十鍰,錫汝赤舄、幽衡、金車、金勒、旂,汝廼敬夙夕勿廢朕命,汝肇享。　　親簋,《銘圖》05362,西周中期前段

(2) 唯正月壬申,王格于龏太室。王若曰:引,余既命汝疋(胥)乃祖總嗣(司)齊師,余唯䚄(申)命汝,錫汝彤弓一、彤矢百、馬四匹,敬乃御,毋敗績。　　引簋,《銘圖》05299、05300,西周中期

比較可知,諫簋"嗣命"與引簋"䚄命"文例完全相同,它們都是呼應其前的"既命……"一句,這從文例上亦可證諫簋"嗣"應看作是"䚄"的形近誤字,它在簋銘中亦當讀作訓"重"之"申"。聯繫册命金文中"䚄(申)""䚄(申)豪(就)"的相關文例來看,諫簋"今余唯或嗣〈䚄〉命汝"其義即"今余唯或䚄(申)先王命,命汝總嗣(司)王宥〈家〉"。宰獸簋(《銘圖》05376、

---

① "䚄"的釋讀參看裘錫圭:《談曾侯乙墓鐘磬銘文中的幾個字》,《裘錫圭學術文集·金文及其他古文字卷》,復旦大學出版社,2012年,第54—60頁。

② "嗣命汝"以及下引親簋"䚄(申)命親"、引簋"䚄(申)命汝"雖然也可分别理解爲"嗣命于汝""䚄(申)命于親""䚄(申)命于汝",仍把"命"看作是名詞。但由於引簋"䚄(申)命汝"與"既命汝"相照應,我們把這幾例"命"看作動詞而非名詞。

05377)"王呼内史尹仲册命宰獸曰：昔先王既命汝,今余唯或䍆(申)橐(就)乃命,啟(賡)乃祖考事,總嗣(司)康宮王家臣妾,奠庸外内,毋敢無聞知",其中"今余唯或䍆(申)"與諫簋"今余唯或嗣〈䍆〉(申)"的用法全同。由金文"䍆(申)""䍆(申)橐(就)"的文例可知,先王對臣子的任命,需要得到時王的申命來加以認定。從諫簋、宰獸簋"申"前有頻率副詞"或"來看,可知是時王對諫、時王對宰獸再次重申先王的任命,表明之前時王已經至少重申過一次先王的任命了。這似乎説明西周當時君王對臣子的每次任命應該是有一定期限的,故在期限結束後,仍需重新任命來加以認定。根據引簋(《銘圖》05299、05300)"王若曰：引,余既命汝疌(賡)乃祖總嗣(司)齊師,余唯䍆(申)命汝,錫汝彤弓一、彤矢百、馬四匹",師克盨(《銘圖》05680、05681)"昔余既命汝,今余唯䍆(申)橐(就)乃命,命汝疌(賡)乃祖考總嗣(司)左右虎臣",可見時王之任命,也需要申命來加以認定,這亦可説明西周當時君王對臣子的每次任命應該是有一定期限的。

以上從字形、用字習慣、文例等方面論證了諫簋"△"不宜釋作"嗣"讀作訓"繼"之"嗣",而應隸作"䎽"看作是"䍆"的形近誤字,讀作訓"重"之"申"。下面我們對西周金文中訓"繼承"義的"嗣""賡""纘/纂"的異同略作討論。

《爾雅·釋詁》："嗣,繼也。""賡,續也。""纘,繼也。"《説文》："纘,繼也。"訓"繼承"義的"嗣""賡""纘/纂"皆見於西周金文,關於它們的異同,研究者一般未作深入討論,只是簡單地認爲它們是同義詞。① 金文中一般用"司""嗣""辝"來表示訓"繼"之"嗣";用"倴""屖""㞷""㞷"來表示訓"繼"之"纘/纂";②用"迢""疌""啟"來表示訓"繼"之"賡"。爲了方便討

---

① 楊懷源：《西周金文詞彙研究》,巴蜀書社,2007年,第135頁[楊先生文中把"倴"等字讀作"紹"）。寇占民：《西周金文動詞研究》,綫裝書局,2010年,第94—95頁[寇占民先生統計用作"繼承"義的"嗣"字時説："'嗣'字在西周金文中經常寫作'嗣',或偶爾寫作'司',共出現11次(嗣3次,嗣6次,司2次)。"寇先生對"嗣""司"與"嗣"的用法不加以區别,且又没有注意到用作"嗣"的"辝",故其統計結果不准確]。梁宇婷：《虢國具銘銅器匯考》,天津師範大學碩士學位論文(指導教師：周寶宏),2016年,第24頁。

② 參看裘錫圭：《讀逨器銘文札記三則》,《裘錫圭學術文集·金文及其他古文字卷》,復旦大學出版社,2012年,第167—171頁。

論，我們先把相關文例揭示如下：

嗣：

(1) 王曰：或命汝盂型乃嗣祖南公。

大盂鼎，《銘圖》02514，西周早期

(2) 唯九月，王在宗周，命盂。王若曰：盂，丕顯文王，受天有大命，在武王嗣文作邦，闢厥匿，匍有四方，畯正厥民。

大盂鼎，《銘圖》02514，西周早期

(3) 唯元年三月丙寅，王格于太室。康公右卻啟。錫織衣、赤○載，曰：用𤔲（嗣）乃祖考事，作嗣（司）土（徒）。

卻啟簋，《銘圖》05215，西周中期

(4) 唯王八月，辰在丙午，王命𧻚侯伯晨曰：𤔲（嗣）乃祖考侯于𧻚，錫汝秬鬯一卣，玄袞衣……甲冑，用夙夜事，勿廢朕命。

伯晨鼎，《銘圖》02480，西周中期後段

(5) 叔向父禹曰：余小子司（嗣）朕皇考肇帥型先文祖共明德、秉威儀，用䚄（申）固莫保我邦、我家，作朕皇祖幽大叔尊簋。

叔向父禹簋，《銘圖》05273，西周晚期

(6) 余小子肇嗣先王配上下，作厥王大寶，用喜侃前文人。前文人融厚多福，用䚄（申）固先王受皇天大魯命。

五祀㝬鐘，《銘圖》15583，西周晚期

(7) 王肇遹省文武勤疆土，南國𠭯孳敢陷處我土，王敦伐其至，戟伐厥都，𠭯孳廼遣間來逆昭王，南夷東夷俱視，廿又六邦，唯皇上帝、百神保余小子，朕猷有成無競，我唯司（嗣）配皇天，王對作宗周寶鐘。

㝬鐘，《銘圖》15633，西周晚期

(8) 旻天疾威，司（嗣）余小子弗及，邦將曷吉，䚃䚃四方，大縱①不靜。

毛公鼎，《銘圖》02518，西周晚期

---

① 陳劍：《據〈清華簡（伍）〉的"古文虞"字說毛公鼎和殷墟甲骨文的有關諸字》，《古文字與古代史》第5輯，中研院歷史語言研究所，2017年，第261—280頁。

續/纂：①

(1) 唯王二月既生霸，辰在戊寅，王格于師戲太室。邢伯入右豆閉，王呼內史冊命豆閉。王曰：閉，錫汝織衣、☒ 鞣、鑾、旂，用俾（續/纂）乃祖考事，嗣（司）窑俞邦君嗣（司）馬、弓、矢。

豆閉簋，《銘圖》05326，西周中期

(2) 唯正月初吉丁亥，王格于穆宮，桓伯右左右，殹〈即〉位。王命左右曰：㞼（續）乃祖考作冢（冢）嗣（司）工于蔡，錫汝幽衡、鋚勒、鑾、旂，用事。②

左右簋，《銘續》③449，西周中期後段

(3) 唯四月初吉，王在犀宮，宰犀父右害立。王冊命宰〈害〉曰：錫汝㡀朱帶、玄衣黹純、旂、鋚勒，錫戈琱祓彤沙，用餳（續/纂）乃祖考事，官嗣（司）夷僕、小射、底魚。

害簋，《銘圖》05296—05298，西周晚期

(4) 禹曰：丕顯桓桓皇祖穆公，克夾詔先王莫四方，肆武公亦弗遐忘朕聖祖考幽大叔、懿叔，命禹㞼（續/纂）朕聖祖考政于邢邦。

禹鼎，《集成》02833，西周晚期

(5) 宏魯昭王，廣㪅楚荊，唯貫南行，祗覣穆王，型帥宇謀，諲（申）寧天子，天子固屒（續/纂）文武長刺（烈），天子覺無匄（害）。

史牆盤，《銘圖》14541，西周中期前段

(6) 雩朕皇考龔叔，穆穆趩趩，龢訇于政，明隓于德，享辟厲王。逑肇屒（續/纂）朕皇祖考服，虔夙夕敬朕尸事，肆天子多錫逑休。

逑盤，《銘圖》14543，西周晚期

---

① 毛公鼎（《集成》02841）"☒ 茲卿事寮、太史寮，于父即尹"，其中"茲"前之字，研究者或讀作訓"繼"的"纂"（諸家相關説法參看蘇建洲：《釋與"沙"有關的幾個古文字》，《出土文獻》第 9 輯，中西書局，2016 年，第 129—132 頁）。我們認爲證據不充分，似不可信。

② 左右簋銘文的釋讀參看拙文《說冢》（未刊稿）。論集按語：已經收入本論文集。

③ 吳鎮烽：《商周青銅器銘文暨圖像集成續編》，上海古籍出版社，2016 年。

虞：①

(1) 盉曰：天子丕遐丕基，萬年保我萬邦，盉敢拜稽首，曰：烈烈朕身，迢（虞）朕先寶事。

盉尊，《銘圖》11814；盉方彝，《銘圖》13546、13547，西周中期前段

(2) 唯八月初吉，在宗周，甲戌，王令毛伯叟（虞）虢城公服，屏王位，作四方極，秉緐、蜀、巢令，錫鈴勒。

班簋，《銘圖》05401，西周中期前段

(3) 唯三月初吉乙卯，王在周，格太室，咸。邢叔入右趩。王呼内史冊命趩，叟（虞）厥祖考服，錫趩纖衣、載鞍、同衡、旂。

趩觶，《銘圖》10659，西周中期前段

(4) 唯正月初吉丁卯，王在周康宮，格太室，即位。益公入右，申［立］中廷。王命尹冊命申，叟（虞）乃祖考胥太祝官嗣（司）豐人眔九戲祝，錫汝赤鞍、縈衡、鑾、旂，用事。

申簋蓋，《銘圖》05312，西周中期前段

(5) 唯廿又四年九月既望庚寅，王在周，格太室，即位。嗣（司）工逋②入右親，立中廷，北嚮。王呼作冊尹冊釐（申）命親曰：叟（虞）乃祖服作冢嗣（司）馬，汝廼諫訊有夶，取賸十鋝，錫汝赤鞍、幽衡、金車、金勒、旂。

親簋，《銘圖》05362，西周中期前段

(6) 唯九月初吉丁亥，王格太室，冊命呂。王若曰：呂，叟（虞）乃考總嗣（司）奠師氏，錫汝玄衣黼純、載鞍、同衡、戈珋鹹彇柲彤沙、旂、鑾，用事。

呂簋，《銘圖》05257，西周中期

(7) 唯正月壬申，王格于龔太室。王若曰：引，余既命汝叟（虞）乃祖總嗣（司）齊師，余唯釐（申）命汝，錫汝彤弓一、彤矢百、馬四匹，敬乃御，毋敗績。

引簋，《銘圖》05299、05300，西周中期

---

① 周原甲骨 H11：11（曹瑋：《周原甲骨文》，世界圖書出版公司北京公司，2002年，第11頁）有"王其呼叟（虞）厥父□"之"叟"與下引金文"叟"用法相同。

② 此字釋讀參看拙文《金文叢考（四）》（未刊稿）。看校補記：該文已刊於《古文字研究》第32輯，中華書局，2018年，第238—243頁。論集按語：已經收入本論文集。

(8) 唯王二月既生霸丁丑,王在周新宮,王格太室,即位。士戌右殷
立中廷,北嚮。王呼內史音命殷,錫韐、朱衡。王若曰:殷,命汝
歠(賡)乃祖考友辭(司)東鄙五邑。
殷簋,《銘圖》05305、05306,西周中期
(9) 唯卅年三月初吉甲戌,王在周新宮,格于太室。密叔入右虎,即
立。王呼內史曰:冊命虎。曰:在乃祖考事先王,辭(司)虎臣。
今命汝曰:叚(賡)乃祖考胥師戲辭(司)走馬馭人眔五邑走馬馭
人,汝毋敢不善于乃政。錫汝載韐、幽衡、玄衣黹純、鑾、旂五日,
用事。 虎簋蓋,《銘圖》05399、05400,西周中期
(10) 唯正月初吉丁亥,王格于成宮。邢公入右智。王呼尹氏冊命
智,曰:叚(賡)乃祖考作冢辭(司)土(徒)于成周八師,錫汝秬鬯
一卣,玄袞衣、赤舄、幽衡、赤舄、鎣勒、鑾、旂,用事。
智壺蓋,《銘圖》12446,西周中期
(11) 唯正二月初吉甲寅,備仲入右呂服余。王曰:服余,命汝叚(賡)
乃祖考事,胥備仲辭(司)六師服,錫汝赤韐、幽衡、鎣勒、旂。
呂服余盤,《銘圖》14530,西周中期
(12) 唯王元年六月既望乙亥,王在周穆王太[室]。王若曰:智,命汝
叚(賡)乃祖考辭(司)卜事,錫汝赤⊘韐、□,用事。
智鼎,《銘圖》02515,西周中期後段
(13) 王曰:恒,命汝叚(賡)崇克辭(司)直鄙,錫汝鑾、旂,用事。
恒簋蓋,《銘圖》05218、05219,西周中期後段
(14) 唯元年六月既望甲戌,王在杜㞢,格于太室。邢伯入右師虎,即
立中廷,北嚮。王呼內史吳曰,冊命虎。王若曰:虎,在先王既
令乃祖考事,啻(嫡)官辭(司)左右戲繇荊。今余唯帥型先王命,
命汝叚(賡)乃祖考,啻(嫡)官辭(司)左右戲繇荊,敬夙夜勿廢朕
命,錫汝赤舄,用事。 師虎簋,《銘圖》05371,西周中期後段
(15) 唯六年二月初吉甲戌,王在周師彔宮。旦,王格太室,即位。
辭(司)土(徒)榮伯右宰獸入門,立中廷,北嚮。王呼內史尹仲

册命宰獸曰：昔先王既命汝，今余唯或䚄(申)亯(就)乃命，啟(廣)乃祖考事，總䣁(司)康宫王家臣妾，莫庸外内，毋敢無聞知。錫汝赤韍、幽衡、攸勒，用事。

宰獸簋，《銘圖》05376、05377，西周中期後段

(16) 唯十年正月初吉甲寅，王在周[般]太室。旦，王格廟，即位，贊王，康公入門右畯，立中廷，北嚮。王呼作册尹册命畯，曰：在乃祖考䚄有爵(庸)于先王，亦弗忘乃祖考，登裏厥典，奉于服。今朕丕顯考恭王既命汝叟(廣)乃祖考事，作䣁(司)徒。今余唯䚄(申)先王命，命汝總䣁(司)西偏䣁(司)徒，訊訟，取賸十鋝，敬勿廢朕命。錫汝赪卣、赤韍、幽衡、鋚勒。

畯簋，《銘圖》05386，西周中期後段

(17) 唯十又一年九月初吉丁亥，王在周，格于太室，即位。宰琱生入右師嫠。王呼尹氏册命師嫠，王若①曰：師嫠，在昔②先王小學，汝③敏可使，既命汝叟(廣)乃祖考䣁(司)小輔，④余唯䚄(申)亯(就)乃命，命汝䣁(司)乃祖舊官小輔眔⑤鼓鐘，錫汝儥⑥韍、金⑦衡、赤舄、鋚勒，用事。敬⑧夙夜勿廢朕命。

師嫠簋，《銘圖》05381、05382，西周晚期

(18) 唯王九月既生霸甲寅，王在周康宫，即位。榮伯入右輔師嫠。王呼作册尹册命嫠，曰：叟(廣)乃祖考䣁(司)輔，在錫汝載韍、素衡、鑾旂。⑨今余增乃命，錫汝玄衣黼純、赤韍、朱衡、戈彤沙琱咸、旂五日，用事。

輔師嫠簋，《銘圖》05337，西周晚期

---

① 蓋銘無"若"字。
② 蓋銘無"昔"字。
③ 師嫠簋(《銘圖》05381)蓋銘"女(汝)"下衍重文號。
④ 蓋銘無"小輔"二字。
⑤ 蓋銘無"眔"字。
⑥ 龍宇純：《絲竹軒小學論集》，中華書局，2009年，第426頁。
⑦ 師嫠簋(《銘圖》05382)蓋銘作"令"。
⑧ 師嫠簋(《銘圖》05381)蓋銘無"敬"字。
⑨ 郭永秉：《談古文字中的"要"字和从"要"之字》，《古文字研究》第28輯，中華書局，2010年，第108—115頁。

(19) 王曰：克，余唯經乃先祖考，克𤔲臣先王。昔余既命汝，今余唯
　　 䐭(申)𢏚(就)乃命，命汝𢔙(賡)乃祖考總䶣(司)左右虎臣，錫汝
　　 秬鬯一卣、赤巿、五衡、赤舄、牙(斜)僰(韔)、①駒車、㭉較、朱鞹、
　　 䪙鞃、②虎冟熏裏、畫轉、畫𨍭、金甬、朱旂、馬四匹、鋚勒、素鉞。
　　 敬夙夕勿廢朕命。　　師克盨，《銘圖》05680、05681，西周晚期；
　　 　　　　　　　　　　師克盨蓋，《銘圖》05682，西周晚期
(20) 王若曰：父㝅，余在肇命汝𢔙(賡)乃祖考舊□，命汝官……③
　　 　　　　　　　　　　㝅鐘丁，《銘圖》15250—15251，西周晚期

　　根據以上辭例，我們可以對西周金文中表"繼"義的"嗣""賡""續/纘"
的異同略作分析。從以上辭例可知，"嗣""續/纘""賡"都可以作動詞，在
句子中作謂語，表示"繼承"義，這是三者的共同之處。如嗣(3)④—(4)與
續/纘(1)—(3)以及賡(3)—(12)、(14)—(19)的文例完全一樣，用法相
同，可證它們的意義與用法當非常接近。儘管如此，它們的差異也是比較
明顯的：

　　從詞性看，西周金文中的"續/纘""賡"只作動詞，而"嗣"除了作動詞，
還可由"繼"義引申爲"繼承者"，作名詞，指後嗣，如嗣(8)。

　　從句法成份看，西周金文中的"續/纘""賡"只作謂語，而"嗣"除了作
謂語，它也可以作定語，如嗣(1)。還可以作主語，如嗣(8)。嗣(1)大盂鼎
"嗣祖南公"之"嗣"強調器主盂是承繼南公這一支而來，該"嗣"字不僅強
調血緣關係，也強調了宗法關係，它在意義上實可理解爲"嫡"。嗣(8)毛
公鼎之"司(嗣)余小子"與《尚書·召誥》"今冲子嗣，則無遺壽耇"之"冲子
嗣"、《尚書·文侯之命》"閔予小子嗣"之"小子嗣"、《周頌·武》"允文文
王，克開厥後。嗣武受之，勝殷遏劉，耆定爾功"之"嗣武"結構相同，"司

---

① 陳劍：《西周金文"牙僰"小考》，《甲骨金文考釋論集》，綫裝書局，2007年，第54—
　 58頁。
② 參看拙文《西周金文車器"鞃"補釋——兼論〈詩經〉"鞹鞃"》（未刊稿）。論集按語：
　 已經收入本論文集。
③ 彶簋（《銘續》456）亦有"𢔙乃祖考胥乃官"語，但從字形看，此銘實可疑。
④ "嗣(3)"指"嗣"下面的第3例，其他依此類推，不再一一說明。

(嗣)"與"余小子"是同位語關係,①它們一起作"及"的主語。

賡(8)殷簋"王若曰:殷,命汝敞(賡)乃祖考友嗣(司)東鄙五邑","祖考友"指"祖考的僚友",東鄙既可以理解爲東邊的鄙,也可以理解爲名叫"東"的鄙,如果是後者,則其例如賡(13)恒簋蓋"直鄙"。這一句是講王命令殷接續其祖考的僚友管理東鄙的五個邑。"殷"與"祖考友"來自不同的家族,彼此沒有直接的血緣關係。

賡(13)恒簋蓋"王曰:恒,命汝夏(賡)㱿克嗣(司)直鄙"之"㱿",舊一般認爲是人名。李家浩先生認爲"㱿"從"京"得聲,讀爲"涼"或"諒",訓爲輔佐。"㱿"後之"克"與克鐘、克鼎等器銘文中的"克"大概是同一個人。"王曰:恒,命汝夏(賡)㱿克嗣(司)直鄙"的意思是"周王説:恒命令你繼續輔佐克管理直邑邊鄙之地"。②《金文形義通解》以"㱿克"爲人名,"㱿"爲氏。③李春桃先生把"㱿"改釋爲"臺",認爲它是姓氏。④恒簋蓋"命汝夏(賡)㱿克嗣(司)直鄙"與賡(8)殷簋"命汝敞(賡)乃祖考友嗣(司)東鄙五邑"辭例完全相同,"㱿克"與"祖考友"相當,這可證把"㱿克"看作人名是比較合理的,《金文形義通解》説與李春桃先生説可從。"恒"與"臺克"應該也是來自不同的家族,彼此沒有直接的血緣關係。

賡(2)班簋"王令毛伯夏(賡)虢城公服","毛伯"與"虢城公"顯然也是來自不同的家族,"毛""虢"雖同出自姬姓,但"毛伯"與"虢城公"彼此沒有直接的血緣關係,兩者不屬於直系關係。

根據西周金文的用例再結合以上分析,可知從"嗣""賡""纘/纂"前後所涉人物關係來看,"賡"所涉及的繼承者與被繼承者之間既可以有直接的血緣關係,如賡(3)—(7)、(9)—(12)、(14)—(19);也可以没有直接的

---

① 參看謝明文:《〈大雅〉〈頌〉之毛傳鄭箋與金文》,首都師範大學碩士學位論文(指導教師:黄天樹),2008 年,第 44 頁。《千古金言話鐘鼎》把"司(嗣)余小子"譯作"我這承嗣天命的小伙子"(游國慶主編,臺北故宮博物院,2011 年,第 44 頁),顯然不妥。

② 李家浩:《説"命汝更㱿克司直鄙"》,《古文字研究》30 輯,中華書局,2014 年,第 123—124 頁。

③ 張世超等著:《金文形義通解》,[日]中文出版社,1996 年,第 1370 頁。

④ 李春桃:《"臺"字補釋》,《出土文獻研究》第 13 輯,中西書局,2014 年,第 318—324 頁。

血緣關係,如賡(2)、賡(8)、賡(13)。西周金文"嗣""續/纘"的前後所涉人物,即繼承者與被繼承者之間都具有直接的血緣關係。聯繫嗣(1)"嗣祖南公"之"嗣"、嗣(8)"司(嗣)余小子"來看,相對"續/纘"而言,"嗣"不僅强調血緣關係,同時還應强調了宗法關係。東周金文或傳世古書中"嗣""續/纘"前後所涉人物没有血緣關係的現象應該是相對較晚才出現的,這應該是它們詞義擴大的緣故。①

嗣(7)默鐘"唯皇上帝、百神保余小子,朕猷有成無競,我唯司(嗣)配皇天,王對作宗周寶鐘"之"嗣",武振玉女士認爲充當狀語,②我們認爲此説不妥。比較嗣(6)五祀默鐘"余小子肇嗣先王配上下",可知嗣(7)"我唯司(嗣)配皇天"之"嗣"後面實是省略了"先王"一類意思的詞,它仍是動詞,作謂語。由此例亦可知,"嗣"可以省去後面的表被繼承者的名詞。而西周金文中的"續/纘""賡"却没有這樣的用例。

2017 年 9 月稿

本文曾提交給復旦大學出土文獻與古文字研究中心主辦的"出土文獻與傳世典籍的詮釋"(2017 年 10 月 14—15 日,上海),正式刊於《出土文獻與傳世典籍的詮釋》,中西書局,2019 年,第 31—40 頁。

---

① 訓"繼"的"賡"在西周中期金文中大量出現,西周晚期金文中數量减少。它在傳世先秦文獻中非常少見,這是否與"嗣""續/纘"詞義擴大有關,有待進一步研究。

② 武振玉:《兩周金文動詞詞彙研究》,第 76 頁。

伯剢律簠銘文小考*

山西省絳縣橫北西周墓地曾出土一件伯剢律簠，現藏山西省考古研究所。簠蓋與腹內底有相同銘文，《美好中華——近二十年考古成果展》（下文簡稱《中華》）一書稱此簠爲"伯剢銅簠"，公布了其中一處的銘文拓本，並把銘文釋作"伯剢肇作寶用廟夜庚于宗"，認爲銘文大意是"倗國諸侯剢鑄造這件銅簠用於宗廟祭祀"。① 下面我們將在《中華》的基礎上對簠銘略作考釋，爲了討論方便，先把銘文釋讀如下：

白（伯）剢達（律）作寶，用廟（朝）夜庚（享/饗）/羞于宗。

"剢"字，目前已發表金文中僅此一見。《說文》："剢，有大度也。從冈、多聲。讀若侈（小徐本"侈"作"移"）。"桂馥《說文解字義證》："有大度也者，通作夅。"②"夅"，金文中見於鄹夅③魯生鼎（《集成》④02605，《銘圖》⑤02127）。

---

* 本文受到國家社科基金青年項目"商代金文的全面整理與研究及資料庫建設"（項目編號16CYY031）、復旦大學"雙一流"建設人文社科一流創新團隊項目"出土文獻與古文字研究"子課題"商周金文拾遺——《集成》、《銘圖》、《銘續》未錄金文的整理與研究"（項目編號IDH3148004/005）的資助。

① 首都博物館編：《美好中華——近二十年考古成果展》，文物出版社，2017年，第82頁。
② （清）桂馥：《說文解字義證》，上海古籍出版社，1987年，第772頁。
③ "夅"與其下的"魯"共用部分筆畫。
④ 中國社會科學院考古研究所：《殷周金文集成》，中華書局，1984—1994年。
⑤ 吴鎮烽：《商周青銅器銘文暨圖像集成》，上海古籍出版社，2012年。

"夘"後之字,原作"□",《中華》徑釋作"肇"。據字形可隸作"⿰"應即"律"字異體。金文中它又見於"□律鼎(《集成》02073,《銘圖》01436)"⿰(律)作寶器"。金文中"肇"字常出現在作器動詞前,它所從的"聿"旁是後來追加的,研究者或認爲是聲符,①或認爲是意符。②

　　"⿰"字从"聿"聲,又用在作器動詞"作"之前,如據"肇"字所从"聿"旁是追加的聲符之説,那麽《中華》徑釋讀作"肇"是有可能的。但金文中確定的"肇",皆有所謂的"户"形或其變體,而"⿰"與之不同,又"聿""肇"讀音並不密合,因此上述金文中兩例"⿰(律)"更有可能是作人名,似不必釋讀作"肇"。因此此簋宜稱作伯夘律簋。

　　"夜"前之字原作"□",《中華》釋作"廟"可從。甲骨文中"朝旦"之"朝"作"□""□""□"等形,無名類的《合》30837"□"即其簡體。③ 伯夘律簋"廟"字可分析爲從"宀"从"示"从"□",其中"示"旁右邊的那一小筆寫在"日"上"中"形的左側。"日"上"中"形左側那一小筆也可能兼表示省變的"月"形,如此,則"廟"可徑分析爲从"朝旦"之"朝"。西周金文中"朝夕"之"朝"皆用以簡體"□"爲聲的潮汐之"潮"來表示,"廟"字除了西周早期皇鼎(《集成》02739,《銘圖》02364)一器从"朝旦"之"朝"外,餘皆从潮汐之"潮"。而从"示"的"廟"字,目前已發表金文中此處似僅見。

　　金文中多見某某作器,然後用於"宗廟"或"宗室"之語,如:

---

① 何琳儀、黄錫全:《獸簋考釋六則》,《古文字研究》第 7 輯,中華書局,1982 年,第 109—122 頁。劉釗:《古璽格言璽考釋一則》,《書馨集——出土文獻與古文字論叢》,上海古籍出版社,2013 年,第 257—267 頁。
② 朱鳳瀚:《論周金文中"肇"字的字義》,《北京師範大學學報》(人文社會科學版),2000 年第 2 期,第 18—25 頁。
③ 龍宇純:《中國文字學》,崇基書店,1968 年,第 339—340 頁。龍宇純:《中國文字學》,五四書店,1996 年,第 392 頁。出組二類卜辭中的"□",或釋作"莫",或釋作"朝旦"之"朝",以"□"例之,當以後者爲是。

(1) 南公有嗣督作尊鼎,其萬年子子孫孫永寶用享于宗廟。

南公有嗣督鼎,《集成》02631,《銘圖》02230,西中①後段

(2) 師器父作尊鼎,用享孝于宗室,用祈眉壽、黃耇、吉康,師器父其萬年子子孫孫永寶用。

師器父鼎,《集成》02727,《銘圖》02355,西中

(3) 伯武父作寶盨鼎,其朝夕用饗朋友、婚媾于宗室。

伯武父鼎,《銘圖》02189,西中

(4) 唯王二月初吉丁卯,伯弘父作寶盨,其萬年壽考永寶用饗賓于宗室。

伯弘父盨,《銘圖》05638,西中後段

(5) 唯八月既生霸,奠(?)作文祖考尊寶簋,用孝于宗室,奠(?)其萬年孫孫子子永寶。

奠簋,《集成》04098,《銘圖》05090,西中

(6) 唯正月初吉,晉侯僰馬既爲寶盂,則作尊壺,用尊于宗室,用享用孝,用祈壽考,子子孫孫其萬年永是寶用。

晉侯僰馬壺,《銘圖》12430—12431,西中

(7) 伯偈父作姬麇寶簋,用夙夜享于宗室,子子孫永寶用。

伯偈父簋,《集成》03995,《銘圖》04943,西晚

(8) 周生作尊豆,用享于宗室。

周生斗,《集成》04683,《銘圖》06142,西晚

(9) 郜史碩父作尊鼎,用享孝于宗室,萬年子子孫孫永寶用。

郜史碩父鼎,《銘圖》02233,西晚

《詩經·召南·采蘋》:"于以奠之,宗室牖下。"毛傳:"宗室,大宗之廟也。"聯繫上舉諸銘文,也許會有研究者認爲伯夘律簋"廟"字在"夜"前屬於誤鑄,它本應在"宗"字之後,即銘文語序應作"白(伯)夘建作寶,用夜庚(享/饗)/羞于宗廟"。我們認爲此說不可信,因爲金文中敘述某某作器,然後用於"宗"一類的例子也是非常多見的,如:

---

① "西中"表示西周中期,其他依此類推。

(10) 唯五月初吉……用作祖日乙尊彝，其萬年用夙夜于宗。

老簋，《銘圖》05178，西中前段

(11) 唯卅年四月初吉甲戌……虎用作①文考日庚尊簋，子孫其永寶用夙夕享于宗。　　　虎簋蓋，《銘圖》05399—05400，西中

(12) 唯王四祀九月初吉丁亥……用作朕文考乙伯、冀姬寶尊鼎。酉其用追孝，用祈眉壽、祓禄、純魯。酉其萬年子子孫孫永寶用享孝于宗。　　　師酉鼎，《銘圖》02475，西中

(13) 盉肈作寶簋，其萬年子子孫永寶用享于宗。

盉簋，《銘圖續》0400，西中

(14) 周㝬作公日己尊壺，其用享于宗，其子子孫孫萬年永寶用，🀰。

周㝬壺，《集成》09690—09691，《銘圖》12392—12393，西中後段

(15) 唯六年四月甲子……用作朕烈祖召公嘗簋，其萬年子子孫孫寶用享于宗。　　六年琱生簋，《集成》04293，《銘圖》05341，西晚

(16) □□□□作朕皇考叔氏寶②林鐘，用喜侃皇考……士父其眔□姬萬年，子子孫永寶用享于宗。

士父鐘，《銘圖》15496—15499，西晚

(17) 仲盂父作厥叔/淑子寶器，厥子胡其永用事厥宗。

仲盂父簋，《銘圖續》0403，西早

(18) 丁卯，遲事于內宮，嫣錫嫚玄衣……用作寶鼎，其萬年用事宗。

嫚鼎，《銘圖續》0214，西早

例(17)(18)"事"後面沒有"于"字，其中的"宗"既可以理解爲"事"的對象"大宗"，也可以理解爲"事"的處所"宗廟"。如果是前者，則"事"與敬事天王鐘(《集成》00073—00081，《銘圖》15222—15230)"敬事天王"、戜簋(《集成》02824，《銘圖》02489)"唯厥使乃子戜萬年辟事天子"、師酉鼎(《銘圖》02475)"辟事我一人"之"事"義近。如果是後者，則與生史簋(《集成》04101)"用作寶簋，用事厥祖日丁，用事厥考日戊"、《左傳》僖公九年"天子

---

① 《銘圖》05400 奪"作"字。
② 《銘圖》15498 奪"寶"字。

有事于文武,使孔賜伯舅胙"之"事"義近,特指祭祀而言。金文中既見"享于宗室""孝于宗室",亦見"享孝于宗室"(參看上文),"享孝"顯然應看作近義連用。金文中常見"享于宗室/享于宗",又結合伯武父鼎(《銘圖續》0231,西中)"唯王三月初吉丁亥,伯武父作凡姬鳳宫寶尊鼎……宗人其用朝夕享事于嫡宗室"之"享事于嫡宗室"來看,例(17)"事厥宗"、例(18)"事宗"之"事"亦當特指祭祀而言,①"宗"則表示"事"的處所"宗廟"。伯武父鼎"享事"則可看作近義連用。

前文所引例(6),其中"用尊于宗室"之"尊",黄天樹先生認爲是動詞,其義與殷墟卜辭"癸丑卜,事貞,其尊鼓告于湯牛"(《合》1291)中的"尊"字相同,當"放置"講。② 僅從例(6)來看,黄先生的意見是很合適的。但聯繫相關金文來看,黄先生説似可商榷。

作册夨令簋(《集成》04300,《銘圖》05352,西早)"唯王于伐楚,伯在炎,唯九月既死霸丁丑,作册夨令尊宜于王姜,姜賞令貝十朋、臣十家、鬲百人……令敢揚皇王宫,用作丁公寶簋,用尊事于皇宗,用饗王逆送,③用匃僚人,婦子後人永寶",其中"用尊事于皇宗"之"事"顯然與例(17)"事厥宗"、例(18)"事宗"之"事"以及伯武父鼎"享事于嫡宗室"之"事"用法相同,而"尊"顯然與例(6)"用尊于宗室"之"尊"用法相同。甲骨文、金文中的"尊"字,不少有"進獻"之義,④如作册夨令簋"尊宜"一語,甲骨文、金文中多次出現,研究者一般認爲其義是"進獻肴肉"。⑤此外,又聯繫例(17)"事厥宗"、例(18)"事宗"、伯武父鼎"享事于嫡宗

---

① 伊諎簋(《集成》04533,《銘圖》05830)"伊諎作簋,用△于丂(考),永寶用之","△"舊或釋作"事",實爲"考(孝)"之誤釋。
② 黄天樹:《晋侯僰馬方壺考釋》,《黄天樹古文字論集》,學苑出版社,2006年,第460—463頁。
③ 何景成:《釋金文詞語"逆送"》,《中國文字研究》第22輯,上海書店出版社,2015年,第22—26頁。
④ 參看徐正考:《殷商西周金文"障(尊)"字正詁》,《古漢語研究》1999年第1期,第74—75頁。程鵬萬:《劉家莊北M1046出土石璋上墨書" "字解釋》,《古文字研究》第27輯,中華書局,2008年,第166—170頁。
⑤ 諸家之説參看謝明文:《商代金文的整理與研究》上編220號"四祀邲其卣"下面的注釋,復旦大學博士學位論文(指導教師:裘錫圭),2012年,第289頁。

室"、作册矢令簋"尊事于皇宗"來看，我們認爲例(6)晋侯僰馬壺"用尊于宗室"之"尊"也應該是"進獻"一類的意思，作册矢令簋"尊事"可看作近義連用。姬覒母鼎(《銘圖續》0153)"姬覒母作鮨鼎(鼎)，用旨尊厥公厥姊"之"尊"亦是同類用法。㢴鼎(《集成》02824,《銘圖》02489)"用作文母日庚寶尊鷺彝，用穆穆夙夜尊享孝綏福，其子子孫孫永寶茲烈"，㢴簋(《集成》04322,《銘圖》05379)"用作文母日庚寶尊簋，俾乃子㢴萬年，用夙夜尊享孝于厥文母，其子子孫孫永寶"，其中"尊"字用法與例(6)晋侯僰馬壺"用尊于宗室"、作册矢令簋"用尊事于皇宗"、姬覒母鼎"用旨尊厥公厥姊"等"尊"用法相同，而"尊享孝"可看作"尊""享""孝"三者近義連用。

伯卻律簋銘文以"于宗"結尾，正與上述例(10)—(16)相同，可見"廟"的位置不必看作誤鑄。

金文中"朝""夙""夜""夕"作爲時間狀語出現在作器用途句之中時，一般不單用，皆是反義相配成複合詞。據此，"廟"所表示的詞當與其後的"夜"相反，它顯然當用作"朝夕"之"朝"。西周金文中，"廟"幾乎皆从潮汐之"潮"，而西周早期皇鼎(《集成》02739,《銘圖》02364)"廟"則从"朝旦"之"朝"。西周金文中潮汐之"潮"一般用作"朝夕"之"朝"，南宫柳鼎(《集成》02805,《銘圖》02463)、趞簋(《集成》04266,《銘圖》05304)、乖伯簋(《集成》04331,《銘圖》05385)之"潮"則用作"廟"，可見"廟""朝"可通用(一般認爲"廟"从"朝"聲，不過兩者聲母不近，如何解釋，有待進一步研究)。"朝夜"與"夙夕""夙夜""朝夕"詞義相同，指"日夜"。據目前已經發表的資料，兩周金文中有57器鑄有"夙夜"一詞，它總計出現77次。有91器鑄有"夙夕"一詞，它總計出現122次。有24器鑄有"朝夕"一詞，它總計出現36次(參看文末附表"兩周金文中反義複合時間詞統計表")。而"朝夜"一詞，目前已發表金文中僅此一見，傳世古書中亦稀見，大型辭書未收此詞條。伯卻律簋此例可爲辭書的編纂提供新的詞條。類似的詞如"早夜"[1]

---

[1] 參看謝明文:《説夙及其相關之字》,《出土文獻與古文字研究》第7輯,上海古籍出版社,2018年,第30—49頁。

（叔姒簋，《集成》04137，《銘圖》05133）、"晝夜"（胡簋，《集成》04317，《銘圖》05372）、"日夜"（𦅫盨壺，《集成》09734，《銘圖》12454），金文中亦僅各出現一次。

"夜"後之字，原作"▨"，《中華》釋作"庚"。甲骨文、金文中"庚"作"▨""▨""▨""▨""▨"等形，寫法與之接近，特別是屬於師組小字類的《合》①20867"庚"作"▨"，②寫法與之完全相同，所以簋銘"夜"後之字釋作"庚"是有根據的。

從辭例看，"庚"與"享""孝""饗""事""尊""享孝""享事""尊事"等處在相同的位置，也應是一個相類的動詞。據此，我們懷疑"庚"可讀作"享"或"饗"。

庚，見母陽部；享、饗，曉母陽部。它們韻部相同，聲母方面牙喉關係密切，又它們中古同屬開口字，說明它們音近。《說文》："穅，穀皮也。從禾、從米，庚聲。康，穅或省。"出土文獻中"庚"常用作"康"。③ 傳世文獻中"康"與"鄉"有通假之例，而"鄉"及以之爲聲符的字與"享"關係非常密切。④ 這些説明"庚"與"饗""享"或可相通。金文中"享""饗"的主要用法有別，前者一般用於祖先神靈，後者一般用於生人，但兩者也有少數混用的例子。伯䍐律簋銘文没有明確交代"庚"的對象是祖先神靈還是生者，因此"庚"讀作"饗"或"享"皆有可能。因爲處所是宗廟，金文中在作器之後的用途句中涉及"饗"於宗的例子極少［目前已發表的金文資料中，似僅見於上引的(3)、(4)兩例］，而"享"於宗的例子習見，所以"庚"讀作"享"的可能性要大於讀作"饗"的可能性。

---

① 郭沫若主編：《甲骨文合集》，中華書局，1978—1982年。
② 《甲骨文字編》收録的《合》19804"庚"作"▨"（李宗焜：《甲骨文字編》下冊，中華書局，2012年，第1136頁），《甲骨文字編》摹録有誤，把上部兩側的泐痕當作了筆畫處理。另《合》19804可與《合》21227綴合（蔣玉斌：《甲骨新綴35組》（第11組），先秦史研究室網站，2012年2月22日）。
③ 白於藍：《簡帛古書通假字大系》，福建人民出版社，2017年，第1082頁。
④ 張儒、劉毓慶著：《漢字通用聲素研究》，山西古籍出版社，2002年，第483頁。

師組小字類卜辭的時代從商代武丁較早的時期開始，一直延伸到武丁晚期，①而伯夘律簋的時代據器形與銘文字形，應屬於西周中晚期之際。由於年代相隔久遠，因此伯夘律簋"▨"與《合》20867"▨"的聯繫未必可靠。又上端作類似"M"形的"庚"字甲骨文中似僅見於上引《合》20867，金文中"庚"字習見，没有一例作類似形體。② 因此伯夘律簋"夜"後之字也有可能不是"庚"字。

金文中"秉"一般作"▨""▨"等形，但善鼎（《集成》02820，《銘圖》02487）"秉"作"▨"，舀鼎（《集成》02838，《銘圖》02515）"秉"作"▨"，與一般寫法不同。《上博九·靈王遂申》簡3"▨"，整理者釋作"秉"。③ 高佑仁先生聯繫舀鼎"秉"字，認爲這是保存着金文特徵的古體寫法。④ 蘇建洲先生認爲："'秉'本從'又'作，可能爲了左右對稱，在左邊再寫一個'又'，筆畫連接之後遂類似'尹'形。"⑤

古文字中，"羞"一般從"羊"從"又"，作"▨""▨"等形，後一形的"又"與"羊"形如果筆畫粘連再如舀鼎"秉"字一樣左右對稱書寫，則會演變爲伯夘律簋"▨"字。⑥ 如此説可信，則簋銘此字應釋作"羞"。

《説文》"羞，進獻也。從羊，羊，所進也，從丑，丑亦聲。""丑"即"又"之變形音化。《左傳》隱公三年："可薦于鬼神，可羞于王公。""羞""薦"對文，意思相近，皆"進獻"之義。此類義爲"進獻"的"羞"甲骨文中亦多見，如

---

① 黄天樹：《論師組小字類卜辭的時代》，《黄天樹古文字論集》，學苑出版社，2006年，第6—15頁。
② 董蓮池：《新金文編》下册，作家出版社，2011年，第2095—2104頁。
③ 馬承源主編：《上海博物館藏戰國楚竹書（九）》，上海古籍出版社，2012年，第161—162頁。
④ 《〈靈王遂申〉初讀》，武漢大學簡帛網簡帛論壇·簡帛研讀，第25樓，2013年1月31日。
⑤ 蘇建洲：《上博九〈靈王遂申〉釋讀與研究》，《出土文獻》第5輯，中西書局，2014年，第102頁。
⑥ 甲骨文、金文中"羞"字從"収"者亦多見，也有可能伯夘律簋之字是由"収"形與"羊"筆畫粘連而來。

《合》15430"☐羞丁,用卅小牢",《合》30768"丁巳卜:☐祀,其羞,王受又"等,前者的"羞丁"即"進獻(祭品)于商王武丁"。①簋銘之"羞"亦當是"進獻"之義。伯弁盉(《銘圖》14787)"余小子無薦(薦)于公室",其中"薦"的意義與之相近。"用廟(朝)夜羞于宗"義即"用此簋日夜進獻(祭品)于宗廟"。

師同鼎(《集成》02779,《銘圖》02430)"用造王羞于黽",李零先生作一句讀,"造"解釋爲"進獻","王羞"作其賓語,"指進獻之物"。②陳劍先生斷句作"用徣王,羞于黽",認爲:"'造'字古訓爲'詣'(《廣雅·釋言》)、'就'(《説文》)或'適'(《小爾雅·廣詁》)等,意爲'到'、'前往',古書用例很多。其後可接對象、(對象所在的)地點或處所,可加'於'亦可不加。銘文當是説師同到周王那裏即'黽'地去,並進獻戰利品于'黽'地。"③

按陳劍先生的理解,師同鼎"羞"也是"進獻"之義。"羞于宗"與"羞于黽"結構亦相類。

伯卻律簋蓋、器同銘,《中華》僅公布了其中一處的銘文,"夜"後之字究竟是"庚",還是"羞",這有待於伯卻律簋另一處銘文的公布。

附表:兩周金文中反義複合時間詞統計表

	夙夜	夙夕	朝夕	朝夜	早夜	晝夜	日夜	夙暮
西早	4器 6次	6器 7次	3器 3次					
西中	33器 48次	51器 65次	7器 10次	1器 1次				
西晚	14器 17次	28器 44次	14器 23次		1器 1次	1器 1次		

---

① 黃天樹:《釋殷墟甲骨文中的"羞"字》,《黃天樹古文字論集》,第368—373頁。
② 李零:《"車馬"與"大車"(跋師同鼎)》,《李零自選集》,廣西師範大學出版社,1998年,第128頁。
③ 陳劍:《釋造》,《甲骨金文考釋論集》,綫裝書局,2007年,第131頁。

續表

	夙夜	夙夕	朝夕	朝夜	早夜	晝夜	日夜	夙暮
春早	2器 2次	5器 5次						
春晚	2器 2次	1器 1次						1器 1次
戰國	2器 2次						1器 1次	4器 4次
合計	57器 77次	91器 122次	24器 36次	1器 1次	1器 1次	1器 1次	1器 1次	5器 5次

2018年11月2日寫

2018年11月22日修改

本文曾於2018年11月在研究生課程《殷周金文選讀》上講授。

論集按語：此文可與拙文《讀〈中國出土青銅器全集〉瑣記》第二則"伯夘律簠"（已經收入本論文集）合觀。

原載《商周金文與先秦史研究論叢》，科學出版社，2019年，第14—21頁。《商周金文與先秦史研究論叢》一書發表小文時，由於沒有給作者看校樣，錯誤較多，此依原稿發表。

試談㝬器中兩例
"𦥑"字的讀法*

在目前已經公布的金文中，"𦥑"字共出現四次。商代金文中它見於父己罍(《集成》09788)、父丁鼎(《銘圖》02244)。父己罍銘中用作族名。父丁鼎銘"𦥑"字不清晰，《集成》未收此銘。如果鼎銘不僞，從銘文"……遘于日癸□日。𦥑"來看，"日"前所殘之字當是"肜""翌""𠭯"之類，而"𦥑"亦當是族名。西周金文中"𦥑"字見於五祀㝬鐘(《集成》00358)與㝬簋(《集成》04317)，本文我們準備重點談談㝬器中這兩例"𦥑"字的讀法。爲了討論的方便，先把它們的文例揭示如下：

(1) ……前文人䰩(融)厚多福，用申圀(固)先王受皇天大魯命，① 文人陟降=(降，降)余黃𦥑，授余純魯，盉(討)② 不廷方，㝬(胡)其萬年，永畯尹四方，保大命，作霊在下，禦大福，其格。唯王五祀。

五祀㝬鐘，《集成》00358

---

* 本文受到國家社科基金青年項目"商代金文的全面整理與研究及資料庫建設"(項目編號 16CYY031)的資助。

① "用申固先王受皇天大魯命"其義即"用申固先王所受皇天大魯命"，不少研究者在"先王"後面斷讀，不妥。

② 參看蔣玉斌：《釋西周春秋金文中的"討"》，《古文字研究》第 29 輯，中華書局，2012年，第 274—281 頁。張富海：《試說"盉"字的來源》，中國文字學會第七屆年會論文，長春，2013 年 9 月 21—22 日，正式發表於《中國文字學報》第 6 輯，商務印書館，2015 年，第 101—104 頁。張世超：《金文"鑄"、"盉"諸字補說》，《吉林大學古籍研究所建所三十周年紀念論文集》，上海古籍出版社，2014 年，第 23—25 頁。

(2)……其格前文人,其頻在帝廷陟降,申圖(固)皇帝大魯命,用黐保我家、朕位、戩(胡)身,陀陀降余多福、𥙿𢼿、宇(訏)慕(謨)、遠猷。戩(胡)其萬年𩁹(肆)實朕多䘏,用禱壽,匄永命,畯在位,作䲹在下。唯王十有二祀。　　　　　　　　戩簋,《集成》04317

五祀𤼈鐘"文人陟降=(降,降)余黃𦞦"這一句,穆海亭、朱捷元兩位先生釋作"文人陟降,余黃蒸(烝)",認爲黃,美也。烝,美也。黃烝同義,"余黃烝"言我光美。①《殷周金文集成引得》《殷周金文集成(修訂增補本)》釋作"文人陟降,余黃𦞦(蒸)"。②《殷周金文集成釋文》釋作"文人陟降降余黃烝"。③《青銅器學步集》釋作"文人陟降,余黃登",認爲登即烝字,光與黃音近可通,烝祭時要用上升之火烹煮犧牲,必有光,故可稱"黃烝",並把"文人陟降,余黃登,授余純魯"理解爲"前文人在天之靈降福,我以烝祭的方式隆重接受充滿天地間的嘉美之物與精神"。④ 李家浩先生釋作"文人陟降,余黃烝"。⑤《西周金文作器用途銘辭研究》釋作"文人陟降=余黃[字]"。⑥《赫赫宗周》釋作"文人陟降,降余黃烝",並翻譯爲"先祖文德之人陟降在上帝之廷,我按時祭祀"。⑦《周原出土青銅器》亦徑釋作"文人陟降,降余黃烝"。⑧《銘圖》15583、《陝西金文集成》0229 釋作"文人

---

① 穆海亭、朱捷元:《新發現的西周王室重器五祀𤼈鐘考》,《人文雜誌》1983 年第 2 期,第 118,120 頁。
② 張亞初:《殷周金文集成引得》,中華書局,2001 年,第 19 頁。中國社會科學院考古研究所:《殷周金文集成》(修訂增補本)第 1 册,中華書局,2007 年,第 500 頁。
③ 中國社會科學院考古研究所:《殷周金文集成釋文》第 1 卷,香港中文大學出版社,2001 年,第 439 頁。
④ 李朝遠:《〈五祀𤼈鐘〉新讀》,《青銅器學步集》,文物出版社,2007 年,第 267—277 頁。
⑤ 李家浩:《說"㺇不廷方"》,《古文字學論稿》,安徽大學出版社,2008 年,第 11—17 頁。
⑥ 陳英傑:《西周金文作器用途銘辭研究》,綫裝書局,2008 年,第 843 頁。
⑦ 蔡玫芬主編:《赫赫宗周:西周文化特展圖錄》28 號,臺北故宫博物院,2012 年,第 62 頁。
⑧ 曹瑋:《周原出土青銅器》第 10 卷,巴蜀書社,2005 年,第 2031 頁。

陟降,降余黄耇(烝)"。①

　　敔簋"陀陀降余多福、宙莽、宇慕、遠猷"這一句,王慎行先生釋作"阤阤降余多福,宙莽宇慕遠猷",宙即憲,據《説文》訓"憲"爲"敏",認爲"憲"有迅速之義,又根據唐蘭先生把甲骨文中的"莽"釋作"䆁"的意見,讀"莽"爲"導","宇慕"讀爲《詩·大雅·抑》:"訏謨定命"之"訏謨","宙莽宇慕遠猷"意謂"(希望皇祖考和前朝賢臣的在天之靈),迅速導引我宏大而深遠的謀略"。②張政烺先生釋作"阤阤降余多福,宙(宣)莽(導)宇(訏)慕(謨)遠猷",讀"宙"爲"宣","莽"字的釋讀則與王慎行先生説相同。③張亞初先生釋作"阤阤降余多福。宙(憲)莽(烝)宇,慕(謀)遠猷(謀)",又説:"'宙'(憲)訓表式。'莽'(烝)訓衆,引申爲衆多博大。'宇'字廣義講指四垂,即四方四國。'宙莽宇'即爲大宇之表式,與《詩小雅六月》'萬邦爲憲'同義。'慕'與'謀'音同字通,因胊鐘'大慕克成'即'大謀克成'。'猷'字訓'謀'訓'道'。"④何琳儀、黄錫全兩位先生釋作"阤=降余多福,宙莽宇慕遠猷"。⑤《商周青銅器銘文選》釋作"阤阤降余多福宙(憲)烝,宇慕遠猷",又説:"宙烝,隆盛,美善。《禮記·中庸》'憲憲令德',鄭玄《注》:'憲憲,興盛之貌。'《廣雅·釋詁》訓烝爲'美也'。宇慕遠猷,安定國家的遠大謀略和計劃。《詩·大雅·抑》:'訏謨定名,遠猶辰告。'毛亨《傳》:'訏,大。謨,謀。猶,道。辰,時也。'"並把這一句譯爲"不斷地賜給我隆盛而美好的許多福佑,和深謀遠慮的智慧"。⑥陳漢平先生認爲簋銘"莽"

---

①　吴鎮烽:《商周青銅器銘文暨圖像集成》第29卷,上海古籍出版社,2012年,第3頁。張天恩主編:《陝西金文集成》第3卷,三秦出版社,2016年,第10頁。
②　王慎行:《敔簋銘文考釋》,《古文字與殷周文明》,陝西人民教育出版社,1992年,第208、212頁。
③　張政烺:《周厲王胡簋釋文》,《古文字研究》第3輯,中華書局,1980年,第113—114頁。
④　張亞初:《周厲王所作祭器敔簋考——兼論與之相關的幾個問題》,《古文字研究》第5輯,中華書局,1981年,第151,157頁。
⑤　何琳儀、黄錫全:《敔簋考釋六則》,《古文字研究》第7輯,中華書局,1982年,第109頁。
⑥　馬承源主編:《商周青銅器銘文選(三)》,文物出版社,1988年,第278—279頁。

字从米，尋聲，當釋作"䊆"。①《殷周金文集成引得》《殷周金文集成（修訂增補本）》釋作"陀陀降余多福，𠈇（憲）㐷宇、慕遠猷"。②《殷周金文集成釋文》釋作"陀陀降余多福憲㐷宇慕遠猷"。③ 劉桓先生釋作"阤=降余多福，𠈇（憲）覃（𥨊）宇慕遠猷"，認爲"𠈇（憲）覃（𥨊）"是"宇慕遠猷"的修飾詞，"𠈇（憲）"有法度義，"覃"通"𥨊"，爲深義。"𠈇覃"就是有法度而又深沉之義。"𠈇覃宇慕遠猷"就是有法度而又深沉的遠大的謀劃。④《西周金文作器用途銘辭研究》釋作"阤=降余多福、𠈇𥨊，宇慕遠猷"，認爲"𠈇𥨊"當跟"多福"共同作"降"的賓語。⑤《赫赫宗周》釋作"阤阤降余多福憲㐷、宇謨遠猷"，並翻譯爲"並賜我衆多的福祉，宣導遠大的謀略"。⑥《周原出土青銅器》釋作"阤阤降余多福𠈇𥨊，宇慕遠猷"。⑦《銘圖》05372、《陝西金文集成》0506 釋作"阤阤降余多福，𠈇（憲）𥨊（㐷）宇慕遠猷"。⑧ 王秀麗女士釋作"陀陀降余多福，𠈇𥨊（㐷）宇慕遠猷"，認爲"𠈇"即"憲"字，訓作興盛。"𠈇"後之字釋讀作"㐷"，訓"美""盛"。"憲""㐷"同義連用，有美盛欣榮之義，用以形容"宇慕遠猷"。⑨

五祀𧽙鐘銘文，《青銅器學步集》（彩版四一）、《周原出土青銅器》（第 10 卷，第 2027—2029 頁）、《赫赫宗周》（第 63—64 頁）、《陝西金文集成》

---

① 陳漢平：《金文編訂補》，中國社會科學出版社，1993 年，第 53 頁。
② 張亞初：《殷周金文集成引得》，第 87 頁。中國社會科學院考古研究所：《殷周金文集成》（修訂增補本）第 4 册，中華書局，2007 年，第 2689 頁。
③ 中國社會科學院考古研究所：《殷周金文集成釋文》第 3 卷，第 448 頁。
④ 劉桓：《釋覃》，《甲骨徵史》，黑龍江教育出版社，2002 年，第 406—407 頁。
⑤ 陳英傑：《西周金文作器用途銘辭研究》，第 843、846 頁。
⑥ 蔡玫芬主編：《赫赫宗周——西周文化特展圖録》28 號，第 66 頁。從《赫赫宗周》一書的斷句來看，它是把"憲㐷"屬上讀，但從其翻譯來看，卻又把"憲㐷"屬下讀，且讀法與前文所引張政烺先生讀法相同。
⑦ 曹瑋：《周原出土青銅器》第 10 卷，巴蜀書社，2005 年，第 2144 頁。
⑧ 吴鎮烽：《商周青銅器銘文暨圖像集成》第 12 卷，第 143 頁。張天恩主編：《陝西金文集成》第 5 卷，第 127 頁。
⑨ 王秀麗：《金文語詞考釋七則》，《現代語文》（語言研究版），2016 年第 5 期，第 56 頁。

(第3卷,第9、11頁)等書公布了其彩照。① 結合幾種彩照以及拓本來看,鐘銘"黃"下一字雖不是很清楚,但其下部作倒三角形,上部似有小點形,這與敔簋"䵼"字所從相類。又結合辭例來看,我們認爲舊把鐘銘"黃"下一字與簋銘"䵼"加以認同,這應該是正確的意見,因此鐘銘"黃"下一字亦當隸作"䵼"。從鐘銘彩照看,"降"下有重文符號。"降余黃䵼"與"授余純魯"對文,"䵼"作直接賓語,當是所降授之物,應是名詞,"黃"則是其修飾語。簋銘"𠷎䵼"之"䵼"與鐘銘"黃䵼"之"䵼"所指顯然相同,"𠷎"當與"黃"一樣,亦是修飾語。因此研究者或認爲敔簋"𠷎䵼"屬上讀,當跟"多福"共同作"降"的賓語,這應該是正確的,而大多數研究者把"𠷎䵼"屬下讀,或把"䵼"看作"宇慕遠猷"的謂語,或把"䵼"看作"宇慕遠猷"的修飾語,這都是錯誤的。根據以上討論,五祀敔鐘、敔簋"䵼"字所在之句的斷讀當如我們文前所揭示的那樣。

從前引說法可知,敔器"䵼"字舊有"烝/蒸""䊋""糇"等釋法,其中"烝/蒸"的釋法最爲普遍流行。但金文中確定的與"烝/蒸"形有關者,下部所從器形皆作"豆"形,而"䵼"下部所從之形與之有別,可知它絕非"烝/蒸"字。

"䵼"字,習見於殷墟甲骨文,它在甲骨文中主要有兩種用法。② 第一種是用作地名,族名金文中的"䵼"族當源於甲骨文中的地名"䵼"。第二種是表示某種農作物,這也是"䵼"在甲骨文最主要的用法。

關於甲骨文中"䵼"字的釋讀,眾說紛紜。舊主要有"酋""粟""糕""䊋""秬""菽""豆"等釋法。③ 舊說中比較有影響的有唐蘭先生的"䊋

---

① 鐘銘"盗"與"魯"之間,研究者或釋有"用"字。雖然從文義看,此處如有"用"字,文義似更通暢一些。但從彩照看,"盗"與"魯"之間應該沒有字。所謂"用"字應該是研究者根據拓本中"盗"字不清晰的字形,誤把"盗"字左上所從"⿱"形釋作"用"而來。
② 參看姚孝遂主編:《殷墟甲骨刻辭類纂》,中華書局,1989年,第1060—1061頁。
③ 參看于省吾主編:《甲骨文詁林》第3册,中華書局,1996年,第2707—2711頁。劉桓:《釋䊋》,《甲骨徵史》,黑龍江教育出版社,2002年,第406—407頁。

（稻）"字説，陳夢家先生的"秬"字説，于省吾先生的"菽與豆"的初文説，賈文、賈加林兩位先生的"穀"字説四種意見，他們都認爲"𪉦"字下部就是《説文》"覃""厚"二字篆文所從的"𠦝（𠦝）"字，而"𪉦"從"𠦝（𠦝）"得聲，但結論却完全不同。

唐蘭先生認爲"𠦝"是"鐔"（亦作鐔）的初文，本當讀若"覃"，其作厚音者偶變耳。"𪉦"象米在𠦝中之意，从米𠦝聲，即《説文》"糜"字。又據《儀禮·士虞禮》注"古文禮或爲導"以及朱駿聲"𦺌實與稻同字"説，認爲甲骨文"糜"當讀如𦺌，即指稻。①

陳夢家先生認爲"𠦝（𠦝）"與"厚"同音，"厚"與"巨"古音相近，卜辭中𪉦、黍同卜，兩者當屬相近的穀物，𪉦應釋作"秬"，即製鬯時不可缺少的主要原料黑黍。但同時表示"秬"的釋法不能肯定。②

于省吾先生認爲"𪉦"是"菽與豆"的初文，𪉦字從米𠦝聲，𠦝之音讀同於厚。古韻厚與豆屬候部，菽屬幽部，候幽通諧……厚之讀作菽與豆爲喉舌之轉……𪉦是從米𠦝聲的形聲字，也即菽與豆字的初文，借豆爲菽，猶之乎借菽爲𪉦。③

賈文、賈加林兩位先生認爲"𪉦"從米𠦝聲，以音推求，應釋爲穀，"穀"即"穀"。"穀"本來是一種糧食作物的專稱，《説文》所謂"百穀之總名"應是後起之義。又把𣪘簋"陀陀降余多福壽𪉦"之"壽𪉦"釋作"害穀"。認爲"穀"前之字是害字失形，"穀"訓"禄""善"，與"福"對應。"害"訓"大"，叔多父盤"受害福"之"害福"與"害穀"同例。簋銘"𪉦"即"穀"字，應是甲骨文"𪉦"釋"穀"的最好佐證。④ 陳劍先生贊成賈文、賈加林兩位先生關於甲骨文"𪉦"字的釋讀，並在古書中找出了一些"穀"用作糧食作物專名的例子，認爲"穀"最早應是專名，後來才變成"百穀之總名"。𣪘簋"壽𪉦"，陳劍先生也認爲"壽"是"害"字沒有鑄好，下部應是口形，"害"讀爲"介"，

---

① 唐蘭：《殷虛文字記》，中華書局，1981年，第32—34頁。
② 陳夢家：《殷虛卜辭綜述》，中華書局，1988年，第527頁。
③ 于省吾：《商代的穀類作物》，《東北人民大學人文科學學報》1957年第1期，第94—96頁。
④ 賈文、賈加林：《甲骨文中農作物"稻""黍""來（秾）""穀""稷"的考辨》，《殷都學刊》2001年第4期，第7—8頁。

訓大。"榖"訓"善"、訓"禄",此即《詩經·小雅·天保》"天保定爾,俾爾戩榖"之"榖"。①

以上四種意見中,前一種的根據是"㫃(㫃)"讀"覃"音,後面三種的根據是"㫃(㫃)"讀"厚"音。到底何者正確呢?下面我們就來簡單討論"䵼"字的構形及相關問題。

"覃"字,應該是一個會意字,②因此我們不能得出它所從的"㫃(㫃)"是罈的初文以及"㫃(㫃)"有"覃"音的結論。關於"厚"的構形,研究者多有討論。③ 根據金文中"歌㰯"之"歌"④或偶作"厚"來看,我們認爲金文中的"厚"所從"㫃(㫃)"形應是聲符或至少兼有表音的作用,"㫃(㫃)"應有"厚"音。

"覃"字所從的"㫃(㫃)"與"厚"字所從的"㫃(㫃)",它們是否本爲同一個形體,研究者有不同的意見。⑤

金文中"覃"形作" "(亞弁覃父乙簋,《集成》03419)、" "(亞覃父丁爵,《集成》08890)、" "(亞覃父乙卣,《集成》05053)、" "(番生簋蓋"簟"所從"覃"旁,《集成》04326)、" "(晉姜鼎,《集成》02826)。"䵼"字甲骨

---

① 陳劍:《簡帛學》課程授課內容,2012 年 5 月 10 日。
② 參看張世超等著:《金文形義通解》,[日]中文出版社,1996 年,第 1382 頁。季旭昇:《談覃鹽》,《龍宇純先生七秩晉五壽慶論文集》,臺灣學生書局,2002 年,第 255—262 頁。
③ 諸家之說參看林澐:《說厚》,《簡帛》第 5 輯,上海古籍出版社,2010 年,第 99—107 頁。彭裕商:《釋"厚"》,《出土文獻》第 2 輯,中西書局,2011 年,第 137—142 頁。王臣簋(《集成》04268)"厚"字從"𦥑(墉)"作" "(厴),有研究者或據此認爲金文"厚"所從之"㫃(㫃)"爲"墉"之省(相關意見可參看林澐先生《說厚》、彭裕商先生《釋"厚"》所引諸家之說)。目前已發表金文中"厚"形多見,而從"𦥑(墉)"者僅此一例,且其時代亦不早,因此王臣簋此例"厚"字應看作變體。此外瘨鐘(《集成》00246)" "" "同見,亦可說明"厚"所從之"㫃(㫃)"與"墉"不同。不過由於在金文中,"㫃(㫃)"形下部已經變得與"𦥑(墉)"形下部比較接近,王臣簋(《集成》04268)"厚"應該是把"㫃(㫃)"換作了與之形近的聲符"𦥑(墉)"。
④ 金文中"歌""懿""欨"等字所從的一類特殊"欠"旁作" ",我們懷疑它可能是"喉"的初文。
⑤ 參看彭裕商:《釋"厚"》,《出土文獻》第 2 輯,第 137—142 頁。

文作"▨""▨""▨",①父己罍(《集成》09788)作"▨",敔簋作"▨"。比較可知,"覃"所從"𠂤(㫐)"與"覃"字所從的"𠂤(㫐)"應該是同一形體。史牆盤(《集成》10175)"厚"作"▨",五年師旋簋甲(《集成》04216)"歌"字作"▨",它們所從之"𠂤(㫐)"與敔簋"覃"以及晉姜鼎"覃"所從"𠂤(㫐)"形相同,它們都應該是在"▨"類形所從之"𠂤(㫐)"的基礎上演變而來的。因此,我們贊成"覃"所從之"𠂤(㫐)""覃"所從之"𠂤(㫐)""厚"所從之"𠂤(㫐)"是同一個形體。②

甲骨文中有一個從"豕"(或認爲是"犬")從"覃"的字,作"▨""▨"等

---

① 參看李宗焜:《甲骨文字編》下册,中華書局,2012年,第1051—1052頁3422號。

② 彭裕商先生認爲"覃"字所從的"▨"與"厚"字所從的"𠂤(㫐)"不是同一個字,理由主要有兩點,一是前者腹部有以交叉的兩筆代表紋飾,而後者腹部從未見有以交叉筆畫代表紋飾。二是商周文字中,"厚"字均從"𠂤(㫐)",從未發現有從"▨"者(《釋厚》,《出土文獻》第2輯,第137—142頁)。我們認爲這兩個理由的實質其實是相同的,"覃"字所從的"▨"與"厚"字所從的"𠂤(㫐)"之所以有彭先生所説的這種差别,一是由於兩者時代不同,二是由於兩者出現的場合不同。因爲目前所見的"厚"字出現的時代一般較晚,且往往不是作族名,而從"▨"的"覃"出現的時代一般較早且往往是作族名。時代較晚的"覃"形,如晉姜鼎"覃"字下部、番生簋蓋"覃"所從"覃"旁下部亦没有交叉筆畫代表紋飾。"覃"字,甲骨文作"▨""▨""▨"等形,後兩形亦省去了交叉筆畫,商周金文中的"覃"字下部亦没有交叉筆畫。據周代金文中"厚""覃""覃"下部相同來看,我們完全有理由推測"厚"字所從的"𠂤(㫐)"也應是由"▨"演變而來。

《合》34123"▨"、戈厚簋(《集成》03665)"▨"等字形,一般釋作"厚"。唐蘭先生認爲它們"厂"下部分應該是由作"▨"類形的"𠂤(㫐)"演變而來(《殷虚文字記》,第32頁),林澐先生認爲應該把這兩形排除在"厚"字外(《説厚》,《簡帛》第5輯,第100頁)。

"𠂤"的構形,從古文字資料看,象一種大口狹頸的容器。這種器物,朱芳圃先生認爲是"巩"(《殷周文字釋叢》,中華書局,1962年,第123頁),彭裕商先生認爲是"鈷"(《釋厚》,《出土文獻》第2輯,第139頁)。侯乃峰先生認爲"巩""鈷"聲韻皆近,二者作爲器皿又形制相同,或可認爲二字本來就是由一字分化,故兩説從根本上講是一致的(《由魯國厚氏諸器談金文"厚柲"之義》,《殷都學刊》2014年第3期,第21—25頁)。甲骨文中"▨"類形,楊陞南先生認爲象魚筌(又稱爲笱)在水中,即是捕魚的寫照(《商代經濟史》,貴州人民出版社,1992年,第331頁)。陳劍先生認爲"巩""鈷""笱"語音接近,三者應該聯繫起來考慮,"𠂤"形可同時對應語言中的"巩""鈷""笱"(陳劍:《簡帛學》課程授課内容,2012年5月10日)。

形,按照古漢字字形結構的一般規律,"荁"應是聲符。該字異體又常作"![字形]"類形,①即把聲符"荁"換作了"𠬝(旱)"。據此,我們認爲"荁"所從的"𠬝(旱)"形應有表音的作用。② 又前文已論"荁"所從之"𠬝(旱)"與"厚"所從之"𠬝(旱)"是同一個形體,因此"荁"的讀音當與"厚"同。從這一點看,上述關於甲骨文"荁"字比較有影響的四種意見中,"檡(稻)"字說不合語音。結合語音與文例兩方面來看,"穀"字說優於"柜"字說以及"菽與豆"的初文說。

敔簋"荁",賈文、賈加林、陳劍三位先生釋讀作訓"善"、訓"祿"的"穀",雖然文義暢通,但置於五祀敔鐘"黃荁"的辭例中,却不太合適。"𠬝(旱)"有"厚"音,"厚"與"句"聲字可通,東周竹書文字中"厚"字又常可從"句"聲作,③因此"𠬝(旱)"聲字與"句"聲字音近可通。④ 結合五祀敔鐘、敔簋"荁"的文例,我們認爲它們都應該讀作"耇"。

五祀敔鐘"文人陟降=(降,降)余黄荁,授余純魯"之"黄荁"即"黄耇"。"黄耇"一詞,金文中多見。《詩經‧小雅‧南山有臺》:"樂只君子,遐不黄耇。"毛傳:"黄,黄髪也;耇,老。"述盤(《銘圖》14543)"前文人嚴在上,翼在下,豊豊綉綉,降述魯多福、眉壽、綽綰,授余康虞、純佑、通祿、永命、靈終",其中"降""授"對文,這與五祀敔鐘"降""授"對文同例。

敔簋"陀陀降余多福、害荁、宇(訏)慕(謨)、遠猷"之"害荁"即"胡耇"。

---

① 參看李宗焜:《甲骨文字編》中册,第564頁1895號。"![字形]",舊一般釋作"獋",即認爲右邊從"覃"。裘錫圭先生在《論"歷組卜辭"的時代》一文的追記中說:"《合》6937賓組卜辭'乙酉卜□貞:呼亶比沚伐獋',與前引《粹》1164[《合》33074]歷、自間組卜辭'己丑卜貞:亶曰沚或伐狳受又',應該是爲同一件事而占卜的。乙酉與己丑只差四天。'獋''狳'當是一字異體。賓組卜辭的'犀''獋'也許不應釋爲'獋'。"(裘錫圭:《論"歷組卜辭"的時代》,《裘錫圭學術文集‧甲骨文卷》,復旦大學出版社,2012年,第138—139頁)。我們認爲《合補》6622"![字形]""![字形]"類形可看作"犀"與"狳"的中間字形。
② 又結合"覃"的構形來看,"荁"應該是一個會意皆聲字。
③ 參看白於藍《戰國秦漢簡帛古書通假字彙纂》(福建人民出版社,2012年)第169頁以及《清華簡(壹)‧祭公之顧命》簡13、14、18。
④ 上文所引楊陞南先生、陳劍先生認爲"𠬝"可表示"笱"這種器物,亦可資參考。

簋銘"叀"前一字，彩照作"▨"(《周原出土青銅器》第 10 卷，第 2144 頁)，①其下部應是"目"之殘而非"口"，因此此字應釋作"寍"而非"害"。從偏旁組合來看，伯庶甗(《集成》00868)"▨"與作册吳盉(《銘圖》14797)"▨"應是一字異體，但前者从"寍"聲，後者从"害"聲，可證"寍""害"音近。曾侯乙墓樂器銘文中"姑洗"之"姑"或从"害"聲，或从"寍"聲(寍本从害省聲)，因此"寍"自可用作與"姑"同从"古"聲的"胡"。又金文中"叀"(从"寍")、"猷""秸"等字，孫詒讓、唐蘭、張亞初等先生認爲是一個字，其字在銅器銘文中當讀爲"胡"，②這亦可證"寍"可用作"胡"。③《左傳》僖公二十二年："雖及胡耇，獲則取之，何有於二毛？"杜預注："胡耇，元老之稱。"孔穎達疏："《諡法》：'保民耆艾曰胡。'胡是老之稱也。《釋詁》云：'耇，壽也。'"因此"多福、胡耇"其義即述盤"前文人嚴在上，翼在下，豐豐繹繹，降述魯多福、眉壽、綽綰"之"魯多福、眉壽"，且兩者同言"降"亦可比較。"宇(訏)慕(謨)遠猷"亦是"降"的賓語，"多""寍""宇""遠"當分別是"福""叀""慕""猷"的修飾語，"陀陀降余多福、寍叀、宇(訏)慕(謨)、遠猷"其義即"(祖先)不斷降賜給我許多的福佑、大壽以及宏大而深遠的謀略"。④

金文中"黃耇"之"耇"一般用"耇"字來表示(黃君簋蓋，《集成》04039；勇叔買簋，《集成》04129；師俞簋蓋，《集成》04277；史牆盤，《集成》10175)，亦偶用"句"(師器父鼎，《集成》02727)、"枸"(曾侯與鐘，《銘續》1034、

---

① 《赫赫宗周》(第 68 頁)、《陝西金文集成》(第 5 卷，第 128—129 頁)等書亦公布了簋銘彩照。

② 參看唐蘭：《周王猷鐘考》，《唐蘭先生金文論集》，紫禁城出版社，1995 年，第 41 頁。張亞初：《從古文字談胡、胡國與東胡》，《文博》1992 年第 1 期，第 17 頁。

③ 周厲王"胡"，簋銘作"猷"。"胡耇"之"胡"，簋銘作"寍"。這大概與兩者用法有別有關。作爲名詞修飾語的"胡"，一般訓"大"。我們把"寍叀"(耇)之"寍"讀作"胡"，主要是基於古書中有"胡耇"一語。如果不與"胡耇"相聯繫，"寍"也可能應讀作與之語音更加接近的、同樣可訓"大"的"介"(《說文》作"夰")。

④ 私人收藏的一套春秋中期的編鐘，銘中有"享我一人，肇叀威儀"語，疑其中的"叀"似可讀爲"講"或"糾"。如讀作"糾"，則《清華簡(陸)·鄭武夫人規孺子》簡 6"老婦亦洒(將)丩(糾)攸(修)宮中之正(政)"之"糾"的用法可參。

1036、1037)、"羌"①(瞉叔信姬鼎,《集成》02767)等字來表示,瞉器中則用"鄣"來表示,其用字習慣與金文研究者之前所熟知的用字習慣不同,②這將進一步豐富我們對"考"這個詞的用字習慣的認識。

2016 年 8 月

本文曾提交北京大學出土文獻研究所主辦的"商周青銅器和金文研究學術研討會"(2017 年 10 月 27 日—29 日,鄭州),正式刊於《青銅器與金文》第 2 輯,上海古籍出版社,2018 年,第 315—322 頁。

---

① 此字,一般釋讀作"考",或認爲應釋讀作"考"(參看陳英傑:《西周金文作器用途銘辭研究》,綫裝書局,2008 年,第 385 頁)。論集按語:黄德寬先生主編的《古文字譜系疏證》(商務印書館,2007 年,第 450 頁)亦認爲"羌"是"考",我們現在贊成"羌"是"考"的形聲異體的意見。

② 類似的例子我們在好幾篇文章中都談到過,參看謝明文:《伯句簋銘文小考》,《中國文字研究》第 18 輯,上海書店出版社,2013 年,第 59—62 頁(論集按語:收入拙著《商周文字論集》,上海古籍出版社,2017 年,第 175—181 頁)。謝明文(原署名謝雨田):《新出登鐸銘文小考》,復旦大學出土文獻與古文字研究中心網站,2013 年 9 月 12 日。正式發表於《中國文字學報》第 7 輯,商務印書館,2017 年,第 79—83 頁(論集按語:已經收入本論文集)。謝明文:《新出宜脂鼎銘文小考》,《中國文字》新 40 期,藝文印書館,2014 年,第 203—208 頁(收入《商周文字論集》,第 234—239 頁)。

新出登鐸銘文小考*

2009年10月，襄陽市文物考古研究所在襄陽沈崗墓地東南部發掘了一座春秋中期的楚墓（M1022），共出銅器616件，其中禮器9件，樂器句鑃1件，兵器7件，車馬器596件，工具1件、雜器2件。禮器包括2鼎、2簠、2缶、1盞、1盤、1匜。① 上述器物中，銅鼎（M1022：1）及句鑃（M1022：29）兩件器物鑄有銘文，整理者發表了這兩件銅器銘文的摹本（其中所謂句鑃銘文見圖一）並作了釋文。下面我們就準備在整理者意見的基礎上，簡單談談我們關於所謂句鑃銘文的一些釋讀意見。爲了討論的方便，下面我們先按照自己的理解寫出該句鑃銘文的釋文：

佳（唯）正月初吉庚午，虩②子鼟（登）睪（擇）其吉金，自乍（作）穌鎣（鐸），中（終）鞥（翰）虩（且）陽（揚），元鳴孔鍠（皇），㠯（以）征㠯（以）行，尃（敷）斳（聞）四方，子=（子子）孫=（孫孫），永保是尚（常）。

"穌"後面一字是這件樂器即整理者所謂句鑃的自名，它原作"{图}"（以下用"△"來表示），整理者釋作"鑃"，因此把這件樂器稱作句鑃。青銅

---

* 本文受到國家社科基金青年項目"商代金文的全面整理與研究及資料庫建設"（項目編號16CYY031）的資助。

① 襄陽市文物考古研究所：《湖北襄陽沈崗墓地M1022發掘簡報》，《文物》2013年第7期，第4—19頁。

② 此字拙文初稿未釋，拙文在網上發表後，隨即有友人相告，根據他所見的未發表的登鐸銘文清晰照片，"子"前的國族名是"虩"字，謹致謝忱。

樂器中，自名爲"鐸"者，見於其次句鑃（《集成》00421、00422）、姑虘昏同之子句鑃（《集成》00424）、配兒句鑃（《集成》00426、00427）等。前三器中的"鑃"字，字形非常清晰，分別作"▨""▨""▨"，這些字形皆作左右結構。"△"乃上下結構，如果整理者的摹寫不誤的話，"△"字"金"形上的部分絕非"翟"形，"△"應非"鑃"字。

"△"字"金"形上的部分作"▨"，比較"▨"（師酉簋，《集成》04289）、"▨"（瘨鐘，《集成》00247）、"▨"（晉侯蘇鐘，《新收》①883）、"▨"（遣小子𩰫簋，《集成》03848）、"▨"（史叀盨，《集成》04366）、"▨"（叀伯鼎，《銘圖》②02357）等形，可知它顯然是"㕙"形，"△"字應隸作"鋆"。"㕙"聲字與"睪"聲字關係密切，如傳抄古文中，"擇"字古文作"𢯱""撢"字古文作"𢯱""澤"字古文作"𢯱"。③ 又"㕙""兔"一字分化，古書中"菟""檡"可通。④ 據此，我們認爲"△"字應分析爲从金、㕙聲，即"鐸"字異體。⑤《說文》："鐸，大鈴也。《軍法》：'五人爲伍，五伍爲兩，司馬執鐸。'"在以前已經公布的青銅樂器銘文中，自名爲"鐸"者，見於郘子白鐸（《新收》393）、鄔郘率鐸（《集成》00419）、外卒鐸（《集成》00420）。郘子白鐸器形以及大小皆與整理者所謂句鑃相近，亦可證我們把自名用字"△"釋作"鐸"非常合適。根據我們的考釋意見，所謂句鑃應改名爲登鐸。之前發表的鐸銘，一

---

① 鍾柏生、陳昭容、黃銘崇、袁國華編：《新收殷周青銅器銘文暨器影彙編》，藝文印書館，2006年。
② 吳鎮烽：《商周青銅器銘文暨圖像集成》，上海古籍出版社，2012年。
③ 參看李春桃：《傳抄古文綜合研究》下編，吉林大學博士學位論文（指導教師：吳振武），2012年，第588頁。前些年面世的一枚環錢鑄有"環㕙"二字，黃錫全先生認爲即《左傳》所載的"熒澤"（黃錫全：《解析一枚珍稀環錢——出土文獻、傳世文獻、古幣文字互證之一例》，《出土文獻》第4輯，2013年12月，第149—155頁）。黃說若可信，那麼亦是"㕙"聲字與"睪"聲字相通之例。
④ 張儒、劉毓慶著：《漢字通用聲素研究》，山西古籍出版社，2002年，第347頁。
⑤ 金文中習見的"豐豐彙彙"之"彙彙"，亦偶作"叀叀"，可見其所从之"㕙"是聲符。曹錦炎先生讀爲"繹繹"（《釋兔》，《古文字研究》第20輯，中華書局，1999年，第190頁），王寧先生讀爲"澤澤"，認爲"澤澤"同"數數"（《釋甲骨文中的"數"》，武漢大學簡帛網，2011年12月1日），這些說法現在看來，應該是可信的。

般都比較簡單,①登鐸銘文是目前發表的鐸銘中銘文最長者。M1022 是一座春秋中期中段的墓,②如果我們關於"△"字的考釋意見正確,那麼登鐸將是目前已經發表的金文資料中最早一例自銘爲鐸的樂器。

"中"讀爲"終","臤"讀爲"且",樂器銘文中多見,不贅舉。"䩭",讀爲"翰",亦見於徐王子旃鐘(《集成》00182)、許子盞自鎛(《集成》00153、00154)。"終翰且揚"與"元鳴孔皇"皆是樂器銘文中的習語,見於徐王子旃鐘、許子盞自鎛、王孫遺者鐘(《集成》00261)、王孫誥鐘(《新收》418—443)、沇兒鐘(《集成》00203)、襄兒鎛(《銘圖》15805)等。

"以征以行",目前已發表樂器銘文中此處僅見,但它在其他器類銘文中多見,如見於叔夜鼎(《集成》02646)、䢅伯子㝊父盨甲(《集成》04442)、孝子平壺(《新收》1088)等。③ 與之意義相同的"用征用行",銘文中亦習見,如見於庚兒鼎(《集成》02716)、叔原父甗(《集成》00947)、喪史鉇(《集成》09982)、叔邦父簠(《集成》04580)等。相近的説法還有"用征以迕"(筥太史申鼎,《集成》02732)、"用征行"(侯母壺,《集成》09657)、曾伯文鐳,《集成》09961)等。"以征以行"是講"鐸"的用途。《周禮·天官·小宰》:"徇以木鐸。"鄭玄注:"古者將有新令,必奮木鐸以警衆,使明聽也。木鐸,木舌也。文事奮木鐸,武事奮金鐸。"《周禮·夏官·大司馬》:"鼓人皆三鼓,司馬振鐸,群吏作旗,車徒皆作。"鄭玄注:"司馬,兩司馬也。振鐸以作衆。作,起也。"中山王𧾷鼎(《集成》02840):"奮桴振鐸,闢啓封疆"。《上博簡(九)·陳公治兵》簡 13:"金鐸以坐,木鐸以起。"④可見金鐸、木鐸的使用場合未必皆是分别就文

---

① 《周金文存》1.75.1—2 著録了一件銘文字數達 12 字的鐸,但從字形來看,應該是僞銘。

② 襄陽市文物考古研究所:《湖北襄陽沈崗墓地 M1022 發掘簡報》,《文物》2013 年第 7 期,第 18 頁。

③ 鄭義伯鐳(《集成》09973)作"以行以征",現已公布的銘文中僅見,參看謝明文:《鄭義伯鐳銘文補釋》,中國古文字研究會第十九届年會論文,復旦大學,2012 年 10 月。論集按語:正式刊於《中國國家博物館館刊》2015 年第 7 期,第 64—70 頁。收入《商周文字論集》,上海古籍出版社,2017 年,第 253—264 頁。

④ 馬承源主編:《上海博物館藏戰國楚竹書(九)》,上海古籍出版社,2012 年,圖版第 51 頁。

事、武事而言。"鐸"是一種軍用樂器,這與描述登鐸用途的"以征以行"一句正相合。此外,該樂器有舌,① 又據整理者介紹,登鐸在墓中是壓於戈、鈹等兵器之下,這些皆可證我們把"△"釋作軍用樂器"鐸"是非常合適的。"鐸"與"鐻"相比,前者除去"舌"外餘下部分與"鐻"形制相似,但兩者在用途、大小等方面有別。研究者根據其次句鑃"以享以孝,用祈萬壽"、姑馮昏同之子句鑃"以樂賓客,及我父兄"以及配兒句鑃(《集成》00426、00427)"以宴賓客,以樂我諸父"這些言及句鑃用途的句子,認爲句鑃是祭祀或宴享時所用的樂器,② 可信。而登鐸銘文言"以征以行",與帶自名的鑃所言及的功效不同,亦可見"△"宜釋作"鐸"而不宜釋作"鑃"。由於"鑃""鐸"兩者的用途不同,它們的大小也不一樣。前者由於用於祭祀或宴享,一般比較大,後者是一種軍用樂器,且常常言"振鐸",一般比較小。

"聞"前一字,原作"△",整理者釋作"叀(惠)"。"惠"字,樂器銘文中數見,沇兒鐘(《集成》00203)作"△"、王孫遺者鐘(《集成》00261)作"△"、王孫誥鐘(《新收》421)作"△","△"字與它們不類,應非"叀(惠)"字。它的上部略向左偏,且下部似又,與王孫遺者鐘(《集成》00261)"△"、克鐘(《集成》00205)"△",克鐘(《集成》00207)"△"、秦公鎛(《集成》00270)"△"、柞伯鼎(《文物》2006年第5期,第68頁圖1)"△"等"尃"字寫法相近,如果"△"字摹寫不誤的話,它可釋作"尃"。"尃"讀爲"敷","敷聞",金文中首見,古文字中又見於《孔子見季桓子》簡3、③《清華簡(壹)·祭公之

---

① 蒙友人看過在網絡發表的拙文初稿後告知,根據他所見到的未發表的器形照片,此器原有舌。謹致謝忱。
② 朱鳳瀚:《中國青銅器綜論》(上冊),上海古籍出版社,2009年,第377頁。
③ 陳劍先生:《〈上博(六)·孔子見季桓子〉重編新釋》,復旦大學出土文獻與古文字研究中心網站,2008年3月22日。收入同作者《戰國竹書論集》,2013年,上海古籍出版社,第283—317頁。此例蒙網友海天提示,謹致謝忱。

顧命》①簡5等,古書中見於《尚書·文侯之命》"昭升于上,敷聞在下"等,"敷聞"或作"布聞"(見《史記》卷三十九《晋世家》等)、②"傅聞"(見《後漢書》卷四十二《光武十王列傳》)。

樂器銘文中,"聞"字見於仲子平鐘(《集成》00172—00180)"肅肅雍雍,聞于夏東",徐王子旃鐘"中翰且揚,元鳴孔皇,其音悠悠,聞于四方,皇皇熙熙,眉壽無期,子子孫孫,萬世鼓之",者減鐘(《集成》00193—00198)"穌穌倉倉(鏘鏘),其登(升)于上下,聞于四旁(方),子子孫孫,永保是尚(常)"等,其中後兩例的文例與登鐸的文例非常接近。不過需要指出的是,仲子平鐘、徐王子旃鐘、者減鐘的"聞"字是作動詞,而登鐸的"聞"是作名詞,指鐸所發之聲,作"敷"的賓語。"敷聞四方"即"敷聞于四方",因爲該銘文押陽部韻又主要以四字爲主,故"聞"後省略"于"字。登鐸描述鐸的聲音傳布時,不作"聞于四方"而作"敷聞四方",我們認爲一個很大的原因可能是在"終翰且揚,元鳴孔皇"與"敷聞四方"之間插入了"以征以行"一句。"以征以行"即登用該鐸征行之意,兩"以"字的主語是登,賓語則是鐸本身。如果"以征以行"下一句作"聞于四方",那麽"聞"的主語是鐸聲,這樣在幾句主語都是鐸聲的句子之間插入一句主語是登的"以征以行"會顯得很不協調。而寫作"敷聞四方"的話,"敷"的主語是器主"登",而賓語"聞"指鐸聲,這樣就與"以征以行"一句的主語保持一致,文氣通暢。"敷聞四方"指傳布鐸聲於四方,語意雙關指傳布政教於四方。

登鐸銘文的釋讀,就談到這裏,下面我們將順便談一下金文中同是軍用樂器的"鉦"的自名。徐醓尹鉦(《集成》00425)"正月初吉,日在庚,徐醓尹者故罅自作征城",冉鉦(《集成》00428)"唯正月初吉丁亥,余□□之孫冉擇其吉金,自作鉦鋮",有不少研究者把"征城""鉦鋮"看作自名,認爲"征/鉦""城/鋮"合音即是"鉦",③此説影響很大,以致有研究者用"鉦鋮"

---

① 清華大學出土文獻研究與保護中心編、李學勤主編:《清華大學藏戰國竹簡(壹)》,中西書局,2010年。
② "敷""布"音近相通,參看張儒、劉毓慶著:《漢字通用聲素研究》,第340頁。
③ 容庚、張維持:《殷周青銅器通論》,科學出版社,1984年,第72頁。朱鳳瀚:《中國青銅器綜論》(上册),第375頁。

來稱呼鉦類器(參看《銘圖》15986),我們認爲這些意見是很可疑的。

"鉦"是一種軍用樂器,《詩經·小雅·采芑》:"鉦人伐鼓。"毛傳:"伐,擊也。鉦以静之,鼓以動之。"出土文獻中記載"鉦"作爲軍用樂器見於《上博簡(九)·陳公治兵》簡13。成从"丁"聲,定从"正"聲,晋系文字中"定"亦可从"丁"聲作"▲"類形,亦可加注"丁"聲作"▣"類形,①可證"成""正"音近可通。我們認爲徐酷尹鉦、冉鉦的自名應分别是"城""鍼",皆讀爲"鉦",②而其前的"征""鉦"聯繫同是軍用樂器的登鐸言"以征以行"以及曩伯子𡩃父盨(《集成》04443)"曩伯子𡩃父作其征盨"來看,它們宜看作器名修飾語,徐酷尹鉦之"征"亦是"征行"之"征",冉鉦"鍼"前之"鉦"當讀作"征行"之"征",③它从"金"很有可能是受了其後"鍼"字的類化。

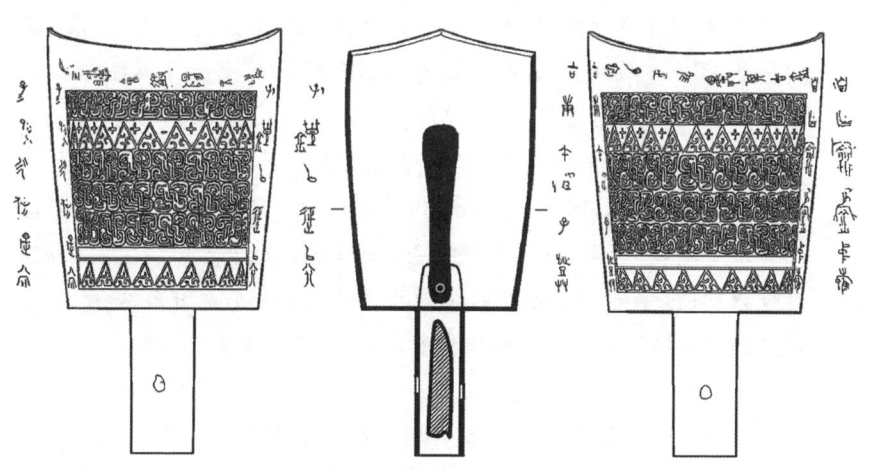

圖一　(采自《文物》2013年第7期,第15頁圖18)

---

① 參看湯志彪:《三晋文字編》,吉林大學博士學位論文(指導教師:馮勝君教授),2009年,第461—462頁。

② "鍼"也可能本就是"鉦"字異體。

③ 西替簋(《集成》03710)器形似盆,《銘圖》06257就稱之爲"西替盆",據上郜公之孫盆(《銘圖》06273)"自鑄其飤盆,以征以行"之語來看,西替盆"鉦鑰"之"鉦"亦可能當讀作"征行"之"征"。"征行"之"征"在器名前作修飾語,表示用途,這與金文中多見的"行壺""行鼎""行甗""行鐘"等"行"恰可類比。鉦又名丁寧,研究者或認爲"丁寧"合音即是"鉦",但恐怕不能以之來論證"鉦鍼"之爲自名。

附記：拙文初稿曾署名謝雨田，發表在復旦大學出土文獻與古文字研究中心網站，2013 年 9 月 12 日，此次正式發表稍作改動，主要觀點未變。

看校補記（2017 年 4 月 9 日）：本文於 2014 年投寄給《中國文字學報》，在待刊過程中，許可先生發表《試論沈崗楚墓出土登鐸與古廙國》(《中國文字研究》第 22 輯，上海書店出版社，2015 年，第 47—51 頁）一文，亦指出"子"前的國族名可能是"廙"字，讀者可以參看。

論集按語：馬超、查飛能兩位先生贊成整理者的意見將自名之字釋讀作"鑰"（馬超：《2011 至 2016 新刊出土金文整理與研究》，西南大學博士學位論文，2017 年，第 559—563 頁。馬超：《金文考釋二題》，《中國文字研究》第 27 輯，上海書店，2018 年，第 21—24 頁。收入同作者：《出土文獻釋讀與先秦史研究》，科學出版社，2019 年，第 72—78 頁。查飛能：《商周青銅器自名疏證》，西南大學博士學位論文，2019 年，第 220 頁），實不可從。《中國出土青銅器全集》12.377 亦著錄了登鐸（李伯謙主編：《中國出土青銅器全集》第 12 卷，科學出版社、龍門書局，2018 年，第 460—461 頁），其說明文字提及："器體呈合瓦扁體，于部上弧，兩銑下垂，平舞頂部正中置一枚方鑿短柄，與腔體貫通，方鑿柄中部有對穿的圓形小孔，以安裝固定木柄之用。腔體底內有'U'形槽用於懸掛槌狀的舌。"可知該器原本有舌。

原載《中國文字學報》第 7 輯，商務印書館，2017 年，第 79—83 頁。

曾伯克父甘婁簠銘文小考*

　　新近出版的《銘圖續》①(0518、0519)著録了兩件曾伯克父簠,據該書備注,同坑出土有鼎、鬲、簋、盨、簠、鋪、盤、盉等同一人所作之器數十件,②《銘圖續》除了著録其中的兩件簠銘外,還著録了同人所作的一件鼎銘(《銘圖續》0223)、一件簋銘(《銘圖續》0445)、三件盨銘(《銘圖續》0467、0474、0475),並認爲他們的時代爲春秋早期。本文準備在《銘圖續》的基礎上,簡單談談關於兩件曾伯克父簠銘文的一些補充意見。爲了討論的方便,下面我們先按照自己的理解寫出它們的釋文(釋文依甲、乙兩器蓋銘):

　　隹(唯)曾白(伯)克父甘婁(婁),迺用吉金、雒(誰)(錯?)、叔(扶)(鏽)、攸(鋚)金,用自乍(作)旅祜(簠),用征用行,徒(走)追三(四)方,用齋用爵(鬻)(鬻),用盛黍、稷、族(稻)、椋(粱),用卿(饗)百君子、辟王,白(伯)克父甘(其)簠(眉)壽(壽)無疆(疆)。采(宰)夫無若,雒(雝)人孔臭(懌)。用亯(享)于我皇考,子孫永寶,易(錫)害(匄)簠(眉)壽(壽),曾邦氏(是)保。

---

　　* 本文受到國家社科基金青年項目"商代金文的全面整理與研究及資料庫建設"(項目編號16CYY031)的資助。
　　① 吴鎮烽:《商周青銅器銘文暨圖像集成續編》,上海古籍出版社,2016年。以下簡稱《銘圖續》。
　　② 《銘圖續》第3册,第281—286頁。

1. 迺用吉䍙、雑、叙、攸金，用自乍(作)旅祜(匧)

這一句可與兩件曾仲大父螽簠銘文中的一句以及伯克父鼎(《銘圖續》0223)銘文中的一句對讀(詳下)。1972 年湖北隨縣均川區熊家老灣出土了兩件曾仲大父螽簠，其中一件現藏湖北省博物館(即《集成》04203)，一件現藏襄樊市博物館(即《集成》04204)，它們銘文中有一句作"曾仲大父螽迺用吉攸(鋚)AB金，用自乍(作)寶殷(簠)"，其中 A、B 作如下之形：

A1：[字形]《集成》04203　　A2：[字形]《集成》04204 蓋

A3：[字形]《集成》04204 器

B1：[字形]《集成》04203　　B2：[字形]《集成》04204 蓋

B3：[字形]《集成》04204 器

AB，《銘文選》釋作"叙䥯"二字，以"曾仲大父螽迺用吉攸叙䥯金"爲一句，解釋説："'迺用吉金'常見於銘文，此銘在'吉'與'金'之間增'攸叙䥯'三字，當是此吉金的專名。"①黃錫全先生認爲：

> 曾仲大夫螽簠第三行的頭三字，過去多缺釋，應是金屬名。第一字可隸定爲叙。其下的 [字] 、[字] 則是"乃"字。第三字左旁從隹，右旁[字]似[字]，疑爲鑄或鉨，其義待考。叙與甲骨文[字](人名)可能是一字，從自(古堆字)，從又或攴。叙或敳究意相當於後世何字，也需深究。"乃"疑假爲鑒或鈮、鑷之類的金屬器名。"吉攸"與曾伯陭壺"吉金鋚鋚"類同。"吉攸叙乃[字]金"，均是金屬原料名，以爲鑄器之用。②

---

① 馬承源主編：《商周青銅器銘文選(三)》，文物出版社，1988 年，第 330 頁。
② 黃錫全：《湖北出土商周文字輯證》，武漢大學出版社，1992 年，第 81 頁。

《集成引得》釋作"啟(搋)乃鷗(醻)"三字，並以它與之後的"金"字作一句，①《集成》修訂增補本、②《銘圖》(05228、05229)等與之相同。《集成釋文》釋作"啟乃雒"三字。③《古文字譜系疏證》認爲"啟"疑古"搋"字，曾仲大夫蠡簋此字讀法未詳。④《新金文編》把 A 置於附錄二0616 號，把 B 置於附錄一 0235 號。⑤ 馮時先生把 B 釋作"乃醻"，讀"醻"爲"鑄"，認爲"鑄金"意乃鎔金成物，蠡簋銘所述乃毀舊器而鑄新器，遂言用吉金鐈鉴以鑄金，重爲新簋。"乃"是指示代名詞，訓此。又在將柞伯簋"[字]"釋爲"叉"的基礎上，把蠡簋銘"啟"改釋爲"叔"，讀爲"叉"，訓爲取。又認爲可讀爲訓取之"摣"。⑥《曾國青銅器》把 AB 釋作"啟乃雒"三字，以"啟乃雒金"爲一句，認爲如果"啟"是動詞，則"雒金"應爲某種吉金專名。⑦ 蘇建洲先生把 AB 釋作"啟乃醻(?)"三字，以"啟乃醻(?)金"爲一句，又修正清華簡整理者關於《清華簡(貳)·繫年》簡5"[字](啟)"是"取"之錯字的意見，認爲簡文"啟"是取師之取的專字，蠡簋銘"啟"亦是"取"字。⑧

簋銘"迺用吉"下一字(下文用 C 來表示此字)，《銘圖續》釋作"父"。此字甲器蓋銘作"[字]"，⑨乙器蓋銘作"[字]"，乙器器銘作"[字]([字])"。乙器

---

① 張亞初：《殷周金文集成引得》，中華書局，2001 年，第 77 頁。
② 中國社會科學院考古研究所：《殷周金文集成》(修訂增補本)第 3 冊，中華書局，2007 年，第 2400—2402 頁。
③ 中國社會科學院考古研究所：《殷周金文集成釋文》第 3 卷，香港中文大學出版社，2001 年，第 332—333 頁。
④ 黃德寬主編：《古文字譜系疏證》第 3 冊，商務印書館，2007 年，第 2970 頁。
⑤ 董蓮池：《新金文編》下冊，作家出版社，2011 年，附錄二第 109 頁、附錄一第 108 頁。
⑥ 馮時：《柞伯簋銘文剩義》，《古文字研究》第 24 輯，中華書局，2002 年，第 226 頁。
⑦ 湖北省文物考古研究所編：《曾國青銅器》，文物出版社，2007 年，第 168 頁。
⑧ 蘇建洲：《利用〈清華簡(貳)〉考釋金文一則》，復旦大學出土文獻與古文字研究中心網站，2012 年 1 月 1 日。蘇建洲：《〈清華大學藏戰國竹簡(貳)·繫年〉考釋四則》，《簡帛》第 7 輯，上海古籍出版社，2012 年，第 65—68 頁。本文引用據後者。
⑨ 器銘之字不清晰，又形中間似作圈形。

蓋銘"■（父）"雖然與 C 非常接近，但這兩器中其他的"父"字作"■"
（甲器蓋銘）、"■"（乙器蓋銘）、"■（？）"（乙器器銘）等形，其左邊那一
小筆和"又"形中間那一筆的交接位置與 C 明顯有別。曾仲大父螽簋
（《集成》04203）A1 作"■"，"又"形中間的手指上很明顯也有一小筆。
曾仲大父螽簋（《集成》04204）器銘拓本中的 A3 右邊不清晰，但從《曾
國青銅器》（第 171 頁）所著錄的銘文照片來看，器銘 A3"又"形中間的
手指上也明顯有一小筆。蓋銘拓本中 A2 右邊之"又"當看作是省體。
此外又聯繫文例來看（參看下文），我們認爲簋銘"C"與曾仲大父螽簋
"A"當表示同一個詞，A 當从 C 得聲。馮時先生將 A 的右邊與柞伯簋
之"■"相聯繫（參看上文），很可能是對的。與柞伯簋"■"寫法相同的
字形在甲骨文、金文、楚簡等資料中多次出現，郭店簡此字或用作"賢"，
陳劍先生認爲它應該是"搴"與"掔"共同的表意初文，柞伯簋中亦用作
"賢"。① 據此，簋銘 C 亦可釋作"搴"或"掔"。伯克父鼎銘文首句，《銘
圖續》0223 釋作"隹（唯）白（伯）克父甘婁（屢）遣自遣吉取休吉金"，所
謂"遣"字从貝从又，當改釋作"得"（"具"的可能性不能完全排除）。所
謂"取"與"金"間之字當看作 ■ 字，釋作"攸"。所謂"取"字原作"■"，
它左邊非"且"形，而與"臣""白"比較接近。如是前者，可徑釋作"臤"；
如是後者，則與 A2 相同。結合文義看，不管屬於哪一種情況，它與 A、
C 都當表示同一個詞。②

簋銘 C 下之形，甲器蓋銘作"■"，器銘作"■"，乙器蓋銘作"■"，
器銘作"■"（下文如對它們不加區別時，則統一用 D 來表示），從字形以
及銘文布局來看，D 當是一個字而不宜拆成兩字，《銘圖續》把它隸作
"雒"，可從。結合字形與辭例，B 與 D 顯然是一字異體，舊或把 B 作爲兩

---

① 陳劍：《柞伯簋銘補釋》，《甲骨金文考釋論集》，綫裝書局，2007 年，第 1—7 頁。
② 叔臤簋（《集成》03487）"■"，或釋作"臤"，或釋作"啟"。從偏旁的組合來看，我
們傾向於前者，此字右旁很可能與 C 有關，它即把"又"旁變形聲化作 C。

個字處理肯定是錯的。B中"石"形與所謂"乃"形中間的部分,研究者或認爲是"夕"(參看上文),如果此說可信,又聯繫夕、昔語音關係密切,昔聲字與石聲字相通來看,①B似可看作是在D的基礎上加注了夕聲。但如此說,B、D中所謂"乃"形並沒有得到合理的解釋。此外,在B中,雖然B1"石"形上的部分與"夕"比較接近,但B2、B3"石"形上的部分與"夕"明顯有別,因此把B中"石"形上的部分徑看作"夕"恐不可信。值得注意的是,在B1、B3中所謂"乃"形與所謂"夕"形是連在一起的,我們認爲這部分應該看作一個整體。

册三年述鼎丁(《銘圖》02506)"舄"作" ",左側彎曲部分與"乃"形接近;伯晨鼎(《集成》02816)"舄"作" ",底端左右部分與B1中所謂"夕"形接近;我們與研究者合作整理的一套鐘鎛銘中"舄"字所從偏旁或作" ",亦與"乃"形接近。我們認爲B1、B3中所謂"乃"形加所謂"夕"形應該是"舄"字的訛變之體,B3所從" (舄)"旁中爪形部分與所謂"乃"形仍相連,爪形下面似乎還有小橫,這可看作是"爪"形向B1中"夕"形過度的中間環節。B1中"舄"旁下端的爪形部分寫得與"夕"接近,可能與變形聲化有關。B2即是把"舄"旁下端爪形部分進一步分離出去而已,其分離出去的爪形與衍簋(《銘圖續》0455)" (舄)"形右下部的爪形近似,只是彼此方向相反而已。D即是在B的基礎上進一步省略了"舄"下端的爪形部分。如果我們分析不誤,則B、D應該分析爲"隹""舄""石"三部分,隸作"雖"。《說文》:"舄,誰也。象形。誰,篆文舄從隹、昔。"從"石"聲之"庶"在古書以及金文中與"昔"皆有相通之例。②據此,我們認爲B、D就應該是"雖"字的異體。由於有"石"聲以及形符"隹"的限制,儘管D中"舄"形已經訛變得與"乃"非常接近,但在當時它應不會引起誤認。

---

① 張儒、劉毓慶著:《漢字通用聲素研究》,山西古籍出版社,2002年,第427頁。
② 同上注,第367頁。謝明文:《商代金文的整理與研究》,復旦大學博士論文(指導教師:裘錫圭),2012年,第578頁。

簠銘"雒(雜)"下之"尗",金文中見於龏尗父辛卣(《集成》05167)等。古文字中有一些從"又"的字,後來往往或變作從"攴"。如"徹"字本從"又",後或變作從"攴"。"啓"字本從"又",後變作從"攴"。《清華簡(叁)·芮良夫毖》簡 6"扶道"之"扶"作"㪻(敊)"、《清華簡(叁)·良臣》簡 2"㪻(敊)"假借作"傅説"之"傅"。《説文》等傳抄古文"扶"作"㪻(敊)"。① "敊"顯然就是由"尗"演變而來的。②

簠銘"迺用吉 C 雒尗(扶)攸金"、曾仲大父螽簠"迺用吉攸 A 雒金"(A、C 表示同一個詞,參看上文)、伯克父鼎(《銘圖續》0223)"迺自得吉臤/叙攸金"、曾伯陭壺(《集成》09712)"唯曾伯陭迺用吉金鐈③鋚"相互比較,可以肯定前三者"吉""金"中間的幾個字都應看作金屬名,簠銘除了"尗(扶)"這種金屬外,其他三種金屬名與螽簠銘同。

"A/C""雒"具體讀爲哪一個詞,還有待進一步研究。東周兵器銘文中,數見一"夫"字,從其辭例看,應該表示一種金屬,研究者一般讀作"鏞"。我們認爲"尗"亦可讀作"鏞"。

"鏞"這種金屬,金文中見於曾伯黍簠蓋(《集成》04632)、邾公牼鐘(《集成》00150)、遱祁鐘(《銘圖》15521)等。

"攸",讀爲"鋚"。"鋚"這種金屬,金文中見於多友鼎(《集成》02835)"鐈、鋚百匀(鈞)"、曾伯陭壺(《集成》09712)"唯曾伯陭迺用吉金鐈、鋚"、

---

① 徐在國:《傳抄古文字編》下册,綫裝書局 2006 年,第 1197 頁。
② 我們曾在三年多前的一篇讀書筆記中認爲金文中的"尗"類形應該來源於甲骨文中的"㪻""㪻"類形。論集按語:拙説亦見於袁倫强、李發:《釋"扶"》,《出土文獻》第 15 輯,中西書局,2019 年,第 6—14 頁。
③ 曾伯陭壺(《集成》09712)"鐈"字蓋銘作"鐈",器銘作"鐈"(字形選自《曾國青銅器》第 120 頁),它們的寫法比較特別,其右部上端與一般"喬"字所從實有別,這一點研究者很少注意。後者上端從字形看,類似"乃"形,它與 D("鐈")中所謂"乃"形似當統一看待。若 B、D 中所謂"乃"形如我們正文所說,則曾伯陭壺器銘"鐈"字右部可能是"鷺(鸜)"或"鵲"的異體。但另外還有一種可能,即 B、D 與曾伯陭壺(《集成》09712)"鐈"可能表示同一個詞,但字形如何解釋則還有待進一步的研究(聯繫甲骨文"鐈""鐈"等字形來看,B、D"乃"形有可能是懸磬之物,疑 B、D 除去"隹"旁之外的部分或可釋作"磬")。

欒伯盤（《集成》10167）"□攸（鋚）金"。

册命金文中，多次出現"鋚勒"一語，古書中或作"鞗勒"。《説文》："鋚，鐵也。一曰：轡首銅。"

𠭯簋（《銘圖》05217）賞賜品中有"鋚①旗②"，其中"鋚"字，郭永秉先生説：

> 當與"鋚勒"之"鋚"無關；金文中當金屬講的"鐈鋚"（引者按，原有注，此省略），與此大概也没有關係，因爲未見單獨以"鋚"指"鐈鋚"的例子。頗疑"鋚"應讀爲《説文·从部》訓爲"旌旗之流"的"旗"（《説文》"旗""旗"兩字前後相次），"旗旗"就是有飄斿的旌旗。這個"鋚"字到底應如何解釋還可以進一步探討。③

衛簋、豢盤和豢盂等銘文皆記賞賜品"金車""金旗"，"金旗"應指"有銅作旗竿及飾件（如竿首、鈴）"。④ 金文中又有"金勒"一語，見於師𤸫簋蓋（《集成》04284）、麥尊（《集成》06015）、親簋（《銘圖》05362）。"鋚旗"之於"鋚勒"，猶如"金旗"之於"金勒"，可知"鋚旗"之"鋚"與"鋚勒"之"鋚"所指應相同。我們認爲它們與作爲金屬名的"鋚"亦當聯繫起來考慮。"金旗""金勒"是籠統地説明"旗""勒"的整個材質或其某一部分的材質是銅或其飾件是銅。"鋚旗""鋚勒"則是特别指出"旗""勒"的材質或飾件不是一般的銅，而是"鋚"這種金屬而已。

2. 用齋用爵/斝

金文中，"齋"常出現在自名或自名前的修飾語位置，它與《説文》訓作

---

① 陳佩芬：《再議𠭯簋》，收入上海博物館、香港中文大學文物館編：《中國古代青銅器國際研討會論文集》，香港中文大學文物館，2010年，第71—76頁。日月：《金文札記四則》第一則，復旦大學出土文獻與古文字研究中心網站，2009年4月18日。論集按語：《金文札記四則》第一則後改題爲《釋𠭯簋"鋚"字》，收入謝明文：《商周文字論集》，上海古籍出版社，2017年，第119—121頁。

② 郭永秉：《談古文字中的"要"字和从"要"之字》，《古文字研究》第28輯，中華書局，2010年，第108—115頁。

③ 同上注，第110頁。

④ 朱鳳瀚：《衛簋與伯豢諸器》，《南開學報》（哲學社會科學版），2008年第6期，第5頁。

"黍稷在器以祀者"的"齍"應即一字。此類用法的"齍",研究者或認爲是用來盛黍稷以祭祀;或認爲讀爲"齊"或"劑",義爲調劑、調和百物;或認爲是鼎之專名。① 簋銘的"齍",從辭例看,它應該是一個祭祀動詞,可能是盛黍稷以祭祀。

"用齍用"後面一字,甲器蓋銘作"▨",乙器蓋銘作"▨";甲器器銘作"▨",乙器器銘作"▨"。《銘圖續》把蓋銘之字釋作"雀(稱)",把器銘之字釋作"𤔔"。兩蓋銘之字上端部分很明顯是柱形,甲器蓋銘之字柱形下作"隹"形。甲骨文中"爵"形或作"▨""▨"等形,柱形下端已經與"隹"比較接近,甲器蓋銘之字當是在此類形體的基礎上進一步演變而來,亦當釋作"爵"。它之所以下部作"隹"形,很可能與"爵""雀"常相通假有關,研究者或把這種現象稱之爲"文字雜糅"。② 乙器之字下端之形與"肉"形接近,不知是單獨的偏旁,還是由爵形底部筆畫訛變過去的,待考。器銘與"爵"相應之字,其右上應是"酉"形,應隸作"𤔔"(酉形下"廾"形不太清楚,此暫從《銘圖續》的意見)。它與古文字中多見的"酒"當是一字異體。

從銘文押韻來看,"考""寶""壽""保",押幽部韻,"若""臭",押鐸部韻(它們也可能與陽部通押),"行""方""梁(梁)""王""疆",押陽部韻,"用齍用"後面一字據它所處位置,必押陽部韻,器銘之字作"𤔔",正與之相合。蓋銘之字作"爵",與押韻不合。如何解釋這一點呢? 是方言的緣故還是"𤔔"字省訛作"爵"的緣故? 但這些解釋並沒有相關證據。我們認爲"爵"很可能有陽部的讀音,它之所以有陽部的讀音,很可能是因爲同義換讀引起的。

"觴",《説文》籀文从"爵"省,金文中一般作"𤔔",从"爵"不省,它見於觴仲鼎(《新收》707)、觴姬簋蓋(《集成》03945)、觴仲多壺(《集成》

---

① 參看陳英傑:《西周金文作器用途銘辭研究》,綫裝書局,2008年,第140頁注1。
② 連佳鵬:《試論甲骨文中的"文字雜糅"現象》,《蘭臺世界》2016年第8期,第85—87頁。

09572)等。又古書中"觴"常訓作"爵",①可見兩者義近。因此我們認爲簠銘的"爵"當同義換讀爲"鬺(觴)"。② "觴"爲陽部字,與押陽部韻正相合。

《玉篇·鼎部》:"鬺,煮也。亦作薑。"《説文·鬲部》:"薑,煮也。从鬲、羊聲。"《集韻》平聲陽韻尸羊切商小韻:"薑,《説文》'煮也。'或作鬺、鬺、鬺。"字或作"觴",③又或作"湘",《韓詩·采蘋》"于以鬺之",今本毛詩《召南·采蘋》作"于以湘之",毛傳:"湘,亨也。"景之甥鼎"塭彝"之"塭"、曾仲姬壺(《銘圖》12190)"浿壺"之"浿",④我們認爲不宜讀作"醬"/"漿",而宜讀作與祭祀有關之"鬺"。⑤ 器銘"浿"从"爿"聲,它自可讀作以"爿"爲基本聲符的"鬺"。"鬺"或作"鬺",或借"觴"字來表示(參看上文),因此"爵"同義換讀爲"鬺(觴)"後,亦可表示"鬺"這個詞。

3. 用盛黍稷旅(稻)椋(粱)

旅椋,《銘圖續》讀作"稻粱",可從。⑥ 它又見於與曾伯克父甘婁簠屬

---

① 參看宗福邦等主編:《故訓匯纂》,商務印書館,2003年,第2098頁。
② "同義換讀"的例證西周已有,如研究者所熟知的"圝"中之"貈"同義換讀爲"貉"即其例(可參看蘇建洲:《隨州文峰塔曾侯與墓編鐘銘文"圝"字補説》,《簡帛》第12輯,上海古籍出版社,2016年,第19—28頁)。曾伯克父簠及同人所作的兩件盨(《銘圖續》0474、0475),《銘圖續》認爲是春秋早期器,田率先生認爲兩件伯克父盨是西周晚期器(參看下文所引田率:《内史盨與伯克父甘婁盨》)。曾仲大父螽簠是西周晚期器,從簠銘可與之對讀來看,曾伯克父簠很可能是西周晚期器。如簠銘的"爵"用作"鬺(觴)"確可看作同義換讀,那麼這能否上推到更早的時候,有待進一步研究。
③ 參看宗福邦等主編:《故訓匯纂》,第2098頁。
④ 夆子旬壺(《銘圖續》0817)"夆子旬鑄叔嬴浿壺"、夆子旬簠(《銘圖續》0485)"夆子旬鑄叔嬴浿匜"之"浿"雖然也从"爿"聲,但從女子稱名之例、"浿"在金文中常用作人名以及一般用"浿"或从之得聲之字爲"鬺"來看,我們認爲"浿"更可能是"叔嬴"的私名。
⑤ 參看謝明文《競之甥鼎考釋》,《出土文獻》第9輯,中西書局,2016年,第64—72頁。論集按語:收入《商周文字論集》,上海古籍出版社,2017年,第359—369頁。
⑥ 伯句簠(《銘圖》04989)"京"用作"粱"(參看張懋鎔:《伯句簠考證》,《吉金御賞》,香港御雅居,2012年,第8—12頁。謝明文:《伯句簠銘文小考》,《中國文字研究》第18輯,上海書店出版社,2013年,第59—62頁。論集按語:收入《商周文字論集》,第175—181頁)。

於同人製作的兩件伯克父甘婁盨,田率先生讀爲"稻粱",①《銘圖續》(0474、0475)讀法相同。"𣎴",據相關金文,當分析爲从"禾""膚/䈞"省聲。乙器器銘中"𣎴(稻)"誤作"旅",郜召簠(《銘圖》05925)蓋銘"膚(稻)"亦誤作"旅",與之同例,這應該是"𣎴/膚"受其前面句子中的"旅"字以及他們本身有"𣎵"形的雙重影響而導致的。

4. 采(宰)夫無若,雄(雍)人孔臭(懌)

采夫、雍人,石小力先生説:

> 采夫、雍人皆爲職官。雍人,掌宰殺烹飪之人。《儀禮·少牢饋食禮》:"雍人概鼎、匕、俎於雍爨。"鄭玄《注》:"雍人,掌割亨之事者。"②

石説可從。簠銘中,"采夫"與"雍人"對言,前者顯係一種職官。采,清母之部,宰,精母之部,中古皆屬於開口一等字,兩者音近。古書中兩者有相通之例。③ 望山楚簡有"五囟之純",《望山楚簡》:"《説文》'囟'字重文作'䏶',从'肉''宰'聲。'宰'、'采'古音極近,疑'五囟'當讀爲'五彩'。五彩之紃是用五彩絲組成的圓條帶。"④我們認爲簠銘"采"可讀爲"宰"。"采夫"即"宰夫"。《禮記·雜記下》:"成廟則釁之,其禮:祝、宗人、宰夫、雍人皆爵弁、純衣……""宰夫""雍人"兩者連言,與簠銘同。《禮記·燕義》:"設賓主,飲酒之禮也。使宰夫爲獻主,臣莫敢與君亢禮也。"鄭玄注:"設賓主者,飲酒致歡也。宰夫,主膳食之官也。"《儀禮·少牢饋食禮》:

---

① 田率:《内史盨與伯克父甘婁盨》,"青銅器與金文"學術研討會論文,北京大學,2016年5月28—29日。看校補記:此文已經正式發表於北京大學出土文獻研究所編:《青銅器與金文》第1輯,上海古籍出版社,2017年,第418—432頁。
② 石小力:《吳鎮烽〈商周青銅器銘文暨圖像集成續編〉讀後記》(未刊稿)。看校補記:此文後來改題爲《〈商周青銅器銘文暨圖像集成續編〉釋文校訂》,發表於鄔芙都主編:《商周青銅器與先秦史研究論叢》,科學出版社,2017年,第141—154頁。
③ 張儒、劉毓慶著:《漢字通用聲素研究》,第27頁。
④ 湖北省文物考古研究所、北京大學中文系編:《望山楚簡》,中華書局,1995年,第122頁。此例蒙蘇建洲先生告知,謹致謝忱。

"宰夫以籩受嗇黍。"鄭玄注:"宰夫,掌飲食之事者。"《儀禮·燕禮》:"膳宰具官饌于寢東。"鄭玄注:"膳宰,天子曰膳夫,掌君飲食膳羞者也。具官饌,具其官之所饌,謂酒也、牲也、脯醢也。寢,露寢。"賈公彥疏:"云'膳宰,天子曰膳夫,掌君飲食膳羞者也'者,以其天子有宰夫,兼有膳夫,掌君飲食。諸侯亦有宰夫,復有膳宰,掌君飲食,與天子膳夫同,故引天子膳夫並之……案《公食大夫》云'凡宰夫之具饌于東房',不使膳宰者,彼食異國之大夫,敬之,故使宰夫具饌。此燕己臣子,故使膳宰,卑者具饌。必知膳宰卑於宰夫者,案天子宰夫下大夫,膳夫上士。天子膳夫卑於宰夫,則知諸侯膳宰亦卑於宰夫者也。"

《左傳·宣公二年》:"晉靈公不君:厚斂以彫牆;從臺上彈人,而觀其辟丸也;宰夫胹熊蹯不熟,殺之,寘諸畚,使婦人載以過朝。"此宰夫是晉國之宰夫,這是諸侯有宰夫之例。簠銘的宰夫當是曾國之宰夫,又結合銘末言"曾邦氏(是)保"來看,器主伯克父甘婁的地位當非常高,很可能是曾國國君。

孔,程度副詞。臭,據它常與"睪"聲字相通來看,似可讀爲訓"樂"、訓"悅"之"懌"。"無若"讀法不詳,①待考。

5. 曾邦氏(是)保

"曾"後一字,《銘圖續》釋作"鄅",前引石小力先生文釋作"鄅(永?)",並讀其後之"氏"爲"是"。"氏"讀作"是",可從,但"曾"後一字釋作"鄅"不可信。此字甲器蓋銘作"▣"、乙器器銘作"▣",後者左上似作"口"形,結合字形與文例,此字當是"邦"字或"邦"的訛體。器主作器,銘末言"曾邦氏(是)保"。邾公華鐘(《集成》00245)邾公作器,銘末言"鼄(邾)邦是

---

① 如"若"按它一般的用法,則"無"不當解作否定詞;若"無"解作否定詞,則"若"應該讀爲一個表示不好範疇的詞。據"無若"與"孔臭"對舉來看,前一種可能性似乎更大。鄔可晶先生看過拙文後告知:"蕭旭《古書虛詞旁釋》424—425頁有'無猶唯也'條。'宰夫無若'的'無若'不知有沒有可能即'唯若'或'無不若'之義。"

保"。兩者文例完全相同,恰可比較。

拙文蒙蘇建洲先生、鄔可晶先生批評指正,謹致謝忱!

附記:本文初稿曾於 2016 年 10 月 15 日在華東師範大學舉辦的"2016 年古文字學與音韻學研究工作坊"會議上宣讀,會上有研究者認爲本文所論"爵"字有可能是"觴"字象形寫法的訛變,也有研究者對簋銘表示懷疑。10 月 17 日下午,我們曾就銘文的真僞問題向張光裕先生請教,蒙張先生告知他亦就簋銘寫了《新見曾伯克父甘婁簋簡釋》一文,待刊于北京大學一刊物,請讀者到時參看。10 月 21 日在北京參加中國古文字研究會第 21 屆年會期間,蒙李春桃先生告知他將舊所謂"爵"字改釋作"觴"並惠賜其大作《從斗形爵的稱謂談到三足爵的命名》,本文所論甘婁簋銘"爵"字的用法似有利李說。

補記:拙文曾發表於復旦大學出土文獻與古文字研究中心網站,2016 年 10 月 30 日。論文附記提到的張光裕先生文章,已經正式發表於北京大學出土文獻研究所編《青銅器與金文》第 1 輯(上海古籍出版社,2017 年,第 11—23 頁)。李春桃先生文,則已發表於"出土文獻與中國古代文明再認識"青年學術論壇(河南大學歷史文化學院,2016 年 10 月 28—30 日),請讀者參看。又拙文蒙審稿專家批評指正,謹致謝忱。

論集按語:李春桃先生《從斗形爵的稱謂談到三足爵的命名》一文後正式刊於《中研院歷史語言研究所集刊》第 89 本第 1 分,2018 年,第 47—118 頁。

原載《出土文獻》第 11 輯,中西書局,2017 年,第 36—44 頁。

説秦公器"高引有廮"及"高陽有靐"＊

秦公簋(《集成》04315)銘文中有一句作"以受屯(純)魯多釐,眉壽無疆,畯疐才(在)天,高引又(有)△,寵(肇)囿(有)四方。宜"。而秦公鎛(《集成》00270)銘文中與此相當的一句作"以受屯(純)魯多釐,眉壽無疆,畯疐才(在)立(位),高引又(有)△,匍有四方,永寶。宜"。其中"△",秦公簋作"[圖]",秦公鎛作"[圖]",從字形以及文例來看,這兩形無疑是同一個字。

關於"△"的釋讀,衆說紛紜。舊或釋作"廮",或釋作"廬"而讀爲"廮",或釋作"麐"而無說,或釋作"麐"又把它與"麟"聯繫而讀爲麎,或釋作"麐"而讀爲"靈"但没有加以論證說明。① 從近些年的相關研究來看,"△"字釋作"廮"或讀作"廮"已經成爲目前最爲流行、被大家普遍接受的意見。如四版《金文編》《殷周金文集成引得》《殷周金文集成釋文》《殷周金文集成》修訂增補本等徑釋"△"作"廮",② 李零先

＊ 本文受到國家社科基金青年項目"商代金文的全面整理與研究及資料庫建設"(項目編號16CYY031)的資助。

① 以上諸說參見周法高主編:《金文詁林》,香港中文大學,1975年,第1380號,第6235—6247頁。

② 容庚編著,張振林、馬國權摹補:《金文編》,中華書局,1985年,第716頁。張亞初:《殷周金文集成引得》,中華書局,2001年,第13、87頁。中國社會科學院考古研究所:《殷周金文集成釋文》,香港中文大學出版社,2001年,第1卷第238頁、第3卷第445頁。中國社會科學院考古研究所:《殷周金文集成》(修訂增補本),中華書局,2007年,第1册319頁、第4册第2685頁。

生釋作"麐(慶)"。① 劉釗先生在討論著名的小臣牆刻辭(《合》36481)時也提及"△"字，認爲古文字中早期的"慶"字皆从"心"作，而秦公簋的"△"字从"文"，不是慶字，而是"麐"字，即"麟"字異體，"文"則是聲符，它在銘文中用爲"慶"是屬於假借。②

從字形上看，"△"顯然是"麐(麐)"字，它與金文中確定的慶字从心且尾部作"ㄔ""人"之形有別。③ 劉釗先生持釋"麐(麟)"之説是可信的，但他又贊同"麐"在銘文中假借爲"慶"則是我們不能同意的。因爲就上古音而言，慶，溪母陽部；麟，來母真部；麐，來母文部；文，明母文部。"慶"與"麐(麟)"及其子聲符"文"韻部遠隔，無由通假。

許多研究者之所以把"△"釋作"慶"，主要原因有三點，一是"慶"與"△"頭部比較接近，二是古書中多見"有慶"一詞(金文中則見於宋右師延敦，《新收》1713；吳王光鐘，《集成》00224)，三是一些研究者認爲"△"在銘文中與"疆""方"押韻。如上文所説，"慶"與"△"的字形在下半部分差別明顯，不是一字，釋"慶"於字形無據。此外從押韻的角度看，"△"未必是與"疆""方"押韻(詳下文)，故把"△"釋讀作"慶"斷不可信。

秦公簋"畯疐才(在)天"，秦公鎛作"畯疐才(在)立(位)"。從情理上講，只有神靈或死去的先祖才言"在天"，秦公自身的祈福之辭似不得言自己"畯疐才(在)天"。且金文中"才(在)天"極少見，而伯梡盧簋(《集成》04091—04094)、師俞簋蓋(《集成》04277)、默簋(《集成》04317)"畯才(在)立(位)"以及秦公鐘(《集成》00263)、秦公鎛(《集成》00267、00268)、秦子鎛(《文物》2008年第11期，第27頁圖31)"畯龡才(在)立(位)"等語皆與秦公鎛"畯疐才(在)立(位)"的表述相近。由此

---

① 李零：《春秋秦器試探——新出秦公鐘、鎛銘與過去著録秦公鐘、簋銘的對讀》，《考古》1979年第6期，第515—521頁。
② 參看劉釗：《"小臣牆刻辭"新釋——揭示中國歷史上最早的祥瑞記録》，復旦大學出土文獻與古文字研究中心網站，2009年1月2日。又載《復旦學報》(社會科學版)2009年第1期，第4—11頁。
③ 容庚編著，張振林、馬國權摹補：《金文編》，第716頁。

可見舊或認爲秦公簋的"畯疐才(在)天"之"天"是"立(位)"的誤字,應該是可信的。

位,物部字,△及其聲符"文"則是文部字,文部是物部的陽聲韻,我們認爲"△(麐)"在銘文中似與"位"押韻,而"疆"則與"方"押韻,"眉壽無疆,畯疐才(在)立(位),高引又(有)麐,匍有四方"剛好構成所謂"抱韻"。

綜上可知,"△"應釋作"麖(麐)",它不能釋作"慶"也不能讀爲"慶"。那麼它應該讀爲哪個詞呢?在討論它的讀法之前,我們先來看看秦公大墓石磬(《中研院歷史語言研究所集刊》第67本第2分,《一粟集》第355—375頁)銘文中的"天子匽喜,龏(共)趄(桓)是嗣。高陽又(有)靁,四方以鼏(宓)平"。王輝、焦南鋒、馬振智《秦公大墓石磬殘銘考釋》①(以下簡稱《考釋》)認爲"靁"是"靈"的異體,"高陽"就是傳說中古帝顓頊的號。又因爲《史記·秦本紀》有"秦之先,帝顓頊之苗裔"的記載,《考釋》遂云:"關於秦先世之來源,《秦本紀》說是出自顓頊,磬銘又加重證。黃帝據《史記·五帝本紀》索隱引皇甫謐說,'生於壽丘',壽丘在今山東曲阜東北六里。顓頊據皇甫謐說'都帝丘',帝丘即今河南、山東界上的濮陽縣。依此說,秦人最先起源於東方。"

我們認爲《考釋》釋"靁"爲"靈"之異體是非常正確的,但認爲磬銘"高陽"即傳說中古帝顓頊的號"高陽",則似是而非。"高陽又(有)靁(靈),四方以鼏(宓)平"與秦公簋"高引又(有)麐,竈(肇)囿(有)四方"、秦公鎛"高引又(有)麐,匍有四方"相比較,這些話都是秦公自身的祝福之辭。又《考釋》在文中已經指出了秦公磬銘在反映的時代背景以及文例、字體等方面都與我們本文討論的秦公簋、秦公鎛銘文相同或相近。不難看出,"高陽又(有)靁(靈)"與"高引又(有)麐"彼此語境相類,語法結構更是完全一

---

① 《中研院歷史語言研究所集刊》第67本第2分,1996年,第263—322頁。又載王輝:《一粟集》,藝文印書館,2002年,第305—376頁。

致，它們自然應該聯繫起來考慮。① "高陽"與"高引"處在同樣的語法位置，前者顯然不能理解爲顓頊的號——"高陽"。

《後漢書》卷二八下《馮衍傳》："惟吾志之所庶兮，固與俗其不同；既俶儻而高引兮，願觀其從容。"其中的"高引"似與"高引又（有）麐"之"高引"意思相近。"高陽又（有）靇（靈）"之"陽"似應訓明或剛猛。"靇（靈）""麐"則似皆應讀作"令"，訓"美""善"。② "需"聲字與"令"聲字相通，習見。③金文中"霝"讀作"令"亦多見，故"靇（靈）"可讀作"令"。"文"聲字與"粦"聲字關係密切，常見兩者相通之例，④又"麐"乃"麟"字異體。而"粦"聲字與"令"聲字相通，⑤故"麐"亦可讀作"令"。古文字中"叩"作爲單字及偏旁多見，一般認爲其所從的"吅（从）"是"相鄰"之"鄰"的古文，"文"可能是附加的聲旁。燕王職壺（《夏商周》621，《新收》1483）及《古璽彙編》0408號"命"字作"器"，从"吅（从）"聲。燕王職壺的"器"，董珊、陳劍兩位先生讀作"令"，訓爲"善"。⑥ 這些亦可作爲从"文"得聲的"麐（麐）"讀作"令"的旁證。"高陽又（有）靈"之"又（有）靈（令）""高引又（有）麐"之"又（有）麐（令）"與蔡邕《陳太丘碑文》"令光醇德，爲士作程；資始既正，守終有令"之"有令"意思相同。

綜上所述，我們認爲"高引又（有）麐"與"高陽又（有）靇（靈）"應當聯繫起來考慮。"高陽"非顓頊之號"高陽"，因此不能據秦公大墓石磬銘文

---

① 公典盤（《近出》1009，《新收》1043）"丂（考）終又（有）卒"與"高陽又（有）靇（靈）""高引又（有）麐"語法結構相近。

② 蔡侯鐘（《集成》00224）"鳴揚"之"揚"作"陽"，師俞鼎（《集成》02723）"對揚"之"揚"作"陽"。磬銘"高陽"之"陽"也有可能讀作"揚"，與"引"訓牽引、引導意義相關，兩者都是動詞。如果此說可信，則"有"相當與"厥"（參看袁金平：《新蔡簡"大川有沴"試解——兼談古漢語中"有"的特殊用法》，簡帛網，2007年1月20日。又載《語言學論叢》第42輯，商務印書館，2010年，第367—378頁），而"麐""靇（靈）"仍可讀作訓"美""善"的"令"。

③ 參看高亨纂著、董治安整理：《古字通假會典》，齊魯書社，1989年，第95—96頁。白於藍：《戰國秦漢簡帛古書通假字彙纂》，福建人民出版社，2012年，第732頁。

④ 參看高亨纂著、董治安整理：《古字通假會典》，第97—98頁。

⑤ 參看高亨纂著、董治安整理：《古字通假會典》，第96頁"軨與轔"條、第97頁"憐與怜"條，"獜與令"條。白於藍：《戰國秦漢簡帛古書通假字彙纂》，第841頁"軨與鄰"條。

⑥ 董珊、陳劍：《燕王職壺銘文研究》，《北京大學中國古文獻研究中心集刊》第3輯，北京大學出版社，2002年，第39—40頁。

來論證秦先世出自顓頊。"麐(麟)"不能釋作"慶"或讀作"慶",它與"龗(靈)"表示的應該是同一個詞,①皆當讀作訓"美""善"的"令"。②

本文寫於 2012 年 1 月 20 日,2013 年 2 月修改。

原載《中國國家博物館館刊》2017 年第 3 期,第 72—75 頁。

---

① 西周早期的否叔尊(《新收》1950)、否觚(《新收》1953)、否叔卣(《新收》1951)"用遣母△"之"△"分別作"▨""▨""▨",一般釋作"霝"。其中尊銘之"△"三個"口"形上還有表示"天"的一橫畫,只是省略了中間的雨點形,觚銘、卣銘之"△"似可看作尊銘之"△"的進一步省略,即省掉其上部表示"天"的那一橫畫。把這些形體釋作"霝",文義非常通順,但是字形並不完全相合。因爲確定的"霝"字沒有省作三個"口"形的,更何況上述否器中所謂"霝"字是從三個□(方框)形,而不是從"口"形,這與商代甲骨文、金文、西周早中期金文中確定的"霝"字下面皆作"口"形(參看《新甲骨文編》第 626 頁、《新金文編》第 1549—1552 頁)明顯有別。"鄰"字初文"叩(以)"象兩個城邑相連形,而古文字中同一個形體重複書寫兩次或三次有時無別,故我們懷疑否觚、否叔卣中的三個"口"形"皿(以)"似可看作"鄰"字初文"叩(以)"的異體,銘文中讀爲"霝"。而否叔尊中"▨"形則可徑釋作"霝",它是省略了中間的雨點形,且把"霝"字下部的三個"口"形變形聲化作"皿(鄰)"。"麐"即"麟"字異體,文中我們認爲"高引又(有)麐(麟)"之"麟"與"高陽又(有)龗"之"龗"表示同一個詞,這與否觚、否叔卣"鄰"讀爲"霝"、否叔尊"霝"字從"皿(鄰)"聲的語音關係恰可比較。此外,《合》21777"▨ ▨ 延馬二丙,辛巳雨,以▨▨▨。一月"之"▨▨▨",現在一般釋作"雹",但此字與"雹"所從字形不合(參看《新甲骨文編》第 626 頁),它與否觚、否叔卣之"▨▨▨"似是一字,其讀法待考。論集按語:據清晰彩照,否叔尊之字原作"▨▨",它與"霝""叩(以)""星"皆無關(參看吳鎮烽:《釋讀山西黎城出土的季姒盤銘文——兼論否叔尊》,復旦大學出土文獻與古文字研究中心網站,2020 年 10 月 16 日。吳鎮烽:《試論古代青銅器中的隨葬品》,《青銅器與金文》第 5 輯,上海古籍出版社,2020 年,第 28 頁。

② (清)段玉裁《説文解字注》(上海古籍出版社,1988 年,第 430 頁)認爲:"凡令訓善者,靈之假借字也。"如此,則"高陽又(有)龗(靈)"之"龗(靈)"不必破讀,而"高引又(有)麐(麟)"之"麟"宜徑讀作"靈"。漢印"長沙麐(麐)長"之"麐",趙平安先生讀作"酃",認爲"長沙麐長"是長沙國酃縣之長的官印(趙平安:《秦西漢印章研究》,上海古籍出版社,2012 年,第 47 頁)。"麐"之於"龗(靈)",其語音關係猶如"麐"之於"酃"。

封子楚簠小考[*]

封子楚簠現藏中國國家博物館,高 19 釐米、口長 29.4 釐米、口寬21.7 釐米。直口,折壁,斜腹平底,四邊均留有扁桃形缺口,蓋口沿下有六個獸首狀卡扣,通體飾蟠螭紋(參下文所引《中國國家博物館典藏甲骨文金文集粹》)。封子楚簠蓋、器同銘,行款稍有不同,共 8 行 66 字(含合文 3)。該簠蓋銘拓本曾在互聯網上公布,[①]但質量不佳。新近出版的《中國國家博物館典藏甲骨文金文集粹》(下文簡稱《集粹》)一書既公布了封子楚簠的器形照片,也公布了蓋、器銘文照片及拓本(參看文末圖一——圖三),而且還對簠銘作了比較準確的釋文,[②]甚便研究。下面準備在《集粹》的基礎上,簡單談談我們關於該銘文的一點釋讀意見。爲了討論的方便,我們先按照自己的理解寫出簠銘的釋文:

佳(唯)正月初吉丁亥,坺(封)子楚奠(鄭)武公之孫,楚王之士,羃(擇)其吉金,自乍(作)飤匡(簠)。用會[③]嘉賓、大夫及我

---

[*] 本文受到國家社科基金青年項目"商代金文的全面整理與研究及資料庫建設"(項目編號 16CYY031)的資助。

① http://www.microfotos.com/?p=home_imgv2&picid=2565720。

② 中國國家博物館、中國書法家協會:《中國國家博物館典藏甲骨文金文集粹》,安徽美術出版社,2015 年,第 302—306 頁。

③ 沇兒鎛(《集成》00203)"用盤歙(飲)酉(酒),龢逾(會)百生(姓)"之"逾(會)"用法與之相同。論集按語:李春桃先生認爲封子楚簠"會"應讀作"饋"(李春桃:《啓簠、啓戟銘文小考》,《漢字漢語研究》2021 年第 2 期,第 30—33 頁)。同樣用法的"會"還見於鄦陵君鈇(《集成》04695,《銘圖》06160;《集成》04694,《銘圖》06161)"以祀皇祖,以會父兄",李家浩先生曾疑讀作"饋"(李家浩:《關於鄦陵君銅器銘文的幾點意見》,《江漢考古》1986 年第 4 期,第 84 頁)。我們認爲封子楚簠、沇兒鎛、鄦陵君鈇這些"會"即"會合""會聚"義。(轉下頁)

朋①眘(友)。虩=(赫赫)弔(叔)楚,刺之元子,受命于天,萬葉(世)朋(不)改,其䫇(眉)耆(壽)無諆(期),子=(子子)孫=(孫孫),永保用之。

一、圭子楚奠(鄭)武公之孫,楚王之士

"子楚"前一字,蓋、器分别作"⿰土丰"""⿰土丰"",从土从丰,《集粹》釋作"封",可從,金文中此字形亦見於魯少司寇封孫宅盤(《集成》②10154、《銘圖》③14499)。

"封"當是國族名。金文中男子稱謂"某子某"之"子",既可以是爵稱,也可以是尊美之稱。④"封子楚"之"子",我們認爲是爵稱(參看下文)。"楚",器主私名。"封子楚鄭武公之孫,楚王之士",其中"鄭武公之孫,楚王之士"是名詞短語作謂語,這一句是交代封子楚的身份,講述他是鄭武公之後,而仕於楚。結合器形與字體考慮,此簠時代應屬春秋晚期,因此銘文的"孫"應當是指裔孫,此種情形金文中多見。從封子楚是鄭武公的後裔來看,可以知曾有一個姬姓封氏或封國存在。上引封孫宅盤之"封孫宅",其格式猶如"曾孫定"(曾孫定鼎,《銘圖》01657)、"發孫宋"(發孫宋鼎,《銘圖》01658),"封孫宅"之"封"也可能屬姬姓,封孫宅是封氏或封國之人而仕於魯者。

二、虩=(赫赫)弔(叔)楚,刺之元子,⑤ 受命于天,萬葉(世)朋改

"虩=弔(叔)楚",《集粹》釋作"虩弔(叔)楚",並將"虩弔(叔)"與其前

(接上頁)會合、會聚宗族、父兄等,本身自可包含宴饗這一環節,無需破讀。它們與鍾離公敓鼓座(《銘圖》19305)"余以會(合)同生(姓)九礼(?),以飤大夫、朋友"的"合"音義皆近。

① 金文中一般隸作"倗"的字,本文皆徑作"朋"。參看黄文傑:《説朋》,《古文字研究》第 22 輯,中華書局,2000 年,第 278—282 頁。
② 中國社會科學院考古研究所:《殷周金文集成》,中華書局,1984—1994 年。
③ 吴鎮烽:《商周青銅器銘文暨圖像集成》,上海古籍出版社,2012 年。
④ 參看黄錫全:《楚器銘文中"楚子某"之稱謂問題辨證——兼述古文字中有關楚君及其子孫與楚貴族的稱謂》,《江漢考古》1986 年第 4 期,第 75—82 頁。李守奎:《楚大師辥慎編鐘與楚大師鄧子辥慎編鎛補釋》,《出土文獻》第 5 輯,中書書局,2014 年,第 21—27 頁。
⑤ 器銘"子"字,《集粹》釋文筆誤作"士"。

的"朋友"連讀,"楚"與其後的"剌之元子"連讀,本文初稿從此說。蒙程鵬萬先生告知,所謂"虩甼(叔)楚"大概可以連讀爲"虩₌甼(叔)楚"即"赫赫叔楚"。從蓋銘拓本看,虩下似有重文號,又結合文義,可知程説可從。叔弓鐘(《集成》00275)、叔弓鎛(《集成》00285)"虩虩成湯"以及晉公盆(《集成》10342)"虩虩在上"之"虩虩",不少研究者指出應讀爲"赫赫"。① 郭店簡《緇衣》簡 16、上博簡《緇衣》簡 9"虩虩師尹"之"虩虩",今本《緇衣》以及《詩經·小雅·節南山》作"赫赫"。郭店簡《五行》簡 25—26"明明在下,虩虩在上"之"虩虩",《詩經·大雅·大明》作"赫赫"。

"之元子"前一字,《集粹》釋作"爲"。此字蓋銘作"▨",比較"▨""▨/▨"(鄭莊公之孫鼎,《銘圖》02409),可知它們顯然是一字,即"剌"字左邊所從,它與"剌"可通用。② 此字器銘拓本作"▨",照片作"▨",右邊明顯从"刀",此形即"剌"字。"剌之元子"亦是交代身世,表示器主"楚"是"剌"的兒子。

"受命于天"即"受天命"。西周金文中多次出現"受大命"一語及其變式,如何尊(《集成》06014)"肆文王受兹大命",大盂鼎(《集成》02837)"丕顯文王,受天有大命",乖伯簋(《集成》04331)"朕丕顯祖文武,膺受大命",毛公鼎(《集成》02841)"丕顯文武,皇天引厭厥德,配我有周,膺受人命",卌三年逨鼎(《銘圖》02504)、師克盨(《集成》04467)"丕顯文武,膺受大命,匍有四方",師訇簋(《集成》04342)"丕顯文武,膺受天命"等,其中的"受大命"即指受天命,受大命的人物僅限於周文王、周武王兩位。西周晚期的畢伯克鼎(《銘圖》02273,《文物》2010 年第 6 期,第 17 頁圖 35.2)有銘作"畢伯克肇作朕丕顯皇祖受命畢公肆彝",其中"受命"作"畢公"的定語,張天恩先生認爲畢公即畢公高,因爲畢公高是畢氏始祖,受封於武王,又曾

---

① 參看徐寶貴:《金文考釋兩篇》,《考古與文物》2003 年第 5 期,第 80—81 頁。
② 《説文》認爲"剌"字从"朿",不少研究者已經指出此説有誤。于省吾先生認爲"剌"左旁與甲骨文中的"柬"爲一字(于省吾:《釋柬》,《雙劍誃殷契駢枝》,藝文印書館,1975 年,第 23—30 頁)。裘錫圭先生進一步認爲"柬"是"梨"的初文(裘錫圭:《甲骨文中所見的商代農業》,《古文字論集》,中華書局,1992 年,第 170 頁。又收入氏著《裘錫圭學術文集·甲骨文卷》,復旦大學出版社,2012 年,第 256 頁)。

有過"顧命""畢命"等經歷,故在其名號前冠以"受命"二字。"受命"和"受大命"存在等次的差别。鼎銘"受命"的施事是周王。① 張説基本可從。

　　東周時期,周天子勢力衰微,諸侯國的人在所作銅器上鑄銘敘述其祖先事迹、君王事迹或自身事迹時,"受大命""受天命"一語出現了僭越現象。如晉公盆(《集成》10342)"我皇祖唐公[膺]受大命,左右武王",秦公簋(《集成》04315)"秦公曰:丕顯朕皇祖,受天命",秦公鎛(《集成》00267)"秦公曰:我先祖受天命,賞宅受國",朋戟(《銘圖》17555)"新命楚王□,膺受天命",秦公鎛(《集成》00267)"秦公其畯龏在位,膺受大命,眉壽無疆,匍有四方"。

　　從以上例子可以看出,西周時"受大命/受天命"一語主要用於周文王、周武王。到東周時雖可普遍用於諸侯,但普通貴族則未見使用此語。封子楚自言"受命于天",可知絶非等閑之輩,因此我們傾向於"封子楚"之"封"是國族名,"子"是爵名,封子楚曾作過封國國君。結合"楚王之士"來看,大概其時封國已滅或已附屬於楚。但封子楚仍希冀永遠"受命于天",表明他有復興封國的强烈意圖,仕於楚只是暫時不得已的選擇罷了。

　　"萬枼(世)朋改"之"朋",結合文義與語音,我們認爲它應讀作"丕"。"丕",幫母之部;"朋",並母蒸部,兩者聲母同屬唇音,韻部陰陽對轉。《周易·蹇》:"九五:大蹇朋來。"上博簡《周易》簡35"朋"作"不"。盠尊(《集成》06013)、盠方彝(《集成》09899、09900)"不叚不其",盠駒尊(《集成》06011)與之相應的話作"朋下不其",不少研究者指出不、朋、叚、下皆同音假借,②可信。這些皆是"朋""不"相通之例。從文義看,簠銘"萬枼(世)朋改"③之"朋"讀作"不"亦非常合適。

三、封子楚簠與鄭莊公之孫器的人物關聯

　　1988年,襄樊市博物館在襄樊北郊團山發掘了一座春秋晚期墓葬

---

① 張天恩:《論畢伯鼎銘文的有關問題》,《中國考古學會第十一次年會論文集2008》,文物出版社,2010年,第202—210頁。
② 諸家之説可看白於藍:《金文校讀三則》,《考古與文物》2013年第6期,第102—104頁。
③ 楚大師鄧乂慎編鐘(《銘圖》15511—15518)"萬年毋改"之語可合觀。

(M1)，其中出土的兩鼎兩缶鑄有大致類似的銘文。我們結合已有成果先把相關銘文釋讀如下：

(1) 隹(唯)正六月吉日隹(唯)己，余莫(鄭)臧(莊)公之孫，余刺之疚子，虛(虞)乍(作)盬(鑄)鼒(肆)彝，㠯(以)爲父母。其遷于下都，曰：烏(嗚)虖(呼)哀哉，刺㕚(叔)剌夫人，萬枼(世)用之。

(鄭莊公之孫鼎，《銘圖》02409，《湖北粹》①56)

(2) 余莫(鄭)臧(莊)公之孫，余刺之子，異(擇)盬(鑄)鼒(肆)彝，㠯(以)爲父母，其正十月(?)己亥，升剌之隓(尊)器，爲之□缶。其獻下都，曰：烏(嗚)虖(呼)哀哉，刺……羕(永)□用言(享)。

(鄭莊公之孫缶，《銘圖》14095、14096)

鼎銘中的"虛"，黃錫全先生、李祖才先生傾向於是作器者之名，②李學勤先生認爲是人稱代詞，③鄔可晶先生認爲應讀作訓"擇"之"虞"。④我們認爲鄔説可從。作器者"鄭莊公之孫"，李學勤先生認爲是鄭莊公的裔孫，是鄭人而仕於楚者，⑤可從。從鄭莊公之孫鼎、缶銘文來看，剌是莊公之後，從封子楚簠銘文來看，鄭武公亦有後人稱"剌"者，而鄭武公是鄭莊公之父，又結合鄭莊公之孫鼎、缶與封子楚簠時代相當，皆是春秋晚期器，器主皆仕於楚來看，我們認爲鄭莊公之孫鼎、缶中的"剌"與封子楚簠的"剌"可能就是同一個人。⑥據此可推測鄭莊公之孫鼎、缶的器主很可能就是封子楚或其兄弟輩。

圖一　器形

---

① 湖北省博物館編：《湖北出土文物精粹》，文物出版社，2006年。
② 黃錫全、李祖才：《鄭臧公之孫鼎銘文考釋》，《考古》1991年第9期，第856頁。
③ 李學勤：《鄭人金文兩種對讀》，《通向文明之路》，商務印書館，2010年，第166—170頁。
④ 鄔可晶：《談鄭臧公之孫鼎銘中的"虞"》，復旦大學出土文獻與古文字研究中心網站，2010年4月29日。
⑤ 李學勤：《鄭人金文兩種對讀》，《通向文明之路》，第166—170頁。
⑥ 研究者或認爲團山M1就是剌及其夫人的合葬墓，參看馮峰：《鄭莊公之孫器新析——兼談襄陽團山M1的墓主》，《江漢考古》2014年第3期，第72—75頁。

封子楚簠小考　161

圖二　蓋銘照片及拓本

圖三　器銘照片及拓本（圖一——三轉引自《集粹》第 302—306 頁）

補記：拙文曾署名謝雨田，發表在復旦大學出土文獻與古文字研究中心網站，2016 年 1 月 13 日。此次發表稍作改動，主要觀點未變。拙文在網站發布後，黃錦前先生隨後亦在同一網站發表《鄭人金文兩種讀釋》一文（2016 年 1 月 14 日），又 2016 年 9 月出版的《商周青銅器銘文暨圖像集成續編》(上海古籍出版社,2016年,第2卷第278頁)0517號亦著録了封子楚簠銘文,釋文與拙文基本相同,讀者可參看。

原載《出土文獻綜合研究集刊》第10輯,巴蜀書社,2020年,第89—94頁。

承禄鈹銘文小考

——兼談上古漢語中"成"的一種用法*

承禄鈹是一件東周時期器，1980年山東莒縣浮來山鎮韓家村東柳清河出土，現藏莒縣博物館。鈹身中部平，上鑄銘文8字，銘文著録於《莒縣文物志》①《山東金文集成》②《海岱古族古國吉金文集》③《銘圖》17926。④《莒縣文物志》《山東金文集成》釋文作"承禄休德永成壽福"，《銘圖》釋文作"承彔（禄）休惪（德），永成耆（壽）畐（福）"，《海岱古族古國吉金文集》釋文作"永禄休德，永成壽福"。前兩類釋文只是寬嚴不同，實無本質的區别。下面我們準備在已有研究的基礎上對鈹銘略作探討。

《莒縣文物志》《山東金文集成》《銘圖》關於鈹銘的釋文基本正確，但"畐（福）"前一字的釋讀我們有不同的看法。《莒縣文物志》所録鈹銘拓本最爲清晰，其中"畐（福）"前之字，原作"■"，可大致復原作"■"，此字與"壽"明顯不類，它上部從"老"，下部從"古"，可隸作"耇"。它在金文中又

---

* 本文受到國家社科基金青年項目"商代金文的全面整理與研究及資料庫建設"（項目編號16CYY031）的資助。

① 蘇兆慶、夏兆禮、劉雲濤：《莒縣文物志》，齊魯書社，1993年，第263頁。
② 山東省博物館：《山東金文集成》下册，齊魯書社，2007年，第903頁。
③ 陳青榮、趙縕：《海岱古族古國吉金文集》，齊魯書社，2011年，第3853頁。
④ 吳鎮烽：《商周青銅器銘文暨圖像集成》第33册，上海古籍出版社，2012年，第276頁。

見於滕侯戈(《集成》11077—11078,《銘圖》16750—16751)、燕客銅量(《集成》10373、《銘圖》18816)、邞公𣪘父鎛(《銘圖》15815—15818),其文例分別如下:

(1) 滕侯耆之造。

(2) 燕客臧嘉問王於菽郢之歲,享月己酉之日,羅莫敖臧師、連敖屈㐰,以命工尹穆丙、工佐景之、集尹陳夏、少集尹龔賜、少工佐李癸鑄二十金𩲭(半),以賸耆岺。

(3) 王正九月元日庚午,余有融之遴孫邞公𣪘父,惕懋大命,保朕邦家,正和朕身。作正朕寶,以供朝于王所。受贎吉金,型鑄龢鐘,敬監祼祀,作朕皇祖恭公、皇考惠公彝,肙祼瓚,用祈壽考。子之子,孫之孫,永耆是保。

例(1)"耆"爲滕侯之名。

例(2)"賸"後之字,原作"☒",舊説紛紜,劉波先生、董珊先生改釋作"耆",讀作"故"。① 東周文字中,"老"形頭部的兩重彎曲筆畫常省作一重,"耆"字本身所從"老"形亦有類似的變化,②因此例(2)"賸"後之字改釋作"耆"可從。從上下文義看,讀作"故"可信。

例(3)"耆",周亞先生讀爲"祜"而無説。③ 董珊先生讀作"固"。④ 李家浩先生説:"頗疑此字應該讀爲'遐',是久遠的意思。《詩·小雅·鴛鴦》'宜其遐福',鄭玄箋:'遐,遠也。'朱熹注:'遐,遠也,久也。'"⑤

"永耆是保",其中"是"字與陳逆簠(《集成》04096,《銘圖》05066)"子孫是保"、司馬枏鎛(《銘圖》15770)"子子孫孫萬年是保"、史季良父壺蓋

---

① 劉波:《釋楚郢客銅量中的"故"字》,《江漢考古》2012年第1期,第107—110、99頁。董珊:《邞公𣪘父二器簡釋》,《出土文獻》第3輯,中西書局,2012年,第160頁。

② 李學勤主編,賈連翔、沈建華編:《清華大學藏戰國竹簡(肆—陸)文字編》,中西書局,2018年,第193—194頁。

③ 周亞:《邞公鎛銘文及若干問題》,《古文字研究》第29輯,中華書局,2012年,第387頁。

④ 董珊:《邞公𣪘父二器簡釋》,《出土文獻》第3輯,第160頁。

⑤ 李家浩:《邞公𣪘父鎛銘文補釋》,《出土文獻》第6輯,中西書局,2015年,第5頁。

(《集成》09713,《銘圖》12432)"子子孫孫是永寶"、鄭義伯罍(《集成》09973,《銘圖》14008)"孫子是①永寶"、晉侯僰馬壺(《銘圖》12430、12431)"子子孫孫其萬年永是寶用"、巒書缶(《集成》10008,《銘圖》14094)"巒書之子孫,萬世是寶"等"是"字用法相同。比較金文中銘末習見的"子子孫孫永保/寶用"來看,上述句子"是"字去掉以後,並不會影響它們原來的含義。因此"永耆是保"其義即"永耆保"。

東周銘文中,銘末多見"永壽用之"一類話,如趞亥鼎(《集成》02588,《銘圖》02179)"子子孫孫永壽用之"、陳侯鼎(《集成》02650,《銘圖》02212)"其永壽用之"、叔㜏鼎(《集成》02669,《銘圖》02252)"永壽用之"等,鄎子嫛簠(《集成》04545,《銘圖》05841)則作"永壽用"。比較金文中習見的"永寶用""永寶用之"一類話,"永壽用之""永壽用"中的"壽"似乎應看作是名詞用作謂詞性成份,即"壽""用"都是謂語,"永"既修飾"壽",亦修飾"用"。比較"永壽","永耆是保"之"耆"讀作"祜"乍看有一定道理。②但由於"永壽用之""永壽用"中的"壽"是名詞用作謂詞性成份(參看上文),如果將"永耆是保"中"永耆"的結構與"永壽用之"中"永壽"的結構等同,那麼"耆"也應該看作是名詞用作謂詞性成份。然而金文中在兩個謂詞性成份之間沒有加"是"字之例,因此"永耆是保"之"永耆"實際上並不能與"永壽"的結構等同。從"永寶/保用""永寶/保用之""是永寶""永是寶用"一類話來看,"永耆是保"之"永"顯然也是"保"的狀語,由於"耆"亦用在"是"前,比較合理的看法應該是"耆"也與"永"一樣,亦是"保"的狀語,"祜"的讀法與此不合,"固""遐"兩種讀法則都符合這一點。

在春秋晚期以前的金文資料中,似未見"固"字來表示"固定"一類意

---

① 此"是"字的釋讀,參看拙文《鄭義伯罍銘文補釋》,《中國國家博物館館刊》2015年第7期,第64—70頁。收入拙著《商周文字論集》,上海古籍出版社,2017年,第253—264頁。

② 叔子毂盨(《銘圖》19237)銘文,研究者或斷句作"叔子作孟姜祭大宗盨,以匄永令是保"。乍看之下,"永令是保"對"永耆是保"之"耆"讀作"祜"亦有利。但比較陳逆簠(《集成》04096,《銘圖》05066)"陳純裔孫逆作爲皇祖大宗簠,以匄永令、眉壽,子孫是保",可知叔子毂盨銘應在"永令"後斷讀,"是保"前省略了主語。因此不能據盨銘來證明"耆"讀作"祜"。

思。穩固、鞏固之"固",金文中皆用"圖"來表示,春秋晚期的曾侯與鐘(《銘圖續》1029—1031)仍保留這一用字習慣。春秋時期的宋共公,《左傳》記他名固,山東棗莊市徐樓村出土的金文資料中仍是以"圖"來表示。① 可見在春秋晚期以前這一用字習慣比較穩定,因此"耂"讀作"固"似值得懷疑。

金文中常見"畯在位""畯臣天子""畯虘在位""畯尹四方""畯保四方"一類話,其中"畯"字以前一般訓爲"永""長",一些學者或反對此説,主張大多數"畯"應該讀作"允"。② 結合相關辭例來看,我們認爲訓作"永""長"一類的説法比較合理。③ 五祀㝬鐘(《集成》00358,《銘圖》15583)"㝬其萬年,永畯尹四方,保大命"、南宫乎鐘(《集成》00181,《銘圖》15495)"畯永保四方,配皇天","永""畯"可看作近義連用。上文已言"永耂是保"其義即"永耂保",與"永畯尹"一語比較,我們認爲"遐"的讀法似比較合理,"永""遐"乃近義連用,"永耂(遐)"猶"永遠""永久"。

"耂"在其他東周文字資料中多見。高佑仁先生曾指出左冢棋局亦有"耂"字,其文例爲"事耂",應讀作"故"。④《上博簡(伍)·鮑叔牙與隰朋之諫》簡3"犧牲珪璧,必全如耂,加之以敬"之"耂",不少研究者指出應該讀作"故"。⑤《清華簡(壹)·皇門》"惟正〔月〕庚午,公格在耂門"之"耂",整理者認爲:"耂字從老,古聲,見母魚部,讀爲溪母魚部之'庫'。'耂門'即'庫門'。周制天子五門,自南數爲皋、庫、雉、應、路門。庫門爲第二門,庫門外皋門内爲天子外朝。此句今本作'周公格左閎門會群門'。孔晁

---

① 李學勤:《棗莊徐樓村宋公鼎與費國》,《史學月刊》2012 年第 1 期,第 128—129 頁。
② 諸家之説參看陳致:《"允""㽙""畯"試釋》,《饒宗頤國學院院刊》創刊號,中華書局(香港)有限公司,2014 年,第 135—159 頁。
③ 詳見另文。
④ 高佑仁:《釋左冢楚墓漆棋局的"事故"》,武漢大學簡帛網,2008 年 5 月 17 日。高佑仁:《〈荆門左冢楚墓〉漆棋局文字補釋》,"第十九届中國文字學全國學術研討會"論文,嘉南藥理科技大學,2008 年 5 月 24—25 日。
⑤ 諸家之説參看高佑仁:《〈荆門左冢楚墓〉漆棋局文字補釋》,"第十九届中國文字學全國學術研討會"論文,嘉南藥理科技大學,2008 年 5 月 24—25 日。劉波:《釋楚鄎客銅量中的"故"字》,《江漢考古》2012 年第 1 期,第 107—110、99 頁。

注:'路寢左門曰皇門。閎,音皇。'"①網友"llaogui"認爲:

"隹(惟)正〔月〕庚午,公叒(格)才(在)耆(庫)門",《逸周書》本對應的作"維正月庚午周公格左閎門會羣門"。據簡本,"左"或許是"在"的形訛。原讀"庫"之字作"從老省、古聲",或許是"胡壽"之專字,過去在齊系文字中出現多次,或作人名,或作爲複姓"胡毋"之"胡"。以習慣將"耆門"釋讀爲"胡門"(胡,大也。)與"閎門"正相對應(閎,亦大也。)。《逸周書》本孔晁注:"路寢左門曰皇門。閎,音皇也。"而"皇"字在戰國文字中往往作"上古下王"之形。②

《清華簡(伍)·湯在啻門》簡5—6"湯或問於小臣曰:'人何得以生?何多以長?孰少而老?耆獸(猶)是人,而一惡一好?'""耆"字,整理者括注爲"固"而無説。③ 陳劍先生改讀爲"胡",並引馬王堆醫簡《十問》"……何叓(猶)之人也,有惡有好……"爲證。④ 陳説可從。

《清華簡(陸)·鄭武夫人規孺子》簡15"……爲敗,耆寧君",整理者認爲"耆"讀爲"姑",訓作"姑且"。"寧"訓作"安慰","耆寧君"句云姑且安慰一下邦君。⑤

《清華簡(陸)·子産》簡14"此謂因前遂耆"之"耆",整理者讀作"故"。⑥ "耆"與"前"相對,讀作"故"是非常合適的。

《清華簡(柒)·子犯子餘》簡1—2"子若公子之良庶子,耆晋邦有禍,公子不能弁焉,而走去之,毋乃獸心是不足也乎?""耆"字,整理者認爲:

---

① 清華大學出土文獻研究與保護中心編,李學勤主編:《清華大學藏戰國竹簡(壹)》,中西書局,2010年,第165頁。
② 復旦大學出土文獻與古文字研究中心研究生讀書會:《清華簡〈皇門〉研讀札記》(復旦大學出土文獻與古文字研究中心網站,2011年1月5日)一文下評論,2011年1月8日。
③ 清華大學出土文獻研究與保護中心編,李學勤主編:《清華大學藏戰國竹簡(伍)》,中西書局,2015年,第142頁。
④ 陳劍:《〈清華簡(伍)〉與舊説互證兩則》,復旦大學出土文獻與古文字研究中心網站論文,2015年4月14日。
⑤ 清華大學出土文獻研究與保護中心編,李學勤主編:《清華大學藏戰國竹簡(陸)》,中西書局,2016年,第108頁。
⑥ 同上注,第137頁。

"讀爲'胡',表疑問或反詰。"①網友紫竹道人認爲是發語詞,讀爲"夫"。②網友lht讀爲"故",是過去的意思。③ 從前後文看,讀"夫"之説比較合理。

《清華簡(柒)·越公其事》簡55"粘位之次屍、服飾、羣物品采之愆于若常"。"若"字,整理者讀作"故",認爲"故常"指"舊規常例"。④ 此説文意通暢,可從。

《清華簡(捌)·邦家之政》簡12"新則折(制),若則槫(傅)。""若"字,整理者讀作"故"。⑤ "若"與"新"相對,讀作"故"可從。

以上諸"若"字,雖然在有的例子中讀法存在分歧,值得進一步探討,但有一點應該是可以肯定的,即此字應从"古"得聲。鈹銘"若福",如果是偏正結構,"若"是"福"的修飾語,則"若"可讀作"胡""嘏""遐"。《儀禮·士冠禮》:"敬爾威儀,淑慎爾德,眉壽萬年,永受胡福。"鄭玄注:"胡猶遐也、遠也,遠無窮。"《詩經·小雅·天保》:"降爾遐福,維日不足。"鄭箋:"遐,遠也。天又下予女以廣遠之福,使天下溥蒙之,汲汲然如日,且不足也。"《詩經·小雅·鴛鴦》:"君子萬年,宜其遐福。"鄭玄箋:"遐,遠也。遠猶久也。"金文中"純叚(嘏)",或作"純魯"。師袁簋(《銘圖》05366—05367,《集成》04313—04314)"博厥衆叚",應侯視工簋(《銘圖》05311)作"噂厥衆魯"。⑥ 或者鼎(《集成》02662,《銘圖》02248)"或者作旅鼎,用匄偁魯崇(福)"、梁其鐘(《集成》00190,《銘圖》15525)"降余大魯福亡斁"之"魯福",過去一般訓"魯"爲"美""善"義。"美""善"與"久""遠""大"義亦

---

① 清華大學出土文獻研究與保護中心編,李學勤主編:《清華大學藏戰國竹簡(柒)》,中西書局,2017年,第94頁。
② 武漢大學簡帛網簡帛論壇·簡帛研讀《清華柒〈子犯子餘〉初讀》第23樓"紫竹道人"説,2017年4月25日。
③ 武漢大學簡帛網簡帛論壇·簡帛研讀《清華柒〈子犯子餘〉初讀》第32樓"lht"説,2017年4月27日。
④ 清華大學出土文獻研究與保護中心編,李學勤主編:《清華大學藏戰國竹簡(柒)》,第141—142頁。
⑤ 清華大學出土文獻研究與保護中心編,李學勤主編:《清華大學藏戰國竹簡(捌)》,中西書局,2018年,第122頁。
⑥ 參看拙文:《攻研雜志(四)——讀"首陽吉金"札記之一》,復旦大學出土文獻與古文字研究中心網站,2008年10月23日。

相因。"魯福"與"胡福""遐福"表示的也可能是同一個詞,也可能是音義皆近的兩個詞。

"耆福"如果是並列結構,則"耆"可讀作"祜"。《儀禮·士冠禮》:"乃申爾服,禮儀有序。祭此嘉爵,承天之祜。"鄭玄注:"祜,福也。"《詩經·小雅·信南山》:"曾孫壽考,受天之祜。"鄭箋:"祜,福也。"《詩經·小雅·桑扈》:"君子樂胥,受天之祜。"鄭箋:"胥,有才知之名也。祜,福也。"《詩經·大雅·下武》:"於萬斯年,受天之祜。"鄭箋:"祜,福也。""祜""福"也可同義連用。如《漢書·揚雄傳》:"聽廟中之雍雍,受神人之福祜。"顏師古注:"《大雅·思齊》之詩曰'雍雍在宫,肅肅在廟',《小雅·桑扈》之詩曰'受天之祜'。祜,福也,音户。"《漢書》之"福祜",東周金文中常作"祜福",如曾子伯誩鼎(《集成》02450,《銘圖》01944)"曾子伯誩鑄行器,爾永祜福"、曾子屖簠(《集成》04528—04529,《銘圖》05826—05827)"曾子屖自作行器,則永祜福"、伯彊簠(《集成》04526,《銘圖》05828)"伯彊爲皇氏伯行器,永祜福"、黃子壺(《集成》09664,《銘圖》12339)"黃子作黃夫人行器,則永祜𥙿(福),靈終靈復"、①爾孫鼎(《銘圖續》0158)"爾孫造爲夫人叔氏曹鼎,永古(祜)𥙿(福)"等。

《儀禮·士冠禮》:"承天之休,壽考不忘。"鄭玄注:"休,美也。"《尚書·湯誥》:"各守爾典,以承天休。"孔安國注:"守其常法,承天美道。"比較可知,鈹銘"承泉(禄)休悳(德),永成耆畐(福)"之"休"似不能看作"德"的修飾語,它應是名詞,與"禄""德"是並列關係。"永成耆福"與"承禄休德"相對,根據"禄""休""德"是並列關係來看,"耆福"是並列結構的可能性要大於是偏正結構的可能性,即讀作"祜"的可能性要大於讀作"胡""遐""遐"等的可能性。

關於鈹銘"成"字的含義,似未見相關討論。下面我們就準備對鈹銘"成"字以及上古漢語中與之用法相關的一些例子略作探討:

(4) 承泉(禄)休悳(德),永<u>成</u>耆畐(福)。

---

① 同墓出土的其他黃國銅器銘文中習見"祜福"一語。

(5) 逨曰：丕顯朕皇高祖單公，桓桓克明慎厥德，夾詔文王、武王達（撻）①殷，雁（膺）受天魯命，匍有四方，並宅厥勤疆土，用配上帝。雩朕皇高祖公叔，克逨匹成王，成受大命，方狄不享，用奠四域萬邦。　　　　　　　　　　　　　逨盤，《銘圖》14543

(6) 南有樛木，葛藟纍之。樂只君子，福履綏之。
　　南有樛木，葛藟荒之。樂只君子，福履將之。
　　南有樛木，葛藟縈之。樂只君子，福履成之。
　　　　　　　　　　　　　　　　　《詩經・周南・樛木》

(7) 鳧鷖在涇，公尸來燕來寧。爾酒既清，爾殽既馨。公尸燕飲，福禄來成。
　　鳧鷖在沙，公尸來燕來宜。爾酒既多，爾殽既嘉。公尸燕飲，福禄來爲。
　　鳧鷖在渚，公尸來燕來處。爾酒既湑，爾殽伊脯。公尸燕飲，福禄來下。
　　鳧鷖在潀，公尸來燕來宗。既燕于宗，福禄攸降。公尸燕飲，福禄來崇。
　　鳧鷖在亹，公尸來止熏熏。旨酒欣欣，燔炙芬芬。公尸燕飲，無有後艱。
　　　　　　　　　　　　　　　　　《詩經・大雅・鳧鷖》

小臣謎簋（《集成》04238—04239，《銘圖》05269—05270）"伯懋父承王命，錫師率征自五齵貝"，"伯懋父承王命"即"伯懋父承受王命"。令狐君孺子壺（《銘圖》12434—12435，《集成》09719—09720）"唯十年四月吉日，令狐君孺子作鑄尊壺，簡簡單單，康樂我家，遲遲康淑，承受純德，祈無疆，至于萬億年，子之子，孫之孫，其永用之"，"承""受"近義連用。例（4）"承禄休德"之"承"亦是"承受"之"承"，與"受"義近，"承禄休德"即"受禄休德"。"永成耆福"之"成"與"承禄休德"之"承"處在同樣的句法位置，聯繫

---

① 李學勤：《正月曾侯輿編鐘銘文前半詳解》，《中原文化研究》2015 年第 4 期，第 18 頁。收入同作者：《清華簡及古代文明》，江西教育出版社，2017 年，第 126 頁。李學勤：《試説"達殷之命"》，《清華簡及古代文明》，第 110—112 頁。

上下文義,"成"似應與"承"意義相近,都有"受"一類的意思。

例(5)"成受大命",李零先生認爲意思是"成就其所受大命"。① 彭曦先生認爲"成受大命,即成就了天賦予成王的使命"。② 何琳儀先生釋作"誠受大命",解釋爲"誠然受大命"。③ 王輝先生疑"成"讀爲"誠"。④ 王偉先生從李零先生的説法,但把此句大意解爲"(成王)最終接受了天命。此應指成王即位之事"。又認爲"'誠'、'成'通,誠有敬義。成(誠)受,恭敬地接受,亦通"。⑤ 武振玉女士在"成"後面括注爲"承",認爲是"承受"義。⑥

在討論"成受大命"的"成"之前,我們先來看看同篇的"膺受天魯命"之"膺"。"膺"有"受"義,它既能單用,也能"膺""受"近義連用作"膺受"。⑦《詩經·周頌·賚》作"應受",金文中則習作"雁(膺)受"。"成受大命"之"成受",從上引研究者的意見來看,李零先生、彭曦先生是將"成受大命"之"成"看作謂語,"受大命"看作是動賓短語作賓語。何琳儀先生、王偉先生則將"成"看作是"受"的狀語。武振玉女士在"成"後面括注爲"承",顯然是將"成受"當作並列結構。我們贊同"成受"是並列結構,但"成"讀爲"承"則不可信,一則兩者韻部不同,二則在例(4)中兩者同見,表示的應該不是同一個詞,可見"成"不能讀爲"承"。"成受大命"與"膺受天魯命"兩句所處語境相同,文義也相近,"成受"與"膺受"相對,由"膺受"是近義連用的並列結構來看,我們認爲"成受"也極可能是近義連用的並列結構,即"成"有"受"義,這與例(4)分析得出的"成"有"受"義正相合。

例(6)《樛木》"福履成之",毛傳:"成,就也。"

---

① 李零:《讀楊家村出土的虞逑諸器》,《中國歷史文物》2003年第3期,第24頁。
② 彭曦:《逑盤銘文的注譯及簡析》,《寶雞文理學院學報》(社會科學版),2003年第5期,第12頁。
③ 何琳儀:《逑盤古辭探微》,《安徽大學學報》(哲學社會科學版),2003年第4期,第9—14頁。
④ 王輝先生説轉引自王偉:《郿縣新出青銅器銘文綜合研究》,陝西師範大學碩士學位論文(指導教師:胡安順、王輝),2005年,第10頁。
⑤ 王偉:《郿縣新出青銅器銘文綜合研究》,第10頁。
⑥ 武振玉:《兩周金文動詞詞彙研究》,商務印書館,2017年,第133頁。
⑦ 參看(清)王引之:《經義述聞》,江蘇古籍出版社,2000年,第429頁。

《樛木》第一章中與"福履成之"相對應的話作"福履綏之",毛傳:"履,禄。綏,安也。"鄭箋:"妃妾以禮義相與和,又能以禮樂樂其君子,使爲福禄所安。"同類用法的"綏",《詩經》中多見,如《商頌·那》"綏我思成"、《周頌·雝》"綏我眉壽,介以繁祉"、《周頌·載見》"烈文辟公,綏以多福"等,以前一般亦訓作"安"。高亨先生把《雝》之"綏"訓作"賞賜",把《載見》之"綏"訓作"賜",認爲《那》之"綏"應從林義光意見讀爲遺,訓作"贈予",認爲《樛木》之"綏"從舊說訓作"安也"。① 此類用法的"綏",金文中亦多見,一般用"妥"來表示。如或者鼎(《集成》02662,《銘圖》02248)"或者作旅鼎,用匄俹魯福,用妥(綏)被禄,用作文考宫伯寶尊彝"、寧簋蓋(《集成》04022,《銘圖》04935)"寧肇其作乙考尊簋,其用各百神,用妥(綏)多福,世孫子寶"、癲簋(《集成》04170—04177,《銘圖》05189—05196)"王對癲懋,錫佩,作祖考簋,其夙祀大神,大神妥(綏)多福,癲萬年寶"、蔡姞簋(《集成》04198,《銘圖》05216)"蔡姞作皇兄尹叔尊鷺彝,尹叔用妥(綏)多福于皇考德尹、惠姬"等。徐中舒先生認爲或者鼎、蔡姞簋等"妥"字在《詩經》作"綏",可訓作"予",謂"凡天或祖先以嘏予人者,在金文則曰錫,曰降,曰妥,曰俾,曰使"。②《金文常用字典》釋蔡姞簋之"妥"爲"下垂,引申爲下降。"又引《周頌·載見》"綏以多福"、《周頌·雝》"綏我眉壽",認爲:"綏皆當讀曰妥,舊訓安,疑非是。"③《金文形義通解》在釋或者鼎等"妥"字云:"降,降予;轉向降之所至、受降者一方,則有丐、乞求、祈請之義,此猶'易(賜)'用于上賜下,而又用于下祈望受上賜之義。"④我們認爲此說可從。據此,"福履綏之"的"綏"可解作給予一類的意思。

《樛木》第二章中與"福履成之""福履綏之"相對應的話作"福履將之",毛傳:"將,大也。"鄭箋:"此章申殷勤之意。將猶扶助也。"高亨先生把"將"訓作"養也"。⑤《詩經》中有不少"將"字可訓作"送行"之"送",如

---

① 高亨:《詩經今注》,上海古籍出版社,2017年,第647—648、692、9頁。
② 徐中舒:《金文嘏辭釋例》,《中研院歷史語言研究所集刊》第6本第1分,中研院歷史語言研究所,1935年,第11—12頁。
③ 陳初生:《金文常用字典》,陝西人民出版社,1987年,第1030—1031頁。
④ 張世超等著:《金文形義通解》,[日]中文出版社,1996年,第2886頁。
⑤ 高亨:《詩經今注》,第9頁。

《召南·鵲巢》:"之子于歸,百兩將之。"毛傳:"將,送也。"《邶風·燕燕》:"之子于歸,遠于將之。"鄭箋:"將亦送也。"《鄭風·丰》:"悔予不將兮!"鄭箋:"將亦送也。"

《爾雅·釋言》:"將,資也。"《爾雅義疏》:"資者,'齎'之假音也。《説文》云:'齎,持遺也。'《外府》注:'齎,行道之財用也。'《掌皮》注:'齎,所給予人以物曰齎。'《小祝》注:'齎猶送也。'《莊子·列禦寇》篇云:'萬物爲齎送。'是'齎'訓'送',與'將'義同。"①《周禮·春官·大史》:"及將幣之日,執書以詔王。"鄭玄注:"將,送也。"按《爾雅義疏》的意見,訓"資(齎)"的"將"當解作"贈送"。"送"之"贈送"義是由"送行"義引申而來。《召南·鵲巢》等"將"是"送行"義,而《樛木》"福履將之"之"將"亦當訓作"送",但應解作"贈送"之"送"。

"福履成之"之"成"與"福履綏之"之"綏""福履將之"之"將"處在同樣的位置,由"綏""將"具有"給予""贈送"一類意思來看,"福履成之"之"成"似也應解作"給予""授予"一類的意思。

例(7)《鳧鷖》"爾酒既清,爾殽既馨。公尸燕飲,福禄來成",鄭箋:"爾者,女成王者。女酒殽清美,以與公尸燕樂飲酒之故,祖考以福禄來成女。""福禄來成"之"成"與例(6)《樛木》"福履成之"之"成"表示的顯然是同一個詞,亦是"給予"一類的意思。②

值得注意的是,例(4)(5)之"成"表示的是"接受"之義,例(6)(7)表示的是"給予""授予"一類的意思。這與"受"在上古漢語中既可表"受",也

---

① 郝懿行:《爾雅義疏》,中華書局,2017年,第391頁。訓"送"之"齎",金文中見於五年師旋簋(《集成》04216—04218,《銘圖》05248—05250)、麥尊(《集成》06015,《銘圖》11820)、晋侯蘇鐘(《銘圖》15308)。

② 《召南·鵲巢》"百兩成之"之"成"表示的也可能是同一個詞。"成"的"接受""給予"一類的意思是如何產生?是臨時的語境義,還是它詞義運動中曾產生過的一個義項?這些值得進一步的研究。我們曾據"膺"有容受義,引申爲承受義,懷疑"成"的"接受"一類的意思或與盛受義的"盛"有關,但總覺此説迂曲不直接。從鄭箋把《鳧鷖》"福禄來成"解作"祖考以福禄來成女"來看,"祖考"可看作"成"的施事主語,"女"則是受事賓語。從施事"祖考"的角度而言,此"成"字由於具體語境而解作"給予"一類意思是比較好理解的。而例(4)、例(5)之"成",顯然是從受事者的角度出發的,因此解作"接受"一類的意思也是比較好理解的。

可表"授"同。類似的如"乞""匄"等詞既可以表"求"義,也可以表"予"義。這些動詞的共同特徵是包含了一個動作的兩個方面,從施事者的角度而言,則是"給予"一類的意思,從受事者的角度而言,則是"接受""求取"一類的意思。

2018 年 6 月初稿

2018 年 8 月修改

2018 年 11 月 19 日再改

論集按語:張峰《楚文字訛書研究》(上海古籍出版社,2016 年,第 289—293 頁)、鄧佩玲《新出兩周金文及文例研究》(上海古籍出版社,2019 年,第 166—187 頁)對古文字中的"者"字亦有詳細討論,讀者可參看。清華簡《四告》"宜尔祜福"或作"宜尔者福"(清華大學出土文獻研究與保護中心編、黄德寬主編:《清華大學藏戰國竹簡(拾)》,中西書局,2020 年,第 33、38、44、49 頁),這與承祿鈹銘文"者福"即"祜福"恰可合觀。另抱小先生據清華簡《四告》"宜尔祜福""宜尔者福"之文認爲《詩經·小雅·天保》"降尔遐福"、《詩經·小雅·鴛鴦》"宜其遐福"與《儀禮·士冠禮》:"眉壽萬年,永受胡福"之"遐""胡"應讀作"祜"(抱小:《據清華簡〈四告〉語句訓釋〈詩經〉"遐福"之"遐"》,"錦州抱小"微信公號,2020 年 10 月 2 日),讀者可參看。

本文曾提交給山東省文物考古研究院、北京大學出土文獻研究所等單位主辦的"青銅器、金文與齊魯文化學術研討會"(2018 年 10 月 18—20 日),並在會上宣讀,正式發表於《古漢語研究》2020 年第 4 期,第 94—100 頁。

金文叢考（三）*

一、説金文中的兩例伐字

繁簋殘底（《集成》04146）有銘作"唯十又一月初吉辛亥，公令繇（繁）伐于畢伯，畢伯穙（蔑）繇（繁）曆，賓□柀（皮）廿、貝十朋"。金文中征伐之"伐"接征伐對象時，後面一般不用"于"字。從文義看，上引銘文即公命令繁去伐畢伯，畢伯因此加曆於繁，並且還賓贈繁以皮、貝等物。銘文中的"伐"顯然不能理解爲"征伐"之"伐"，因爲如作征伐之伐解，那麼公命令繁去征伐畢伯，畢伯還蔑繁曆並且賓贈繁，這顯然不合常理。比較伐簋（《銘圖》05321）"唯王七年正月初吉甲申，王命伐遣魯侯伯頵（？），蔑厥老父伐曆，錫圭瓚彝一肆……"，可知繁簋"伐"應與伐簋"遣"相當，亦是一個表示好的範疇的詞。

《周易·繫辭上》："勞而不伐，有功而不德，厚之至也。"孔穎達疏："'勞而不伐'者，雖謙退疲勞，而不自伐其善也。"僞古文《尚書·大禹謨》："汝惟不矜，天下莫與汝爭能。汝惟不伐，天下莫與汝爭功。"僞孔注："自賢曰矜，自功曰伐。"《小爾雅·廣詁》："伐，美也。"由古書用例看，這種用法的"伐"主要是"自伐"，並在一定的語境中還往往帶有貶義的色彩。但參照金文中的"蔑曆"，既可以"自蔑"（自我蔑曆），也可以"他蔑"（被他人

---

* 基金項目：國家社科基金青年項目"商代金文的全面整理與研究及資料庫建設"（項目編號 16CYY031）。

蔑曆),我們認爲繁簋銘文中的"伐"即古書中"自功曰伐"、《小爾雅》訓"美"之"伐",只不過前者是"他伐"(被他人伐)而已。"公令䌛(繁)伐于冀伯"即"公命令繁稱美冀伯"的意思,正是因爲繁受公命稱美了冀伯,所以冀伯加曆於繁,並且還賓贈繁以皮、貝等物。

霸伯簋(《銘圖》05220)"唯十又一月,邢叔來檮,①迺蔑霸伯曆,事(使)伐用焉二百,井二糧,虎皮一",黃錦前、張新俊、陳夢兮等研究者把"使伐"單獨作爲一句,但未解釋伐的意義。②《銘圖》把"伐"前之字釋作"事",讀作"使",亦把"事(使)伐"單獨作爲一句。③ 王保成先生亦把"事(使)伐"單獨作爲一句,並明確提出伐即征伐,攻打,"事伐"即行使征伐之事。④ 李發先生把"事伐"屬上與"迺蔑霸伯曆"作一句讀,並把該句翻譯爲"於是嘉獎霸伯從事的征伐工作"。⑤

"用焉二百"之"用"是介詞。從文意看,"伐"當是動詞。如果把"伐"理解爲"征伐"之"伐",那麽"伐"後面賓語缺失(據上下文亦補不出隱含的賓語)。又焉、井、虎皮當是賞賜之物,如"伐"作征伐解,那麽"用焉二百,井二糧,虎皮一"一句似缺動詞。我們認爲"使伐"應與"用焉二百,井二糧,虎皮一"作一句讀,此"伐"可能與繁簋中的"伐"同義,亦即"稱美"義。"伐"的賓語"霸伯"承前省略,這也是"他伐"之例。"使伐(霸伯)用焉二

---

① 此字器銘原作"󰀀",所從與同銘的"來"字有別,而與同銘的"󰀀(頮)"即"拜"所從之"󰀀"相同。該形右下所從似"夂"形,但也有可能是"又"形之訛,如是後者則可釋作"奏"。不管哪種情況,它似都應分析爲从"󰀀"得聲。此字蓋銘原作"󰀀"(深圳博物館、山西省考古研究所、山西博物院編:《封邦建霸——山西翼城大河口墓地出土西周霸國文物珍品》,文物出版社,2016 年,第 135 頁),所從與同銘的"來"字有別,而與同銘"頮"所從之"󰀀"相同,故蓋銘此形可隸作"󰀀"。據文義,該字當用作西周金文中習見的祭名"󰀀(檮)"。

② 黃錦前、張新俊:《霸伯簋銘文小議》,武漢大學簡帛網,2011 年 5 月 3 日。黃錦前:《霸伯盂銘文考釋》,《中國國家博物館館刊》2012 年第 5 期,第 53 頁。陳夢兮:《新出銅器銘文研究》,安徽大學碩士學位論文(指導教師:徐在國)2013 年 5 月,第 55 頁。

③ 吳鎮烽:《商周青銅器銘文暨圖像集成》第 11 册,上海古籍出版社,2012 年,第 252 頁。

④ 王保成:《翼城大河口霸伯簋試解》,《中原文物》2013 年第 2 期,第 45 頁。

⑤ 李發:《山西翼城新出西周霸伯簋考釋》,復旦大學出土文獻與古文字研究中心網站,2011 年 8 月 18 日。

百,井二糧,虎皮一"即"邢叔派人用鬲二百、井二糧、虎皮一等物稱美霸伯",其中"用"字與作册嬛尊(《集成》05989)"夷伯賓用貝、布"之"用"用法相同。

在繁簋中,"伐"可以理解爲籠統的"稱美"義,在霸伯簋中其後則還接有具體的賞賜物。參照金文中"光""休"等字的用法,這也是很好理解的。如守宫盤(《集成》10168)"周師光守宫,事(使)祼",麥盉(《集成》09451)"邢侯光厥事(吏)麥","光"字可理解爲籠統的"光寵"義,而宰甶卣(《集成》05395)"王光宰甶貝五朋"中,"光"後面則帶有具體的賞賜物,這種用法的"光"實不必讀爲"貺"。① "休"字金文中常用爲表籠統的休美、休麼義,如孟員鼎(《銘圖》02186)"孟㹜父休于孟員";但後面也可以再接具體的賞賜物,如趞旁簋(《集成》04042)"趞叔休于小臣貝三朋、臣三家"、效卣(《集成》05433)"公賜厥瀕子效王休貝廿朋"之"王休貝廿朋"等。或主張"休"字讀爲"好",②實不必。繁簋、霸伯簋銘文中的"伐"字,其用法正與金文中"光""休"等字的用法相類。

金文中習見"蔑曆"一語,其中"蔑"字,研究者或主張讀爲訓"美"之"伐"。③ 與"蔑曆"相當的話,曶簋(《銘圖》05217)作"加曶曆",與曶簋相同用法的"加"亦見於虢季子白盤(《集成》10173)"王孔加子白義"。這種"加"字,研究者一般讀作"嘉",不可信。把没有的東西添上去就是加,即披覆義,上述"加"字即當如是理解。"蔑曆"之"蔑"當與這種用法的"加"字義近,而不宜讀作"伐"。此外,繁簋、霸伯簋"蔑曆"與訓"美"的"伐"同見,更可說明"蔑曆"之"蔑"不能讀作"伐"。

綜上所述,繁簋、霸伯簋銘文中"伐"字應理解爲"稱美"義。繁簋、霸伯簋是西周早期器,由此可知在比較早的時候,訓"美"之"伐"確實可以"他伐",專用於"自伐"且含貶義應該是後來的事。

---

① 參看陳劍:《釋"琮"及相關諸字》,《甲骨金文考釋論集》,綫裝書局,2007年,第289頁。
② 楊樹達:《詩對揚王休解》,《積微居小學述林》,中華書局,1983年,第225—227頁。
③ 唐蘭:《"蔑曆"新詁》,《文物》1979年第5期,第36—42頁。李零:《西周金文中的"蔑曆"即古書中的"伐矜"》,《出土文獻》第8輯,中西書局,2016年,第54—55頁。

二、說瘨盨之"故"

瘨盨甲(《集成》04462)、瘨盨乙(《集成》04463)銘文作"唯四年二月既生霸戊戌,王在周師彔宫,格太室,即位,司馬共右瘨,王呼史羞册錫敖袭、虢(鞞)、故、鋚勒,敢對揚天子休,用作文考寶簋,瘨其萬年子子孫孫其永寶。木蒐册"。舊一般認爲"故"讀作"韍",且把"虢"作爲它的修飾語。

金文中,除去作爲國族名的"虢"字,其他只見於車器中,從未見它修飾服飾之類。聯繫相關材料,我們認爲盨銘中的"袭""虢"即册命金文"朱虢(鞞)靣靳(鞎)""靣朱虢(鞞)靳(鞎)"中的"靳""虢(鞞)",盨銘之"袭"當讀作"鞎","虢"當讀作"鞞"。鞎是輿前的革質遮蔽物,鞞應該是指用於車軾附近某處的革。①

十三年瘨壺(《銘圖》12436、《銘圖》12437)銘文作"唯十又三年九月初吉戊寅,王在成周司土屖宫,格太室,即位,𢼸父右瘨,王呼作册尹册錫瘨畫袭(鞎)、牙(斜)㚔(輻)、②赤舄,瘨拜稽首,對揚王休,瘨其萬年永寶"。册命金文中,一般是賞賜服飾在賞賜車馬器之前,但也有少數例子是賞賜車馬器在賞賜服飾之前,如由鼎(《銘圖》02453)、静方鼎(《銘圖》02461)、由盨蓋(《銘圖》05673)。十三年瘨壺"袭(鞎)"是車器,"牙(斜)㚔(輻)""赤舄"是服飾,這亦屬於賞賜車器在賞賜服飾之前的例子。十三年瘨壺"畫"顯然是其後"袭(鞎)"的修飾語,表示彩繪紋飾之義。瘨盨"敖袭(鞎)"之"敖",我們認爲它與十三年瘨壺"畫袭(鞎)"之"畫"一樣,也應該是"袭(鞎)"的修飾語,表示某種紋飾。③

金文中的"市",典籍中或作"韍""韨"等。故從市聲,又吕服余盤(《集

---

① 參看拙文:《補論金文中的車器"鞎"》(未刊稿)。論集按語:此文後改題爲《西周金文車器"鞎"補釋——兼論〈詩經〉"鞞軾"》,發表於《漢字漢語研究》2019 年第 4 期,第 62—70 頁。已經收入本論文集。

② 陳劍:《西周金文"牙㚔"小考》,《甲骨金文考釋論集》,綫裝書局,2007 年,第 54—58 頁。

③ "敖"既能表示某種紋飾,也能表示有這種紋飾的服飾,後者見於元年師旋簋(《集成》04279—04282)。這種情形與"衮"相類。

成》10169)"赤𣪘"即"赤韍",因此把瘐盨"𣪘"讀爲典籍中的"韍"從語音方面看是完全没有問題的。但從文例看,此説不可信。

"袅(鞎)""虢(鞃)"是車器,"鋚勒"是馬器,據文例,在它們之間的"𣪘"表示的也應是車馬器而不可能是服飾,因此"𣪘"不能讀作"韍"。結合語音與文例,我們認爲"𣪘"應讀作"茀"。①

從語音方面看,巿聲字與弗聲字關係密切,兩者常相通。如金文中的"巿",典籍中或作"芾",又或作"茀""紼"。② "𣪘"從"巿"聲,故可讀作"茀"。

從辭例方面看,毛公鼎(《集成》02841)、番生簋蓋(《集成》04326)銘文賞賜的車器中有"金簟弼",研究者早已指出"簟弼"即《詩經》之"簟茀","弼"即"茀"的本字。㦰戒鼎(《銘圖》02279)"𧈪䯤(弼)、鉤膺"之"𧈪弼",研究者指出亦即"簟茀"。③ 瘐盨"袅""虢(鞃)""𣪘(茀)""鋚勒"分别與毛公鼎中的"鞎""鞃""金簟弼(茀)""鋚勒"相對應。"𣪘"讀作車器"茀",辭例非常通暢。

"𣪘"用作"茀",這與毛公鼎、番生簋蓋、㦰戒鼎的用字習慣不同,這並不奇怪。我們曾在一篇文章中説過如下一段話:

> ……這些説明我們在考釋古文字時,雖然要顧及當時的用字習慣問題,但也不能太拘泥於這一點。因爲所謂用字習慣往往受限於我們自身的閲讀經驗以及所發表的材料。如果有新資料公布,我們應該不斷調整我們關於"用字習慣"的認識。④

伯上父鼎(《銘圖》02211)"剌"用作"句"、⑤中山王䰎壺(《集成》09735)"𰵸"用作"一"、伯句簋(《銘圖》04989)"京"用作"梁"、⑥伯克父甘

---

① 由於"𣪘"前面没有出現"旂",我們不把它讀作"旆"。
② 參看張儒、劉毓慶著:《漢字通用聲素研究》,山西古籍出版社,2002年,第907頁。
③ 㦰戒鼎銘文釋文參看陳佩芬:《釋㦰戒鼎》,《第三届國際中國古文字學研討會論文集》,1997年,第317—321頁。吴振武:《㦰戒鼎補釋》,《史學集刊》1998年第1期,第4—6頁。
④ 謝明文:《伯句簋銘文小考》,《中國文字研究》第18輯,上海書店出版社,2013年8月,第59—62頁。論集按語:收入《商周文字論集》,第175—181頁。
⑤ 郭永秉、鄔可晶:《説"索"、"剌"》,《出土文獻》第3輯,中西書局,2012年,第99—118頁。
⑥ 張懋鎔:《伯句簋考證》,《吉金御賞》,香港御雅居,2012年,第8—12頁。謝明文:《伯句簋銘文小考》,《中國文字研究》第18輯,第59—62頁。

婁盨"椋"用作"梁"、①登鐸(《文物》2013年第7期,第4—19頁)"鑫"用作"鐸"、②冠甗(《銘圖》03356)銘文中从"臯"之"㝬"用作"甗"、③宜脂鼎"舍"用作"擇"、④伯弘父盨"料"用作"簋",⑤這些用字習慣與金文研究者之前所熟知的用字習慣皆不太一樣,"敢"用作"弗"亦是類似的例子,而這又將進一步加深我們對用字習慣的認識。

三、釋戜盉"帀"字

貽于戜盉(《集成》04636)蓋、器同銘,作"貽△戜之行盉",其中用△來表示的字,原作如下之形:

△1 (𠂤) 蓋銘　　　△2 (𠂤) 器銘

該字舊一般釋作"于",⑥此說不可信。因爲金文中確定的"于"字,上面那一橫的上方皆無飾筆,⑦而△上面橫畫的上方有一小橫作飾筆,故△

---

① 田率:《内史盨與伯克父甘婁盨》,"青銅器與金文"學術研討會論文,北京大學,2016年5月28—29日。論集按語:此文已經正式發表於北京大學出土文獻研究所編:《青銅器與金文》第1輯,上海古籍出版社,2017年,第418—432頁。

② 謝明文(原署名謝雨田):《新出登鐸銘文小考》,復旦大學出土文獻與古文字研究中心網站,2013年9月12日。論集按語:此文正式發表於《中國文字學報》第7輯,商務印書館,2017年,第79—83頁。已經收入本論文集。

③ 謝明文:《釋西周金文中的"垣"字》,第七屆中國文字學年會論文,2013年9月。正式刊於《中國文字學報》第6輯,商務印書館,2015年,第69—72頁。論集按語:收入《商周文字論集》,上海古籍出版社,2017年,第265—270頁。

④ 謝明文:《新出宜脂鼎銘文小考》,《中國文字》新40期,藝文印書館,2014年,第203—208頁。論集按語:收入《商周文字論集》,第234—239頁。

⑤ 胡嘉麟:《上海博物館藏伯弘父盨小識》,西南大學2013年全國博士生學術論壇甲金文分論壇論文。論集按語:胡文後改題爲《上海博物館藏伯弘父盨札記》,刊於《中原文物》2016年第4期,第65—71頁。

⑥ 中國社會科學院考古研究所:《殷周金文集成釋文》第3卷,香港中文大學出版社,2001年,第590頁。張亞初:《殷周金文集成引得》,中華書局,2001年,第99頁。中國社會科學院考古研究所:《殷周金文集成》(修訂增補本)第4册,中華書局,2007年,第3014頁。董蓮池:《新金文編》上册,作家出版社,2011年,第566頁。吴鎮烽:《商周青銅器銘文暨圖像集成》第13册,第319頁。

⑦ 參看董蓮池:《新金文編》上册,作家出版社,2011年,第566頁。

應非"于"字。△1與"🔣(丂)"(陳逆簠,《集成》04630)以及"🔣"(邾公華鐘,《集成》00245)所從"🔣(丂)"形接近,但"🔣"形下面由小點演變而來的那一橫筆位置相對靠下,而△形下面橫筆位置要相對靠上,因此△很可能與"丂"無關。

古文字中"人"與"一"或可換作。如"天"或作"🔣"(麥尊,《集成》06015),蔡侯之"蔡"或作"🔣"(蔡侯朱缶,《集成》09991),"自"或作"🔣"(中子化盤,《集成》10137)。仔細分辨,可知上引△1下面的那一橫筆"一",在△2中正作"人"。△2上部有小橫筆作飾筆,而中部又有"人"形,這正與"帀"的字形相合。① 工師厚子鼎(《銘圖》01339)"帀"作"🔣(帀)",曾太師奠鼎(《銘圖》01750)"帀"作"🔣(帀)",鐘伯侵鼎(《集成》02668)"帀"作"🔣(帀)",△2寫法與它們非常接近。鼾盉壺(《集成》09734)"師"作"🔣",所從"帀"旁亦可參考。因此我們認爲△應釋作"帀",它在銘文中讀作"師"。

"賹帀(師)敔","賹"从貝,它應是與財貨有關的某種職官,具體所指則還有待研究。"賹帀(師)"應是"賹官之長"。與敔盨同出的敔鼎(《集成》01990)銘文作"敔之行貞(鼎)",敔與"賹帀(師)敔"之"敔"無疑當是指同一人,它們是"賹帀(師)"的私名。"賹帀(師)敔"與醓祓想簠(《銘圖》05782)之"醓(沈)祓②(師)想"、國差罎(《集成》10361)之"攻(工)帀(師)倗"結構相類。

四、釋瓚觚瓚字

湖北隨州葉家山 M107 是一座西周早期曾國貴族的墓葬,該墓出土

---
① 參看董蓮池:《新金文編》上冊,作家出版社,2011年,第771頁。
② 祓,一般釋作"祋"。此從《新見金文字編》的意見(陳斯鵬、石小力、蘇清芳編著,福建人民出版社,2012年,第106頁)。

了10件帶銘銅器，其中M107∶11銅觚有一字，作如下之形：

▣（照片）　　　▣（拓本）①

該形可摹作"▣"，整理者缺釋，認爲它是族徽。

甲骨文中從"同"的"瓚"作"▣"（《花東》493）、"▣"（《合》17539）等形，而從"瓚"的"祼"則作"▣"（《花東》290）、"▣"（《花東》475）等形，由甲骨文字形來看，"瓚"字的字形是將玉件置於"同"中。②

"▣"下部作同形，上部作類似六形，它與上引《合》17539"瓚"字中下部相近，也與上引《花東》475"祼"字右部所從"瓚"旁的中間部分相同，我們認爲它應是"瓚"字異體。

"瓚"在銘文中的用法有兩種可能。第一種可能即它是族名或人名。甲骨文中"瓚"作族名或人名多見，上引《合》17539"瓚"字即屬於此類用法。M107∶11銅觚屬於西周早期，如果銘文中的"瓚"是族名，它應當與殷墟甲骨文中的族名"瓚"有關。觚銘"瓚"的用法的第二種可能即它是器物專名。內史亳同（《考古與文物》2010年第2期封三）器形爲舊所謂的"觚"，而自名爲"銅"，器形與"同"的字形正相合，可證舊所謂的觚形器當時應該稱作銅。山西翼城大河口墓地出土的一件觚，自名爲"瓚"。③這是因爲瓚、同是祼祭儀式中的兩種重要工具，兩者關係密切，因此本應稱作"同"的觚形器亦可叫作"瓚"。本文涉及的M107∶11器形恰好是銅觚，據上述山西出土的觚自名爲"瓚"來看，M107∶11銅觚銘文"瓚"也有可能是該觚的自名。

---

① 湖北省文物考古研究所、隨州市博物館：《湖北隨州葉家山M107發掘簡報》，《江漢考古》2016年第3期，第26頁。

② 參看方稚松：《釋殷墟花園莊東地甲骨中的瓚、祼及相關諸字》，《中原文物》2007年第1期，第83—87頁。

③ 謝堯亭：《發現霸國：講述大河口墓地考古發掘的故事》，山西人民出版社，2012年，第31頁。論集按語：此觚銘文已發表於《考古學報》2020年第2期，第221頁。

五、釋王子名缶"黄髮眉壽"

王子名缶器銘,《銘圖續》①0905釋作"[隹(唯)]八月丁酉,王子名乍(作)辶(沐)缶,子孫用之,堇徝(道)鎣(鑄)□"。銘末四字,按《銘圖續》的釋法,文義不通。

"堇"原作"▨",據字形以及文義當改釋作"黄"。"徝"原作"▨",此字左邊非"彳"形而是"犬"形,它實从犬从首,可隸作"猶"。此字與《説文》"髮"字或體"䰄"應即一字,它在金文中數見,或用作"髮"(召尊,《集成》06004;召卣,《集成》05416)。"黄髮"見於古書。《爾雅·釋詁》:"黄髮、齯齒、鮐背、耈老,壽也。"《詩經·魯頌·閟宫》:"黄髮台背,壽胥與試。"鄭箋云:"黄髮、台背,皆壽徵也。"《魯頌·閟宫》:"既多受祉,黄髮兒齒。"鄭箋云:"兒齒,亦壽徵。"

"猶"下之字原作"▨",實即"佅(沬)"字。"佅"下一字,不清晰,據殘存筆畫與文例,應是"壽"字。"佅壽"即"眉壽"。缶銘"黄髮""眉壽"乃近義連用。

附記:我們於2016年10月中旬向"商周青銅器與先秦史研究青年論壇"會議(西南大學,2016年11月19—21日)提交了《金文叢考》(三)一文,含有金文札記六則。在10月下旬我們更换的修訂稿中删去了原來的第五則,即《釋衍簋"合"字》這一則,並叮囑會務組以修訂稿爲準。但在會議論文集中,會務組忘記采用我論文的修訂本而仍沿用舊的版本,此次發表以修訂稿爲準。我之所以删掉原第五則,是因爲發現所提及的《銘圖續》所收的這一件衍簋所謂"合"字,從拓本看是"合"字,但從照片看上部近似"八"形間有一横筆,實乃"同"字。而我2014年在香港看到的那件衍簋相應位置是"合"字,與《銘圖續》所收衍簋大概不是同一件。從文義看,釋作"合"讀作"衷"與釋

---

① 吴鎮烽:《商周青銅器銘文暨圖像集成續編》,上海古籍出版社,2016年。

作"同"讀作"絅"皆可通。又據《銘圖續》備注可知衍簋共四件,但其他幾件銘文尚未公布。因此,在相關資料没有完全公布之前,我們不能確定我們所討論之字到底是"合"還是"同",爲了謹慎起見,我們删去《釋衍簋"合"字》這一則,待將來相關資料全部公布後再作討論。

2016 年 11 月 24 日

本文曾提交並宣讀於西南大學主辦的"商周青銅器與先秦史研究青年論壇"(2016 年 11 月 18—21 日,重慶),正式刊於鄒芙都主編:《商周青銅器與先秦史研究論叢》,科學出版社,2017 年,第 48—56 頁。

金文叢考(四)*

一、釋益余敦"዁"字

益余敦(《銘圖》06072)銘文中有如下一字：

此字，舊多釋作"益"，《新金文編》置於附錄二 0239 號作爲不識字處理。① 據字形，所謂"八"形下有兩橫筆，與金文中"益"字"八"形下是一圈形(空心或實心)或一橫筆明顯有別。另外此字右上從反寫的"卩"，這也是"益"字所不曾有的。② 因此我們認爲"益"的釋法不可信。該字可隸作"዁"，左上之"∠"，我們認爲即"዁(关)"的省體。"卲"從卩、关省聲，它應即卷字異體。"዁"上部的"卲"之所以作左右結構而非上下結構，很可能是爲了避免整個字太長的緣故。

哀成叔豆(《集成》04663)" "字，銘文中用爲豆形器的自名，它當是

---

* 基金項目：國家社科基金青年項目"商代金文的全面整理與研究及資料庫建設"(項目編號 16CYY031)。
① 董蓮池：《新金文編》下册《附錄二》，作家出版社，2011 年，第 43 頁。
② 董蓮池：《新金文編》上册，第 612—613 頁。

《説文》訓爲"豆屬"的"䇺(졺)"。① 中子化盤"▨"用作"浣"。② "盌"可分析爲从皿、卩(卷)聲,它可能就是"▨""▨"類形的異體,敔銘中作人名。

二、釋親簋"遘(逋)"字

親簋(《銘圖》05362)"王在周,格太室,即位,司工△入右親立中廷,北向",其中△字在銘文中作人名,它原作如下之形:

△,李學勤先生隸作"逋",③王冠英先生隸作"逋",④張永山先生、《銘圖》隸作"逋",⑤《中國國家博物館典藏甲骨文金文集粹》隸作"逋",⑥《新見金文字編》置於附錄下 005 號。⑦ 金文中有如下字形:

A1 ▨ 裘衛盉,《銘圖》14800,西周中期前段

A2 ▨(▨)

A3 ▨(▨)小臣逋鼎,《銘圖》02103,西周中期前段

A4 ▨ 五祀衛鼎,《銘圖》02497,西周中期前段

---

① 參看林澐:《新版〈金文編〉正文部分釋字商榷》第 73、201 條,中國古文字學會第八屆年會論文,1990 年。裘錫圭:《〈説文〉與出土古文字》,《裘錫圭學術文集·金文及其他古文字卷》,復旦大學出版社,2012 年,第 435 頁。董蓮池:《新金文編》上册,第 576 頁。

② 李家浩:《信陽楚簡"澮"字及从"关"之字》,《著名中年語言學家自選集·李家浩卷》,安徽教育出版社,2002 年,第 198 頁。

③ 李學勤:《論親簋的年代》,《中國歷史文物》2006 年第 3 期,第 7 頁。

④ 王冠英:《親簋考釋》,《中國歷史文物》2006 年第 3 期,第 4 頁。

⑤ 張永山:《親簋作器者的年代》,《中國歷史文物》2006 年第 3 期,第 12 頁。吳鎮烽:《商周青銅器銘文暨圖像集成》第 12 册,上海古籍出版社,2012 年,第 118 頁。

⑥ 中國國家博物館、中國書法家協會:《中國國家博物館典藏甲骨文金文集粹》,安徽美術出版社,2015 年,第 200 頁。

⑦ 陳斯鵬、石小力、蘇清芳:《新見金文字編》,福建人民出版社,2012 年,第 465 頁。

A5 【字形】逋盂，《銘圖》06228，西周晚期

A1，舊或釋作"趍"，或釋作"逋"。A2—A5，可隸作"逋"，其中"夫""甫"皆聲，研究者一般釋作"逋"，可從。① A1"止"形上方是"夫"形，比較 A2—A5，可知 A1"夫"形左邊的"【字形】"應看作"彳"旁之省，它顯然亦是"逋(逋)"字。

比較 A1—A5，我們認為△也應是"逋(逋)"字，其右上類似"天"形的部分實是"夫"形之變，其寫法與 A2、A4 所從"夫"形寫法接近。"夫""天"形近易混，西周早期的敔父簋(《集成》03462)"簋(敔)"所從之"夫"作"天"形即其例。A1 右邊"【字形】"形實來源於△右下的"【字形】"形。即前者上部的"父"形乃後者上部的"屮"形變形聲化而來，前者下部的"口"形乃後者下部的"○"形演變而來。

殷墟甲骨文黃類卜辭中常見"俌"字，與金文"逋(逋)"是一字異體。它在甲骨文中有異體或作"【字形】"(《合》38961+《合補》12720)②形，此形中間所從"夫"形作近似"天"形，③這與△所從"夫"形變作近似"天"形同例；此形右邊所從的"【字形】"④("【字形】"與其左邊的"夫"形共用部分筆畫)與"【字形】"顯

---

① 門逋觶(《銘圖》10586)"【字形】"，舊或釋作"門逋"，我們認為可能應釋作"踊"字［謝明文：《商代金文的整理與研究》上編第 289 號，復旦大學博士學位論文(指導教師：裘錫圭)，2012 年，第 359 頁］。

② 張宇衛：《甲骨綴合第六四—六五則》第六五則，先秦史研究室網站，2012 年 4 月 8 日。

③ 類似的情形亦見於《合》38951 等"俌"字。論集按語：甲骨文"敔"或作"【字形】"［參看程名卉：《散見甲骨的搜匯與整理》(答辯稿)，復旦大學碩士學位論文，指導教師：蔣玉斌，2022 年，第 244 頁］，族名金文"【字形】"或作"【字形】"(參看容庚編著，張振林、馬國權摹補：《金文編》，中華書局，1985 年，第 1057—1058 頁)亦同例。

④ 此形本即"屮"字異體，後來演變為"甫"字，遂與"屮"分化為兩字。詳細討論，參看另文。論集按語：甲骨文"【字形】"所從"【字形】"形與"屮"無關。商周甲骨文、金文中可隸作"屮"的"【字形】""【字形】"類形，古文字學界一般徑釋作"甫"，認為即圃圍之"圃"的初文。金文中作"【字形】"類形的"甫"，一般認為是由"【字形】(屮)"類形上部變形聲化作"父"、下部訛變為"用"而來。通過全面梳理金文中的相關資料，可知"屮""甫"兩系字有著不同的演變路徑與用字習慣，"屮""甫"必無關，它們一定是兩個不同來源的字。前者是"圃"的初文，後者可能來源於甲骨文中的"【字形】"類形，它可能是"捕"字初文，"捕"是在初文基礎上添加意符產生的後起形聲字(參看未刊稿《"屮""甫"關係新探——兼釋甲骨文中的"甫"字》)。

然是同一形體。由"㊙"形可證△無疑就是"逋(逋)"字。① 甲骨文中"俌"字又或作"㊙"(《合》38958)，它右下部分作"㊙"形，這亦可證前文我們關於"㊙"形下部的"㊙"是來源"㊙"形下部的"㊙"的意見應該是正確的。

三、曾子伋鼎"舄"字補説

曾子伋鼎(《集成》02757)"曾子伋擇其吉金，用鑄△彝"的△，原作如下之形：

此字，《集成引得》《集成》修訂增補本、《銘圖》02388、《集成釋文》等釋讀作"舄"。② 《銘文選》《曾國青銅器》《新金文編》等作爲不識字處理。③ 㠱壺蓋"舄"字拓本作"㊙"，其清晰彩照作"㊙"，④ 對比可知，曾子伋鼎此字與㠱壺蓋"舄"字寫法非常接近，因此它釋作"舄"可從。"用鑄舄彝"之"舄"既可能是"彝"的修飾語，也可能是作器動詞而與"鑄"近義連用。如果是後一種情形，疑"舄"或可讀作"作"。《説文》："舄，䧿也。象形。

---

① 《合》38954+《笏二》1034(張宇衛：《甲骨綴合第一百五二——百五五則》第一百五四則，先秦史研究室網站，2017年1月3日)"㊙"、《合》38949"㊙"、《合》35749"㊙"等"俌"字右旁豎筆下端从"㊙"形，這與△右旁"㊙"形下部从"㊙"同例。
② 張亞初：《殷周金文集成引得》，中華書局，2001年，第47頁。中國社會科學院考古研究所：《殷周金文集成》(修訂增補本)第2册，中華書局，2007年，第1425頁。吴鎮烽：《商周青銅器銘文暨圖像集成》第5册，第180頁。中國社會科學院考古研究所：《殷周金文集成釋文》第2卷，香港中文大學出版社，2001年，第344頁。
③ 馬承源主編：《商周青銅器銘文選(四)》，文物出版社，1990年，第447頁。湖北省文物考古研究所編：《曾國青銅器》，文物出版社，2007年，第428頁。董蓮池：《新金文編》下册《附録二》0661號，第117頁。
④ 臺北故宫博物院編輯委員會：《故宫西周金文録》，臺灣故宫博物院，2001年，第124—125頁。

雖,篆文爲从隹、昔。"而"昔"聲字與"乍"聲字關係密切,如"皵"或體作"䩕","酢"或體作"醋"。此外"乍"與"措"、"乍"與"藉"、"作"與"昔"、"作"與"斱"、"胙"與"藉"皆有相通之例。① 金文中"昔"聲字與"乍"聲字亦有相通之例。② 因此"烏""作"音近可通。"鑄""作"義近,它們連用見於伯好父簋蓋(《集成》03691)"伯好父自鑄作爲旅簋"、皇鬲(《集成》00633)"皇肇家鑄作鬵,其永子孫寶"、秦公鼎(《銘圖》01562)"秦公作鑄用鼎"、小臣守簋(《集成》04179)"用作鑄引仲寶簋"等。可見"用鑄烏彝"之"烏"讀作"作",③從辭例方面看也是比較合適的。

四、叚句壺"甫丙"解

西周中期的叚句壺(《集成》09676)銘文作"叚句作其寶壺,用興甫丙,其萬年子子孫孫永寶用享",其中"興"後面兩字,《集成引得》《集成》修訂增補本等釋讀作"甫(夫)人"。④《集成釋文》釋作"夫人"。⑤《西周金文作器用途銘辭研究》釋作"甫人"。⑥《故宮西周金文錄》《吉金耀采》等釋作"甫內",且把該銘翻譯爲"叚句鑄作此寶壺,用陳祭祀,祈求家族興盛,子子孫孫萬年永寶"。⑦《銘圖》12376亦釋作"甫內"。⑧

"興"後之字原作"![字形]",舊釋"甫"可從,但研究者或讀作"夫"則不可信(參看下文)。"甫"後面一字,《故宮西周金文錄》著錄的銘文彩照

---

① 高亨纂著、董治安整理:《古字通假會典》,齊魯書社,1989年,第904—905頁。
② 謝明文:《牧簋"䅶"字補説》,《中國文字研究》第24輯,上海書店出版社,2016年,第50—52頁。論集按語:已經收入本論文集。
③ 做勺白赤戈(《集成》11333)"![字形]",舊或釋作"烏",如可信的話,似亦可讀爲"作"。
④ 張亞初:《殷周金文集成引得》,第143頁。中國社會科學院考古研究所:《殷周金文集成》(修訂增補本)第6冊,第5066頁。
⑤ 中國社會科學院考古研究所:《殷周金文集成釋文》第5卷,第435頁。
⑥ 陳英傑:《西周金文作器用途銘辭研究》,綫裝書局,2008年,第257頁。
⑦ 臺北故宮博物院編輯委員會:《故宮西周金文錄》,第239頁。游國慶主編:《吉金耀采——院藏歷代銅器》,臺北故宮博物院,2015年,第87頁。
⑧ 吴鎮烽:《商周青銅器銘文暨圖像集成》第22冊,第282頁。

作"■（囚）",①《吉金耀采》著録的銘文彩照作"■（囚）",②從銘文彩照來看,此字絶非"人"字。它與从宀从入的"内"亦明顯有别,③實應釋作"丙"。

我們曾懷疑"甫丙"或可讀作"痛病","痛",古書中常訓作"病","痛病"似可看作"近義連用","興"訓"起",與殷墟甲骨文中習見的"肩興有疾"之"興"同義。但金文中似無同樣的辭例可資對比,因此這些意見缺乏根據,很難讓人信從。

通過聯繫相關金文資料,我們認爲"甫丙"之"甫"應讀作"父"。"甫""父"音近可通,古文字中"甫"以及从"甫"之字上部常變形聲化作"父"。又"甫"讀作"父"之例見於西周早期的甫丁爵(《銘圖》08531),亦見於西周中期前段的趞簋甲(《銘圖》04419)、趞簋乙(《銘圖》04420)、秦簋(《銘續》0407)以及春秋中期的一套季子康鎛(《銘圖》15787—15791)等。

"甫(父)丙"是"親屬稱謂名+日名"的格式,其義即叚匄的父親日名爲丙。

西周中期的罗簋(《集成》03993)銘文作"罗作北子柞簋,用興厥祖、父日乙,其萬年子子孫孫永寶",罗簋(《集成》03994)銘文作"罗作北柞簋,用興厥祖、父日乙,其萬年子子孫孫寶",其中"興"的辭例與叚匄壺"興"的辭例完全相同,壺銘"甫(父)丙"與簋銘"祖、父日乙"處在同樣的位置,"祖、父日乙"是"親屬稱謂名+日名"的格式,這可證我們關於"甫(父)丙"的釋讀應該是正確的。

罗簋、叚匄壺銘文中"興"的含義,陳英傑先生在《西周金文作器用途銘辭研究》一書中作了詳細的討論,他説:

《禮記·祭統》："夫祭之爲物大矣,其興物備矣,順以備者也,

---

① 臺北故宮博物院編輯委員會:《故宮西周金文録》,第126—127頁。因該字彩照恰好處於兩頁之間,故掃描圖片後,此形左邊筆畫略有斷裂。
② 游國慶主編:《吉金耀采——院藏歷代銅器》,第87頁。
③ 關於"丙""内"的區别參看王子楊:《甲骨文所謂的"内"當釋作"丙"》,《甲骨文與殷商史》新3輯,上海古籍出版社,2013年,第231—237頁。論集按語:亦可參看彭邦炯:《關於丙、内、入等字及其相關國族地望的探討》,《古文字研究》第24輯,中華書局,2002年,第39—42頁。

其教之本與。"鄭注："爲物猶爲禮也，興物謂薦百品。"疏："其興物備矣者，謂庶羞之屬，言興造庶羞百品皆足，故興物備矣。"又《禮記・樂記》："禮樂偵天地之情，達神明之德，降興上下之神，而凝是精粗之體，領父子君臣之節。"孔穎達疏："降興上下之神者，興猶出也，禮樂既與天地相合，用之以祭，故能降出上下之神。謂降上而出下也。"銘中"興"蓋升獻之義。"興物"與"降興"意義是相通的，薦獻品物後諸神才能降興。①

據陳説，羘簋（《集成》03993）"用興厥祖、父日乙"，其義即"用簋盛物升獻給他日名爲乙的祖、父"。敀句壺（《集成》09676）"用興甫（父）丙"，其義即"用壺盛物升獻給他日名爲丙的父親"。②

五、叔弓鐘、鎛"𥃲"字補釋

叔弓鐘（《集成》00273）"𥃲"、叔弓鎛（《集成》00285）"𥃲"，一般隸作"劃"。《歷代鐘鼎彝器款識法帖》《博古圖録》釋作"爵"。③《嘯堂集古録》《吉金文録》《古籀拾遺》徑釋作"劙"而未分析字形。④《商周文字拾遺》釋作"釐"，認爲通"里"。⑤ 朱德熙先生認爲此字从刀从※从犛，疑是劙之繁文。⑥ 至於該字所从的"※"形，朱先生並没有作出解釋。李家浩先生

①　陳英傑：《西周金文作器用途銘辭研究》，第 257 頁。

②　論集按語：佣伯簋（山西省文物局編：《山西珍貴文物檔案（10）》，科學出版社，2020 年，第 67 頁；山西博物院編：《山西青銅博物館珍品集萃》，科學出版社，2020 年，第 46 頁。山西省考古研究院等編著：《佣金集萃——山西絳縣橫水西周墓地出土青銅器》，上海古籍出版社，2021 年，第 257 頁）"雩朕兄弟、宗小子興亯于厥宗"之"興"與上述兩銘"興"字用法相同，"興""亯"義近連用。

③　（宋）薛尚功：《歷代鐘鼎彝器款識法帖》60、67，《金文文獻集成》第 9 册，香港明石文化國際出版有限公司、綫裝書局，2004—2005 年，第 42、45 頁。（宋）王黼：《博古圖録》（三十卷）22.6，《金文文獻集成》第 2 册，第 170 頁。

④　（宋）王俅：《嘯堂集古録》（二册）76，《金文文獻集成》第 9 册，第 160 頁。吳闓生：《吉金文録》，萬有圖書公司，1968 年，第 120 頁。（清）孫詒讓：《古籀拾遺》卷上・十，《金文文獻集成》第 10 册，第 215 頁。

⑤　（清）吳東發：《商周文字拾遺》卷下・五，《金文文獻集成》第 10 册，第 42 頁。

⑥　朱德熙：《朱德熙文集》（五），商務印書館，1999 年，第 42 頁。

亦徑釋作"劙"。① 何琳儀先生隸作"齾",把它所從的"❉"看作是"爻",認爲是聲符,從而讀作"膠"。② 《集成引得》《集成》修訂增補本釋作"劂(膠)"。③ 王寧先生認爲此字是"劙"字繁構,又根據"劙"訓"劃",認爲其所從的"爻"正象其畫紋之狀。④ 孫剛先生認爲該字如何釋讀還有待研究。⑤ 周忠兵先生認爲該字如何釋讀還無定論。⑥

上引各家意見頗分歧,我們認爲考釋此字的關鍵是要弄明白其中的"❉"形究竟是什麽。毛公旅方鼎(《集成》02724)"肄(肆)"字作"[圖]"、縣妃簋(《集成》04269)"肄(肆)"字作"[圖]"、臣諫簋(《集成》04237)"肄(肆)"字作"[圖]",這些字形右上部分的"乂"形都是"又"形之變(縣妃簋"叙"字所從"又"旁亦作"乂"形)。如果古文字中"敖"字下部"又"形亦訛作"乂"形,它就會演變爲"[圖]"類形。古文字中常見偏旁重複書寫,⑦如果把"[圖]"類形所從的"乂"形重複書寫則會演變爲"[圖]"形。師衛鼎(《銘圖》02185)"贅"字作"[圖]",⑧從貝、敖聲,其中"敖"形所從之"❉"即是由"✕"形進一步演變而來,"[圖]"所從之"❉"正與師衛鼎"贅"字所從相

---

① 李家浩:《先秦文字中的"縣"》,《著名中年語言學家自選集·李家浩卷》,安徽教育出版社,2002年,第20—21頁。
② 何琳儀:《古璽雜識續》,《古文字研究》第19輯,中華書局,1992年,第487頁。
③ 張亞初:《殷周金文集成引得》,第14頁。中國社會科學院考古研究所:《殷周金文集成》(修訂增補本)第1册,第325、341頁。
④ 王寧:《叔夷鐘鎛銘釋文補釋》,復旦大學出土文獻與古文字研究中心網站論文,2012年9月3日。
⑤ 孫剛:《東周齊系題銘研究》,吉林大學博士學位論文(指導教師:馮勝君),2012年,第394頁。
⑥ 周忠兵:《釋春秋金文中的"楳"》,"戰國文字研究的回顧與展望"國際學術研討會論文,復旦大學,2015年12月12—13日。論集按語:周文正式發表於《戰國文字研究的回顧與展望》,中西書局,2017年,第53—57頁。
⑦ 謝明文:《釋甲骨文中的"叔"字》,《出土文獻研究》第12輯,中西書局,2013年,第1—9頁。
⑧ 此形又見於同人所作的師衛簋(《銘圖》04937)。

同。"✕""✕""✳"三者交涉的例子亦可參看"教/學"字。① 通過以上討論,可知"𠬶"與師衛鼎"𢿱"字所從之"✳"實是訛變的"又"形重複書寫再進一步演變而來的。因此叔弓鐘、鎛之字實當分析爲從刀從𣪠省聲,乃劐字異體。②

附記:本文第一、第五兩則寫於 2016 年,其他三則 2017 年 3 月寫畢。

原載《古文字研究》第 32 輯,中華書局,2018 年,第 238—243 頁。

---

① 劉釗主編:《新甲骨文編(增訂本)》,福建人民出版社,2014 年,第 204—205 頁。董蓮池:《新金文編》下册,作家出版社,2011 年,第 398 頁。

② 研究者或把叔弓鐘、鎛此字與東陵鼎(《集成》02241)"𢿱"類形相聯繫,不可信。因爲前者上部有"來"形的組合限制,後者没有"來"形的組合限制而有"肉"形的組合限制。西周金文中"𠬶"字異體或可從"攴"作"𢿱"(應侯視工鼎,《銘圖》02436),這説明"刀""攴"作爲義符或可通用,因此"𠬶"字也不能完全排除是"𣪠"字異體的可能,但從同銘"𧇽"字或"𧇽"旁皆從"攴"來看,這種可能性不高。

讀《中國出土青銅器全集》瑣記*

《中國出土青銅器全集》①（下文簡稱《全集》）全書共 20 卷，收錄先秦與漢代青銅器 5 000 餘件，資料非常豐富。《全集》雖以著錄器形爲主，但同時也著錄了不少金文資料，它的出版無疑會推進中國青銅器、金文以及古代史等方面的研究。《全集》著錄的金文絕大部分之前已發表，但也有少部分係首次著錄，有的金文資料雖然之前已發表，但拓本遠不如《全集》所錄的清晰。下面我們簡單介紹幾則《全集》中新著錄的資料或銘文拓本較清晰者，並略作討論，希望此文能够起到拋磚引玉的作用。

一、叔趚父卣（2.60②）

《集成》05428、05429 著錄了兩件叔趚父卣的蓋銘與器銘，《集成》（修訂增補本）在 05428 備注中指出 05428 器銘與 05429 重出，③《銘圖》13341、13342 分別即《集成》05428、05429，《銘圖》認爲《集成》05429.2 係

---

* 本文受到國家社科基金青年項目"商代金文的全面整理與研究及資料庫建設"（項目編號 16CYY031）的資助。
① 李伯謙主編：《中國出土青銅器全集》，科學出版社、龍門書局，2018 年。
② 指《全集》第 2 册第 60 號器，下皆仿此，不再説明。
③ 中國社會科學院考古研究所：《殷周金文集成》（修訂增補本）第 4 册，中華書局，2007 年，第 3509 頁。

重出器銘,因此《銘圖》13342僅著録蓋銘(《集成》05429.1),未録器銘,在其備註中認爲"器銘未發表拓本"。① 比較拓本,《集成》05428.2與05429.2顯然是同一銘文的不同拓本,到底是《集成》05428.2係05429.2的誤置而重出,還是《集成》05429.2係05428.2的誤置而重出,這一問題根據舊有資料難以解決。

《全集》2.60著録了一件河北元氏縣東張鄉西張村出土的叔趯父卣的器形彩照與一處銘文彩照,但並未説明這處銘文是蓋銘還是器銘。比較可知,它與《集成》05428、05429 蓋、器共四處銘文皆不同,但河北元氏縣東張鄉西張村西周墓僅出土兩件叔趯父卣,又《集成》05428.2與05429.2是同一銘文的不同拓本,因此《全集》2.60應該是《集成》05428或05429某一器的器銘,比較《全集》2.60與《銘圖》13341、13342所録兩件卣的器形以及尺寸等資料,可知《全集》2.60應係《集成》05428、《銘圖》13341這一件叔趯父卣的器銘,這樣亦可推知《集成》05428器銘實係05429器銘的誤置而重出。也就是説《集成》05428.1與《全集》2.60是同一件叔趯父卣的蓋銘與器銘,《集成》05429.1與《集成》05429.2是同一件叔趯父卣的蓋銘與器銘,可知《銘圖》13341、13342對銘文的著録是有誤的。

二、伯夗律簠(3.177、178)

《全集》3.177、178著録了兩件伯夗律簠,兩器皆蓋、器同銘,②《全集》(第200、202頁)釋文作"伯佟肇作寶用宿夜康于宗"。3.178其中一處銘文曾著録於《美好中華——近二十年考古成果展》,③我們曾據之認爲"用"後兩字當釋作"廟(朝)夜",並指出"朝夜"一詞,已發表金文中僅見於此,傳世古書中亦稀見,伯夗律簠此例可爲辭書的編纂提供新的詞條及辭

---

① 吴鎮烽:《商周青銅器銘文暨圖像集成》第24卷,上海古籍出版社,2012年,第308、311頁。
② 後出的《山西珍貴文物檔案(8)》(山西省文物局編,科學出版社,2019年,第54—55頁)亦著録了這兩件伯夗律簠,但每件簠僅著録其中一處銘文。
③ 首都博物館編:《美好中華——近二十年考古成果展》,文物出版社,2017年,第82頁。

例。而"夜"後之字,我們根據《美好中華——近二十年考古成果展》著錄的彩照作"▨"形,認爲它有釋"庚""羞"兩種可能。①《全集》3.178 著錄的另一處銘文以及《全集》3.177 兩處銘文中較清晰的那一處中與之相當之字分別作"▨""▨"形,②顯然是"康"字,由此反觀"▨"形當以釋"庚"爲是,出土文獻中"庚"常用作"康",簋銘此處異文當看作係音近通假。

三、仲韓父簋(3.183)

出土於山西絳縣橫水墓地 M2165 的仲韓父簋器、蓋同銘,《全集》(第210 頁)公布了其銘文照片,③其釋文作"仲□父作寶命簋四"。"父"前之字,蓋銘、器銘分別作"▨""▨",這是金文中出現的新字形,它顯然是甲骨文中"▨""▨"等形的異體,當釋作"韓"。值得注意的是,甲骨文"韓"字中"韋"旁中間从"○"形,此係表示城邑的"□"形演變而來。簋銘"韓"字中"韋"旁中間从類似"帀"形。金文中單獨的"韋"以及以之爲偏旁的"韐""韍"等字,其中"韋"形既有从"○"形之例,亦有从類似"帀"形之例。金文中"衛"字,既有从"○"形之例,亦有大量从類似"帀"形之例。從目前已發表相關資料看,"韋"以及"衛"等相關諸字从類似"帀"形之例出現的時間一般不會早於西周中期,聯繫相關字形,可知類似"帀"形部分實應是由"方"形訛變而來。《説文》:"衛,宿衛也。从韋、帀、从行。"衛伯須鼎④(《銘圖》02002)"衛"作"▨",底部"止"形下作近似"帀"形,此類形即《説文》从"帀"之"衛"所本。這類寫法的"衛"應看作从"○"形之"衛"與从"帀"形("方"形訛變而來)之"衛"

---

① 謝明文:《伯㚤律簋銘文小考》,《商周金文與先秦史研究論叢》,科學出版社,2019年,第 14—21 頁。論集按語:已經收入本論文集。
② 論集按語:兩件簋銘的拓本後又著録於《考古學報》(2022 年第 1 期,第 86 頁)。據《考古學報》所錄拓本,《全集》3.177 兩處銘文中不清晰者乃蓋銘,亦作"康"。
③ 簋銘彩照亦見於後出的《山西珍貴文物檔案(8)》,第 62 頁。
④ 銘文彩照見於方勤、吴宏堂主編:《穆穆曾侯——棗陽郭家廟曾國墓地》011 號,文物出版社,2015 年,第 68 頁。

兩種異體的糅合。遣小子𣪕(《集成》03848)"[圖]",舊一般隸作"帥"。聯繫衛伯須鼎"衛"字以及"韋"字既有从"○"形之例,亦有从類似"帀"形之例,遣小子𣪕"帥"顯然宜看作"韋"的兩種異體的糅合。

從"韋""衛"的相同變化來看,我們贊成"韋""衛"在早期應該共用過同一字形,即在表示城邑的"囗"周圍有"止"環繞之形,既可以看作"韋"字,也可以看作"衛"字。也就是説,如果"止"代表的人與城邑是敵對關係,表示人包圍城邑,那就是"韋"字,亦即"圍"字初文。如果"止"代表的人與城邑是同一方,表示人保衛城邑,那就是"衛"字。

𣪕銘所謂"命"字,原作"[圖]""[圖]","卩"形左下顯然有兩橫筆,又考慮此𣪕是西周器,我們認爲上述兩形左側的兩小筆是由銅餅之形演變而來的,作爲表義偏旁,它與"金"相當,此類現象金文中習見,此不贅述。因此該字可徑釋作"鈴"。"鈴"是"𣪕"的修飾語。金文中,器名修飾語往往與功用相關,但也有與形制、紋飾相關者。如史述鼎(《銘圖》01641、01642)器形是方鼎,其銘"史述作寶方鼎"之"方"顯然是就形制而言。網上流傳的山西曲村出土的格(霸)公方鼎銘文中的"鈁鼎"即"方鼎"。① 九如園所藏的一件瓿器形是方瓿,銘文中有"旁瓿"一語,葛亮先生讀"旁"爲"方"。② 霸伯𣪕銘文中的"山𣪕"一語,付強先生、李零先生皆指出"山"是指𣪕蓋的山峰形以及𣪕上面的山形紋。③ 晉侯壺"華(花)壺"一語,李零先生認爲該壺蓋是由八個鏤孔山形鈕圍成一圈,好像八瓣蓮花,"華(花)壺"即指此而言。④ 他們的説法皆可從。楚王鼎(《集成》02479,《銘圖》01980)、䣄慶鼎(《銘圖》01947)銘文中皆有"匜鼎"一語,"匜"是指這些鼎

---

① 論集按語:格公方鼎銘文已經正式佈於《商周青銅器暨圖像集成三編》第 1 卷 0216(吳鎮烽,上海古籍出版社,2020 年,第 217 頁)。
② 葛亮:《九如園藏方瓿銘文考釋》,《商周金文與先秦史研究論叢》,科學出版社,2019 年,第 159—168 頁。
③ 付強:《談談霸伯山𣪕的自名和青銅器中舊稱所謂的波曲紋》,復旦大學出土文獻與古文字研究中心網站,2018 年 4 月 28 日。李零:《山紋考——説環帶紋、波紋、波曲紋、波浪紋應正名爲山紋》,《中國國家博物館館刊》2019 年第 1 期,第 79—93 頁。
④ 李零:《山紋考——説環帶紋、波紋、波曲紋、波浪紋應正名爲山紋》。

有流,在形制上具有"匜"的特徵。仲齨父壺(《銘圖》12301)①"旁壺"一語,我們認爲"旁"應讀爲"方"。② 此壺造型較特殊,垂腹特徵明顯,接近方形,"旁壺"即指此而言。晉侯對鼎(《銘圖》02332)"晉侯對作鑄尊䏌鼎"之"䏌",研究者或讀作"復",周亞先生認爲"䏌鼎"是無耳鼎的專名。③ 陳英傑先生認爲應讀爲"鍑",是指該鼎深腹、圓底、無耳的特徵。④ "䏌"字見於甲骨文、金文,它本是"腹"的形聲字,《合》⑤5373、《花東》⑥240、《花東》241 以及史牆盤之"䏌"皆用作"腹",實屬本用。⑦ 我們認爲晉侯對鼎"䏌"亦是本用作"腹"。從器形看,晉侯對鼎腹部特深,"腹鼎"應是就該鼎"深腹"這一顯著的外形特徵而言。十四年陳侯午敦(《集成》04646,《銘圖》06077)"鋠敦"之"鋠",徐中舒先生認爲"叀有坳坎窊下之意","此器合兩半圓器而成,半圓器正象坳坎窊下之形"。⑧ 何琳儀先生認爲:"讀腴。《説文》'腴,腹下肥也。從肉,叟聲。'錞形制渾圓,鋠疑就其形制而言。"⑨ 陳劍先生疑"鋠"可徑讀爲"窊"。⑩ 幾位先生雖然具體讀法有別,但皆認爲"鋠"與形制有關,可信。據《全集》所録器形及其介紹,可知仲輈父簋外底吊一銅鈴,我們認爲該簋"鈴簋四"之"鈴"顯然也是就其形制而言,"鈴簋"指系吊有銅鈴的簋。這又爲器名修飾語與形制、紋飾對應關係提供了

---

① 《山西珍貴文物檔案(8)》(山西省文物局編,科學出版社,2019 年,第 125 頁)著録有器形與蓋銘彩照。
② 金文中"旁"用作"方"多見,除了前引九如園"旁甗"之例,還見於者減鐘(《集成》00197)、曾侯與鐘(《江漢考古》2014 年第 4 期,第 21、71 頁)、亡智鼎(《集成》02746)、梁伯戈(《集成》11346)、秦政伯喪戈(《銘圖》17356、17357)等。論集按語:伯筮鼎(《集成》02404,《銘圖》01901,西周早期)自名"𩰫",可能就是方鼎之"鼎"的專字。
③ 周亞:《館藏晉侯青銅器概論》,《上海博物館集刊》第 7 期,1996 年,第 34 頁。
④ 陳英傑:《西周金文作器用途銘辭研究》,綫裝書局,2008 年,第 146 頁注 5。
⑤ 郭沫若主編:《甲骨文合集》,中華書局,1978—1982 年。
⑥ 中國社會科學院考古研究所編:《殷墟花園莊東地甲骨》,雲南人民出版社,2003 年。
⑦ 謝明文:《説腹、飽》,《甲骨文與殷商史》新五輯,上海古籍出版社,2015 年,第 94—99 頁。收入同作者:《商周文字論集》,上海古籍出版社,2017 年,第 47—54 頁。
⑧ 徐中舒:《陳侯四器考釋》,《中研院歷史語言研究所集刊》第三本第四分,1933 年,第 479—482 頁。收入《徐中舒歷史論文選集》上册,中華書局,1998 年,第 405—409 頁。
⑨ 何琳儀:《戰國古文字典——戰國文字聲系》,中華書局,1998 年,第 376 頁。
⑩ 陳劍:《甲骨金文用爲"遊"之字補説》,《出土文獻與古文字研究》第 8 輯,上海古籍出版社,2019 年,第 21 頁。

新的例子。以上這些例子提醒我們在以後的研究中，應該對器名修飾語與器形、紋飾的關係加以重視。

四、者兒盤(4.244)、者兒盉(4.252)

《全集》著録了山西省絳縣横水墓地 M1005 出土的一件銅盤與一件銅盉銘文彩照，《全集》將它們分别釋作"□□作寶盤，子子孫孫其萬年永寶用"（第 292 頁）、"□□作寶盉，子子孫孫其萬年永寶用"（第 300 頁）。銅盉銘文彩照曾著録於《美好中華——近二十年考古成果展》，該書釋文作"榮□作寶盉子子孫孫其萬年永寶用"。① 銅盤與銅盉銘文彩照後又著録於《山西珍貴文物檔案(8)》，②不過該書將盤銘倒置。盉銘首字，《美好中華——近二十年考古成果展》《全集》《山西珍貴文物檔案(8)》所録彩照分别作"▨""▨""▨"，當是"者"字。盉銘"者"下一字，《美好中華——近二十年考古成果展》《全集》《山西珍貴文物檔案(8)》所録彩照分别作"▨""▨""▨"，當是"兒"字。盤銘前兩字雖不是特别清晰，但從字形輪廓以及銅盤與銅盉同出一墓來看，盤銘前兩字必是"者兒"。銅盤與銅盉可分别定名爲者兒盤、者兒盉，它們應屬於器主的一套水器。以"者兒"爲人名者，亦見於者兒觶(《集成》06479，《銘圖》10610)、者兒戈(《銘圖續》1255)，或將觶銘"者"讀爲"諸"，完全没必要。周代金文中以"某兒"爲名者，另有"此(?)兒"(此兒昶朝簋，《銘圖》04806—04807)、"有兒"(有兒簋，《銘圖》05166)、"庚兒"(庚兒鼎，《銘圖》02325—02326)、"射兒"(彭子射兒鼎，《銘圖》02264；彭子射兒鼎，《吉金墨影》③第 89 頁；彭子射兒鼎，《吉金墨影》第 93 頁；彭子射兒簠，《吉金墨影》第 135 頁；④彭子射兒簠，《吉金

---

① 首都博物館編：《美好中華——近二十年考古成果展》，第 95 頁。
② 山西省文物局編：《山西珍貴文物檔案(8)》，第 135、141 頁。
③ 劉新、劉小磊：《吉金墨影——南陽出土青銅器全形拓》，河南美術出版社，2016 年。《銘圖》02264 與《吉金墨影》第 89 頁著録的彭子射兒鼎銘文應屬於同一器的蓋銘與器銘。
④ 《吉金墨影》第 141 頁著録的與第 135 頁著録的銘文重出。

墨影》第137頁①）、"愠兒"（愠兒盞，《銘圖》06063）、"蘇兒"（蘇兒缶，《銘圖》14088）、"寬兒"（寬兒鼎，《銘圖》02335；寬兒缶，《銘圖》14091—14092）、"仲瀕兒"（仲瀕兒盤，《銘圖》14504；仲瀕兒匜，《銘圖》14975）、"羅兒"（羅兒匜，《銘圖》14985）、"僕兒"（僕兒鐘，《銘圖》15528—15531）、"褱兒"（褱兒鎛，《銘圖》15805）、"沇兒"（沇兒鎛，《銘圖》15819）、"丁兒"（丁兒鼎蓋，《銘圖》02351）、"配兒"（配兒句鑃，《銘圖》15984—15985）、"宋兒"（宋兒鼎，《銘圖續》0162）、"羋兒"（嬰膚簠，《銘圖續》0500）、"殼兒"（殼兒盞，《銘圖續》0524）等。② 上述諸器，只有此兒昶朝簠是西周晚期器，其他皆是春秋器。"此兒昶朝"之"此兒"③是否人名，研究者或許有不同意見。者兒盤、盉是西周晚期器，這爲西周晚期人名"某兒"提供了確定無疑的新資料，説明東周時期"某兒"的稱名習慣淵源有自。"某兒"既可以稱呼男性，也可以稱呼女性，如"仲瀕兒"當是女性，"羋兒"據銘文"嬰膚擇其吉金，爲羋兒鑄媵簠"來看，亦當是女性。

　　"某兒"之"兒"主要表示的應是一種感情色彩而非具體的詞彙義。上引彭子射兒鼎、彭子射兒簠之"射兒"在同出銅器銘文中亦僅稱作"射"（彭子射鼎，《銘圖》01666、01667，《吉金墨影》第95頁；彭射缶，《銘圖》14057、《吉金墨影》第179頁；彭子射缶，《銘圖》14058；彭子射盤，《銘圖》14388；彭子射匜，《銘圖》14878）。仲瀕兒盤、仲瀕兒匜"仲瀕兒"在同出銅器銘文中亦僅稱作"仲瀕"（仲瀕兒瓶，《銘圖》14035）。僕兒鐘（《銘圖》15528）"余義楚之良臣，而乘之字（慈）父，余購（賴）乘兒"中的"乘兒"與"乘"當是同一人。這些皆可證人名"某兒"實即人名"某"，"兒"的有無並不影響人物的指稱。

五、甗甘辜鼎（5.123）

　　甗甘辜鼎（《銘圖》02193）銘文中的首字，舊一般誤隸作"鄙"。《全集》

---

① 該簠蓋、器同銘，《銘圖》05884僅著録其中一處的銘文。
② 比兒鼎（《銘圖》00614）應係偽刻。易兒鼎（《集成》01991，《銘圖》01344）"易兒"似是人名。
③ "此（？）"與"昶朝"可能是一名一字的關係。

（第118頁）不僅發表了該鼎銘的清晰彩照，也發表了迄今爲止最清晰的銘文拓本，並把首字改隸作"䫉"，此説可從。鼎銘清晰彩照曾著録於《濟南文物精粹・館藏卷》，①我們曾在2018年的一篇舊稿中據此亦將首字隸作"䫉"，認爲即《説文》"䫉"字異體，指出金文方面的字編、字典類工具書，應增列一"䫉（䫉）"字頭。甲骨文中的"欥"亦當是"䫉"字，"欯"與"䫉"應是一語之分化。②

六、叔彪父簠（6.263）

《全集》6.263著録了一件1976年山東臨沂市平邑縣平邑鎮蔡莊村春秋墓葬出土的簠，蓋、器同銘，《全集》（第273頁）釋文作"邾叔虢作杞孟□盥其萬年眉壽子子孫孫永寶用享"。"弔（叔）"前一字，據輪廓可釋作"黿（邾）"。所謂"虢"，原作"[圖]""[圖]"，顯然是"彪"字，"彪"與"乍（作）"之間另有一"父"字。"孟""匜"之間有兩字，應釋作"辝（姒）"䞈（饙）"。

《集成》04592、《銘圖》05926著録了一件1976年山東臨沂市平邑縣蔡莊春秋墓葬出土的叔虎父簠，《殷周金文集成引得》《集成》（修訂增補本）釋文作"是叔虎父乍（作）杞孟辝（姒）䞈（饙）簠，其萬年眉壽，子子孫孫，永寶用享"。③《銘圖》釋文作"□弔（叔）虎父乍（作）杞孟辝（姒）䞈（饙）匜（簠），其萬年𦣞（眉）𦣞（壽），子=（子子）孫=（孫孫），永寶用言（享）"。④據銘文與出土地來看，此簠與《全集》所録之簠應是出自同一墓地且屬於同一器主的兩器。核查相關資料，同墓出土4件簠，《全集》《銘

---

① 濟南市文物局、濟南市博物館、濟南市考古研究所：《濟南文物精粹・館藏卷》，文物出版社，2018年，第118頁。
② 謝明文：《釋"䫉"》（《簡帛》待刊稿）。看校補記：此文已刊於《簡帛》第20輯，上海古籍出版社，2020年，第1—5頁。
③ 張亞初：《殷周金文集成引得》，中華書局，2001年，第97頁。中國社會科學院考古研究所：《殷周金文集成》（修訂增補本）第4册，第2959頁。
④ 吳鎮烽：《商周青銅器銘文暨圖像集成》第13卷，第210頁。

圖》共著錄了其中的兩件。據《全集》所錄之簠,可知所謂叔虎父簠"弔(叔)"前一字應釋作"䉰(邾)",而"虎"字應改釋作"彪",兩簠應定名爲"叔彪父簠"。

春秋早期銅器中,有一批杞伯每亡器,銘文大都言"杞白(伯)每亡乍(作)䉰(邾)嬛(曹)+(修飾語)器名",其意是講名叫每亡的杞伯爲出自邾國的曹姓女子作器(兩人很可能是夫妻關係),這是杞、邾兩國族之間交往的例子。兩件叔彪父簠前一句銘文是説邾國的叔彪父爲出自杞國的姒姓長女作簠(兩人也很可能是夫妻關係),這爲杞、邾兩國族之間的交往提供了新的材料。

七、曾子義行簠(7.124)

曾子義行簠(《銘圖》05854)蓋、器同銘,《銘圖》釋作"曾子義行自乍(作)飤匜(簠),子孫其永保用之",認爲:"蓋銘無'自'字,'其'字作'丌'。器銘殘缺'匜''子'和'用'三字。"①《新收》1265 將蓋銘"行"下之字釋作"乍",②《近出》519 將蓋銘"行"下之字釋作"作"。③《全集》7.124 僅著錄蓋銘,但所錄拓本較之前著錄者更爲完整清晰,蓋銘"行"下作"",顯然是"自"字,舊將它摹作""釋作"乍"是錯誤的,而"自"下則奪"乍"字,可知《銘圖》所説有誤。

八、嬰同盆(7.127)

《全集》7.127(第 129 頁)著錄了一件出土於江蘇省邳州九女墩 M3、現藏邳州市博物館的春秋銅盆,盆內底有銘文四行,共 20 字。

---

① 吴鎮烽:《商周青銅器銘文暨圖像集成》第 13 卷,第 111 頁。
② 鍾柏生等編:《新收殷周青銅器銘文暨器影彙編》,藝文印書館,2006 年,第 884 頁。
③ 劉雨、盧岩:《近出殷周金文集錄》第 2 册,中華書局,2002 年,第 420 頁。

《全集》未作釋文，盆銘個別文字不太清晰，我們試釋如下："叡句郲之孫，陕①旨［圖］②之子，僮□③公之妻嬰同盥（鑄）用鍺。"

邳州市九女墩 M6 出土了一件攻吳王之孫鑾（《銘圖》14747），殘存文字作"……作爲鑾，攻吳王之孫……"，九女墩 M2 出土的叡巢鎛（《銘圖》15783）有銘作"余攻王之玄孫"，"攻王"即"攻吳王"，兩器皆言及吳王，由此可以肯定同出九女墩的嬰同盆之"叡句郲"與湖北穀城出土劍銘的"叡戜此郲"、浙江紹興魯迅路出土劍銘的"叡夠鄱（郲）"必是同一人，即吳王"句余"亦即"餘祭"。④

與嬰同盆同出一墓的徐王之孫鐘（《銘圖》15289）銘文中有一句研究者一般釋作"徐王之孫□凡乍"的話，但拓本中此數字並不清晰，如果"徐王之孫"舊釋不誤的話，我們認爲"僮□公"很可能係徐國後人，⑤如果此説可信的話，那麽嬰同盆銘文反映了吳、徐兩國通婚的歷史。

"用"後之字，原作"［圖］"，我們暫釋作"鍺"。⑥《全集》稱此器爲盆，但目前的金文資料中，"盆"自名無作此形者，此銘爲青銅器自名研究提供了全新的材料。

九、莽⑦父簋（10.261）

《全集》10.261 新著録了一件出土於河南省平頂山應國墓地的西周銅簋，其銘文如下：

---

① 原作"［圖］"，左下還有殘筆。
② 左从邑，右不識。
③ 原作"［圖］"，左从邑，右不清晰。"僮□公"應與鍾離無關。
④ 參看董珊：《新出吳王餘祭劍銘考釋》，復旦大學出土文獻與古文字研究網站，2009 年 5 月 10 日。董珊：《吳越題銘研究》，科學出版社，2014 年，第 11—20 頁。
⑤ 它與鐘銘"徐王之孫"的關係有待進一步研究。
⑥ "金"下有兩短橫，不知是否要釋作"金鍺"二字，待考。
⑦ 此字作"［圖］"類形，我們暫隸作"莽"，西周金文中研究者一般隸作"莽"之字可能是在此類字形的基礎上加注"今"聲而來。

唯六月初吉甲午,荠父御于朕天君雁(應)厌(侯),卣昜(錫)荠父馬乘、車、虎①䡊、𢁇襗、②䜌(鑾)、𥎦(雕)③鞗、荠父𠭯(敢)對揚朕天君休命,用乍(作)朕皇且(祖)寶殷(簋),用旂(祈)𪏰④禱𧶠(眉)壽(壽)、永命,子=(子子)孫=(孫孫)用䵼(享)。

"昜"前之字原作"![]",顯然是"卣"字。虢叔旅鐘(《集成》00238—00244)銘文中有如下一段話:

旅敢肇帥型皇考威儀,淄(？祗？)御于天子,△天子多賜旅休,旅對天子魯休揚,用作朕皇考惠叔大林龢鐘。

其中△字有"![]"(《集成》00238)、"![]"(《集成》00240)兩類寫法,可分別隸作"卣""卣",它們係一字異體。從目前的相關研究來看,研究者一般是將鐘銘此字直接釋作"廼"或看作是"廼"的訛字。我們曾指出虢叔旅鐘△字只能是"卣/卣"字而不可能是"廼"字之訛,它應是一個表承接關係的連詞,訓作"於是",此種用法的"卣/卣"亦見於甲骨文,《詩》《書》中則常用"攸"字來表示(金文中則見於井鼎),《漢書》則常用"卣"的變體"迿"來表示,其他古書中或用"由"字來表示。虢叔旅鐘"卣/卣"在銘文中是"出現在兩件事情的後一件中,在表明前後兩事有邏輯上的因果關係的同時,又有強調後一事在前一事之後緊接着發生的意味"。即"淄(？祗？)御于天子"一事是"天子多賜旅休"一事的原因,且強調後者緊接着前者發生。⑤

荠父簋"卣"字用法與虢叔旅鐘"卣"字用法完全相同,兩者恰可合證,這更加證明了"卣"字確有連詞用法以及虢叔旅鐘"卣"字不可能是"廼"字

---

① 與執虎鼎(《集成》02437)"虎"字寫法接近,應是"虎"之訛體。

② 簋銘中的名物不少可與裘衛諸器中的名物合觀,如"𢁇襗"除了簋銘外,僅見九年衛鼎(《集成》02831,《銘圖》02496),"荠鞗"除了簋銘外,僅見裘衛盉(《集成》09456,《銘圖》14800)。

③ 冀小軍:《説甲骨金文中表祈求義的荠字——兼談荠字在金文車飾名稱中的用法》,《湖北大學學報》(哲學社會科學版)1991年第1期,第35—44頁。

④ 此字在殷墟甲骨文中見於《合》36909、36910、36911、36913,用作地名。

⑤ 以上意見參看謝明文:《談談古文字中的連詞"攸"》,張顯成主編:《古漢語語法研究新論》,西南師範大學出版社,2015年,第121—126頁。收入同作者:《商周文字論集》,第309—318頁。

之訛。簋銘"卣"表明"莽父御于朕天君應侯"一事是"(應侯)錫莽父馬乘、車、虎冟、斋徝、鑾、雕輅"一事的原因,且强調後者緊接着前者發生。簋銘爲"卣"的連詞用法又提供了新的用例。

十、競(景)之雙鼎(10.360)、楚王孫簠(10.379)、競(景)孫戈(10.429)

楚王孫簠出土於河南省駐馬店市上蔡郭莊楚墓 M1,蓋内部頂面邊角鑄銘文 7 字,《全集》(第 357 頁)釋作"楚王孫□之□盟"。競孫戈亦出土於河南省駐馬店市上蔡郭莊 M1,在戈的一面的中脊和胡上,有錯金鳥蟲書銘文 6 字,《全集》(第 406 頁)釋作"競孫舟之用戈"。

簠銘"之"後缺釋之字是"䵼(饋)"。"之"前之字原作"〔圖〕",可隸作"旙"。戈銘所謂"戈"當釋讀作"㦤(戴)"。"競孫"後面之字,原作"〔圖〕",《全集》釋作"舟"是錯誤的,可隸作"旃"。"旃"與"旙"在銘文中顯然是指同一人,它們是一字異體,前者當分析爲从"扩""舟"聲,後者當分析爲从"扩""趄"聲,而"趄"又从"舟"聲。古文字中"舟"作聲符時其讀音與"朝""籥""躍"等字音近。① "趄",金文中見於趄君啓妾壺(《集成》09537)。清華簡《耆夜》(簡 10)亦有此字,用作"躍降"之"躍"。"趄"从"走",它可能本即"躍"字異體。

競之雙鼎(10.360)出土於河南省駐馬店市上蔡郭莊 M1,其銘文中有"雙"字,我們曾指出它與所謂楚王孫漁戈、楚王孫漁矛"斸"是一字異體,根據它們从又、从魚,似與捕魚有關,又據古文字中"舟"形往往是作聲符而其讀音與"朝""籥""躍"等字音近,懷疑它們可能是"罩"字異體。②

---

① 魏宜輝:《試析古文字中的"激"字》,武漢大學簡帛網,2006 年 3 月 29 日。陳斯鵬:《讀〈上博竹書(五)〉小記》,武漢大學簡帛網,2006 年 4 月 1 日。蘇建洲:《利用〈上博竹書〉字形考釋金文二則》,武漢大學簡帛網,2007 年 11 月 3 日。復旦大學出土文獻與古文字研究中心研究生讀書會:《清華簡〈耆夜〉研讀札記》,復旦大學出土文獻與古文字研究中心網站,2011 年 1 月 5 日。

② 謝明文:《競之雙鼎考釋》,《出土文獻》第 9 輯,中西書局,2016 年,第 64—72 頁。收入同作者:《商周文字論集》,第 359—369 頁。

根據字形、銘文以及競(景)之䚄鼎與楚王孫簠、競(景)孫戈同出上蔡郭莊 M1，可知"旃""旓"與"䚄""瀴"顯然是指同一人，由前者可以肯定後面兩字所從之"丹"必是聲符，"旃/旓"與"䚄/瀴"當是音近通假關係。①

十一、曾侯與壺（10.398）

河南省駐馬店市上蔡郭莊楚墓 M1 出土了一件青銅壺，蓋側邊面和上腹部均有銘文六字，《銅全》（第 376 頁）釋作"曾侯與之尊壺"。所謂"尊"字，拓本作"󰀁"，顯然是"㫃"字。"㫃壺"一語曾見於曾仲姬壺（《文物》2008 年第 2 期第 8 頁，《銘圖》12190）"曾仲姬之㫃壺"，"㫃"作"壺"的修飾語，曾侯與壺銘文又提供了新的一例。我們曾將曾仲姬壺之"㫃"與競之䚄鼎"競(景)之䚄自乍(作)塑彞鬲鎷"之"塑"相聯繫，讀作"漿"。②陳喜壺"敢爲塂壺九"之"塂"與"㫃壺"之"㫃"亦可能表示同一個詞。③

---

① 關於"瀴""䚄"等字，目前研究者雖然有不同的釋讀意見，但大都認爲此人即"楚平王之孫公孫朝"(參看馬俊才：《流沙疑塚》，中國國際廣播出版社，2010 年，第 191—192 頁。黃錦前：《楚系銅器銘文新研》，吉林大學博士後研究工作報告，2012 年，第 112—119 頁。曹輝、陶亮：《上蔡郭莊一號楚墓"競之朝"鼎銘文及相關問題試析》，《中原文物》2019 年第 3 期，第 116—119、128 頁。李家浩：《競孫旒鬲銘文所記人名考》，清華大學主辦，"李學勤先生學術成就與學術思想國際研討會紀念會"論文，清華大學，2019 年 12 月 7—8 日。李家浩：《楚王孫鮪兵器與競之䚄鼎》，《訛字研究論集》，中西書局，2019 年，第 132—141 頁）。結合上述諸器的時代以及"瀴""䚄""旃""旓"諸形從"丹"聲來看，此說應可信。看校補記：碩士生盧路在未刊稿《競孫鬲再探》中將出土於上蔡郭莊的競孫鬲（《銘圖》03036）銘文中舊一般釋作"旒"或"旋"的字改釋作"旓"，可信。論集按語：盧後改題爲《競孫鬲器主名之字考釋》，發表於《出土文獻》2021 年第 2 期，第 31—35 頁。

② 如果"㫃壺"之"㫃"與競之䚄鼎"塑彞"之"塑"表示的不是同一個詞，則前者有可能讀作"醬"/"漿"。

③ 謝明文：《陳喜壺銘文補釋》，廈門大學人文學院中文系古代漢語教研室主辦，"古文字與上古音青年學者論壇"學術研討會論文，廈門大學，2019 年 11 月 9—10 日。論集按語：此文正式發表於《中國國家博物館館刊》2021 年第 9 期，第 56—63 頁。另外上郜獁妻壺（《銘圖續》0834）銘文中舊所謂"隓(尊)壺"之"隓"，原作"牆"，從"羋"從"爿"。如果銘文不僞的話，比較《銘圖》13539"󰀂"（陳漢平先生釋作"裸將"之"將"，見《釋將》，《屠龍絶緒》，黑龍江教育出版社，1989 年，第 203 頁），它可能是"裸將"之"將"的異體。"牆壺"之"牆"與金文中數見的"㫃壺"之"㫃"表示的應是同一個詞。

十二、蔡嬀盤（10.412）

蔡嬀盤出土於河南省駐馬店市上蔡蔡國故城里蔡國貴族墓地，盤底鑄銘文3行17字（含重文2），《全集》（第390頁）釋文作："□侯曾蔡嬀盤，其萬年無疆子子孫孫永望。""侯"前之字原作"▨"，它與戜簋"▨"、竃侯簠"▨"明顯是一字異體，①應隸作"麟"，可看作是一個雙聲字。② "曾"當讀作"贈"或"增"，"贈予""給予"義，匋盉（《銘圖》14791）"曾"用作"贈"即其例。所謂"永"是"勿"的誤釋。盤銘釋文應作"麟侯曾（贈/增）蔡嬀盤，其萬年無疆，子=（子子）孫=（孫孫）勿譽（亡）"。"蔡"爲姬姓，由竃侯簠"麟侯作叔姬寺男滕簠"推知"麟"亦爲姬姓，因此盤銘"麟侯曾（贈/增）蔡嬀盤"應理解爲"姬姓的麟侯贈送給出嫁於蔡國的嬀姓女子水器盤"。

十三、子婦父己觶（20.151）

《全集》20.151著錄了一件甘肅靈臺縣出土的觶，圈足底部有銘文四字，作如下之形：

《全集》（第75頁）釋作"父己婦好"。從"女"形背對"子"形而面向"帚"形來看，"女"顯然應與"帚"組成"婦"字，觶銘應釋作"子婦父己"。"子"在族名金文中作族名多見，此銘的"子"亦是族名，"子婦"指"出自子

---

① ［日］《奈良國立博物館藏品圖版目錄——中國古代青銅器篇》（第53頁，奈良國立博物館，2005年）著錄的一件鼎銘中有"▨"字，與它們亦是一字異體。但從字形看，鼎銘似僞。

② 謝明文：《枼及相關諸字補釋》，黃德寬主編：《第七屆中國文字發展論壇論文集》（一），中國文字博物館，2019年，第49—64頁。論集按語：後論文集正式出版，拙文見《第七屆中國文字發展論壇論文集》（一），河南大學出版社，2021年，第49—64頁。

族的婦"或"出嫁於子族的婦",①後者的可能性大。觶銘大意是指出自子族的婦或出嫁於子族的婦爲公公父己或日名爲己的其他父輩作器。族名金文中,女子爲夫家男性先人所作之器有如下諸例:

(1) 盚婦䵼(尊)。主己、且(祖)丁、父癸。

　　　　　　　　　　　　　　盚婦鼎(《集成》02368,《銘圖》01856)
(2) 文父乙卯婦婎(内底)。文(外底)。　　文父乙簋(《銘圖》04256)
(3) 彭婦乍(作)寶彝。父辛。　　　　彭婦觶蓋(《銘圖》10611)
(4) 隻帚(婦)父庚。　　隻婦父庚卣蓋②(《集成》05083,《銘圖》12923)

例(1)"盚婦尊"即"盚婦作尊"的意思,它省略了作器動詞。"主己、祖丁、父癸"則是作器對象或祭祀對象。該鼎銘表示盚婦爲夫家先人主己、祖丁、父癸作器。盚卣(《集成》05265)、盚罍(《總集》5573)銘文都作"主己、且(祖)丁、父癸,盚",它們顯然與鼎銘有關,三器似是同時所作。

例(2)文父乙簋内底、外底皆有一中間部分加交叉綫的"文"字。商代金文中,這種寫法的"文"往往是作族名,在銘文中顯然是指父乙所屬族氏。"卯"指"婦"所屬之族,"婦"後之字,舊一般釋作"娸",似不可信,因爲所謂"其"上明顯還有" "形筆畫,我們認爲所謂"娸"似是一個從"女"從"衣"或"卒"聲之字,用作"卯婦"的私名。簋銘大意是指來自卯族、私名叫婎的女子爲族名爲文的夫家先人父乙作器。

例(3)觶銘大意是指彭婦爲夫家先人父辛作器。例(4)觶銘大意是指隻婦爲夫家先人父庚作器。《全集》著録的這件子婦父己觶銘文,爲女子給夫家男性先人作器提供了新的材料。③

————————
①　下文"盚婦""彭婦""隻婦"的理解亦類此,不再一一説明。
②　此蓋現與酉父辛卣(《集成》04987,《銘圖》12810)相配,《集成》認爲是誤合爲一,此從之。
③　所謂賓婦丁父辛卣(《集成》04972,《銘圖》13023)銘文,舊一般釋作"賓帚(婦)丁父辛",乍看之下,似乎也是講女子給夫家先人作器。此説不可信,因爲舊釋有誤,參看謝明文:《談談所謂賓婦丁父辛卣銘文的釋讀》(《中國史研究動態》編輯部與浙江大學歷史系中國古代史研究所聯合主辦,"古代文明與學術"研討會論文,杭州,2019年9月21—22日。論集按語:此文已正式發表於《青銅器與金文》第6輯,上海古籍出版社,2021年,第19—23頁)。

以上我們對《全集》著錄的部分金文資料作了初步的討論，這些資料或提供了新字形/新字頭，①或提供了器名修飾語與形制對應關係的新材料，或提供了人名稱謂的新材料，或提供了國族交往的新材料，或提供了銅器自名的新材料，或提供了虛詞研究的新材料，或提供了女子給夫家男性先人作器的新材料，由此可見《全集》所録金文資料的重要性。②

附記：本文初稿曾署名"雅南"發表在"復旦大學出土文獻與古文字研究中心網站"（2019年10月25日），2020年1月初修改。山西省絳縣横水墓地M2531出土的兩件伯旅父簠（《考古學報》2020年第1期，第97頁、102頁）形制、紋飾、尺寸一致，銘文皆作"伯旅父作寶鈴簠四"，可見這是同時所作四件簠中的兩件。"鈴簠"一語與文中所論仲𣄴父簠"鈴簠"用法相同。發表者提及伯旅父簠"外底中部垂一彎鉤，未見鈴鐺"（《考古學報》2020年第1期，第96頁）。從伯旅父簠外底中部垂一彎鉤來看，我們認爲這一彎鉤本也是用來系吊銅鈴的，也就是説，該簠最初也應是系吊銅鈴的。另文中所論嬰同盆銘文，馬永强、程衛《江蘇邳州九女墩三號墩出土銅盤銘文考釋》（《文物》2019年第10期，第79—81頁）一文亦有考釋，釋文與本文或有不同，請讀者參看。

論集按語：與本文所論的仲𣄴父簠同墓出土的另一件同銘的簠（其中蓋銘"令"形省訛作"卩"形，參看山西省考古研究院等編著：《倗金集萃——山西絳縣横水西周墓地出土青銅器》093號，上海古

---

① 《全集》6.156中有一人名用字，作"󰀀"，這亦是新字形，可釋作"驪"。
② 《全集》還有一些新著録的資料，釋文頗有問題，如《全集》1.32將舟遷簠"舟（應是族名）遷"二字誤釋作"遷"，2.58將耳爵"耳"誤釋作"曰"，5.147將引甗"引"誤釋作"永"，6.344將歔郘公子戈"之元"二字誤釋作"徽"字（此戈曾著録於濟寧市文物局編：《濟寧文物珍品》，文物出版社，2010年，第82頁），6.396將旮之造戈"分（旮）"誤釋作"令"，12.343將曾伯陭匜"醽（沬）盉（匜）"誤釋作"盝□"，12.385將倗周載"倗周"誤釋作"傀用"（倗周載，《考古》2008年第4期第43頁圖23.3，《銘圖》16884等僅著録了其銘文摹本，《全集》新著録了其銘文彩照）等，由於這些銘文釋讀意義不大，且限於篇幅，我們就不一一指出了。

籍出版社,2021年,第383—387頁),外底亦係吊一銅鈴,這與本文所論的仲辣父簋是同時所作四件鈴簋中的兩件。

原載《出土文獻與古文字研究》第 9 輯,上海古籍出版社,2020年,153—166頁。

談談周代金文女子稱謂研究中應該注意的幾個問題*

關於周代金文中女子稱謂的格式，不少研究者曾通過全面梳理相關金文作過比較細密的分析，①但也存在一些問題，由於研究者對這些問題沒有足夠的認識，以致在相關討論中出現了不少錯誤。本文擬針對此談談周代金文女子稱謂研究中應該注意的幾個問題。

一、注意"私名＋姓"的格式

周代金文女子稱謂中，"私名＋姓"的格式，只有少數研究者在論及人名稱謂時附帶提及。如盛冬鈴先生在談及西周銅器銘文中的人名格式時，認爲"也有名在姓前的例子"，並以中伯盨（《三代》10.27.5，《集成》04355）"中伯作蠻姬旅盨用"之"蠻姬"爲例。②吴鎮烽先生在討論女性人名"私名＋姓"的格式時，例舉了陳侯簋（《集成》03903）"陳侯作嘉姬寶簋"之"嘉姬"、叔噩父簋（《集成》04056）"叔噩父作鸞姬旅簋"之"鸞姬"、伯梁父簋（《集成》03793）"白梁父作嬛姞尊簋"之"嬛姞"、叔向

---
* 基金項目：國家社科基金青年項目"商代金文的全面整理與研究及資料庫建設"（項目編號16CYY031）。

① 李仲操：《兩周金文中的婦女稱謂》，《古文字研究》第18輯，中華書局，1992年，第398—405頁。石岩：《周代金文女子稱謂研究》，《文物春秋》2004年第3期，第8—17頁。

② 盛冬鈴：《西周銅器銘文中的人名及其對斷代的意義》，《文史》第17輯，中華書局，1983年，第29頁。

父簋(《集成》03849)"叔向父作婷姒尊簋"之"婷姒"、成伯孫父鬲(《集成》00680)"成伯孫父作浸嬴尊鬲"之"浸嬴"、散車父壺(《集成》09697)"散車父作皇母齼姜寶壺"之"齼姜"共 7 例。① 謝博霖先生在討論女性人名時,附帶提及了"私名＋姓"的格式,並以伯梁父簋甲(《集成》03793)"白梁父作嬀姞尊簋"之"嬀姞"、叔向父簋(《集成》03849)"叔向父作婷姒尊簋"之"婷姒"爲例。② 由於只有少數研究者附帶提及了"私名＋姓"的格式,且提及的例子極少,並没有對它們作全面而細緻的分析,而研究者提及的少數例子中有的證據不足,③有的甚至肯定是錯誤的,④"私名＋姓"的格式並没有得到足够的認識,以致研究者在碰到此類女子稱謂時往往作出錯誤的分析。下面我們就根據周代金文比較全面地談談這一類女子稱謂。

棗莊市山亭區東江村古墓出土了一大批小邾國青銅器,從銘文看,其中有多件是邾慶爲秦妊所作器,如邾慶匜(《小邾國》⑤第 113 頁)"邾慶作秦妊匜,其永寶用"、邾君慶壺(《小邾國》第 87 頁)"邾君慶作秦妊醴壺,其萬年眉壽永寶用"、郳慶鬲(《小邾國》第 41 頁)"郳慶作秦妊羞鬲,其永寶用"等。還有邾慶爲另兩個妊姓女子華妊、奏⑥妊所作的器物。前者有兩件鬲,銘文作"邾慶作華妊羞鬲"(《小邾國》第 106—107 頁),後者有一件匜(《小邾國》第 111—112 頁)、兩件簋(《小邾國》第 114—116 頁),一件方壺(《小邾國》第 118 頁),銘文皆作"邾慶作奏妊匜,其萬年子子孫孫永寶用享"。此外華妊自作鬲兩件,銘文作"邾華妊作羞鬲"(《小邾國》第 108—110 頁)。研究者多已指出華妊、奏妊是邾慶夫人秦妊往嫁時陪媵

---

① 吴鎮烽:《金文人名彙編》(修訂本),中華書局,2006 年,第 461 頁。
② 謝博霖:《西周青銅器銘文人名及斷代研究》,臺灣政治大學碩士論文(指導教師:蔡哲茂),2011 年,第 25 頁。
③ "嬀姞"之"嬀"既可能是謚號,也可能是"䰜"的加女旁字,"嬀"即國族名"䰜"。相比較,後一種可能性更大。
④ 如"婷姒"之例,"婷"顯然應讀爲"辛",乃是國族名而非私名[參看韓巍:《西周金文世族研究》,北京大學博士學位論文(指導教師:李零),2007 年,第 195 頁]。
⑤ 棗莊市政協臺港澳僑民族宗教委員會、棗莊市博物館編著:《小邾國遺珍》,中國文史出版社,2006 年。
⑥ 此字舊或釋作"秦",誤。研究者或改釋作"華",恐不可信。

的娣,可信。

關於"秦妊"的稱謂,林澐先生因爲主張秦是嬴姓,所以他在討論"秦妊"時認爲:"如果是直接嫁到小邾國來的,應該在'妊'前面冠以'邾'或母國名。不該稱爲'秦妊'。有可能她是先嫁到了西方的秦國,後來因爲某種原因回到了母國,又被小邾君所得。"①由於夫家"邾"是曹姓,不少研究者皆認爲"秦妊"是"父家國族名＋姓"的格式,因而得出了還存在一個不同於嬴姓的妊姓秦國的結論。② 關於"華妊""奏妊",其稱謂格式研究者一般不作討論。我們認爲"秦妊"是"父家國族名＋姓"的格式從理論上看當然是可成立的,但綜合相關材料看,却不由讓人懷疑。我們知道,文獻中宋國華氏爲子姓,金文中也有相關證據。如山東沂水縣春秋墓出土的華孟子鼎(山東省文物考古研究所、臨沂市文物考古隊、沂水縣博物館:《海岱考古》第6輯,科學出版社,2013年,圖版382),其銘文作"華孟子作叚氏婦仲子媵寶鼎,其眉壽萬年無疆,子子孫孫保用享",據銘文可知華氏爲子姓。如果"秦妊"是"父家國族名＋姓"的格式,那麼"華妊""奏妊"的格式也當相類,亦可推出華氏或華國也是妊姓,奏氏或奏國也是妊姓。如果我們承認"秦妊"是"父家國族名＋姓"的格式,那麼我們必然得假設存在一個妊姓的奏國或奏氏、一個不同於子姓的妊姓華國或華氏、一個不同於嬴姓的妊姓秦國或秦氏,而這些據目前的傳世古文獻資料以及出土資料皆是很難加以證實的。認爲"秦妊"是"父家國族名＋姓"一類格式的研究者,皆對"華妊""奏妊"的稱謂置之不理,這是非常不妥當的。

此外,同墓地遭盜掘的青銅器中有三件鑄叔盤,其銘作:

鑄叔作叔妊秦媵盤,其萬年眉壽永寶用。

鑄即祝國,《世本》云任姓。此外據鑄公簠蓋(《集成》04574)"鑄(祝)

---

① 林澐:《棗莊市東江墓地青銅器銘文部分人名的考釋》,棗莊市山亭區政協編:《小邾國文化》,中國文史出版社,2006年,第195—196頁。又載《古文字研究》第26輯,中華書局,2006年,第208頁。收入氏著:《林澐學術文集(二)》,科學出版社,2008年,第219頁。
② 趙平安:《山東秦國考》,《金文釋讀與文明探索》,上海古籍出版社,2011年,第175—178頁。王恩田:《棗莊山亭邾器與邾國》,棗莊市山亭區政協編《小邾國文化》,第160頁。

公作孟妊車母媵簠",亦可知鑄乃妊姓。因此鑄叔盤顯然是鑄叔爲女兒叔妊秦出嫁到小邾所作的媵器,"叔妊秦"應是"排行＋姓＋私名"的格式。李學勤先生認爲古時女人稱謂不能將名放到姓前,因此"叔妊秦"與上引"秦妊"不是同一個人。①

"叔妊秦"是"排行＋姓＋私名"的格式,如果承認"秦妊"是"國族名＋姓"的格式,那麼就得認爲"叔妊秦"與"秦妊"沒有關係,她們不是同一個人。三件鑄叔盤與邾慶爲秦妊所作的這一批器皆出自棗莊市山亭區東江村古墓,如果說前者的"叔妊秦"與後者的"秦妊"沒有聯繫,恐怕是不可信的。我們認爲問題的癥結在於周代女子稱謂中"名"能不能放到"姓"前,如果能,那麼"秦妊"完全可以考慮是"私名＋姓"的格式,這樣"叔妊秦"與"秦妊"應該就是同一個人。下面我們就通過一些具體的金文例子來分析周代"私名＋姓"這一類女子稱謂。

(1) 鮿(鮑)子作媵仲匋始(姒),其獲之男子,勿或束已,它它熙熙,男女無期,仲匋始(姒)及子思,其壽君毋死,保而兄弟,子孫孫永保用。

鮑子鼎,《銘圖》02404

(2) 仲師父作季妓始(姒)寶尊鼎,其用享用孝于皇祖帝考,用錫眉壽無疆,其子子孫孫萬年永寶用享。　　仲師父鼎,《集成》02743

(3) 樊君作叔嬴嫡(羋)媵器寶鬲(甗)。　　樊君鬲,《集成》00626

(4) 穆穆曾媵嬚朱姬作持。　　曾媵嬚朱姬簠,《銘圖》05803

(5) 唯曾媵嬚瑶姬作持。

曾媵嬚瑶姬簠,《書の原點·金石書學》第 18 期第 6—7 頁

(6) 季宫父作仲姊孃姬媵簠,其萬年子子孫孫永寶用。

季宫父簠,《集成》04572

(7) 鄬子孟嬭(羋)青之飤簠(蓋銘)。鄬子孟青嬭(羋)之飤簠(器銘)。

鄬子孟青嬭簠,《銘圖》05795

(8) 鄬子孟丑嬭(羋)之飤鼎。　　鄬子孟丑嬭鼎,《銘圖》01848

---

① 李學勤:《小邾國墓及其青銅器研究》,《東岳論叢》2007 年第 2 期,第 3 頁。李學勤:《小邾墓地及其青銅器研究》,《文物中的古文明》,商務印書館,2008 年,第 314 頁。

(9) 加嬭(芈)之行簠,其永用之。　　　　　　　加嬭簠,《銘圖》05425
(10) 王子申作嘉嬭(芈)盞盂,其眉壽無期,永寶用之。

　　　　　　　　　　　　　　　　　　　　　　王子申盞,《集成》04643
(11) 陳侯作嘉姬寶簠。　　　　　　　　　　　陳侯簠,《集成》03903

　　(1)中的"仲匋姒(姒)",吴鎮烽先生説:"鮑氏姒姓,故稱仲匋姒。仲,在姊妹間的排行。匋,其名也。"① 馮峰先生認爲名在姓前,不合慣例,"匋"有可能是仲姒所嫁夫家之氏。② 雖然"匋""鮑"亦音近,但"匋"顯然不宜讀作"鮑氏"之"鮑",因爲銘文中"鮑氏"之"鮑"作"鞄",而"仲匋姒"銘文中兩見,"仲"後一字皆作"匋",可見"匋""鞄"用法有別。此外,金文中女子稱謂似鮮見將排行置於國族名或氏前,"匋"亦不太可能是夫家國族名。因此我們認爲"匋"看作私名是最合理的,③吴説可從。

　　(2)中的"季妭姒(姒)"與(1)中的"仲匋姒(姒)"結構完全相同,首字皆是排行,末一字皆是女子之姓,故我們認爲前者的"妭"也是私名,它亦置於姓前。④

　　(3)中"叔"後一字,原作"[字]",或缺釋,或釋作"嬴"。我們認爲應釋作"嬴",據它在金文中的一般用法可讀作"嬴"。樊季氏孫仲嬭鼎(《集成》02624,《銘圖》02240)銘文"唯正月初吉,樊季氏孫仲嬭(芈)䍩,用其吉金,自作䍩沱","仲嬭(芈)䍩"是"排行+姓+私名"的格式,"樊季氏孫"與"仲嬭(芈)䍩"是同位語關係,由此可知樊國應是芈姓。這與(3)樊君爲芈姓女子作媵器得出樊國應是芈姓恰可互證。"叔嬴嬭(芈)",舊一般在"嬴"後面施加頓號,認爲"叔嬴嬭(芈)"不是一個女子而是兩個,一個是叔嬴,一個是芈。此器是兼媵兩女。⑤

---

① 吴鎮烽:《鮑子鼎銘文考釋》,《中國歷史文物》2009年第2期,第52頁。
② 馮峰:《鮑子鼎與鮑子鎛》,《中國國家博物館刊》2014年第7期,第106頁。
③ 金文中女子之名與字有時不太容易區分,因此本文所説的私名包括名與字。
④ 孟滕姬缶(《近出》1038)"孟滕姬擇其吉金"之"孟滕姬",我們認爲其中的"滕"未必是姬姓之滕,它也可能是私名,置於姓"姬"前。
⑤ 李學勤:《光山黃國墓的幾個問題》,《考古與文物》1985年第2期,第49—52頁。曹兆蘭:《從金文看周代媵妾婚制》,《深圳大學學報》(人文社會科學版)2001年第6期,第103頁。

"叔嬴鬲(芈)"與(2)中的"季妭始(姒)"、(1)中的"仲甸始(姒)"比較,可知它們的結構完全相同,我們認爲"叔嬴鬲(芈)"宜看作一人,而其中的"嬴"應是私名,"叔"是排行,"鬲(芈)"是姓。(3)是指樊君爲名叫"嬴"的小女兒作了媵器鬲。

(4)中"曾孟孉朱姬",女子稱謂。關於其結構,整理報告認爲:

> "曾",國名;"孟孉",應爲私名;"朱",可讀爲"邾",國名;"姬",曾國之姓。"曾孟孉朱(邾)姬",即曾國姬姓之女名(孟孉),嫁於邾國者。①

申青雲先生的意見與整理報告同。②《曾國青銅器》認爲朱姬可能爲私名而孟孉可能爲行輩與國姓,孟即孟,爲行輩,孉爲婦國姓氏。③

我們認爲上述意見皆存在一些問題,下面我們對"曾孟孉朱姬"試作分析。"孟"原作上下結構,上"好"下"皿",此字在目前已經發表的金文中,除了見於(4)(5)外,還見於隨州文峰塔曾國墓地出土的玄簠(《考古》2014年第7期,第26頁圖版20.2)"孟嬭(芈)玄之行簠"。結合這些銘文來看,"孟"應該就是長女稱孟之孟的專字。值得指出的是,這幾例與"孟"字有關的銘文皆與曾國有關,不知長女之孟或用"孟"字來表示是否曾國文字的特點還是其他國別的文字也有只是目前没有發現而已,這有待進一步研究。

結合(4)(5)來看,我們認爲最合理的分析應該是:"孉朱""孉瑶"都是私名。從金文資料看,周代的曾國是姬姓,這已經爲研究者所熟知。"曾孟孉朱姬""曾孟孉瑶姬"應是"父家國族名(曾)+排行(孟)+私名(孉朱/孉瑶)+姓(姬)"的格式。曾孟孉朱姬簠,淅川縣徐家嶺春秋墓葬出土;曾孟孉瑶姬簠,出土地不詳,但據銘文與字體推測,可能係徐家嶺墓葬盗掘出土。"孉朱""孉瑶"可能有親屬關係,但從"曾孟孉朱姬""曾孟孉瑶姬"

---

① 河南省文物考古研究所:《淅川和尚嶺與徐家嶺楚墓》,大象出版社,2004年,第362頁。

② 申青雲:《河南出土戰國青銅器銘文整理與研究》,安徽大學碩士學位論文(指導教師:徐在國),2010年,第32頁。

③ 湖北省文物考古研究所:《曾國青銅器》,文物出版社,2007年,第406頁。

都言"孟(孟)"來看,她們應不會是親姐妹。從曾孟孀朱姬簠出自鄶氏墓地來看,可推測"孀朱"的夫家可能是鄶氏。

(6)"仲姊"①與"孃姬"是同位語關係,我們認爲"孃"應是私名。如果在同一平面分析,"仲姊孃姬"可看作是"排行＋親屬稱謂＋私名＋姓"的格式。

(7)鄶子孟青嬭簠蓋銘"孟嬭(芈)青"顯然是"排行＋姓＋私名"的格式,這種格式是周代金文女子稱謂中非常典型的。器銘中與蓋銘"孟嬭(芈)青"相對應的却作"孟青嬭(芈)",私名("青")在姓("嬭(芈)")前,聯繫前面所舉諸例來看,我們認爲這不是偶然誤鑄所致,而應看作是私名能置於姓前的强證。

(8)"孟"後面一字,原形作"![字]"(蓋銘)、"![字]"(器銘),舊一般釋作"升",研究者指出應改釋作"丑"。② "孟丑嬭(芈)"與(7)"孟青嬭(芈)"比較,可知"丑"顯然也應是私名。

楚王鼎(《銘圖》02318)"唯王正月初吉丁亥,楚王媵隋仲嬭(芈)加飤繇,其眉壽無期,子孫永寶用"之"隋仲嬭(芈)加"屬於"夫家國族名＋排行＋姓＋私名"的格式,(9)中的"加嬭(芈)"與之極可能是同一人,其中的"加"我們認爲也是私名。

金文中,"嘉"既能作國族名(如嘉子易伯臚簠,《集成》04605;孟嬴詣不缶,《銘圖》14086),也能作人名(如右走馬嘉壺,《集成》09588)。因此(10)(11)中的"嘉"也有這兩種可能。(10)(11)中"嘉"後面的女姓分别是"嬭(芈)""姬",又據孟嬴詣不缶"唯正月初吉庚午,嘉子孟嬴詣不自作行缶"來看,"嘉"作國族名,很可能應是嬴姓。因此,(10)(11)中的"嘉"顯然

---

① 研究者或把"仲"後一字釋讀作"媵(曹)",認爲季宫父簠是季宫父爲一齊出嫁的仲媵、孃姬製作的陪嫁器(曹兆蘭:《從金文看周代媵妾婚制》,《深圳大學學報》(人文社會科學版)2001年第6期,第103頁),此説不可信。

② 虞晨陽:《〈近出殷周金文集録二編〉校訂》,復旦大學碩士學位論文(指導教師:陳劍),2013年,第35頁。

宜看作是私名。①

《國語·晉語一》："殷辛伐有蘇,有蘇氏以妲己女焉。"韋昭注："有蘇,己姓之國,妲己,其女也。"《史記·殷本紀》："帝紂資辨捷疾……愛妲己,妲己之言是從。"《史記索隱》:"《國語》:有苏氏女。妲字己姓也。"這是商末女子稱謂"私名"置於"姓"前的例子,那麽在周代金文中,女子稱謂偶而將"私名"置於"姓"前也是很自然的。

通過以上的例子,可知在周代女子稱謂中,確實是存在將"私名"置於"姓"前的變例的。據此,我們認爲棗莊市小邾國青銅器銘文中的"秦妊""華妊""奏妊"也完全可以看作是"私名+姓"的格式,"秦""華""奏"皆是私名。這樣處理有兩個好處,其一就不必預設存在一個妊姓的奏國、一個不同於子姓的妊姓華氏、一個不同於嬴姓的妊姓秦國。其二還可以將"秦妊"與三件鑄叔盤中的"叔妊秦"看作是同一個人,其間關係猶如(7)"孟青嬭(芈)"或作"孟嬭(芈)青"。如果我們的意見符合事實,那麽由鑄叔盤可知,這個"秦妊"應是來自妊姓的鑄(祝)國。華妊、奏妊作爲秦妊往嫁小邾時陪媵的娣,很可能也是來自鑄(祝)國。

總之,周代女子稱謂中是確實存在"私名"置於"姓"前的例子。希望本文的研究,能讓衆多研究者對這一現象有更明確的認識。

二、注意不要把女子稱謂誤作男子稱謂

(1) 鄦子孟嬭(芈)青之飤簠(蓋銘)。鄦子孟青嬭(芈)之飤簠(器銘)

鄦子孟青嬭簠,《銘圖》05795

---

① 蘇冶妊鼎(《集成》02526,《銘圖》02089)"蘇冶妊作虢改魚母媵,子子孫孫永寶用"之"冶",李仲操《兩周金文中的婦女稱謂》(《古文字研究》第18輯,第400頁)認爲"如非國族則當是字",可信。說得更妥當一點,即它既可能是父家國族名,也可能是私名。上引盛冬鈴先生例舉的中伯甗(《三代》10.27.5,《集成》04355)"中伯作嬨姬旅甗用",從文例看,其中"嬨姬"之"嬨",既可能是私名,但也可能是夫家國族名(周代金文中的"中"族爲姬姓,中伯甗應是中伯爲女兒或同姓女子作器)。如果"嬨姬"與中伯簋(《集成》03946、03947)"中伯作亲(辛)姬縊人寶簋,其萬年子孫寶用"之"辛姬縊人"是同一人的話,則前者的"嬨"應是私名。

(2) 䣄子孟丑嬭(芈)之飤鼎。　　　　　　䣄子孟丑嬭鼎,《銘圖》01848

(2)中"丑"字,整理報告釋作"升",並對上述人名分析説:

器銘爲:"伽(薳)子孟青嬭之飤匜"。蓋銘爲:"伽(薳)子孟嬭青之飤匜","青""嬭"二字前後顛倒,與器銘不同。從M3出土鼎銘又稱"伽(薳)子孟升嬭"看,應以器銘爲準,蓋銘可能爲誤書。"伽"爲其氏稱,"子"爲身份,與"伽(薳)子受"同;"孟"爲行第,即庶長;"青嬭"應爲其私名。"嬭"看似其姓,但從器主稱"伽(薳)子"看,應爲男性,男性稱謂罕見綴姓者。所以,"伽(薳)子孟青嬭"應是行第爲庶長,名爲青嬭的薳氏公子。①

整理報告又認爲"伽(薳)子孟升嬭"即"伽(薳)子孟青嬭","升"通"青"。② 申青雲先生關於(1)(2)中人名的意見與上引整理報告相同。③

我們認爲上述意見存在不少問題。金文中"子"既可以指稱男子,但也經常可指稱女子,如大師盤(《銘圖》14513)"唯六月初吉辛亥,太師作爲子仲姜沫盤"、大孟姜匜(《集成》10274)"太師子大孟姜,作盤匜,用享用孝,用祈眉壽,子子孫孫,用爲元寶"、慶叔匜(《集成》10280)"慶叔作媵子孟姜盥匜"、曩公壺(《集成》09704)"曩公作爲子叔姜媵盥壺"等。

金文男子稱謂中有許多"子"字,舊往往誤作一種身份或爵稱,不少研究者指出它們應是表示尊稱或美稱。如"鄧子辥慎"又作"鄧辥慎",可證其中"子"是尊稱。④ 我們認爲在女子稱謂中,同樣亦可在前加"子"字,如

---

① 河南省文物考古研究所:《淅川和尚嶺與徐家嶺楚墓》,大象出版社,2004年,第360—361頁。
② 同上注,第361頁。
③ 申青雲:《河南出土戰國青銅器銘文整理與研究》,第25—26頁。
④ 參看黃錫全:《楚器銘文中"楚子某"之稱謂問題辨證——兼述古文字中有關楚君及其子孫與楚貴族的稱謂》,《江漢考古》1986年第4期,第75—82頁。李守奎:《楚大師辥慎編鐘與楚大師鄧子辥慎編鎛補釋》,清華大學出土文獻研究與保護中心編、李學勤主編《出土文獻》第5輯,中西書局,2014年,第21—27頁。論集按語:春秋早期的曩伯子㝅父盨(《集成》04442—04445)與曩伯㝅父盤(《集成》10081)、曩伯㝅父匜(《集成》10211)同出,其中盨銘的"曩白(伯)子㝅父",盤銘與匜銘分別作"曩白(伯)㝅父"。河南南陽彭射墓出土的許多銅器中,器主自稱"彭子射",但在尊銘中又稱"彭射"(《文物》2011年第3期,第23頁)。這些皆可證類似稱謂中的"子"是尊稱或美稱,而與身份或爵稱無關。

《左傳》文公十四年之"子叔姬",鮑子鎛(《集成》00271)"唯王五月初吉丁亥,齊辟鮑叔之孫,躋仲之子□,作子仲姜寶鎛"之"子仲姜"等。

根據酈子佣簠(《銘圖》04578)"楚叔之孫酈子朋(馮)之□"、酈子佣缶(《銘圖》14079、《銘圖》14080)"楚叔之孫酈子朋(馮)之浴缶","楚叔之孫"與"酈子朋(馮)"是同位語關係,可知酈氏出於楚,而楚爲芈姓,因此酈氏亦是芈姓。這樣,"酈子孟嬭(芈)青"的結構也就好理解了,應是"父家族氏+尊稱(子)+排行+姓+私名"的格式,它顯然應是女子自稱。整理者以及申先生由於沒弄明白"酈子孟嬭(芈)青""酈子孟青嬭(芈)""酈子孟升嬭(芈)"的結構,誤把女子名當作男子名處理,這是很不妥當的。

三、注意女子稱謂可使用姓氏用字或國族名用字作私名

樊君作<u>叔嬴嬭(芈)</u>媵器寶鬻(甗)。　　樊君鬲,《集成》00626

周代男子以"嬴"爲名字者,如"蒍伯嬴""内史嬴"(趞鼎,《集成》02815)。① 既然男子可以姓氏用字作私名,那女子以姓氏用字作私名也就不足爲怪了。上文談及的"叔嬴嬭(芈)",我們認爲即是使用姓氏用字"嬴"作私名。姬妊旅鬲(《集成》00511,《銘圖》02692)"姬妊旅鬲",其中"姬""妊"當有一字是用作姓氏,一字是用作私名。筍伯大父盨(《集成》04422)"筍伯大父作嬴改鑄甸(寶)盨",其中"嬴""改"當有一字是用作姓氏,一字是用作私名。魯伯大父簋(《集成》03988)是春秋早期器,其銘文一般被釋作"魯伯大父作孟姜媵簋,其萬年眉壽,永寶用",乍看一下,研究者會認爲此器是魯伯爲他姓女子所作媵器。此銘拓本又著録於《山東存·魯》4.3,該拓本底部似較完整,其中第一行"孟"、第三行"用"後應各有一字,《山東存》分別釋作"姬""享",從行款以及所存殘筆來看,此釋可從,因此該簋銘實作"魯伯大父作孟姬姜媵簋,其萬年眉壽,永寶用享"。

---

① 謝明文:《金文叢考(一)》第7則《釋趞鼎"嬴"》,清華大學出土文獻研究與保護中心編、李學勤主編:《出土文獻》第5輯,中西書局,2014年,第46頁。

另有兩件魯伯大父簠(《集成》03989、03974),銘文分別作"魯伯大父作仲姬俞媵簠,其萬年眉壽,永寶用享""魯伯大父作季姬婧媵簠,其萬年眉壽,永寶用"。上述三器同屬春秋早期,其中的"魯伯大父"當是同一人,"孟姬姜""仲姬俞""季姬婧"當是三姐妹,"孟姬姜"之"姜"顯然是以姓氏用字作私名。

上文我們討論過的"秦妊""叔妊秦",特別是後者,可以肯定其中的"秦"是私名。這是女子私名用國族名用字"秦"來表示之例。王子申盞、陳侯簠銘文中的"嘉",按照我們的分析(參看上文),亦是用國族名用字"嘉"來表示私名之例。

金文中"番"作國族名多見,據王鬲(《集成》00645)"王作番改齋鬲,其萬年永寶用"、番匊生壺(《集成》09705)"唯廿又六年十月初吉己卯,番匊生鑄媵壺,用媵厥元子孟改乖,子子孫孫永寶用",可知"番"乃改姓。①魯侯匜(《銘圖》14923)銘文作"魯侯作杞姬番媵匜,其萬年眉壽寶",魯乃姬姓,因此"杞姬番"屬於"夫家國族名+父姓+私名"之例,其中女子私名亦用國族名用字"番"來表示。魯侯鬲(《集成》00545)"魯侯作姬番鬲"之"番"亦是私名,它與"杞姬番"有可能是同一人。"蘇"作國族名,金文中多見,而陳侯壺(《集成》09633、09634)"陳侯作嫣蘇媵壺"之"蘇"則用作女子私名。

從以上論述可知,女子私名既可以使用姓氏用字,也可以使用國族名用字,據此,那麼我們可以合理推測女子私名同時使用姓氏用字與國族名用字大概也是可以的。如果這種推測合乎實際,那麼媵器銘文中那些被認爲是兼媵兩女的,所謂兩女有的有没有可能本是一女,只是這一女的私名是同時使用姓氏用字與國族名用字呢?我們認爲這種可能性是存在的,至於具體情況怎樣以及如何辨別,則有待進一步研究。

看校補記:本文爲2014年據舊稿改寫,2016年4月8日投寄

---

① 伯離盤(《銘圖》14467)"唯正月初吉丁亥,番叔之孫伯離用媵季妃夢"之"妃"當讀爲"改"。

《出土文獻》。2016年我在與傅修才先生的一次聊天中聊及拙文時，蒙傅先生告知，孫剛先生在其博士論文《東周齊系題銘研究》（吉林大學博士學位論文，指導教師：馮勝君教授，2012年12月，第84—86頁）中已經指出"秦妊"之"秦"是私名，拙文相關部分可作爲孫說的補充。另吴鎮烽先生《也談周代女性稱名的方式》（復旦大學出土文獻與古文字研究中心網站，2016年6月7日）一文對女性稱名方式有系統的研究。在該文中，吴先生認爲"秦妊"之"秦"是母家的氏名，妊姓。此秦非陝西的嬴姓"秦"，而是與邶國相鄰的山東境内的妊姓"秦"，觀點與我們不同，讀者可以參看。

論集按語：隨州棗樹林墓地M169出土的銅編鐘、銅匕銘文中有人名"加嬭"，而棗樹林墓地出土銅缶及盤匜皆有銘文"楚王媵隨中（仲）嬭加"（郭長江、李曉楊、凡國棟、陳虎：《嬭加編鐘銘文的初步釋讀》，《江漢考古》2019年第3期，第13—14頁），"隨中（仲）嬭加"屬於"夫家國族名（隨）＋排行（仲）＋姓（嬭）＋私名（加）"的格式。銅編鐘、銅匕銘文中的"加嬭"與"嬭加"顯然是同一人。棗樹林墓地M190即曾公㻫墓出土的一件銅圓壺銘文蓋銘作"隹王正月初吉丁亥，漁嬭擇其吉金……"，M191即曾公㻫夫人漁墓出土的銅鬲、銅簠銘文分别作"曾夫人漁之饋鬻""隹正月初吉乙亥，楚王媵漁嬭䤔匜，其眉壽萬年無疆，子孫永保用之"（湖北省文物考古研究所等：《湖北隨州市棗樹林春秋曾國貴族墓地》，《考古》2020年第7期，第80—84頁），可知"漁"是私名。"加嬭""漁嬭"皆是先秦女子稱謂私名能置於姓前的强證。另季湯嬭鼎（方勤、吴宏堂主編：《穆穆曾侯——棗陽郭家廟曾國墓地》，文物出版社，2015年，第12頁）銘文中"季湯嬭"之"湯"，研究者或認爲是私名，很可能是正確的。

原載《出土文獻》第10輯，中西書局，2017年，第53—61頁。

西周金文車器"䡅"補釋*
——兼論《詩經》"鞙鞙"

西周金文中有如下字形：

A1： ![字形] 十三年癲壺甲，《銘圖》①12436

A2： ![字形] 十三年癲壺乙，《銘圖》12437

A3： ![字形] 癲盨甲，《集成》②04462

A4： ![字形] 癲盨乙，《集成》04463

B： ![字形] 吴方彝蓋，《集成》09898

C1： ![字形] 毛公鼎，《集成》02841

C2： ![字形] 彔伯䍙簋蓋，《集成》04302

C3： ![字形] （![字形]）師克盨，《集成》04467

C4： ![字形] 卌三年逨鼎丙，《銘圖》02505

D1： ![字形] 番生簋蓋，《集成》04326

---

* 本文是國家社科基金青年項目"商代金文的全面整理與研究及資料庫建設"（16CYY031）的階段性成果。

① 吴鎮烽：《商周青銅器銘文暨圖像集成》，上海古籍出版社，2012年。
② 中國社會科學院考古研究所編：《殷周金文集成》，中華書局，1984—1994年。

D2：[字]氲盨，《集成》04469

E：[字]（[字]）三年師兌簋，《集成》04318

F：[字]牧簋，《集成》04343

它們所處文例爲：

(1) 唯十又三年九月初吉戊寅，王在成周司土虎宮，格太室，即位，偒父右痹，王呼作冊尹冊錫痹晝 A1/A2、牙（斜）幎（幅）、①赤舄，痹拜稽首，對揚王休，痹其萬年永寶。　　　　　　　　十三年痹壺

(2) 唯四年二月既生霸戊戌，王在周師彔宮，格太室，即位，司馬共右痹，王呼史㝬冊錫敔（?）A3/A4、虢（鞃）、敉（茀）、②鋚勒，敢對揚天子休，用作文考寶簋，痹其萬年子子孫孫其永寶。木莧③冊。
　　　　　　　　　　　　　　　　　　　　　痹盨

(3) 王呼史戌冊命吳：司旛眾叔金，錫秬鬯一卣、玄袞衣、赤舄、金車、萃（雕）（䡇）④圅朱虢（鞃）B、虎冪熏裏、萃（雕）較、畫轉、金甬、馬四匹、鋚勒。
　　　　　　　　　　　　　　　　　　　　　吳方彝蓋

(4) 錫汝秬鬯一卣、裸圭瓚寶、朱敿、悤衡、玉環、玉瑹、金車、萃（雕）纊較、朱䡇圅 C1、虎冪熏裏、厷⑤軛、畫轉、畫輻、金甬、錯衡、金踵、金豙、豹（約）䵼、金簟苪、魚箙、馬四匹、鋚勒、金嘆（鉤）、⑥金膺、朱旂二鈴。
　　　　　　　　　　　　　　　　　　　　　毛公鼎

---

① 陳劍：《西周金文"牙幎"小考》，《甲骨金文考釋論集》，綫裝書局，2007年，第54—58頁。

② "虢""敉"的讀法參看謝明文：《金文叢考（三）》（未刊稿）。論集按語：已經收入本論文集。

③ "莧"字的釋讀參看謝明文：《試說商周族名金文中"[字]"的簡省及相關問題》，《商代金文的整理與研究》下編之十六，復旦大學博士學位論文（指導教師：裘錫圭），2012年，第683—695頁。

④ 冀小軍：《說甲骨金文中表祈求義的萃字——兼談萃字在金文車飾名稱中的用法》，《湖北大學學報》（哲學社會科學版）1991年第1期，第35—44頁。

⑤ 陳劍：《釋西周金文中的"厷"字》，《甲骨金文考釋論集》，第234—242頁。

⑥ 吳振武：《燮戒鼎補釋》，《史學集刊》1998年第1期，第4—6頁。

西周金文車器"靳"補釋　225

(5) 余錫汝秬鬯一卣、金車、賁（雕）較、賁（雕）䵼朱虢（鞹）C2、虎幎朱裏、金筩、畫轙、金厄、畫轉、馬四匹、鋚勒。　　彔伯䢦簋蓋

(6) 錫汝秬鬯一卣、赤舄、五衡、赤舄、牙（斜）敕（幅）、駒車、賁（雕）較、朱虢（鞹）䵼C3、虎［幎］①熏裏、畫轉、畫轙、金筩，朱旂，馬四匹、鋚勒，素鉞。　　師克盨

(7) 錫汝秬鬯一卣、玄袞衣、赤舄、駒車、賁（雕）較、朱虢（鞹）䵼C4、虎幎熏裏、畫轉、畫轙，金甬、馬四匹、鋚勒……　　卌三年逑鼎丙

(8) 錫朱䩶、蔥衡、鞞鞛（琫②?）、玉環、玉瑑、車、電（靷）、③鋚、賁（雕）緱較、朱閽䵼D1、虎幎熏裏、錯衡、厷厄、畫轉、畫轙、金踵、金豙、金簟弼、魚箙、朱旂、旜、金芛（樟）④二鈴。　　番生簋蓋

(9) 錫汝秬鬯一卣、乃父䩶、赤舄、駒車、賁（雕）較、朱虢（鞹）䵼D2、虎幎熏裏、畫轉、畫轙、金筩，馬四匹、鋚勒。　　𤼈盨

(10) 錫汝秬鬯一卣、金車、賁（雕）較、朱虢（鞹）䵼E、虎幎熏裏、厷厄、畫轉、畫轙、金筩、馬四匹、鋚勒。　　三年師兑簋

(11) 錫汝秬鬯一卣、金車、賁（雕）較、畫轙、朱虢（鞹）䵼F、虎幎熏裏、旂、余、⑤［馬］四匹。　　牧簋

A，可隸作"裛"，伍仕謙先生釋作"帬"，⑥《殷周金文集録》釋作"裙"，⑦但研究者一般認爲它與 B—F 是一字異體。B—F，現一般隸作"䵼"，它舊有靳、旂、幭、別、裸、鏊、靳等釋法，⑧其中以郭沫若先生的"靳"

---

① 此字原脱，據金文文例以及師克盨蓋（《集成》04468，《銘圖》05682）銘文補。
② 陳劍：《金文"象"字考釋》，《甲骨金文考釋論集》，第 243—272 頁。
③ 李春桃：《釋番生簋蓋銘文中的車馬器"靷"》，《中國國家博物館館刊》2012 年第 1 期，第 67—71 頁。
④ 此説曾聞之於陳劍先生。
⑤ 舊一般屬下讀，讀作"駼"，我們懷疑或可讀作"旟"。
⑥ 伍仕謙：《微氏家族銅器群年代初探》，尹盛平主編：《西周微氏家族青銅器群研究》，文物出版社，1992 年，第 204 頁。
⑦ 徐中舒主編：《殷周金文集録》，四川人民出版社，1984 年，第 198—199 頁。《説文》認爲"裙"是"帬"的或體。
⑧ 李孝定、周法高、張日昇：《金文詁林附録》，香港中文大學，1977 年，第 2032—2042 頁。

字説影響最大,郭氏説:"'䩾'乃古靳字,馬之胸衣也。从衣、冂以象其形,上加束,斤聲。"① 後來又有研究者對 A—F 提出了新説,如王立新、白於藍兩位先生認爲"䩾"都是以"朱虢(鞹)"形容之,而鞹依《説文》訓"革",從而推斷"䩾"多是朱紅色的革製物,在此基礎上又結合語音等綫索將 A—F 釋作"𩊠"。② 趙平安先生對靳字説以及"裵""䩾"一字説皆表示懷疑,他説:"然仔細推敲,釋靳仍存有疑問。譬如,䩾的形符何以這麽複雜?如果裵是䩾的省體,又當如何理解例 1 和例 2?(例 1 和例 2 中的裵指人的服飾)(引者按,趙文的例 1、例 2 分別即我們文章中的例 2、例 1)。"趙先生又根據"䩾"形所從之"北"在番生簋蓋中作"几",然後又聯繫大盂鼎、復尊、麥方尊銘文中"冂"舊釋作"冕"的説法,認爲裵是冕衣合文,䩾是靳冕衣合文。③ 劉洪濤、付強兩位先生近來根據《清華簡(貳)·繫年》"襲"字作"[字]"(簡 38)、"[字]"(簡 111)類形,主張把瘋盨的 A 字釋作"襲"。④ 關於 B—F 的釋讀,劉、付兩位先生則未提及。石帥帥先生認爲在以上諸説中,郭説較優,但此字仍當以存疑爲是。⑤ 從目前幾種與金文有關的大型工具書與著録書的釋文來看,釋作"䩾"成了一種被廣泛接受的意見。⑥

---

① 郭沫若:《兩周金文辭大系圖録考釋》,上海書店出版社,1999 年,第 63 頁。
② 王立新、白於藍:《釋𩊠》,吉林大學古文字研究室編:《于省吾教授百年誕辰紀念文集》,吉林大學出版社,1996 年,第 118—121 頁。
③ 趙平安:《西周金文中的[字][字]新解》,《金文釋讀與文明探索》,上海古籍出版社,2011 年,第 133—138 頁。
④ 劉洪濤、付強:《據清華簡釋金文中的"褐襲"》,武漢大學簡帛網,2014 年 12 月 20 日。
⑤ 石帥帥:《毛公鼎銘文集釋》,吉林大學碩士學位論文(指導教師:單育辰),2016 年,第 195 頁。
⑥ 張亞初:《殷周金文集成引得》,中華書局,2001 年,第 57、79、85、87、94、95、149 等頁。中國社會科學院考古研究所:《殷周金文集成釋文》第 3 卷,香港中文大學出版社,2001 年,第 428、450、483、522、528 等頁。中國社會科學院考古研究所:《殷周金文集成》(修訂增補本)第 4 册,中華書局,2007 年,第 2656、2692、2709、2863、2877、2878 等頁。吴鎮烽:《商周青銅器銘文暨圖像集成》第 12 册第 123、147、170、215、466、474 頁,第 22 册 383 頁,第 24 册第 429 頁。

毛公鼎"約[圖]",不少研究者認爲即"約軝"。① 我們認爲此説可從,那麽與之同銘的"靳"就不應釋作"軝"了。此外釋"軝"之説的一個前提是"靳"都是以"朱虢(鞹)"形容之,亦不可信(參看下文)。寫作重衣形的"襲"字除見於清華簡《清華簡(貳)·系年》外,還見於甲骨文(《合》②27959)、《清華簡(壹)·楚居》以及《上博簡(三)·亙先》簡3。A上部可隸作"兂",它可分析爲从"兂""衣"。這與寫作重衣形的"襲"明顯不類,它們不可能是同一字。從辭例上看,A仍可能是車器,它與B—F的用法實相同(參看下文),趙平安先生否認A與B—F是一字異體的意見不可信。他認爲"裵""靳"是合文,缺乏根據。此外趙先生所提及的大盂鼎、復尊、麥方尊銘文中的"[圖]"乃"堂"字初文,它們在銘文中用作"裳",而與A—F無關。因此趙先生最後的考釋結論值得商榷。

"艰"的意見最早是孫詒讓在考釋"[圖]"字時提出,他認爲[圖]是毛公鼎這類"艰"字省去衣旁,並説:"《說文·土部》:'圻,地圻垸也。重文圻,圻从斤。'此[圖]字亦从斤,从木或从束,从冂,即斤聲艮聲相通之證。《毛詩·大雅·韓奕》傳云:'軝,式中也。'《爾雅·釋器》:'輿革前謂之艰。'郭璞注云:'艰,以韋靶車軾。'是艰與軝同著車式,故二物同舉。"③黃然偉先生認爲釋"艰"的意見優於郭沫若先生的"靳"字説,他評論郭説時説:"據銘文通例,凡銘文敘列之器物,車馬之飾各有劃分,多先敘車飾,次及馬飾,未有於車飾之名稱内夾有馬飾者。郭訓[圖]爲靳以爲馬胸衣,不合金文慣例。"④黃先生的評論是非常有道理的。結合相關文例看,我們也認爲影響最大、被廣泛接受的"靳"字説恐怕是有問題的(參看下文),而"艰"的釋法在諸説中應該是最好的。然而從目前的相關研究看,"艰"的釋法並没有受到足夠的重視,下面我們擬對這一意見

---

① 參看石帥帥:《毛公鼎銘文集釋》,第207—208頁。
② 郭沫若主編:《甲骨文合集》,中華書局,1978—1982年。
③ 孫詒讓遺著、戴家祥校點:《古籀餘論》,華東師範大學出版社,1988年,第60頁。
④ 黃然偉:《殷周青銅器賞賜銘文研究》,龍門書店,1978年,第178頁。

試做補充。

A,研究者一般認爲它與 B—F 是一字異體,從文例看應可信。A 上部可隸作"允",它最自然直接的分析應是从衣、允聲。"允"單獨成字見於殷墟甲骨文午組卜辭。西周金文有如下一形:

[字形] [字形] 祁鬲,《集成》00634

趙平安先生在上引文章中認爲此字左邊所从與 A—F 所从相同,可信。此字从"女"从"允",在器主名"[字形]"中位於女姓的位置,張亞初先生指出此字應該釋爲"祁"。① 王立新、白於藍、陳劍等先生認爲杜伯作叔祁鬲(《集成》00698)銘文中用作女姓的"[字形](祁)"字所从的"允"也是聲符。② 由上可知"允""祁"音近可通,又"祁"與从斤聲的"祈"相通,③"允""斤"應該音近。據此,我們贊成 B 應該就是在 A 的基礎上又加注了聲符"斤"的觀點。如果 B 在左上添加"束"形則演變爲 C,這是"斬"字最典型的寫法。C 省去"允"形的下一層"几",它就會演變爲 D1,D1 是偶然出現的變體,因此不能據此把它與大盂鼎、復尊、麥方尊銘文中的"[字形]"形相聯繫。D2 是摹刻本,字形略有失真,它可能是在 D1 基礎上誤加一橫演變而來。如果 C 的"束"形在中間添加一橫筆變作與之關係密切的"東"形,C 就演變爲 E。F 是摹刻本,字形亦失真,它下部類似丙形的部分可能即"允"形的誤摹,如此説可信,則 F 是 C 省略下部衣形演變而來。④ 因此從字形演變的角度看,A—F 是一字異體應該没有問題(下文如對它們不加區分時,則統一用斬來表示)。

---

① 張亞初:《甲骨文金文零釋》之"九、釋祁",《古文字研究》第 6 輯,中華書局,1981 年,第 167—170 頁。又參看王立新、白於藍:《釋䘱》,《于省吾教授百年誕辰紀念文集》。
② 陳劍:《甲骨文舊釋"眢"和"蠿"的兩個字及金文"飘"字新釋》,《甲骨金文考釋論集》,第 177—233 頁。王立新、白於藍:《釋䘱》,《于省吾教授百年誕辰紀念文集》。
③ 張儒、劉毓慶著:《漢字通用聲素研究》,山西古籍出版社,2002 年,第 958 頁。
④ 斬尊(《集成》05988)有一人名"[字形]",與 F 可能是一字異體,其左上之"木"應是"束"之省。叔敉父簠(《集成》03922)"[字形]"、叔敉父簠(《集成》03921)"[字形]"的左邊應即 F 的左邊。

例3—11中的"虢",一般讀作"鞹"。"𤰈",舊一般釋讀作"靴",①後來研究者或改釋作"韔"。② 我們認爲"虢"讀作"鞹"可信,"𤰈"釋讀作"靴"則缺乏文字學方面的證據,而釋作"韔"則有可能是正確的,但亦缺乏強證。

《詩經·齊風·載驅》:"載驅薄薄,簟茀朱鞹。"毛傳:"薄薄,疾驅聲也。簟,方文席也。車之蔽曰茀。諸侯之路車,有朱革之質而羽飾。"陸德明《經典釋文》:"鞹,苦郭反,革也。"孔疏:"言襄公將與妹淫,則驅馳其馬,使之疾行,其車之聲薄薄然,用方文竹簟以爲車蔽,又有朱色之革爲車之飾。"高亨先生《詩經今注》:"簟茀,遮蔽車子的竹席。鞹,去毛的熟皮。朱鞹蓋在車廂前面。此句寫文姜所坐的車子。"③

《大雅·韓奕》:"王錫韓侯,淑旂綏章,簟茀錯衡,玄袞赤舄,鉤膺鏤鍚,鞹鞃淺幭,鞗革金厄。"其中"鞹鞃",毛傳:"鞹,革也。鞃,軾中也。淺,虎皮淺毛也。幭,覆式也。"陸德明《經典釋文》:"鞹,苦郭反,革也,皮去毛曰鞹。""鞃,苦泓反,沈又音泓,軾中也。亦作'䡅''䡎',胡肱反,又弦,三同。"孔疏:"《說文》云:'鞹,革也。'獸皮治去其毛曰革。是鞹者,去毛之皮也。軾者,兩較之間有橫木可憑者也。鞃爲軾中,蓋相傳爲然。言鞹鞃者,蓋以去毛之皮施於軾之中央,持車使牢固也。"《說文繫傳》:"鞹鞃,以革裹車軾也。"馬瑞辰《毛詩傳箋通釋》:"《說文》'鞃,車軾中把也。'《韻會》把作靶,茲從段本。蓋以革鞔軾中人所凭處曰鞹鞃。《載驅》詩:'簟茀朱鞹。'毛傳:'諸侯之路車有朱革之質而羽飾。'朱革之質即此詩鞹鞃也。羽與毛散文則通,羽飾謂以有毛之皮覆式,即此詩淺幭也。"④高亨先生《詩經今注》:"鞹,革也,去毛的獸皮。鞃,古代車的前箱供人依憑的橫木名

---

① 李圃:《古文字詁林》第3册,上海教育出版社,2001年,第273頁。
② 楊樹達:《積微居金文說》(增訂本),中華書局,1997年,第251頁。裘錫圭、李家浩:《曾侯乙墓竹簡釋文與考釋》,《曾侯乙墓》,文物出版社,1989年,第502—503頁注14。劉釗:《釋愠》,《古文字考釋叢稿》,岳麓書社,2005年,第150頁。劉釗:《古文字構形學》,福建人民出版社,2006年,第266頁。
③ 高亨:《詩經今注》,上海古籍出版社,2017年,第173頁。
④ (清)馬瑞辰撰、陳金生點校:《毛詩傳箋通釋》,中華書局,1989年,第1007—1008頁。

軾,軾上蒙以獸革或漆布名鞎。鞹鞃,即獸革的鞃。"①揚之水女士認爲用革纏鞃軾中,即人所憑依處,便稱作"鞹鞃"。②

如果根據"以去毛之皮施於軾之中央""以革鞃軾中人所憑處""以革裹車軾""用革纏鞃軾中"這些解釋,那麼"鞹鞃"當看作是一個動詞結構,這與它們作爲賞賜物應是名詞相矛盾。大概由於這一點,《漢語大詞典》把"鞹鞃"解釋爲"指車軾當中用皮革包裹的把手處"。③

上述解釋除了《詩經今注》的說法外大都有一個共同的問題,即周王賞賜韓侯,不言王賞賜車軾,却言王賞賜車軾中部把手處,這是很奇怪的。《詩經今注》關於"鞃"的解釋可從,但把"鞹鞃"解作"獸革的鞃",作爲偏正結構處理則可商榷。從《載驅》一詩"簟茀朱鞹"來看,"鞹"與"車後遮蔽物"之"茀"相對,應該是車上一種比較獨立的東西,前引《詩經今注》認爲朱鞹蓋在車廂前面,可從。在"鞹鞃"一語中,據舊說,"鞹"成了"鞃"的修飾語。兩者同爲車飾之物,但意義、用法彼此皆有別,並且我們也很難找到與"鞹鞃"類似用法的其他"鞹＋名詞"之例。因此"鞹鞃"的上述解釋可能都是有問題的,我們認爲"鞹鞃"之"鞹"與"朱鞹"之"鞹"應該統一起來考慮。

《說文》:"鞹,去毛皮也。《論語》曰:虎豹之鞹。从革、郭聲。"不少研究者認爲"去毛皮也"有誤,當作"革也"。④《說文》:"鞃,車軾也。从革、弘聲。《詩》曰:鞹鞃淺幭。讀若穹。"研究者或據《韻會》《玉篇》《集韻》等把"車軾也"改作"車軾中靶也"或"車軾中把也"。如《說文解字注》說:"鞃,車軾中把也。各本無'中把'二字,《韻會》作'中靶','靶'字誤,今補正。《大雅》傳曰:'鞹,革也。鞃,軾中也。'此謂以去毛之皮鞃軾中人所凭處。《篇》《韻》皆云'軾中靶',靶,轡革,不當以名軾。蓋許本作'把'而俗譌從

---

① 高亨:《詩經今注》,第603頁。
② 揚之水:《詩經名物新證》(修訂版),天津教育出版社,2007年,第283頁。
③ 漢語大詞典編輯委員會、漢語大詞典編纂處:《漢語大詞典》第12卷,上海辭書出版社,1986年,第213頁。
④ 參看丁福保主編:《說文解字詁林》,中華書局,1988年,第3293頁。

革。'軾中把'者，人把持之處也。"①《説文句讀》："靷，車軾中靶也。依《韻會》《集韻》引補。《釋器》：'輿革前謂之靷。'郭注：'以韋靶車軾。'邢疏：'靶謂鞍也。'"②《説文通訓定聲》："靷，謂車軾中把，字亦作'䩍'、作'靳'、作'䡎'、作'靷'、作'䩞'，《詩·韓奕》：'鞹靷淺幭。'傳：'軾中也。'按，中把束以革謂之靷，靷上覆以皮謂之幭。"③

"鞹"訓"革"，"靷"訓"軾中""軾中靶"，那麽"鞹靷"究竟應當如何理解呢？

《説文》"靷，車軾"之"車軾"，《玉篇》《韻會》作"軾中靶"是對的。上引段注認爲靶是把之誤，這是不正確的。《説文句讀》把此"靶"與邢昺訓作"鞍"的"以韋靶車軾"之"靶"相聯繫，可信。"鞍"有覆蓋之義，我們認爲"靷，車軾中靶也"應理解爲"靷，車軾中所靶也"，"車軾中所靶也"表示"靷"的施用位置，即車軾中部人所憑依處所覆之革叫作"靷"。它應是一種革質物，故从革。《廣雅·釋詁三》："䡎，束也。"王念孫《廣雅疏證》："凡言䡎者，皆系束之義也。"④陳劍先生認爲"系束"之義很可能受源於其聲符"厷"，"䡎"即"靷"字異體，"靷"是指用以裹紮車軾中段人所憑依處的皮革，其核心義素"裹紮、裹束"很可能也得源於聲符"厷"。⑤我們認爲陳先生的意見非常有道理。總之，"靷"既非"軾"也非"軾中"，而應該是一種用於裹束車軾中段的革。明白了這一點，又據《載驅》之"鞹"應該是車上一種比較獨立的東西來看，我們認爲《大雅·韓奕》"鞹靷淺幭"之"鞹靷"應該是兩物，即"鞹"與"靷"是並列關係，它們是兩種不同的革。"鞹"不能簡單地訓作"革"，而應該是專指用於車中某處的革。"靷"用於軾中，從"鞹""靷"並列對舉來看，"鞹"所施用的部位當與軾比較接近。由於材料的限制，其具體施用部位難以深究，有待將來進一步的研究。"鉤""膺"爲兩物，⑥"鉤

---

① （清）段玉裁：《説文解字注》，上海古籍出版社，1988年，第108頁。
② （清）王筠：《説文句讀》，上海古籍書店，1983年，第328頁。
③ （清）朱駿聲：《説文通訓定聲》，中華書局，1998年，第75頁。
④ （清）王念孫：《廣雅疏證》，江蘇古籍出版社，1984年，第86頁。
⑤ 陳劍：《釋西周金文中的"厷"字》，《甲骨金文考釋論集》，第234—242頁。
⑥ 參看（清）馬瑞辰撰、陳金生點校：《毛詩傳箋通釋》，第550—551頁。吳振武：《燮戒鼎補釋》，《史學集刊》1998年第1期，第4—5頁。石小力：《清華簡（伍）〈封許之命〉名物補釋二則》，《古文字論壇》第2輯，中西書局，2016年，第235—238頁。

膚鏤錫"爲"名詞＋名詞＋(修飾語＋名詞)"的結構,根據"鞃"與"軝"爲兩物的意見,那麼"鞃軝淺幭"的結構與它之前的"鈎膚鏤錫"結構恰好相同。

知道了"鞃"是車上一種比較獨立的東西,它應該是指用於車軾附近某處的革。接下來我們就可以討論金文中的"朱虢(鞃)㫉靳"。舊有不少研究者認爲"朱"是就顏色而言,"虢(鞃)"是就質地而言,"朱虢(鞃)"是"㫉""靳"的共用成分,它同時修飾"㫉"與"靳"。例6、7、9、10、11之"朱虢(鞃)㫉靳",例3、5作"㫉朱虢(鞃)靳",再聯繫上文我們關於"鞃"的討論來看,"朱虢(鞃)""㫉""靳"顯然當爲三物。"朱虢(鞃)㫉靳""㫉朱虢(鞃)靳"當分別斷讀爲"朱虢(鞃)、㫉、靳""㫉、朱虢(鞃)、靳"。

例2之"虢",舊一般把它作爲"靫"的修飾語,我們認爲"虢"後應斷讀。前文我們已經討論了A與"靳"是異體關係,對比例3—11,我們認爲例2的"A3/A4""虢"即其他銘文中"朱虢(鞃)㫉靳""㫉朱虢(鞃)靳"中的"靳""虢(鞃)",例2之"虢"顯然亦當讀作"鞃"。從例2亦可證把"朱虢(鞃)""㫉""靳"看作三物是非常合理的。

"靳"的"斤"旁是後加的聲符(參看上文),郭沫若讀作靳,僅從讀音看完全没有問題。靳乃馬之胸衣,理應屬於馬器。雖然馬器、車器中有部分器物可混雜,即本屬於車器的某件器物可偶爾與馬器並列,屬於馬器的某件器物可偶爾與車器並列,但從册命金文看這畢竟不是常態,且這種錯置的比例非常低。目前金文中"靳"出現的次數已經非常多,皆是出現在車器中而無一例出現在馬器中,這只能説明"靳"應是車器而非馬器。從這一點看,把它讀作"靳"顯然是不合理的。結合"靳"是車器以及它的讀音來看,我們認爲釋讀作"鞎"的意見是比較合理的。

斤聲字與艮聲字關係密切,兩者常相通,①可見"靳"讀作"鞎"是完全没有問題的。

《説文》:"鞎,車革前曰鞎。"《爾雅》:"輿革前謂之鞎,後謂之第。"郭璞注:"以韋靶車軾。"邢疏引李巡曰:"輿革前,謂輿前以革爲車飾曰鞎。"

《説文解字注》:"《釋器》曰:'輿革前謂之鞎。'郭曰:'以韋鞃車軾。'

---

① 張儒、劉毓慶著:《漢字通用聲素研究》,第959頁。

按,李巡云:'輿革前,謂輿前以革爲車飾曰鞎。'不言軾。依毛傳,韋鞕軾自名靰,不名鞎,疑李注是。"①王引之《經義述聞》認爲:"以韋靶車軾,《詩》所謂鞹靰也,不謂之鞎,郭注非也。曰前、曰後,皆車簀也。以革爲簀,則在前者謂之鞎,在後者謂之苐。以竹爲簀,則在前者謂之禦,在後者謂之蔽。李曰竹前,謂編竹當車前以擁蔽,名之曰禦。禦,止也。是竹前爲車簀之在前者,革前不當異義。鞎之言限也,限隔內外,使塵不得入也。《釋名》説車云:'立人,象人立也。或曰陽門在前曰陽,兩旁似門也。'《廣雅》曰:'陽門,蔽簀也。'是車簀亦有在前者,不得以車軾當之。"②

曾侯乙墓竹簡所記車器中,多次出現一個从革从艮从攴之字,李零先生指出應同於古書表示"輿前革"的鞎字。③ 張新俊先生對曾侯乙墓竹簡"鞎"字作了詳細討論,據簡文"鞎"常出現在表示車廂後面遮蔽物的"䉕(苐)"的後面,認爲"鞎"可能就是車廂前面的遮蔽物。④ 他們的意見可從。

金文中的"靳"是一種車器,因此把它讀作車器"鞎"從文例看也是比較合適的。鞎是前面的遮蔽物,⑤它是輿前部的一種革。上文所論"鞹"所施用的部位當與軾比較接近,也是輿前部的一種革。因此在册命金文中鞎、鞹常相伴出現。

根據我們的意見,"虢(鞹)""靳"皆是指革,而由前引例 3—11 的文例來看,"㢲"表示的很可能也是一種革或與革有關之物。九年衛鼎(《集成》02831)"㢲"與"冟(幎)""羔裘"等並列,亦可證明這一點。如果"㢲"釋"韠"的意見可信,結合前後文來看,它也不可能是用其本義。因爲如果它是用其本義,在毛公鼎、番生簋蓋銘文中理應放在"魚箙"前後而不會總是置於屬於車本身的一些物件中。此外,"㢲"釋作"韠"實缺乏可靠的證據。

---

① （清）段玉裁:《説文解字注》,第 108 頁。
② （清）王引之:《經義述聞》,第 650 頁。
③ 李零:《讀〈楚系簡帛文字編〉》第 42 條,《出土文獻研究》第 5 集,科學出版社,1999 年,第 143 頁。
④ 張新俊:《曾侯乙墓竹簡"鞎"字補釋》,《廈大史學》第 2 輯,廈門大學出版社,2006 年,第 73—77 頁。
⑤ 根據"靳"从"束","鞎"也可能是用於裹束車前部某處的一種革質物。

因此"圅"如何釋讀,還有待進一步研究。

最後,我們歸納一下本文的主要意見。"靳"是一種車器,讀作"䩬",指用於車前部某處的一種革質物。《大雅·韓奕》"鞹鞃淺幭"之"鞹鞃"是兩物,"鞹"與"鞃"是並列關係而不是偏正關係,它們是兩種不同的革。"鞃"是指車軾中部人所憑依處所裹束的革。"鞹"所施用的部位當與軾比較接近,也是用於車前部某處的一種革。

2016 年 7 月下旬

本文曾提交給西南大學主辦的第二屆"商周青銅器與先秦史研究"青年論壇(2018 年 11 月 23—26 日,重慶),並在會上宣讀,正式發表於《漢字漢語研究》2019 年第 4 期,第 62—70 頁,發表時格式、內容稍有調整,此依原稿發表。

釋徐州北洞山西漢楚王墓出土陶文"容"字與説古文字中的"公"字及相關之字*

徐州北洞山西漢楚王墓出土的陶甕中，其中有一件（標本 1040）肩部有豎刻銘文"▲百□斗"，其中"▲"原作"[图]"，整理者釋作"容"。① 此字左上斜出的那一部分明顯非筆畫，而是泐痕所致，它原應作"[图]（[图]）"。此字釋作"容"於文義甚合，但於字形却稍有不合。因爲其上部正中是一豎筆，豎筆右邊還有一短橫，由此可知此字上部明顯不从"宀"，它應非"容"字。從字形來看，我們認爲它應釋作《説文·二上·口部》"公"字古文"㕸"。林義光指出"公"字古文"㕸"與《説文》"濬"的正篆"睿"係同字。② 鄔可晶先生補充説："馬王堆漢墓帛書《戰國縱橫家書》192 行'叡'字，已把'步'的下面一橫省掉；漢碑'叡'字也有省掉'步'下橫筆的寫法（漢語大字典字形組：《秦漢魏晋篆隸字形表》，成都：四川辭書出版社，1985 年，258 頁）。'㕸'即省'睿'所从'步'下一横而成，林説甚是。"③ 林、

---

* 本文受到國家社科基金青年項目"商代金文的全面整理與研究及資料庫建設"（項目編號 16CYY031）的資助。

① 徐州博物館、南京大學歷史學系考古專業：《徐州北洞山西漢楚王墓》，文物出版社，2003 年，第 51、54 頁。

② 林義光：《文源》，中西書局，2012 年，第 361 頁。

③ 鄔可晶：《説金文"貲"及相關之字》，《出土文獻與古文字研究》第 5 輯，上海古籍出版社，2013 年，第 219 頁注 6。下引鄔可晶先生説，皆出自此文，如無特别需要不再另出注。

鄔之説皆可從。跟"容(睿)"關係密切的元部字，如"璿""合"等，都屬於元部合口，又"合"聲母屬於余母。容，余母東部字。東部和一部分元部合口上古關係比較密切，兩者有相通之例。① 又睿聲字與睿聲字所從聲符相同，且兩者常有相通之例。②《尚書·洪範》："思曰睿。睿作聖。""睿"，《尚書大傳》作"容"。《尚書·立政》："率惟謀從容德，以並受此丕丕基。""容"，吴汝綸《尚書故》："讀爲腐。鄭五行傳注：'容當爲腐。'是其證。"③因此我們認爲陶罋中"▲"應釋作"容(睿)"而讀作"容"。④ 當然這也可能兼因"容""容"形近，兩者易相混，故陶罋中"容"可作"容(睿)"。

《説文》認爲"容"是"合"字古文，下面我們則準備重點談談古文字中"合"字的異體及相關之字。

殷墟甲骨文中有"谷"，又有"公"形，前者一般釋作"谷"，但它在卜辭中基本上用作地名，而非"山谷"之類的通名。後者一般也用作地名（參看姚孝遂主編：《殷墟甲骨刻辭類纂》，中華書局，1989年，第1280頁）。劉桓先生認爲它"應爲谷字所從"，其形象"兩山間流水之道"；又説："甲文中有些字加'口'不加'口'字，均作同一個字來用……公很可能就是谷字

---

① 張富海：《毛公鼎銘文補釋一則》，《中國典籍與文化》2011年第2期，第152—154頁。《上海博物館藏戰國楚竹書(二)·民之父母》："無服之喪，内怨叭悲。"其中"叭"字，研究者有不同的讀法[參看劉洪濤：《上博竹書〈民之父母〉研究》，北京大學碩士研究生學位論文（指導教師：李家浩）2008年，第23頁]。傳世文獻中與此字對應之字作"孔"。"叭"，崇母元部，中古屬於合口二等；"孔"，溪母東部，中古屬於合口一等。牙音、齒音偶可通（《清華簡(壹)·祭公之顧命》"擎"用作"祭"，"擎"可分析爲從孝聲從古文捷省聲。孝，見母月部，祭，莊母月部，捷，從母葉部，這是牙音、齒音交涉之例。又如巨聲字與且聲字通假，張儒、劉毓慶著：《漢字通用聲素研究》，山西古籍出版社，2002年，第384頁)，又據東部和一部分元部合口上古關係比較密切，頗疑"叭"或可逕讀作"孔"。論集按語：此説不可信。

② 張儒、劉毓慶著：《漢字通用聲素研究》，第955頁。

③ 轉引自屈萬里：《尚書集釋》，聯經出版事業有限公司，2005年，第228頁。此説未必正確，《管子·勢》："中静不留，裕德無求。"《清華簡(壹)·耆夜》："愆(謐/毖)情(精/静)思(謀)猷，袤(裕)惪(德)乃救(求/就)。"《尚書·立政》"容德"也可能讀爲"裕德"。

④ 疑叡年伯簋(《集成》03807)"▲"很可能是"疏叡(濬)"之"叡"的異體。

初文。"①

　　李孝定先生分析"谷"字"本从公口會意,兩山分處是爲谷矣,口則象谷口也"。② 何琳儀先生認爲"公"即《説文·二上·八部》訓"分也。从重八。八,分别也,亦聲"的"公","谷"字"會山谷兩分如口之意。口亦聲"。③ 鄔可晶先生認爲从"公"的"谷"古有"阬坎""高岸爲谷"等義,"公"似象開豁的阬谷、溝壑之形。

　　從"公""谷"皆爲商王室的田獵地來看,它們很可能是指同一地方。我們贊成甲骨文中"公"是"谷"的初文,認爲"公"既可以看作"象開豁的阬谷",是"谷"的初文。④ 但聯繫甲骨文"叡""叡"等形來看,它也可以看作是"㕣"字的初文。"公"是"谷""㕣"兩字共同的表意初文,一形兼爲二用。相應地,"谷"既可能是"谷"字,也可能是"㕣"字異體。從西周金文資料看,可知作"谷"形的"谷"字的出現應不晚於西周早期,⑤甲骨文中有的"谷"完全可能就是"谷"字。不過從殷墟甲骨文中所謂"谷"字在卜辭中基本用作一般地名而非"山谷"之類的通名來看,似乎没有確鑿證據證明卜辭中的"谷""公"一定要釋作"谷",然而聯繫相關資料却能證明至少有一部分"谷""公"形可釋作"㕣"。

　　鄔可晶先生根據"叡""叡"等字的古文字形,指出它們所从的"叡"(簡體作"叡"),⑥其字象手("又")持鏟臿之類的工具("ㄓ")疏鑿阬谷、溝壑("公"),當是疏濬之"濬"的表意初文,我們認爲从字形看是非常有道理

---

① 劉桓:《甲骨文字考釋(四則)》,《古文字研究》第22輯,中華書局,2000年,第46頁。
② 于省吾主編:《甲骨文字詁林》第4册,中華書局,1996年,第3360頁。
③ 何琳儀:《戰國古文字典》,中華書局,1998年,第346頁。
④ 《郭店簡·語叢二》"念(欲)"字凡六見,皆作"叡"類形,一般認爲是从"谷"省,我們認爲這也可能是"公"乃"谷"字初文的遺迹。
⑤ 參看董蓮池:《新金文編》中册,作家出版社,2011年,第1544頁。
⑥ 《説文·四下·叔部》有一個"从叔、从井,井亦聲"的"叡"字,其本義爲"坑也",(清)錢大昕、朱駿聲以爲就是陷阱之"阱"的別體[錢大昕《説文答問》、《潛研堂集》,上海古籍出版社,1989年,第168頁;朱駿聲《説文通訓定聲》,武漢古籍書店,1983年,第851頁],可信。傳抄古文中,"叡"就用作陷阱之"阱"的別體"穽"(《汗簡》2.20、《古文四聲韻》3.26)。《屯南》2408"叡"(叡)字,應即"叡"字異體,其省"又"與"叡"省"又"作"叡"同例。

的。此外,甲骨文中另有綫索證明從語音方面看把"叙"("夋")釋作疏濬之"濬"的表意初文也是很合適的。

甲骨文中有如下卜辭:

(1A) 癸丑[卜],[在]洛貞,王[旬]無憂。

(1B) 癸亥卜,在 (夋)師貞,王旬無憂。《殷虛文字綴合》331=《合補》11283

(2A) 癸丑[王卜],在洛師貞,[旬無]憂。王占曰:吉。

(2B) 癸亥王卜,在 貞,旬無憂。王占曰:吉。

《合》36960+《合》36941①+《輯佚》681②

2B中" "形,舊或作爲一不識字處理。③《甲骨文校釋總集》《甲骨文字編》等釋作"它"。④ 孫亞冰女士把此字摹作" ",認爲:"' '當讀爲方位詞'陽','貞 '即'貞'地之陽。與' '寫法類似的還有師組卜辭《合集》20974+《外》211(蔣玉斌綴)中的' '、賓組卜辭《合集》13159 中的' '。"⑤林宏明先生認爲"夋下有似虫或它的形體",他在提及上引孫亞冰女士的意見時説:"'山'南'水'北爲陽,夋做爲地名,是否也因其地有山或水,而可以加陽組成'夋陽',待考。"⑥

例1與例2是同文卜辭,又 2A 中"洛師"在 1A 中可省作"洛",據此

---

① 孫亞冰:《〈合集〉遥綴二例》,先秦史網站,2012年1月12日。
② 林宏明:《甲骨新綴第 318 例》(第二例),2012 年 1 月 12 日。收入同作者《契合集》第 318 則,(臺北)萬卷樓,2013 年,綴合圖版第 321 頁。
③ 胡厚宣主編:《甲骨文合集釋文》,中國社會科學出版社,2009 年,第 1830 頁。
④ 曹錦炎、沈建華編著:《甲骨文校釋總集》第 12 册,上海辭書出版社,2006 年,第 4114 頁。李宗焜:《甲骨文字編》中册,中華書局,2012 年,2223 號,第 667 頁。
⑤ 孫亞冰:《卜辭中所見"虘美方"考》,《甲骨學與殷商史》新 3 輯,上海古籍出版社,2013 年,第 99 頁注 1。
⑥ 林宏明:《契合集》,釋文及考釋第 217 頁。

我們認爲 2B 的"▇"即 1B"▇(虡)師"之省。▇與▇(虡)相當，兩者當是異體或通用關係，前者下部的"▇"並不能單獨作爲一字來處理。仔細辨別，此形頭部中間部分是"十"字形筆畫，只是橫畫特短而已，孫亞冰女士所摹似不準確。比較"傷害"之"害"的本字，《合》22246 作"▇"、《合》22247 作"▇""▇"、《合》10124 作"▇"，可知"▇"顯然是"虫"字。

"虫"與"虺"同音，是曉母微部字，中古屬於合口一等。上海博物館藏戰國楚竹書《周易》54、55 號簡中，從"睿"(睿從夋聲)從"爰"之字(或又增"艸")，帛書本、今本作"渙"，"渙"即屬曉母；"濬""浚"古相通，①"浚"乃文部字，文部乃微部的陽聲韻。又"虫"在甲骨文中或可用作"害"，②"害"聲字與"爰"聲字相通，③上引上博簡從"睿"(睿從夋聲)從"爰"之字(或又增"艸")，研究者指出所從"爰""睿"皆聲。④ 此外"害"聲字與"介"聲字古多通用，"介"聲字與"叡"聲字可通，而"叡"與"夋"關係非常密切。⑤ 由以上論述可見"虫""濬""夋(叡)"音近。因此我們認爲▇應是在▇(夋)的基礎上加注了虫聲，這亦可反證把"夋(叡)"釋作"濬"字初文從語音方面看是非常合適的。⑥

"叡"字，《合集》29327 作"▇"、《屯南》53 作"▇"，其所從之"夋"見於

---

① 張儒、劉毓慶著：《漢字通用聲素研究》，第 955 頁；高亨纂著、董治安整理：《古字通假會典》，齊魯書社，1989 年，第 128 頁。
② 參看裘錫圭：《釋"蚩"》，《古文字論集》，中華書局，1992 年，第 14 頁。又收入《裘錫圭學術文集·甲骨文卷》，復旦大學出版社，2012 年，第 210 頁。
③ 張儒、劉毓慶著：《漢字通用聲素研究》，第 650 頁。
④ 孟蓬生：《上博竹書〈周易〉的兩個雙聲字》，簡帛研究網，2005 年 3 月 31 日。
⑤ 陳劍：《釋"琮"及相關諸字》，《甲骨金文考釋論集》，綫裝書局，2007 年，第 302—303 頁。鄔可晶：《説金文"叡"及相關之字》。
⑥ 鄔可晶先生認爲"夋(叡)"在較古的時候可能既是疏濬之"濬"字，又是谷壑、溝壑之"壑"字，一形兼爲二用。又指出"長豁"之"豁"與"長壑"之"壑"音義皆近，從"夋(叡)"可加注"虫(害)"聲來看，"夋(叡)"在較古的時候又是谷壑、溝壑之"壑"字的意見似亦有理。

《甲骨文合集補編》11283(《合集》36959＋《英國所藏甲骨集》2536)作"▨"。"▨"(《上博(三)·周易》簡28)或作"▨"(楚帛書甲6·76)。"▨"或作"▨"。① 這些皆是"公""八"(非數字八)交替的例子,②可證古文字中有的"谷"形可看作是"合"字的異體,應與山谷之谷無關,兩者只是同形關係。《說文》:"合,山間陷泥地。"此義未必準確。聯繫"叡""贅"等字的古文字形,我們認爲它們所從的"公""八"也可以看作是"溝壑"中的"洺泥"。"叡"(簡體作"奊")乃手持鏟臿之類的工具挖洺泥以會疏浚之義。"叡""贅"等字所從的"八""公"是"合""谷"的初文,"合""谷"是異體關係。

李春桃先生在《傳抄古文綜合研究》中懷疑燹公盨"▨(濬)"字所從意符"川"可能兼有表音作用,③可信。而川聲字與合聲字關係密切,常見兩者相通之例。我們認爲"贅""叡"所從聲符即"濬"字初文"叡"(簡體作"奊")所從之"八"("合"字初文)"公"也兼有表音作用。"濬"字初文"叡"本以"合"字初文"八"及其繁體"公"爲聲,這跟與《說文》"濬"的正篆"睿"係同字的"容"(參見前文)用作"合"字古文正可相互發明。

《說文》:"衮,天子享先王,卷龍繡於下幅,一龍蟠阿上鄉。從衣、公聲。"目前已發表的西周金文中確定的"玄衮衣"之"衮"共13例,有下述三類寫法:

A: ▨ 智壺蓋,《集成》09728,西周中期; ▨ 卌三年逑鼎甲,《單氏》④55頁,西周晚期; ▨ 卌三年逑鼎戊,《單氏》87頁,西周晚期; ▨

---

① 姚孝遂主編:《殷墟甲骨刻辭類纂》,中華書局,1989年,第242頁。
② 《合》18975殘辭中有"▨"字,疑它與"兑"是一字異體。
③ 李春桃:《傳抄古文綜合研究》上編,吉林大學博士學位論文(指導教師:吳振武教授),2012年6月,第172頁注1。
④ 陝西省考古研究院、寶雞市考古研究所、眉縣文化館編著:《吉金鑄華章——寶雞眉縣楊家村單氏青銅器窖藏》,文物出版社,2008年。

卌三年逑鼎乙,《單氏》63頁,西周晚期

B：[圖] 吴方彝蓋,《集成》09898,西周中期前段；[圖] 蔡簋,《集成》04340,西周中期

C：[圖] 伯晨鼎,《集成》02816,西周中期後段

關於"袞"字,前人已指出"袞"字實从"谷"聲,①但此説並未受到古文字研究者的足夠重視。如《金文形義通解》認爲："金文'袞'字从衣,公聲,與小篆同。師虘鼎字聲符爲'袞'字早期寫法,曶壺字聲符譌作'谷'。"②董蓮池先生亦贊同"袞"从公聲,且認爲在"袞"的演變序列中,B在A之前。③我們認爲"袞"从公聲的意見是值得商榷的。

在上述三類寫法中,A、B兩類"衣"形中所从與同時期"公"形的寫法顯然有別,因此可知"袞"字最初所从絕非"公"字。C中部所从雖然與同時期"公"形相近,但那應該是從B類寫法演變過去的(詳下文),因此不能據此認爲"袞"最初从公聲。

師虘鼎(《集成》02830)銘文中舊一般所謂的"袞"字作"[圖]",李學勤先生指出它从"口",應該釋作"袞"而讀作"衣"④。楊明明先生贊成李説,並且從文例等方面加以補充論證,⑤可信。因此在討論"袞"的字形時,應該撇開師虘鼎銘文中舊所謂的"袞"字不論。

卌三年逑鼎共10件,其中9件有"袞"字,除去個別字形不清晰者,皆作A類寫法。西周晚期敔簋(《集成》04323)"[圖]"字,舊一般釋作"裕",只有極個別研究者釋作"袞"。從西周中期曶壺蓋以及西周晚期逑鼎等

---

① （清）段玉裁：《説文解字注》,上海古籍出版社,1981年,第389頁；丁福保主編：《説文解字詁林》,中華書局,1988年,第2276頁；于省吾：《甲骨文字釋林》,中華書局,1979年,第136頁。
② 張世超、孫凌安、金國泰、馬如森：《金文形義通解》,[日]中文出版社,1996年,第2075頁。
③ 李學勤主編：《字源》中册,天津古籍出版社,2012年,第730頁。
④ 李學勤：《師虘鼎剩義》,《新出青銅器研究》,文物出版社,1990年,第95頁。
⑤ 楊明明：《師虘鼎銘文補釋》,西南師範大學博士生論壇論文,2009年11月。

"裦"字來看，敔簋所謂"裕"字宜釋作"裦"。① 根據古漢字字形結構的一般規律，上述"裦"字所從之"衣"應是意符，而衣中的部分（下文用△來表示）當是聲符。A 中之△作"⿱八合"類形，B 中之△作"合"類形，C 中之△作"⿴囗合"類形。很明顯 A 中的△與 B 中的△應是繁簡體關係，C 中的△則應是由 B 中的△演變過去的。A 中之△作"⿱八合"，如果僅僅從字形上看，亦可看作"山谷"之"谷"，但是金文中習見的以"谷"作爲聲旁的"俗"字以及確定的單字山谷之"谷"，似未見作 B 中的△類形寫法；②此外裦上古音屬於見母文部，古書中與"裦"通假的硍、緄、緷屬於見母文部，渾屬於匣母文部，卷屬於見母元部，棬屬於溪母元部，綩屬於影母元部。③ 而"山谷"之"谷"上古屬於見母屋部，韻部與裦的韻部亦不相合。因此，據以上兩點我們認爲 A 中之△應非"山谷"之"谷"。"裦"，見母文部；"合"，余母元部。余母、見母關係密切，如尹是余母，从之得聲的"君"是見母。"合"字古文"容"與《説文》"濬"的正篆"睿"係同字，"𧬽""濬"所從聲符相同，而《説文》"𧬽"讀若概"，"概"的聲母亦屬見母。又文、元兩部關係密切，如與"裦"通假的卷、棬即屬元部（參看上文）。由以上論述可知"裦""合"音近，因此結合"裦"的讀音，可知 B 中的△顯然是"合"字，A 中的△則是"合"字繁體。"裦"與从勻的軍聲系字相通（參看前文），"合"聲字亦與勻

---

① "裕"字，喜令韓鋯戈（《集成》11351）作"⿰衤⿱八合"，鄭令韓恙戈（《集成》11372）作"⿰衤⿱八合"，鄭令𨎌□戈（《集成》11373）作"⿰衤合"，這些字形皆作左右結構。黑漆木棋局（湖北省文物考古研究所、荊門市博物館、襄荊高速公路考古隊編著：《荊門左冢楚墓》，文物出版社，2006年，第 177 頁圖 124.3）"⿰衤⿴囗合"，一般釋作"裕"，從文義看可從。該棋局時代屬於戰國早期，其中"裕"字應分析从衣从山谷之谷得聲，與"裦"字的 A 類寫法應是同形關係。

② 需要說明的是，東周文字中，山谷之"谷"作爲單字偶有省作類似 B 中△類形寫法的。如今本《緇衣》"君好之，民必欲之"之"欲"，郭店本《緇衣》、上博本《緇衣》與之相應的字分別寫作"⿱合心""⿰亻合"。後者顯然是山谷之"谷"之省訛。另傳抄古文中，山谷之"谷"作爲偏旁亦偶有省作類似 B 中△類形寫法的（參看《汗簡》6.82，《古文四聲韻》5.6"欲"字）。

③ "裦"與這些字通假的例子參看高亨纂著、董治安整理：《古字通假會典》，第 251 頁。張儒、劉毓慶著：《漢字通用聲素研究》，第 330 頁。

聲系字相通，①又"бү"字古文"容"與《説文》"濬"的正篆"睿"係同字（參看前文），而叡、濬亦與勻聲系字相通，②因此"袞"可以"бү"作爲聲符。C中之△作"⊔"，它顯然是把B中"бү"形所從之"口"改作"○（'圓'之初文）"，上引A類寫法中最後一例所從之"口"變作類似"○"形亦是同類的現象。從幽公盨銘文中"㴉"（濬）字從"圓"之初文"○"爲聲③來看，C中"бү"形所從之"口"變作"○"，亦可能含變形聲化的因素。C中的"бү"，由於所從之"口"已經變從"○"，以致它與同時的"公"字寫法相同，C類寫法應即《説文》"袞"字所從出。"袞"中所從由"бү"演變作後來的"公"類形，這與沿字所從之"бү"異體或演變作"公"類形④同例。2014年2月我曾有幸在香港某收藏家處見到一件未公開發表的銅簋，其銘文中出現了獨體的"бү"字，資料十分重要。據文例，它顯然就應該讀作"袞"，這更加確認了"袞"從"бү"聲⑤的意見。

下面我們順便討論一下《曹沫之陳》中的一個字。《曹沫之陳》簡2"飯於土䈞（塯、簋），▼於土鉶"之"▼"，原作"㳄"，研究者一般釋作"欲"。由於此句話可以與《墨子·節用中》"飯於土塯，啜於土形（鉶）"以及其他古書類似語句對比，故有很多研究者認爲"欲"是"歠/啜"的訛字。另也有研究者認爲它是"欲""欤（獻）"的訛字。⑥ 蔡丹女士指出與"▼"用法相同的所謂"欲"字亦見於沙市周家臺《醫方》第322號簡"男子歆（飲）二七，女子㱃七"。《醫方》簡中"欲""飲"對文，與《曹沫之陳》"欲""飯"對

---

① 張儒、劉毓慶著：《漢字通用聲素研究》，第684頁。
② 同上注，第836頁。
③ 裘錫圭：《幽公盨銘文考釋》，《裘錫圭學術文集·金文及其他古文字卷》，第149—150頁。
④ 《尚書·禹貢》："沿于江海"之"沿"，《經典釋文》引作"㳂"，並云："鄭本作松，松當爲㳂。馬本作均。"（陸德明：《經典釋文》，中華書局，1983年，第40頁）。"㳂"即"沿"字。傳抄古文中"㳂"用作"川"，李春桃先生指出"㳂"是"沿"的俗字（《傳抄古文綜合研究》下編，第692—693頁）。
⑤ 金文中，"бү"的資料極少，它作偏旁又見於冉鉦（《集成》00428）"船"字。
⑥ 諸家之説參看單育辰：《〈曹沫之陳〉文本集釋及相關問題研究》，吉林大學碩士學位論文（指導教師：吴振武），2007年，第26—27頁。

文相類，因此所謂"欲"爲訛字的可能性較小。① 根據"袞"字所从"合"旁的變化，我們認爲所謂"欲"字左邊很可能亦是合的繁體，它與"嗜欲"之"欲"無關，兩者應是同形關係，就好比金文中 A 類寫法的"袞"與黑漆木棋局"裕"字亦是同形關係一樣。叕聲字與兌聲字相通②，兌上部與"合"形同，《説文》即認爲兌从合聲。又兌聲字與允聲字相通，③而允聲字與合聲字關係密切。④ "合""贅"關係密切（參看前文），"贅""決"音近可通，⑤《説文》以"吷"爲"歠"字或體，傳抄古文以"吷"爲"歠"字古文（《汗簡》1.7,《古文四聲韻》5.14）。可見"合""歠/啜"音近，因此實从"合"字繁體"谷"得聲的所謂"欲"字似可讀作"歠/啜"。此外從它从欠來看，它或許本即歠字變換聲符所產生的異體，只不過偶然與"嗜欲"之"欲"同形而已。

《晏子春秋·内篇諫上》：

> 景公飲酒，七日七夜不止。弦章諫曰："君欲飲酒七日七夜，章願君廢酒也！不然，章賜死。"

王念孫認爲"飲酒"上不當有"欲"字，蓋即"飲"字之誤衍。梁履繩疑"欲"乃"今"字。俞樾亦認爲"欲"即"飲"字之誤衍。文廷式認爲"欲"字上奪"從"字。⑥

從周家臺《醫方》簡中"欲""飲"對文來看，我們懷疑《晏子春秋》"君欲飲酒七日七夜"之"欲"可能即《曹沫之陳》《醫方》中所謂"欲"字，亦即"歠/啜"字異體。"欲""飲"可能是同義連用，後者也可能是涉上文而衍，也可能後者本是前者的注文後來誤入正文。

---

① 蔡丹：《上博四〈曹沫之陳〉試釋二則》，武漢大學簡帛網，2006 年 1 月 3 日。蔡丹：《〈曹沫之陳〉集釋》，武漢大學碩士學位論文（指導教師：李天虹），2006 年，第 9—10 頁。
② 張儒、劉毓慶著：《漢字通用聲素研究》，第 611 頁。
③ 同上注，第 612 頁。
④ 同上注，第 940 頁。
⑤ 參看鄔可晶：《説金文"贅"及相關之字》。
⑥ 以上諸家之説參看吳則虞：《晏子春秋集釋》（增訂本），國家圖書館出版社，2011 年，第 10 頁。

以上是具體通過"袞"字論證了在偏旁中,"仌"字異體可作"谷"。①那麽在單字中,有没有作"谷"形的"仌"字呢?

《合》17536 有一殘辭作:"☐貞:虫☐谷☐。"《合》38634 有一殘辭作:"☐申卜,貞:[王]賓谷歲②,亡(無)㞢。"兩者聯繫起來再結合王賓卜辭的文例來看,"谷"應該是指先祖而言。而"仌"在卜辭中指先祖的用法多見。③ 再結合前文討論的"袞"字來看,上述兩例"谷"字應該就是"仌"字異體。

下面我們再談談《上博簡(三)》④·周易》中與"仌"可能相關的一個字,它出現在 49 號簡中,作如下之形:

仌（下文用▽表示此字）

相關簡文作:"九晶:艮丌瞳,列丌胤,礪▽心。"(簡 48—49)

▽,馬王堆本、雙古堆本相應之字皆作薫,今本作熏。濮茅左、李零釋作"同"。徐在國先生釋作"仌"讀作"薫",張新俊先生從徐説,楊澤生先生釋字從徐説而讀爲"熏"。黄錫全先生認爲也不排除此字是"同"的可能。季旭昇先生認爲釋"同",字形差近,但音讀與"薫"的韻部相去較遠。釋"仌",字形也可以説得過去,但是與今本"薫"聲母相去太遠。疑此字上從"关"省,與"薫"聲韻俱近。⑤

《清華簡(貳)·繫年》"同"字作"仌"(簡 67)、"仌"(簡 70)、"仌"(簡 72)、"仌"(簡 99)等形,▽與之相同,因此僅從字形看,▽可釋作"同"。但正如上引季先生所説,"同"與"薫"韻部不近。

---

① 西周早期的淪伯卣(《集成》05221)銘文中有"仌""仌"字,我們懷疑它是一個雙聲字,其中的"谷"旁也是用作"仌"而非"山谷"之"谷"。
② "歲"之前也有可能缺一字。
③ 姚孝遂主編:《殷墟甲骨刻辭類纂》,中華書局,1989 年,第 1280 頁。
④ 馬承源主編:《上海博物館藏戰國楚竹書(三)》,上海古籍出版社,2003 年。
⑤ 以上諸家之説參看侯乃峰:《〈周易〉文字彙校集釋》,臺灣古籍出版公司,2009 年,第 413—415 頁。

《郭店簡·老子甲》用作"百谷王"之"谷"的字作"[字形]"（簡2）、"[字形]""[字形]"（簡3），其中"谷"旁的變化是在"八"形中間加一橫畫。金文中"尊"或作"[字形]"（中義父鼎，《集成》02211）、"[字形]"（追簋，《集成》04220）、"[字形]"（湯叔盤，《集成》10155）等形，簡牘中"尊"或作"[字形]"（《郭店簡·唐虞之道》簡8）、"[字形]"（《郭店簡·五行》簡22）、"[字形]"（《郭店簡·五行》簡35）等形，這些"尊"形上部雖然是在一般的"尊"字所从"酉"形的上部橫筆上添加一橫筆演變而來，但這添加的一橫恰好處在"八"形中間，偶然地造成了與《郭店簡·老子甲》"谷"形相近似的變化（"关"或从"关"之字亦有與上引"尊"相類似的變化）。《上博簡（三）·周易》▽字與一般的"合"相比，其變化與上引《郭店簡·老子甲》"谷"形的變化同例，兩者正可合觀。① 後來"合"形變作"㕣"形，亦當是在八形間添加橫筆演變而來，這與▽類形的變化同類。因此從字形上看，▽也可看作是"合"字變體。

"合""渙"關係極其密切，上海博物館藏戰國楚竹書《周易》54、55號簡中，从"睿"从"爰"之字（或又增"廾"），帛書本、今本作"渙"，"渙"即屬曉母。甲骨文中"渙"字初文可加注與"虺"同音的虫聲，"虫"亦是曉母字（以上皆參看上文）。元、文兩部關係非常密切，"合"聲字與文部字亦多相通之例。② 又虢公盨銘文中"渙"字从"圓"之初文爲聲，而員聲字與熏聲字常相通。③ 从"合"得聲的"袞"可與宛聲字相通（參看上文），而宛聲字可與熏聲字相通。④ 由以上論述可知"合""薰""熏"音近可通。⑤ 因此從形

---

① 曾、尚上部的八形亦有類似的變化。參看董蓮池：《新金文編》上册，第88—89頁。
② 參看上文以及張儒、劉毓慶著：《漢字通用聲素研究》，第684頁。
③ 張儒、劉毓慶著：《漢字通用聲素研究》，第971頁。
④ 同上註。
⑤ 苟本作"動"。"動"是定母東部字，"合"聲母屬於余母，韻屬元部合口。余母與端系非常密切，而東部和一部分元部合口上古關係比較密切（參見上文），頗疑"動""合"關係亦屬於此類。

音兩方面看,《上博簡(三)·周易》▽宜釋作"谷"。

最後,我們歸納一下本文的主要意見。一、北洞山西漢楚王墓出土的陶甕中"㝉"應釋作"㝉(睿)"而讀作"容"。當然這也可能是因"㝉""容"形近,兩者易相混,故陶甕中"容"可作"㝉(睿)"。二、甲骨文[圖]是在[圖](㕣)的基礎上加注了虫(虺)聲,這可證把"㕣(叡)"釋作"濬"字初文從語音方面看是非常合適的。三、在較早階段,"公""谷"兩形可能既是"谷"字,又是"公"字,一形兼爲二用。四、"㕣""叡""賢"等字所從的"八""父"分別是"公""谷"的初文,"公""谷"是異體關係。古文字中有一部分"谷"類形應看作是"公"字異體,與山谷之谷無關,兩者只是共用字形而已。五、"袞"最初從"公"聲而非從"公"聲,從"公"乃是後出變體。六、《曹沫之陳》、周家臺《醫方》及《晏子春秋·內篇諫上》中所謂"欲"字可能並非"嗜欲"之"欲",兩者只是同形字而已。前者所從之"谷"亦可能即"公"字異體,它可能應讀作"歠/啜",或本即"歠/啜"字異體。七、《上博簡(三)·周易》中"[圖]"可能是"公"字變體,它與馬王堆本、雙古堆本"薰"、今本"熏"應是通假關係。

看校補記:本文初稿寫於2013年10月,2014年8月修改,同年提交給"慶賀羅君惕先生《說文解字探原》出版暨語言文字學術研討會"(上海師範大學,2014年10月12日)。文章注中提及《屯南》2408"[圖]"應釋作"阱"。孫亞冰女士《釋甲骨文中的"耕"字》(《古文字研究》第31輯,中華書局,2016年,第68—72頁)、王子楊先生《釋甲骨文中的"阱"字》(《文史》2017年第2期,第5—15頁)也有相同的意見,讀者可參看。關於殷墟卜辭中祭祀對象"公"的詳細討論,可參看鄔可晶先生《說金文"賢"及相關之字》之《附:說"公"》(《探尋中華文化的基因(一)》,商務印書館,2018年,第181—187頁)一文。

2018年8月12日

論集按語：關於《合集》36960 中的"[圖]"形，孫亞冰女士後來又有不同的意見，她將"[圖]"字釋作"雲"，讀爲"陰陽"之"陰"（孫亞冰：《釋〈合集〉36960 中的"[圖]"字》，《甲骨文與殷商史》新 7 輯，上海古籍出版社，2017 年，第 113—115 頁），讀者可參看。

原載《紀念羅君惕先生語言文字學術研討會論文集》，上海教育出版社，2018 年，第 131—145 頁。

説夙及其相關之字*

《説文》:"夙,早敬也。从丮持事,雖夕不休,早敬者也。㐁,古文夙,从人、囪。佋,亦古文夙,从人、丙。宿从此。"研究者多已指出㐁、佋皆是宿字,用作夙字古文乃假借,可信。關於"夙"的結構,舊一般認爲是會意字。① 高鴻縉認爲:"應从月(借爲夜字)丮聲,夜之殘末,故爲早也。"②陳劍先生在討論甲骨文中的"祝"字時,根據"祝"有異體作"祝"從而認爲甲骨文中的"丮"有"祝"音,應是"祝"字異體,埶字亦从之得聲。陳先生還順便提及了"夙"字,認爲從形聲字的角度看,"夙"可能是形聲字,从"夕"表時段,"丮(祝)"爲聲符,但同時也認爲如把"夙"拆成形聲字,則甲骨文中的"枧"不好處理,因爲後者顯然是一個表意字。③ 我們認爲"丮"有"祝"音,"埶""夙"从之得聲的意見很有啓發性。

殷墟甲骨文中"夙"表示時稱時是一個夜間時稱,指早晨日出之前夜

---

* 本文受到國家社科基金青年項目"商代金文的全面整理與研究及資料庫建設"(項目編號 16CYY031)的資助。
① 參看丁福保主編:《説文解字詁林》,中華書局,1988年,第 7017—7019 頁。周法高等編:《金文詁林》,香港中文大學,1975年,第 4368—4370 頁。季旭昇:《説文新證》,福建人民出版社,2010年,第 574 頁。黄天樹:《殷墟甲骨文形聲字所占比重的再統計——兼論甲骨文"無聲符字"與"有聲符字"的權重》,《黄天樹甲骨金文論集》,學苑出版社,2014年,第 80 頁。
② 周法高等編:《金文詁林》,第 4371 頁。
③ 陳劍:"古文字形體源流"課程,2013年4月11日。

間的一段時間。① 聯繫甲骨文中同爲夜間時稱的"❨夊❩"（或作"❨亯❩"）、"❨丮❩"（或作"❨丮❩"）、"❨味❩"等字來看，②"夙"字的結構應與它們相類，最自然直接的分析應該是从"夕""丮"聲。《説文》："丮，持也。象手有所丮據也，凡丮之屬皆从丮。讀若戟。""讀若戟"與"夙"聲音不近，這又與把"夙"看作形聲字不合，怎樣調和這一矛盾呢？結合甲骨文、金文相關材料來看，我們認爲"丮"應有"夙"音。

2004年到2007年發掘的絳縣橫水墓地，是新見的西周倗國墓地，其中M1006出土了一件中旬人盉，從銘文字體看，該器應屬西周中期偏晚。該盉蓋内鑄銘文六行，其中"丮"字兩見，皆用作"夙夜"之"夙"。③ 因爲同一銘文兩見，這恐怕不能看作是偶然的省略。我們認爲這應是"丮"有"夙"音的強證。伯中父簋（《集成》04023）"夙夜"之"夙"，器銘作"❨夙❩"，蓋銘作"❨丮❩"，後者即"丮"字。蔡簋（《集成》04340）"❨丮❩"即"丮"字，銘文中亦用作"夙"。蔡簋銘、伯中父簋蓋銘分别是宋人、清人的摹刻本，字形可能有舛誤，但聯繫中旬人盉銘文來看，前兩者銘文中的"丮"用作"夙夜"之"夙"應有所本。下面我們再看看幾組相關的甲骨卜辭（本文關於古文字資料的釋文儘量用寬式）：

(1a) 乙亥卜，王往田，無災。
　　 弜（勿）丮。　　　　　　　　　　　　《合》33413［歷組］
(1b) 王其田，惠犬師比，禽，無災。
　　 王其田，惠成犬比，禽，無災。
　　 弜（勿）夙。　　　　　　　　　　　　《合》27915［無名組］
(1c) 王其田，丁向④戍其枳，無災，弗悔。

---

① 常玉芝：《殷商曆法研究·殷代的日始》，吉林文史出版社，1998年，第151頁。
② 參看黃天樹：《黃天樹古文字論集》，學苑出版社，2006年，第178—193頁。
③ 謝堯亭：《倗、霸及其聯姻的國族初探》，《金玉交輝——商周考古、藝術與文化論文集》，中研院歷史語言研究所會議論文集之十三，中研院歷史語言研究所，2013年，第293頁。
④ 裘錫圭：《釋殷虚卜辭中的"❨丁❩""❨丁❩"等字》，《裘錫圭學術文集·甲骨文卷》，復旦大學出版社，2012年，第398—399頁。

    弜（勿）枫，其悔。   《合》27946［無名組］
(2a) 丙午卜，孔祼☑。   《合》34621［無名組］
(2b) □丑卜，枫祼，其若。   《屯》203［無名組］
(2c) 丙子卜，枫祼歲。   《合》30745［無名組］
(3a) □巳卜，☑孔羌☑日其☑。   《合》18987［典賓］
(3b) ☑貞，在岔羌其夙。   《合》529［典賓］
(3c) 貞：作☑羌夙☑。 《史購》313＋323（柯維盈綴）①
(4a) ☑在☑⇑（宀?）☑其孔☑若。   《合》16415［歷組］
(4b) 辛酉，貞：在大⇑（宀?）鬷其枫。
(4c) 辛酉，貞：鬷弜（勿）枫戠禾。   《合》34399［歷組］

  卜辭中的"枫"，異體或作"𠙻"。沈培先生通過"枫""夙"用法的對比，把"枫"亦釋作"夙"。②《花東》236 有一辭作"丙：子枫興又牡妣庚"，黄天樹先生指出這一條卜辭可以支持沈説。認爲"枫興"同於《詩經·衛風·氓》"夙興夜寐"之"夙興"，"子夙興又牡妣庚"是問族長早起用公羊祭祀祖先妣庚好不好。③ 沈先生、黄先生的意見可從。第 1 組卜辭中，"孔""夙""枫"三者用法完全相同。第 2 組卜辭中，"孔""枫"兩者用法相同。第 3 組卜辭中，"孔""夙"兩者用法相近，3b、3c 之"羌"似可看作"夙"的受事主語。雖然單獨看 2a，其中的"孔"不排除有作人名的可能，但聯繫 2b、2c、1 組諸卜辭以及中旬人盃借"孔"爲"夙"來看，2a 的"孔"宜看作與 2b、2c 的"枫"表示的是同一個詞。4a"其"後一字原作"𤕨"，《甲骨文編》《新甲骨文編》等皆把它與其前的"其"誤合爲

---

 ① 中研院歷史語言研究所：《史語所購藏甲骨集》，中研院史語所，2009 年，第 113 頁。
 ② 沈培：《説殷墟甲骨卜辭的"枫"》，《原學》第 3 輯，中國廣播電視出版社，1995 年，第 75—110 頁。
 ③ 黄天樹：《花園莊東地甲骨中所見的若干新資料》，《陝西師範大學學報》（哲學社會科學版）2005 年第 2 期，第 58 頁。收入同作者：《黄天樹古文字論集》，第 449 頁。又黄天樹：《殷墟甲骨文白天時稱補説》，《中國語文》2005 年第 5 期（總第 308 期），第 447 頁。收入同作者：《黄天樹古文字論集》，第 227 頁。

一字釋作"䎃"。①《甲骨文合集釋文》《甲骨文校釋總集》等釋作"丮"。② 4c"弜"後一字原作"￼",4b"其"後一字原作"￼",前者兩手形上部中間還隱約可見一小豎筆,後者兩手形中間的豎筆則非常清楚。《甲骨文編》把它們與"䎃"合爲一字,置於附錄作爲不識字處理。③《殷墟甲骨刻辭類纂》等把它們釋作"丮"。④《甲骨文字編》把前者摹作"￼",把後者摹作"￼",亦把它們都釋作"丮"。⑤《甲骨文合集釋文》等則把它們釋作"枧"。⑥《屯南》4049[歷組]有如下兩辭:

(5a) 辛未貞:其告商于祖乙￼。

(5b) 辛未貞:夕告商于祖乙。

姚孝遂、肖丁《小屯南地甲骨考釋》把"￼"釋作从夕从丮的"夙"。⑦沈培先生認爲:

> 這個字在拓片上不是很清楚,但似乎不是从"夕",而是从"丨","丨"可能是"￼"的省寫。此版(c)(d)(引者按,c、d 分別即上引 5a、5b)二辭是對貞卜辭,按照通例,應當是"枧告"與"夕告"對貞,就像"枧入"與"夕入"對貞、"枧裸"與"夕裸"對貞一樣。但(c)辭却把"枧"放在了句子最後,比較特殊。這是一版歷組卜辭,在歷組卜辭里,時間名詞是經常放在謂語動詞之後的。因此,把這一版的"枧"看成時

---

① 中國科學院考古研究所編輯:《甲骨文編》,中華書局,1965 年,第 113 頁。劉釗、洪颺、張新俊:《新甲骨文編》,福建人民出版社,2009 年,第 158 頁。
② 胡厚宣主編:《甲骨文合集釋文》第 2 册,中國社會科學出版社,2009 年,第 845 頁。曹錦炎、沈建華編著:《甲骨文校釋總集》第 6 册,上海辭書出版社,2006 年,第 1929 頁。
③ 中國科學院考古研究所編輯:《甲骨文編》,第 698 頁。
④ 姚孝遂主編:《殷墟甲骨刻辭類纂》,中華書局,1989 年,第 161 頁。
⑤ 李宗焜:《甲骨文字編》上册,中華書局,2012 年,第 129—130 頁 0437 號。姚孝遂主編:《殷墟甲骨刻辭類纂》,中華書局,1989 年,第 161 頁。
⑥ 胡厚宣主編:《甲骨文合集釋文》第 4 册,第 1692 頁。
⑦ 姚孝遂、肖丁:《小屯南地甲骨考釋》,中華書局,1985 年,第 354 頁。

間名詞也是可以的。①

上引沈先生説可從。《合》31273"枫"作"▨(▨)"，《英藏》2096"枫"作"▨"，它們所從之"屮"皆省作"丨"，這可以作爲"枫"从"屮"省變至从"丨"的中間形體。從字形上看，4b 之"▨"與 5a 之"▨"顯然是一字異體，②因此前者亦應從釋"枫"之説。4a"其"後一字原作"▨"，舊釋"丮"之説無疑是正確的。從内容看，4a、4b 兩辭顯然有關，很可能是同文卜辭。4a 中與 4b 中"▨"（枫）對應之字作"丮"，這更是兩者表示同一個詞的强證。

《合》23766＋《合》25442③＋《合補》7602④［出組二類］中有一條卜辭作"辛未卜，行貞：王宜△裸，亡囚"，其中"△"字原作"▨"，一般認爲即"枫"字。⑤與上引卜辭同爲出組二類的卜辭中，《合》25388"枫"字作"▨"，《合》25391"枫"字作"▨"，《合》25406"枫"字作"▨"，《合》25443"枫"字作"▨（▨）"，比較可知，"△"顯然就是"丮"字。金文中"丮"形多見，其中有多例與"△"寫法類似，⑥亦可證"△"就是"丮"字。由於出組卜辭中"王宜枫裸，亡囚"之辭多見，因此研究者把"△"與"枫"相聯繋顯然是正確的，這亦是"丮""枫"兩者可同表一詞的强證。《合》25702 亦是一版出組二類卜辭，其中有一條卜辭作"辛未［卜］，［行］貞：王［宜］△▨"，其

---

① 沈培：《説殷墟甲骨卜辭的"枫"》，《原學》第 3 輯，第 93 頁。
② 《英藏》2461"▨"，左邊似是作一竪筆，研究者或把它釋作"枫"（《類纂》第 164 頁），這可能是正確的。
③ 劉影：《甲骨新綴第 66—67 組》之 67，中國社會科學院歷史研究所先秦史研究室網站，2010 年 4 月 7 日。又載黄天樹：《甲骨拼合集》第 161 則，學苑出版社，2010 年，第 179 頁。
④ 莫伯峰：《甲骨拼合第九四則》，中國社會科學院歷史研究所先秦史研究室網站，2011 年 1 月 4 日。又載黄天樹：《甲骨拼合續集》第 397 則，學苑出版社，2011 年，第 94—95 頁。
⑤ 胡厚宣主編：《甲骨文合集釋文》第 3 册，第 1267 頁；黄天樹：《甲骨拼合集》，第 435 頁；黄天樹：《甲骨拼合續集》，第 366 頁；李宗焜：《甲骨文字編》，第 131 頁。
⑥ 參看董蓮池：《新金文編》上册，作家出版社，2011 年，第 319—320 頁。

中"△"字,《合》拓本作"▨",《上海博物館藏甲骨文字》17647.147 拓本作"▨"。《甲骨文合集釋文》釋作"柷"。① 《殷墟甲骨刻辭類纂》《上海博物館藏甲骨文字》等釋作"廾",②《新甲骨文編》摹作"▨",亦釋作"廾"。③ 該形上部與上引《合》23766＋《合》25442＋《合補》7602 之"▨"寫法相同,④顯然是"廾"字,但據文例,它亦與"柷"相通。《合》25397[出組二類]中有一條卜辭作"辛巳卜,行貞:王窒△裸",其中"△"字,《合》拓本作"▨",《上海博物館藏甲骨文字》17647.706 拓本作"▨",舊一般亦徑釋作"柷"。⑤ 從《上海博物館藏甲骨文字》的拓本來看,此形應該是在上引《合》23766＋《合》25442＋《合補》7602、《合》25702 那類"廾"字的基礎上再省略一斜筆而來,亦當釋作"廾"。據文例,它亦與"柷"相通。《上海博物館藏甲骨文字》17645.587"庚申[卜],□貞:□△亡[囚]",其中"△"字原作"▨",《上海博物館藏甲骨文字》把它與"柷"聯繫。⑥ 從字形看,它亦當釋作"廾",與"柷"相通。

守卣(《近出》597)是一件西周早期器,其銘文中的族名作"▨",《近出》597、《流散》146、《銘圖》13217 皆釋作"鬥戈"。⑦ 所謂的"戈"字原作

---

① 胡厚宣主編:《甲骨文合集釋文》第 3 冊,第 1280 頁。

② 姚孝遂主編:《殷墟甲骨刻辭類纂》,第 161 頁。上海博物館編:《上海博物館藏甲骨文字》下冊,上海辭書出版社,2009 年,第 417 頁。姚孝遂主編《殷墟甲骨刻辭類纂》(第 161 頁)與劉釗、洪颺、張新俊:《新甲骨文編》(第 156 頁)"廾"字條所收《懷特》121 之字當是"柷(祝)"字。

③ 劉釗、洪颺、張新俊:《新甲骨文編》,第 156 頁。

④ 《合》25403"▨",明義士《殷虛卜辭》223 摹作"▨",誤。《殷墟卜辭綜類》(島邦男編,汲古書院,1977 年,第 59 頁)把它與"柷"類置於同一字頭下,從文例看,可信。但從字形看,它似是"廾"字。據文例,這也是"廾""柷"相通之例。

⑤ 胡厚宣主編:《甲骨文合集釋文》第 3 冊,第 1266 頁。上海博物館編:《上海博物館藏甲骨文字》(第 541 頁)釋作"夕"大概是筆誤。

⑥ 上海博物館編:《上海博物館藏甲骨文字》上冊,第 319 頁。

⑦ 劉雨、盧岩:《近出殷周金文集錄》第 3 冊,中華書局,2002 年,第 57 頁。劉雨、汪濤:《流散歐美殷周有銘青銅器集錄》,上海辭書出版社,2007 年,第 146 頁。吳鎮烽:《商周青銅器銘文暨圖像集成》第 24 冊,上海古籍出版社,2012 年,第 131 頁。

"",右上角顯然還有一個圈形,釋"戈"肯定不對。又族名經常對稱書寫,所謂"戈"形兩側實際上是"廾"形的對稱書寫,釋"鬥"肯定也有問題。我們曾指出該複合族名應是見於祖癸觚(《集成》07301)的"",""""皆是"或"字,卣銘的"廾"乃觚銘""之省。① 現在聯繫前文所論來看,卣銘的"廾"也應是用作""而不是""之省。

《乙編》4729(《合》14001)[典賓]正面有如下兩條卜辭:

(6a) 壬寅卜,㱿貞:婦[好]娩,②妫(男)。③ 王占曰:"其佳[戊]申娩,吉,妫(男)。其佳甲寅娩,不吉,㚔,佳女。"

(6b) 壬寅卜,㱿貞:[婦]好娩,不其妫(男)。王占曰:"廾不妫(男)。其妫(男)不吉于,若兹廼井(殂)。④"

"",舊一般作爲未識字處理。⑤ 張惟捷先生曾在討論此版卜辭時説:

本版正面僅卜一事,而正反兩問皆載占辭,且内容不同,例甚罕見。正面釋文占辭表述關於帚好""將發生的某干支日期之關切,並以之判斷吉凶;反面釋文占辭不涉及干支日,而有兩關鍵字"廾""",一般未見學者討論。頗疑二字爲"夙""造(朝)"缺刻,占辭同樣在討論""時段的吉凶,不過是將關切範圍縮小至一日

---

① 謝明文:《商代金文的整理與研究》下編之十四《"或"字補説》,復旦大學博士學位論文(指導教師:裘錫圭),2012年,第665頁。【看校補記:《"或"字補説》已收入拙著《商周文字論集》(上海古籍出版社,2017年,第88—110頁)。】

② 趙平安:《從楚簡"娩"的釋讀談到甲骨文的"娩妫"——附釋古文字中的"冥"》,《簡帛研究二〇〇一》,廣西師範大學出版社,2001年,第56—57頁。收入同作者:《新出簡帛與古文字古文獻研究》,商務印書館,2009年,第47—55頁。

③ "妫"釋爲"男"參看陳漢平先生説(《釋妫》,《屠龍絶緒》,黑龍江教育出版社,1989年,第77—78頁)以及上引趙平安先生《從楚簡"娩"的釋讀談到甲骨文的"娩妫"——附釋古文字中的"冥"》所引李學勤先生説。

④ 陳劍:《甲骨金文考釋論集》,綫裝書局,2007年,第427—436頁。

⑤ 中國科學院考古研究所編輯:《甲骨文編》,第918頁。胡厚宣主編:《甲骨文合集釋文》第2册,第730頁。劉釗、洪颺、張新俊:《新甲骨文編》,第916頁附録0473號。

的晝夜之別而已。①

我們認爲張先生的意見非常有道理,但謂"뀨""𢀖"爲"夙""造(朝)"缺刻則不太妥當(參看下文)。殷墟甲骨文中有如下幾類用法大致相同的字形:②

A. [字形]、[字形](此形見於《鄴中片羽初集》三二・四)

B. [字形]、[字形](此形見於《合》22335) C. [字形] D. [字形]

B 形乃 A 形的省體;C、D 兩形分别从"口"从 A、B 兩形得聲(D 形亦可以看作 C 形的省體),古文字中从"口"與否有時往往無别,因此研究者大都將這些字形視爲一字的繁簡體,可信。它們在甲骨文中作爲時段名時可讀作"早晨"之"早"。③

"[字形]"下部與 B 類第二形下部的寫法相近。比較"[字形]"以及从之得聲的"[字形]"(《史購》153=《合》21438),可知它顯然應即"[字形]"類形之簡體,因此它亦可讀作"早晨"之"早"。"뀨"非"夙"字缺刻,結合前文所論,此處應是"뀨"用作"夙"。

(7) □唯□中潾(泉)□亞□[不]妫(男)。二日□。

《合》14103[典賓]

(8) □亡(無)囚? 乙卯夕向丙辰婦鼠□[乙]卯夕向丙辰婦鼠娩,妫(男)。五月。 《合》13472+14020[師賓間]

(9) 壬寅卜,䝿貞:婦好娩,妫(男)。壬辰向癸巳娩,唯女。

《合》6948[賓一]

---

① 張惟捷:《殷墟 YH127 坑賓組甲骨新研》,萬卷樓圖書股份有限公司,2013 年,第 261 頁。

② 參看中國科學院考古研究所編輯:《甲骨文編》附録上六二第 759 頁 3988 號、附録上十二第 660 頁 3190 號。

③ 陳劍:《釋造》,《甲骨金文考釋論集》,綫裝書局,2007 年,第 127—176 頁。

(10) 戊辰卜，㱿貞：婦好娩，妫（男）。丙子夕向丁丑娩，妫（男）。

《合》14003［賓一］

(7)"中彔（淥）"是一個夜間時稱，①即見於《詩經》的"中冓""中垢"。② "㫃"字用法與(6a)"㫃"字用法應相同，類似用法的"㫃"字亦見於《合》14076正反。③ 從文義看，應是一個表示不好範疇的詞。(8)"乙卯夕向丙辰"指乙卯日即將結束丙辰日即將開始之時。古人對於生育的時段十分重視，認爲一日之内某個時段分娩就吉利、能生男孩。某個時段生育就不吉利而生女孩。以上占卜婦女生育的卜辭都附記分娩的具體時段。④ (6b)"屰"用作"夙"，"䖒"讀作"早晨"之"早"，這也是記載分娩的具體時段，與上述卜辭的情形正相類，這亦可反證上文關於"屰""䖒"的釋讀非常合適。

(6b)的占辭承命辭或承正貞之辭的占辭省略了動詞"娩"。"屰不妫（男）"即"屰（夙）娩，不妫（男）"之意。"其妫（男）不吉于早"即"于早娩，妫（男），不吉"之意，它是把判斷吉凶的話語"不吉"插入了"其妫（男）于早"中間。"于早"是說明"（娩），其妫（男）"的時間，與"屰（夙）"相對。"夙"指早晨日出之前夜間的一段時間，《合》26897"癸，戌夙伐，戋，不雉［人］""癸，于旦廼伐，戋，不雉人"，時稱"夙""旦"對舉，因爲時稱"旦"在"夙"的後面，所以"旦"前面使用了表示遠指的介詞"于"。"夙""早"相比，時段"早"亦在"夙"後，"早"離占卜時間較遠，這與"早"前亦使用了介詞"于"正相合。

《合》10136正"丙申卜，㱿，貞：婦好孕，弗以婦丼""貞：婦孕，其以婦

---

① 黃天樹：《黃天樹古文字論集》，第185—188頁。
② 苗豐：《卜辭"中彔"補證》，復旦大學出土文獻與古文字研究中心網站，2012年3月25日。看校補記：苗文已正式發表於《探尋中華文化的基因》（一），商務印書館，2018年，第132—135頁。
③ 單育辰先生對甲骨文中的"㫃"字有詳細討論，見《釋"㫃"》，第七屆中國文字學年會論文，吉林，2013年9月。看校補記：單文已正式發表於《出土文獻》第10輯，中西書局，2017年，第14—18頁。
④ 參看黃天樹：《黃天樹古文字論集》，第187—188頁。

丼",《合》14125"貞：子母其㱃,不丼",這些卜辭説明了在當時的醫療條件下,懷孕和生子容易導致孕婦、産婦殞死。① 比較上引兩辭,"若兹迺丼(殞)"的主語似乎也可能是婦好。《合》22102"魯㚼(男)。允㚼(男),延丼"是問魯生子會生男孩吧,結果應驗了果然生了男孩,但孩子不久就夭折了。(6b)與之比較且再結合(6b)占問的焦點都是指向嬰兒而言,"若兹迺丼(殞)"的主語應該就是指剛出生之嬰兒。②

經過上面的分析,(6a)(6b)兩辭的意思也就非常清楚了。(6a)正貞之辭的意思是：壬寅這一天貞人㱃占卜,問婦好分娩,會生男孩吧。王看了卜兆後説："如果在戊申這一天分娩就吉利且生男孩,如果在甲寅這一天分娩就不吉利,此時所生之嬰兒將患病(或有某種先天性身體缺陷)且是女孩。"(6b)反貞之辭的意思是：壬寅這一天貞人㱃占卜,問婦好分娩,不會生男孩吧。王看了卜兆後説："如果在卂(夙)這個時段分娩就不會生男孩,如果在早晨這個時段分娩就會生男孩,但此時分娩不吉利,如此時分娩嬰兒將殞死夭折。"

通過以上的討論,可知"卂""夙"在甲骨文、金文中皆有相通之例,這恐非偶然,説明"卂"確有"夙"音,"夙"應是一個从"夕""卂"聲的形聲字。③ 類比甲骨文中"夙"的字形來看,"㚼"也有可能就是一個一般的形聲字。退一步講,即便"㚼"是一個會意字,如一般所理解的那樣像"手執

---

① 《合》3096"丙午卜,争,貞：黄尹丁人媰不丼(殞),在丁家,有子"也應是與生子是否導致産婦殞死相關的卜辭(《旅順博物館所藏甲骨》498 可與之遥綴,參看中國社會科學院甲骨學殷商史研究中心、旅順博物館編著：《旅順博物館所藏甲骨》中册,上海古籍出版社,2014年,第108頁)。

② 《旅順博物館所藏甲骨》1184 正＋合14006 正＋善齋7.20A.3(蔣玉斌：《甲骨舊綴之新加綴》第7組,中國社會科學院歷史研究所先秦史研究室網站,2014年12月25日)正面有一辭作"癸亥卜,㱃貞：婦好娩,不其㚼(男)。"該版另有殘辭作"☐ 好 ☐ 娩丼(殞)"。此殘辭應是占辭或驗辭,"丼(殞)"的主語指某嬰兒的可能性較大。

③ 仲爯臣盤(《集成》10101)"臣"上之形作[圖],舊一般釋作"卂",方稚松先生認爲它與"肈"字共用"戈"形應釋作"𢦔"(方稚松：《殷墟甲骨文五種記事刻辭研究》,綫裝書局,2009年,第59頁注3)。如果是前者,則"卂臣"或可與甲骨文中"夙臣"(《合》21386)聯繫。如果是後者,則盤銘"𢦔臣"即麥尊(《集成》06015)"𢦔臣"。結合盤銘的"戈"形倒置以及甲骨文中"𢦔"的異體字中有"[圖]"這種从倒戈的字形來看,我們更傾向於釋"𢦔"的意見。

火把形",我們也不清楚它最初是爲哪一個詞所造的。但根據"丮""枛"在甲骨文、金文中皆有通用之例來看,"枛"中的"丮"旁無疑應兼有表音的作用,又"丮"有"夙"音,這些無疑爲"枛"在甲骨文中可用作"夙"增添了文字學上的堅實證據。

甲骨文、金文中"[圖]"(《合》6485 正)、"[圖]"(《合》2650)、"[圖]"(《合》13399 正)、"[圖]"(《懷特》246)、"[圖]"(《集成》04041)等形,可隸作"祀",王子楊先生根據在兩條屬於同日同事所卜的卜辭中,"祀"正與"祝"字相應,從而在辭例上證明"祀"是"祝"字。字形方面,王先生認爲它應即"[圖]"(《合》10148)、"[圖]"(《花東》361)類形的省體。① 我們贊成"祀"是"祝"字異體,但根據"丮"有"夙"音,"祀(祝)"字所從之"丮"無疑應兼有表音作用。

周原出土甲骨文中,有一版卜辭作:

　　癸子(巳)彝文武帝乙宗,貞:王其卲(邵)▲₁成唐(湯),鼎(肆)②▲₂叟二女,其彝盙卝三,豚三,囟③又(有)正。　　　　H11:1④

類似用法的"卲",周原甲骨中亦見於 H11:82。我們曾指出殷墟卜辭中類似用法的"卲"見於《合》709 正:"貞:乎子[圖]卲(邵)父乙,酓叟

---

① 王子揚:《甲骨文从"示"从"丮"的"祝"字袪疑》,中國社會科學院歷史研究所先秦史研究室網站,2010 年 12 月 17 日(論集按語:王文收入王子楊:《甲骨文字形類組差異現象研究》,中西書局,2013 年,第 253—260 頁)。聯繫上引《花東》361"祝"字來看,我們認爲族名金文中的"[圖]"(子[圖]爵,《集成》08073)亦當是"祝"字異體。

② 陳劍:《甲骨金文舊釋"蠶"之字及相關諸字新釋》,《出土文獻與古文字研究》第 2 輯,復旦大學出版社,2008 年,第 13—47 頁。

③ 關於周原甲骨"囟"的詳細討論,可參看陳斯鵬:《論周原甲骨和楚系簡帛中的"囟"與"思"——兼論卜辭命辭的性質》,香港中文大學中國語言及文學系:《第四屆國際中國古文字學研討會論文集——新世紀的古文字學與經典詮釋》,2003 年,第 393—414 頁。又載《文史》2006 年第 1 期,第 5—20 頁。沈培:《周原甲骨文裏的"囟"和楚墓竹簡裏的"囟"或"思"》,《漢字研究》第 1 輯,學苑出版社,2005 年,第 345—366 頁。

④ 曹瑋:《周原甲骨文》,世界圖書出版公司北京公司,2002 年,第 1 頁。

※、卯宰。"①它們當是一個與祭祀有關的動詞。▲₁原作"※",舊或釋作"䏌"而讀爲"卂",②或釋作"祭",③或釋作"祝"。④ 此字从省寫的"卂","卂"形左下應是"示"形之殘,因此此字釋作"祝"可從。據文義,它當是作祭祀動詞,與《合》924 正"祊(祝)"字用法相同。▲₂原作"※",舊或釋作"祊(祝)示"兩字,⑤或釋作"沫示"兩字,⑥或釋作"御/禦",⑦《新甲骨文編》摹作"※",置於附録 0603 號。⑧ ▲₂作爲兩字處理的意見不可信,它與"御/禦"字形不類,釋"禦"之説亦不可信。我們認爲《新甲骨文編》對▲₂的摹寫基本正確。此字左下从"示",左上顯然是"※(祝)",右半實際上是从"䏌(夙)",其中"中"形位於"卂"形與"※"形所从口旁的中間,▲₂當是"祝"字異體。⑨ 這一字形既可能是"※(祝)""祊"兩者的雜糅,也可能是"※""祊"兩者

———————

① 謝明文:《"※""※"等字補釋》,《中國文字》新 36 期,藝文印書館,2011 年,第 99—110 頁。
② 李學勤、王宇信:《周原卜辭選釋》,《古文字研究》第 4 輯,中華書局,1980 年,第 247 頁。
③ 徐錫臺:《周原出土的甲骨文所見人名、官名、方國、地名淺釋》,《古文字研究》第 1 輯,中華書局,1979 年,第 185—186 頁。嚴一萍:《周原甲骨》,《中國文字》新 1 期,藝文出版社,1980 年,第 160—161 頁。曹瑋:《周原甲骨文》,第 1 頁。曹瑋:《周原出土甲骨文》,《收藏》2010 年第 6 期,第 61 頁。
④ 沈培:《周原甲骨文裏的"囟"和楚墓竹簡裏的"囟"或"思"》,《漢字研究》第 1 輯,第 346 頁。董珊:《重論鳳雛 H11 出土的殷末卜甲刻辭》,蔡玫芬主編:《赫赫宗周:西周文化特展圖録》,臺北故宫博物院,2012 年,第 337—338 頁。
⑤ 王宇信:《西周甲骨探論》,中國社會科學出版社,1984 年,第 45 頁。
⑥ 嚴一萍:《周原甲骨》,《中國文字》新 1 期,第 160—161 頁。
⑦ 李學勤、王宇信:《周原卜辭選釋》,《古文字研究》第 4 輯,第 247 頁。曹瑋:《周原出土甲骨文》,《收藏》2010 年第 6 期,第 61 頁。沈培:《周原甲骨文裏的"囟"和楚墓竹簡裏的"囟"或"思"》,《漢字研究》第 1 輯,第 346 頁。董珊:《重論鳳雛 H11 出土的殷末卜甲刻辭》,《赫赫宗周:西周文化特展圖録》,第 337—338 頁。
⑧ 劉釗、洪颺、張新俊:《新甲骨文編》,第 935 頁。
⑨ 《泹寶齋所藏甲骨》(郭青萍編,内蒙古人民出版社,2006 年)083"▲₃白羲于祖乙,四月",其中▲₃原作"(※)",與"※"(《合》10148)等形比較,我們認爲它亦是"祝"字異體,其用法與▲₂相同,當是指一種用牲法,訓爲"斷"。《廣雅·釋詁一》《穀梁傳》哀公十三年注、《公羊傳》哀公十四年注等皆訓"祝"爲"斷")。▲₁、▲₂ 出現在同一辭,寫法有繁簡不同,這可能與它們用法有別有關,前者是祭祀動詞,後者是指一種用牲法。

的雜糅（論集按語：也可以看作"丮/𠬝""祝""凤"音近雜糅），它所從之"丮"變作"凤（凤）"，這正說明了"祝""凤"之間語音關係應非常密切。①

《合》2804殘字"🅐"、《合》21190"🅑"，王子楊先生亦釋作"祝"，認爲與"🅒"（《花東》361）形相比，它們只是"'口'形移至上舉的雙手形之下"。我們贊同這兩形是"祝"字，但其"口"形未必是《花東》那類形體人形上的"口"形移位而來。此字又見於《上海博物館藏甲骨文字》17645.903（《合》2570），作"🅓"。這類寫法的祝字，"口"形皆在"丮"形下方。甲骨文中有"🅔"（《類纂》第161頁）類形，既可以看作是"丮"增"口"而成的繁體，也可分析爲從"口""丮"聲。如果是後者，它最初亦可能是"祝"字異體，上引《合》2804、《合》21190、《上海博物館藏甲骨文字》17645.903之字或可直接分析爲從"示""🅔"聲。《屯》3035"癸亥卜，🅕于祖丁"之"🅕"，顯然應是"祝"字異體，"🅔"的結構與之類似。②

"𡘋"字，《説文》作"𡙕"，分析爲"從丮，𦎫聲"。但是"𡘋""𦎫"二字韻部相距甚遠，"𡘋"字無由從𦎫聲，因此《説文解字注》删去"聲"字，以"𡘋"爲會意字。從較早的字形看，"𡘋"字皆從"丮"從"亯"。③現在的古文字研究者一般亦認爲它是會意字，④恐不可信。根據"丮"有"凤"音，"𡘋"字所從之"丮"應是聲符，它應該是一個從"亯""丮"聲的形聲字。"亯"，舊或以爲是像宗廟之形，從甲骨金文的字形看，"亯"雖未必像宗廟，但説像某

---

① "祝（祝）""凤"同從"丮"聲，兩者當音近。《合》13399"其既祝启"之"祝"有可能當讀作"凤"。"其既祝启"表示"凤"這個時段結束後天開始放晴。

② 《合》35229殘辭中有一字作"🅖"，疑是"🅔""🅕/🅗"兩者的糅合。《合》41447有一殘辭作"叀🅘田"，我們認爲"🅘"可能是"🅖"這一類字形的誤摹。"🅘"與無名組卜辭中的"🅙""🅚"表示的可能是同一個地名。

③ 裘錫圭：《釋殷墟卜辭中與建築有關的兩個詞——"門塾"與"自"》，《裘錫圭學術文集·甲骨文卷》，復旦大學出版社，2012年，第299—300頁。

④ 參看季旭昇：《説文新證》，福建人民出版社，2010年，第196頁。黃天樹：《殷墟甲骨文形聲字所占比重的再統計——兼論甲骨文"無聲符字"與"有聲符字"的權重》，《黃天樹甲骨金文論集》，第73頁。

種建築之形則應該是没有異議的,又結合甲骨文中"埶"字的用法來看,①我們頗疑"埶"即"門塾"之"塾"的初文。

前引陳劍先生説認爲"丮"是"祝"字異體,但甲骨金文中从"丮"的字有許多,如"埶""鈠""馹""馘""蚳""蓺""揚""期""奉""對""稽"等字,釋"丮"爲"祝"不好解釋這些字所从的"丮"旁。甲骨文中"祝"有"🦴""🦴""🦴""🦴""🦴""🦴"等異體。② 又結合甲骨文中有一些"祝"字其義近於"告"來看,③我們認爲"祝"字从"口"應該是其重要特徵。"祧"雖然没有"口"形,但因爲有"示"旁的組合限制,再加上"丮"可表音,故"🦴(祝)"字有省體作"祧"是比較自然的。而"丮"形中没有"口"形,所以我們不能類比"🦴"之於"🦴""🦴"之於"🦴"來推論"祧(祝)"字所从之"丮"是"祝"字異體。另殷墟甲骨文中也找不到"丮"用作"祝"的例子,因此我們認爲"丮"是"祝"字異體的意見比較可疑。"丮"最初是爲哪一個詞所造的還有待研究。④

從甲骨文、金文材料來看,"丮"確有"夙"音。至於這個"夙"音是"丮"字本來就有的還是因從"夙"中割裂出來而繼承其讀音,則有待研究。《説文》所言"丮"讀若"戟(戟)"這一語音現象是何時出現以及根據是什麽,這些也有待進一步的研究。⑤ 殷墟甲骨文中,"丮"除了與"夙""枳"相通的

---

① 參看裘錫圭:《釋殷墟卜辭中與建築有關的兩個詞——"門塾"與"自"》。
② 確定的"祧"形只出現在商代晚期與西周早期,橐司寇獸鼎(《集成》02474)、橐姬鬲(《文物》2004年12期,第9頁圖11)都是春秋早期器,故兩器銘文中的"橐"形應不是"祧""馘(埶)"兩者的糅合,而宜分析爲从"示""馘(埶)"聲,應即"祝"字異體。
③ 裘錫圭:《商銅黽銘補釋》,《中國歷史文物》2005年第6期,第5頁。收入《裘錫圭學術文集·金文及其他古文字卷》,復旦大學出版社,2012年,第174—175頁。
④ 我們曾懷疑"丮"最早可能是冬部字,它是"巩"字初文,後來加注"工"聲,"巩"遂轉入東部。《説文》:"筑,以竹曲五弦之樂也。从竹,从巩,巩,持之也。竹亦聲。"《説文》:"丮,持也。"《英藏》2526有"🦴"字,疑可釋作"筑"。
⑤ 《説文》:"馘,相踦之也。从丮,谷聲。"此字金文中見於春秋晚期的馘子劍(《集成》11578)。"谷"上古音屬溪母鐸部,"戟"屬見母鐸部,兩者古音極近。如"三谷"之"谷",《上海博物館藏戰國楚竹書(五)·姑成家父》从"丰"得聲。兵器銘文中"戟"或从"丰"聲。又"馘""谷"同从"谷"聲,故"馘""戟"兩者音近,頗疑"丮"之所以"讀若戟(戟)"很可能是源於"馘"這一類字的讀音。

例子外，還有一些因辭殘用法難以確定的例子以及一些用作族名或人名的例子。① 商周金文中，"廾"主要的用法是作族名或人名，②非族名用法的"廾"則見於它簋蓋（《集成》04330）、班簋（《集成》04341）、邵黛鐘（《集成》00225—00237）以及上引中甸人盃、伯中父簋蓋、蔡篡等銘文。後面三器中的"廾"字，其用法我們前文已經討論，下面我們主要討論前面三器中"廾"的讀法。

(11) 乃沈（沖）③子妹（昧）克蔑見猒（厭）于公休，沈（沖）子肇敢舐賈，
作茲簋，用觀饗已公，用佫多公，其廾哀乃沈（沖）子它唯福，用
水靈命，用綏公唯壽……   它簋蓋

(12) 班拜稽首曰：嗚呼，丕杯廾皇公受京宗懿釐，毓文王、王姒聖孫，
登于大服，廣成厥功。   班簋

(13) 唯正月初吉丁亥，吕黛曰：余畢公之孫、吕伯之子，余詰詘事君，
余罾（戰）婁（廾）武，作爲余鐘。   邵黛鐘

例(11)它簋蓋"廾哀"，唐蘭先生認爲："廾像人高舉兩手形，讀如揚。《說文》讀若輂，解爲'持也'，應作𠬞，像人持物形，與此不同。《小爾雅·廣言》：'揚，舉也。'《吕氏春秋·報更》注：'哀，愛也。'哀憫和愛憐意本相關。"唐先生又把"廾哀"譯爲"抬舉並憐愛"。④ 郭沫若讀"廾"爲"劇"，讀"哀"爲"愛"，"廾哀"即"劇愛"。⑤ 趙誠先生在評價郭說時說："按照郭氏

---

① 《合》1824 反有"廾"字，從其正面有時間詞"昏"來看，疑亦是用作"凤"。《合》13924 "貞：牵廾生"之"廾"，疑亦用作"凤"。
② 廾卣（《集成》04774）銘文中舊所謂的"廾"字實是"裸"之誤釋（參看謝明文：《商代金文的整理與研究》，第 231—232 頁）。
③ 董珊：《釋西周金文的"沈子"和〈逸周書·皇門〉的"沈人"》，復旦大學出土文獻與古文字研究中心網站，2010 年 6 月 7 日；又載清華大學出土文獻研究與保護中心編：《出土文獻》第 2 輯，中西書局，2011 年，第 29—34 頁；又載清華大學出土文獻研究與保護中心編：《清華簡研究（第 1 輯）——〈清華大學藏戰國竹簡（壹）〉國際學術研討會論文集》，中西書局，2012 年，第 211—216 頁。蔣玉斌、周忠兵：《據清華簡釋讀西周金文一例——說"沈子""沈孫"》，復旦大學出土文獻與古文字研究中心網站，2010 年 6 月 7 日；又載清華大學出土文獻研究與保護中心編：《出土文獻》第 2 輯，中西書局，2011 年，第 35—38 頁。
④ 唐蘭：《西周青銅器銘文分代史徵》，中華書局，1986 年，第 321、324 頁。
⑤ 郭沫若：《兩周金文辭大系圖錄考釋》（下），上海書店，1999 年，第 49 頁。

的注釋,特別是注哀爲愛,使銘文能順利通讀,所以爲學者們所接受。至於丮是否一定需讀爲劇,當然還可以再研究,但不會影響哀讀爲愛。"①《銘文選》讀"丮哀"爲"慈愛"。② 朱其智先生認爲"丮"與前一行末字"其"是"其"字繁體"期"的分書。"期(其)"作主語,指上兩句中的賓語"己公"和"多公"。③ 陳英傑先生亦認爲"丮"與前一行末字"其"是"期"的析書。④ 單育辰先生認爲我們上文所引蔡篡銘、伯中父篡蓋銘中的"丮"是"夙"的省"歹"之形,用爲"夙",據此認爲它篡的"丮"也用作"夙",而"哀"可能是"夜"的訛字。⑤

我們認爲"其丮哀乃沈子它唯福"一句中,主語應是承前省略,即上兩句中的賓語"己公"和"多公","其"應是虛詞,"哀"應是動詞作整句的謂語,"乃沈子它"("沈子"與"它"是同位語關係)是"哀"的間接賓語,"福"則是"哀"的直接賓語。"哀""愛"相通,古書多見,⑥銘文中的"哀"可從讀"愛"之說。"丮""哀"既可能是並列關係,也可能是偏正關係。結合例(13)的"丮武"來看,我們傾向"丮""哀"是偏正關係,"丮"是"哀"的狀語。"孰"從"丮"聲(參看上文),古文字資料中,"篤"字常假借爲"孰"。⑦《說文》:"篤,厚也。從言、竹聲。讀若篤。"訓"厚"的"篤",古書中則常借《說文》認爲其本義爲"馬行頓遲"的"篤"字來表示。我們認爲"丮哀"之"丮"亦可讀爲"篤/篤",訓"厚""甚"。"篤愛"一語古書中見於《韓詩外傳》《鹽鐵論》等。⑧

例(12)"丮"字,郭沫若先生認爲:"丮當與朕同意,丮朕均一音之轉。"

---

① 趙誠:《二十世紀金文研究述要》,書海出版社,2003年,第105頁。
② 馬承源等:《沈子也篡蓋》,《商周青銅器銘文選(三)》,文物出版社,1988年,第58頁。
③ 朱其智:《西周金文研究札記兩則》,《語言研究》2006年第4期,第80頁。
④ 陳英傑:《西周金文作器用途銘辭研究》,綫裝書局,2008年,第838頁。
⑤ 單育辰:《再論沈子它篡》,《中國歷史文物》2007年第5期,第10頁。
⑥ 張儒、劉毓慶著:《漢字通用聲素研究》,山西古籍出版社,2002年,第904頁。
⑦ 白於藍:《戰國秦漢簡帛古書通假字彙纂》,福建人民出版社,2012年,第412頁。
⑧ "哀"聲字與"幾"聲字可通,"幾"聲字與"乞"聲字可通(《漢字通用聲素研究》,第891—892頁),"哀"或可讀作訓"賜予"的"乞",但此種破讀很不符合當時的用字習慣,故正文不取此說。又後世雖有"夙愛"一語,但與銘文文義不合,故正文沒有把"丮哀"破讀爲"夙愛"。

又認爲"不杯丮皇公"與秦公簋及鐘"不顯朕皇祖"同例。① 黄盛璋先生認爲"丮"是第一身代詞。② 梁寧森先生徑釋作"朕"。③ 陳夢家先生認爲："'丮'義與'厥''其'相似,乃領格第三人稱代名詞。"④白川静先生亦認爲"丮"是第一人稱代詞,秦公簋"不顯朕皇且"與"不杯丮皇公"語例相同。⑤ 陳英傑先生認爲："丮義同朕、㐰。"⑥劉心源認爲"丮""皇"二形是"揚字上下離篆"。⑦ 吴闓生認爲："丕杯丮者,丕顯揚也。"⑧唐蘭先生在"丮"後括注"揚",譯爲"稱揚"。⑨《銘文選》認爲"丮"即"揚"字之省。⑩ 王永波先生亦釋作"揚"。⑪ 楊樹達先生認爲："不杯丮皇公者,丮字意雖不明,然不杯丮爲贊美之辭,固甚顯白也。"⑫李學勤先生贊同楊説,且讀"丮"爲"極",訓爲"至"。⑬ 洪家義先生説與楊説相近。⑭ 李義海、蘭和群兩位先生徑釋"不杯"後之字爲"極"。⑮ 陶北溟、連劭名兩位先生認爲"丮"讀爲"叚",訓作"常"。⑯ 朱其智先生認爲："'不杯極'和'不杯揚'一樣,語法上有欠妥之處,'不杯'爲形容詞,語義與語法功能均同於'不顯',金文中'不

---

① 郭沫若:《兩周金文辭大系圖録考釋》(下),第 22 頁。
② 黄盛璋:《班簋的年代、地理與歷史問題》,《考古與文物》1981 年第 1 期,第 75—82 頁。
③ 梁寧森:《試論班簋所屬時代兼及虢城公其人》,《河南師範大學學報(哲學社會科學版)》2006 年第 6 期,第 129 頁。
④ 陳夢家:《西周銅器斷代》,中華書局,2004 年,第 27 頁。
⑤ 參看曹兆蘭:《金文通釋選譯》,武漢大學出版社,2000 年,第 110 頁。
⑥ 陳英傑:《西周金文作器用途銘辭研究》,第 214 頁。
⑦ (清)劉心源:《古文審》5.5,《金文文獻集成》第 11 册,香港明石文化國際出版有限公司、綫裝書局,2004—2005 年,第 469 頁。
⑧ 吴闓生:《吉金文録》,萬有圖書公司,1968 年,第 141 頁。
⑨ 唐蘭:《西周青銅器銘文分代史徵》,中華書局,1986 年,第 347—348 頁。
⑩ 馬承源主編:《商周青銅器銘文選(三)》,第 109—110 頁。
⑪ 王永波:《班簋年代淺議》,《東南文化》1999 年第 5 期,第 111 頁。
⑫ 楊樹達:《積微居金文説》,中華書局,1997 年,第 232 頁。
⑬ 李學勤:《班簋續考》,《古文字研究》第 13 輯,中華書局,1986 年,第 184—185 頁。
⑭ 洪家義:《金文選注繹》,江蘇教育出版社,1988 年,第 47 頁。
⑮ 李義海:《〈班簋〉考繢》,《吉林廣播電視大學學報》2004 年第 1 期,第 41 頁。李義海:《班簋補釋》,《南陽師範學院學報(社會科學版)》2004 年第 1 期,第 39 頁。蘭和群:《〈班簋〉銘文新釋》,《鄭州大學學報(哲學社會科學版)》2004 年第 6 期,第 105 頁。
⑯ 陶北溟:《舊雲盦金文釋略·邵鐘》,《金文文獻集成》第 27 册,香港明石文化國際出版有限公司、綫裝書局,2004—2005 年,第 408 頁。連劭名:《西周〈班簋〉銘文新考》,《北京考古與文物》第 6 輯,民族出版社,2004 年,第 114 頁。

顯'無用在動詞之前或副詞之前的例證。"朱先生又認爲："'丮'就是'其'的繁構'瞡'的一種簡化形式，簡言之就是'瞡（其）'的異體字。"①馮時先生讀"丮"爲"子"，又引用《説文解字注》"凡特立爲子"作訓釋。②

如果"丕杯丮皇公"與秦公簋"丕顯朕皇且"確是同一結構，則"丮"疑可徑讀作"朕"。多友鼎（《集成》02835）銘文中用作"玁狁"之"狁"的字原作"![字]"，从"允"从"叟"，可隸作"㚇"。古文字中"丮"形下常常作"女"形，如配兒句鑃（《集成》00426—00427）銘文中"執""瞡"兩字所从"丮"形的變化即其例，③因此"叟"即"丮"字繁文。"夙"，心母覺部。"允"，余母文部。以"允"爲子聲符的"浚""峻""陵"屬於心母。幽覺部與微物文部關係比較密切，有不少字可相通，這一現象已經有許多學者論及。④ 因此我們認爲"㚇"可能是一個雙聲字，所从"允""丮"（音"夙"，參看前文）兩者皆聲。又邢侯簋（《集成》04241）"朕臣天子"，研究者一般根據金文中習見的"畯臣天子"一語從而認爲"朕"應該讀爲"畯"。而"畯"亦以"允"爲子聲符。由此可見"朕"與音"夙"的"丮"或可通（論集按語：此說不可信）。

"丕杯丮皇公"的結構還有一種可能，即"丕杯""丮""皇"三者是並列關係。井人妄鐘（《集成》00109、00111）"井人人妄曰：'覭盩（淑）文祖、皇考克慎厥德，齍純用魯，永終于古'"。其中"覭盩（淑）文祖、皇考"與"丕杯丮皇公"在語法結構上比較相似。"丕杯"與"覭"相當。"覭"在金文中與

---

① 朱其智：《西周金文研究札記兩則》，《語言研究》2006 年第 4 期，第 81 頁。
② 馮時：《班簋銘文補釋》，清華大學出土文獻研究與保護中心編：《出土文獻》第 3 輯，中西書局，2012 年，第 133 頁。
③ 董蓮池：《新金文編》上册，第 522 頁；中册，第 905—907、1461—1462 頁。
④ 孫玉文：《"鳥""隹"同源試證》，《語言研究》1995 年第 1 期，第 174—175 頁。龍宇純：《上古音芻議》，《中研院歷史語言研究所集刊》第 69 本第 2 分，1998 年，第 331—397 頁。何琳儀：《幽脂通轉舉例》，《古漢語研究》第 1 輯，中華書局，1996 年，第 348—372 頁。孟蓬生：《上古漢語同源詞語音關係研究》，北京師範大學出版社，2001 年，第 48—50 頁，又第 176—178 頁。張富海：《楚先"穴熊""鬻熊"考辨》，《簡帛》第 5 輯，上海古籍出版社，2010 年，第 209—213 頁。史傑鵬：《由郭店〈老子〉的幾條簡文談幽、物相通現象暨相關問題》，《簡帛》第 5 輯，上海古籍出版社，2010 年，第 123—139 頁。李家浩：《楚簡所記楚人祖先"鬻熊"與"穴熊"爲一人說——兼說上古音幽部與微、文二部音轉》，《文史》2010 年第 3 輯，第 5—44 頁。劉釗：《古璽格言璽考釋一則》，《書馨集——出土文獻與古文字論叢》，上海古籍出版社，2013 年，第 257—267 頁。

"顯"意義相近,"丕杯"義與"丕顯"相近,故"丕杯"與"覭"意義亦相近。"皇公"之"皇"與"文祖"之"文""皇考"之"皇"相當,"丮"則與"盄(淑)"相當。"丮"有"夙"音,"夙"與"肅""宿"音近可通,①"肅"聲字與"叔"聲字可通,②"宿"與"朩"聲字亦可通。③ 故"丮"與"叔"聲字可通。又甲骨文中"祝"字異體或从"丮"聲(參看前文),《漢書·律曆志上》:"木曰柷。"顏師古注:"柷,與俶同。""祝""柷"所從聲符相同(《說文》:"柷,从木、祝省聲。")。這亦可見"丮"與"叔"聲字音近可通。因此我們懷疑"丕杯丮皇公"之"丮"或可讀作"淑"。

以上兩種讀法從辭例、語音兩方面看似皆有可能,至於哪一種更符合實際,則還有待於將來的新材料以作進一步的研究。

例(13)邿黛鐘"嘼",通行的釋法是將它讀爲狩獵的"狩",非是。從古文字等相關資料看,"嘼"本即"單"字繁文,鐘銘"嘼(單)"宜讀爲戰爭的"戰"。④

"余嘼"後面一字,吴大澂認爲:"𣀔(引者按:即我們釋文中的"娑"字),字不可識,或妥之異文,讀若綏。《禮》:'武車綏旌。'注謂垂舒之也。余嘼綏武言出狩而綏章孔武也。"⑤潘祖蔭釋作"妥",謂"妥武"即"牧甯武圖之義"。⑥ 于省吾先生釋作"娑"。⑦ 郭沫若先生釋作"娑",認爲:"娑即丮字,沈子簋'其丮殄乃沈子㔽佳福'。丮殆讀爲劇。"⑧劉雨先生認爲:

---

① 張儒、劉毓慶著:《漢字通用聲素研究》,第191—192頁。
② 同上注,第190頁。
③ 同上注,第192頁。
④ (清)潘祖蔭:《攀古樓彝器款識》上1.5,《金文文獻集成》第7册,香港明石文化國際出版有限公司、綫裝書局,2004—2005年,第564頁。(清)方濬益:《綴遺齋彝器考釋》,《金文文獻集成》第14册,香港明石文化國際出版有限公司、綫裝書局,2004—2005年,第45頁。湯餘惠:《邿鐘銘文補釋》,《古文字研究》第20輯,中華書局,2000年,第131頁。陳劍:《甲骨金文考釋論集》,綫裝書局,2007年,第28—29頁。
⑤ (清)吴大澂:《愙齋集古録》(二十六卷)1.7,《金文文獻集成》第12册,香港明石文化國際出版有限公司、綫裝書局,2004—2005年,第170頁。
⑥ (清)潘祖蔭:《攀古樓彝器款識》上1.5,《金文文獻集成》第7册,第564頁。
⑦ 于省吾:《雙劍誃吉金文選》,中華書局,1998年,第97頁。
⑧ 郭沫若:《兩周金文辭大系圖録考釋》(下),第232頁。

"《説文》'丮,持也'。此句(引者按:指"余瞀叝武")言邸黛持以勇武,保衛君王。"①《銘文選》:"叝,丮之繁寫,字像兩手持執之形。《説文・丮部》:'丮,持也。'武,勇。叝武猶持勇,即文獻之執勇,義爲可服勇武之人。"又把"余瞀叝武"譯爲"我狩獵時能服勇武之人"。② 湯餘惠先生認爲"丮"讀爲"佶",訓爲"壯","丮(佶)武"猶言"壯武"。③

晉公盤銘文在形容憲公時有"武魯宿(肅)靈"之語,④王孫誥鐘(《新收》418—439)銘文在器主形容自身時有"肅哲臧(壯)禦"之語,王孫遺者鐘(《集成》00261)銘文在器主形容自身時有"肅哲聖武"之語,又"夙""肅""宿"音近可通(參看上文),我們最初曾懷疑"余瞀(戰)叝(丮)武"之"丮武"或可讀作"肅武"。但細思之,"丮武"主要是指"戰"而言,而晉公盤"宿(肅)"、王孫誥鐘、王孫遺者鐘"肅"主要是指人的品行而言,它們所處語境似有別。

配兒句鑃"余孰戕(壯)于戎攻(功)且武,余畢龏畏忌,余不敢諆(戲)舍(豫),擇厥吉金,玄鏐鑪鋁,自作句鑃"之"余孰壯于戎功且武",比較嘉賓鐘(《集成》00051)"余武于戎攻(功)"、王孫誥鐘(《新收》418—439)"武于戎攻(功)"、楚大師鄧辥慎編鐘"武于戎工(功)"、⑤楚大師鄧子辥慎編鎛"武于戎工(功)"、⑥虢季子白盤(《集成》10173)"⬚⑦(壯)

---

① 劉雨:《邸黛編鐘的重新研究》,《古文字研究》第12輯,中華書局,1985年,第259頁。收入同作者《金文論集》,紫禁城出版社,2008年,第307頁。
② 馬承源主編:《商周青銅器銘文選(四)》,文物出版社,1990年,第592頁。
③ 湯餘惠:《邸鐘銘文補釋》,《古文字研究》第20輯,第131—132頁。
④ 吳鎮烽:《晉公盤與晉公盆銘文對讀》,復旦大學出土文獻與古文字研究中心網站,2014年6月22日。此銘真偽有待研究。
⑤ 周亞:《楚大師登編鐘及相關問題的認識》,《上海博物館集刊》第11期,上海書畫出版社,2008年,第150—154頁。
⑥ 朱鳳瀚:《關於以色列耶路撒冷國家博物館所藏楚大師編鎛》,《楚簡楚文化與先秦歷史文化國際學術研討會論文集》,湖北教育出版社,2013年,第45—54頁。
⑦ 晉公盤"⬚"字,單育辰先生指出它與毛公鼎(《集成》02841)"⬚"是一字(參看吳鎮烽:《晉公盤與晉公盆銘文對讀》文末學者評論第6樓),可信。虢季子白盤"⬚"與它們相比,只是上下兩偏旁位置相反而已,它們顯然是一字異體。

武于戎工（功）"、①周王孫季怡戈（《集成》11309）"孔臧（壯）元武"、《清華大學藏戰國竹簡（壹）·耆夜》簡 4 "方臧（壯）方武，穆穆克邦"、曾侯與編鐘（《江漢考古》2014 年第 4 期，第 20—21 頁）"穆穆曾侯，慇（壯）武畏忌"，可知上引配兒句鑃銘文中的"且"應是並列連詞，它連接的兩個並列成分應是"壯"與"武"。"余孰壯于戎功且武"實可表述爲"余孰壯武于戎功"，"孰"應該是既修飾"壯"，也修飾"武"，它即"壯""武"共同的狀語。"余冒（戰）孯（丮）武"之"孯武"是指"冒（戰）"而言，這與"孰壯武"是指"戎功"而言彼此情形恰好相類。又上文已言"孰"本從有"夙"音的"孯"得聲，因此"孯武"之"孯"與"孰壯武"之"孰"表示的應該就是同一個詞。配兒句鑃"孰戕于戎攻"，②沙孟海先生認爲"孰"讀作"熟"，義指精通。"戕"讀作"臧"，訓善，"孰戕于戎攻"猶言精通于戎事。③ 曹錦炎、董楚平兩位先生亦認爲"孰"讀作"熟"。④ 周海華、魏宜輝兩位先生認爲"孰"讀作"篤"，"戕"讀作"臧"，"篤""戕（臧）"在句子中並列作爲謂語，皆言精通于戎事。⑤ 樂游先生"孰"括注"篤"而無説。⑥ 我們認爲"孰"讀作"篤"的意見可從，但"篤""戕"在句子中並列作爲謂語的意見則不可信（參看前文）。⑦ 如果聯繫"孰壯武"之"孰"讀作"篤"的意見以及例（11）它簋蓋"孯哀"的釋讀來看，"孯武"之"孯"也應讀作"篤"，銘文中表示强調程度而與"甚"意義

---

① 戎攻、戎工以及《詩經·大雅·江漢》的"肇敏戎公"之"戎公"皆應讀作"戎功"，"功"訓作"事"。"戎功"即指"兵事"（參看王國維：《觀堂集林》，中華書局，2004 年，第 81 頁。王國維：《不䍙敦葢銘考釋》，《王國維遺書》第 4 册，上海書店出版社，1996 年，第 148 頁）。
② 《銘文選》誤釋作"鄎"（馬承源主編：《商周青銅器銘文選（四）》，第 369 頁）。
③ 沙孟海：《配兒鈎鑃考釋》，《考古》1983 年第 4 期，第 340 頁。
④ 曹錦炎：《吳越青銅器銘文述編》，《古文字研究》第 17 輯，中華書局，1989 年，第 86 頁。董楚平：《吳越徐舒金文集釋》，浙江古籍出版社，1992 年，第 65，67 頁。
⑤ 周海華、魏宜輝：《讀銅器銘文札記（四則）》第四則，《東南文化》2000 年第 5 期，第 84 頁。
⑥ 樂游：《配兒鈎鑃銘文新考》，《中國國家博物館館刊》2014 年第 5 期，第 65 頁。
⑦ 配兒句鑃銘文中的"戕"，周王孫季怡戈（《集成》11309）等銘文中的"臧"，研究者或釋讀作"臧"，訓作"善"，或讀作"莊"，或讀作"壯"，我們認爲讀"壯"之説可從。類似用法的"壯武"，典籍中亦見於《漢書·韓王信傳》"上以爲信壯武"、《三國志·魏志·典韋傳》"韋既壯武，其所將皆選卒，每戰鬭，常先登陷陳"等。

相近,《史記·殷本紀》"吾甚武"之語可參看。

下面我們再順便談談金文中一例舊所謂的"夙"字。叔姒簋(《集成》04137)銘文作:

叔姒作寶尊簋,眔仲氏萬年,用侃喜百姓、朋友眔子婦,子孫永寶,用△夜享孝于宗室。

其中△字,《集成》修訂增補本作"[圖]",《銘圖》05133 作"[圖]",《三代》8.39.2 作"[圖]",舊一般釋作"夙"。① 此形右旁與"丮"明顯不類,從《三代》的拓本來看,"又"形中間明顯有兩點,此字可釋作"叙"。《花東》267 數見"[圖]""[圖]"字,黃天樹先生釋作"叉",疑讀爲"早晨"之"早"。② 傳世古籍以及出土文獻中從"叉"得聲的"蚤"亦常用作"早"。③ 叔姒簋"叙"從"夕""叉"聲,我們認爲它亦當用作"早晨"之"早"。《詩經·齊風·東方未明》:"不能晨夜,不夙則莫。"毛傳:"夙,早;莫,晚。""早"是白天時稱,簋銘中"叙"之所以用"夕"作意符,既可能是由於"夙"常訓"早",故受"夙"字類化而從"夕",但它更可能是受其下面的"夜"字類化而從"夕"。④

《尚書·皋陶謨》:"日宣三德,夙夜浚明有家",《史記·夏本紀》作"日宣三德,早夜翊明有家"。《詩經·小雅·小宛》"夙興夜寐,無忝爾所生"

---

① 中國社會科學院考古研究所:《殷周金文集成》(修訂增補本)第 3 册,中華書局,2007 年,第 2312 頁。陳英傑:《西周金文作器用途銘辭研究》,綫裝書局,2008 年,第 632 頁。季旭昇:《説文新證》,福建人民出版社,2010 年,第 573 頁。吴鎮烽:《商周青銅器銘文暨圖像集成》第 11 册,第 79 頁。

② 黃天樹:《花園莊東地甲骨中所見的若干新資料》,《陝西師範大學學報》(哲學社會科學版)2005 年第 2 期,第 58 頁。收入同作者:《黃天樹古文字論集》,學苑出版社,2006 年,第 449 頁。黃天樹:《殷墟甲骨文白天時稱補説》,《中國語文》2005 年第 5 期(總第 308 期),第 447 頁。收入同作者:《黃天樹古文字論集》,第 227—228 頁。

③ 張儒、劉毓慶著:《漢字通用聲素研究》,第 139 頁。白於藍:《戰國秦漢簡帛古書通假字彙纂》,第 104—105 頁。

④ 還有一種可能就是"月/夕""日"皆與時間有關,故它們作爲表意偏旁或偶可通用。啓卣(《集成》05410)"夙"字,蓋銘作"[圖]",器銘作"[圖]",後者所從與"日"相近。仲虡父盤(《金文總集》6753)"[圖]",一般亦釋作"夙"。從夙字或偶從"日"作來看,"叙"偶從夕作也是可能的。

之"夙",肩水金關漢簡(73EJT31∶102A)作"早"。① 叔妘簋"早夜"其義當與金文中習見的"夙夜"相同,指"日夜",猶"終日"。"早夜"一詞,傳世文獻中較早之例見於上引《史記·夏本紀》,如果我們關於叔妘簋銘文"早夜"的釋讀可信,則可把其用例大大提前到西周晚期。②

最後,我們歸納一下本文的主要意見。一、"丮""夙"在甲骨文、金文中皆有相通之例,"丮"應有"夙"音,③"夙"是一個從"夕""丮"聲的形聲字。二、"丮""枫"在甲骨文、金文中亦相通,後者所從的"丮"旁無疑應兼有表音的作用,故"枫"在甲骨文中可用作"夙"。三、"祝(祝)"字所從之"丮"應兼有表音作用。四、"埶"字應該是一個從"言""丮"聲的形聲字,可能即"門塾"之"塾"的初文。五、例(11)"丮哀"可讀作"篤愛"。例(12)"不杯丮皇公"之"丮"有讀作"朕""淑"兩種可能。例(13)"余嘼(戰)丮武"之"丮"與配兒句鑃"余埶壯于戎功且武"之"埶"表示的應該就是同一個詞,可讀作"篤"。六、叔妘簋銘文中舊所謂的"夙"字,可能當釋作"奴"而讀爲"早晨"之"早"。

2014 年 10 月初稿
2014 年 12 月修改

附記:本文與甲骨文相關部分的删節版曾提交中國文字博物館主辦的"第六届中國文字發展論壇"(2017 年 5 月 26—27 日,中國安陽),此次是全文發布。

2017 年 5 月 31 日

---

① 甘肅簡牘博物館等:《肩水金關漢簡(叁)》中册,中西書局,2013 年,第 223 頁。
② 如果我們關於叔妘簋銘文"早夜"的釋讀可信,那麽這可説明殷墟卜辭中的"☒"(姚孝遂主編:《殷墟甲骨刻辭類纂》,第 347 頁)形舊釋作"叉"應可信。
③ 2005 年,山西絳縣横水 M2 出土一件銅卣,該卣銘文中有一人名用字作"☒""☒"等形,從"因(鼎)"從"丮",董珊先生疑該字是"肅"字異體(董珊:《山西絳縣横水 M2 出土肅卣銘文初探》,《文物》2014 年第 1 期,第 50 頁),我們認爲有可能是對的,該字中的"丮"旁可能兼有表音的作用。

補記：父辛簋（張天恩主編：《陝西金文集成》第 16 册第 1833 號，三秦出版社，2016 年，第 42—43 頁）銘文作"□作父辛□□寶尊彝，用旅孔止"，"用旅孔止"一句是説明該簋的用途。"旅""孔""止"應是作動詞，其中"旅"字與異卣蓋（《集成》05372）"異作厥考伯效父寶宗彝，用旅"之"旅"用法完全相同［論集按語：相同用法者亦見於屋卣（《集成》05334）、屋尊（《銘圖》11698、11699）"屋作父癸寶尊彝，用旅"］。金文中作爲器名修飾語的"旅"應當與這兩例"旅"統一起來考慮。"孔"疑可讀作"宿"，"止"如字讀，"用旅孔止"説明該簋可供外出使用。但實際是否如此，還有待將來進一步的研究。

它簋蓋"孔哀"，董珊先生讀作"據依"（董珊：《它簋蓋銘文新釋——西周凡國銅器的重新發現》，《出土文獻與古文字研究（第 6 輯）——復旦大學出土文獻與古文字研究中心成立十周年紀念文集》，上海古籍出版社，2015 年，第 172 頁），與我們看法不同，讀者可以參看。

又本文關於甲骨文""""""""的考釋意見，《新甲骨文編》增訂本（福建人民出版社，2014 年，第 13、27、1084 頁）已經采納。

2017 年 6 月 6 日

論集按語：與文中提及的中旬人盉同器主的仲筍人盤銘文已經公布（首都博物館編：《美好中華——近二十年考古成果展》，文物出版社，2017 年，第 164 頁；山西省文物局編：《山西珍貴文物檔案（10）》，科學出版社，2020 年，第 122 頁；山西博物院編：《山西青銅博物館珍品集萃》，科學出版社，2020 年，第 37 頁。山西省考古研究院等編著：《倗金集萃——山西絳縣橫水西周墓地出土青銅器》，上海古籍出版社，2021 年，第 63 頁），它與盉銘除了自名不同外，其他銘文内容相同，其中"夙夜"兩見，"夙"字一作"夙"，一作"孔"，後者亦是"孔"用作"夙"之例。

原載《出土文獻與古文字研究》第 7 輯，上海古籍出版社，2018 年，第 30—49 頁。

説　　"狄"*

《説文》:"狄,赤狄,本犬種。狄之爲言,淫辟也。从犬、亦省聲。"《説文解字注》認爲"亦"旁是"束"形之訛,"狄"的古字籀文必作"狣"。① 徐同柏在討論曾伯黍簠"狄"字時云:"狄,《説文》从犬、从亦省聲,此从犬从亦,不省。"方濬益、劉心源等也都認爲曾伯黍簠"狄"字从"亦"不省。林義光認爲"狄"字所从之"火",是"亦"形之譌省。②《甲骨金文字典》:"甲骨文从犬、从大。金文从犬,从亦或从火。大亦均爲聲符,从火乃形譌,爲《説文》篆文所本。"③郭小武、葉青兩位先生在《字源》"狄"字條下認爲:"商代文字爲會意字,从犬,从大,'大'本像正立人形(是否也取聲,存疑);金文或从犬,亦聲,或从犬,亦省聲("火"乃"亦"之省訛);小篆由金文演變而來;隸楷文字由小篆演變而來。"④

《金文形義通解》認爲:"金文从犬从火,與小篆同,曾伯黍簠字右旁作夾,或謂即从'亦'不省者,然灾實爲'火'增飾筆者。此字當从'赤'省聲,

---

* 本文受到國家社科基金青年項目"商代金文的全面整理與研究及資料庫建設"(項目編號16CYY031)、復旦大學"雙一流"建設人文社科一流創新團隊項目"出土文獻與古文字研究"子課題"商周金文拾遺——《集成》、《銘圖》、《銘續》未録金文的整理與研究"(項目編號IDH3148004/005)的資助。

① (清)段玉裁:《説文解字注》,上海古籍出版社,2004年,第476頁。
② 以上諸家之説參看周法高主編:《金文詁林》第10册,香港中文大學,1975年,第5948—5949頁。
③ 方述鑫等編:《甲骨金文字典》,巴蜀書社,1993年,第734頁。
④ 李學勤主編:《字源》下册,天津古籍出版社,2012年,第882頁。

古鉨文'郝'字作❐,聲符亦省爲'火',上二畫亦飾筆。中山王譽鼎有'煬'字,當亦'易'增'赤'省聲者。"①《金文大字典》:"古本《説文》當作'狄,从炎省聲。狋,或从亦'。"②

師玉梅女士認爲:"狄字本从火,所謂的亦只是火的變形,《説文》的'亦省聲'是錯誤的。"③我們亦曾認爲金文中"狄"字所从之"夰"形實是火字,夰應該是在火旁上部加點畫,然後再由點畫變橫畫得來的。從文字演變序列來看,从火應該先於从夰。④ 陳志向先生贊成"狄"字當分析作"从犬、从火",他認爲:

> 從字形分析,"狄"可能是"逖"的本字,以火驅逐野獸,使之遠離。"狄"字金文作❐(《集成》10175,史牆盤)、❐(《集成》00049,敔狄鐘),這種寫法一直保留到漢代。師玉梅認爲如❐(《集成》04632,曾伯霥簠)這類字形中的"火"形與"亦"形相似,是致誤之由,⑤這是可信的。這種作"夰"的"火"形與"亦"易混的現象,實際反映的是春秋戰國時代的文字特徵。雖然今本《説文》中从火之字的古文均不作"夰"形,但是許慎在編撰《説文》時所見的戰國古文資料中,應該是存在"火"作"夰"形的。至於師氏認爲"鐸錫又爲韻腹相近的入聲韻,可通轉。可見亦、狄古音相近",並據以認爲"狄之易誤,是因爲除形近外,狄、亦讀音也相近",⑥這番話其實是有問題的。魚鐸部與支錫部相通的例子,在

---

① 張世超等著:《金文形義通解》,[日]中文出版社,1996 年,第 2411 頁。
② 戴家祥主編:《金文大字典》中册,學林出版社,1995 年,第 2755 頁。
③ 師玉梅:《以金文證〈説文〉形聲字的誤斷》,《古文字研究》第 26 輯,中華書局,2006 年,第 505 頁。
④ 謝明文:《〈〈大雅〉〈頌〉之毛傳鄭箋與金文》,首都師範大學碩士學位論文(指導教師:黃天樹),2008 年,第 2 頁。
⑤ 原注:師玉梅《以金文證〈説文〉形聲字的誤斷》,中國古文字研究會,華南師範大學文學院編,《古文字研究》,中華書局,2006 年,第 26 輯,第 505 頁。
⑥ 原注:師玉梅《以金文證〈説文〉形聲字的誤斷》,中國古文字研究會,華南師範大學文學院編,《古文字研究》,中華書局,2006 年,第 26 輯,第 505 頁。

先秦時代並不多見，①倒是漢代開始有一些例子，如《説文》"庫""或讀若適";《大雅·生民》"釋之叟叟"，《爾雅·釋訓》樊光注作"淅";《小雅·角弓》"民胥傚矣"，《潛夫論》引作"斯"等。這反映出魚鐸部與支錫部的相通是較晚的語音現象。羅常培、周祖謨指出："西漢時期鐸與職沃錫没有通押的例子，到東漢就有了。鐸錫在一起押韻的還比較多。"②雖然如此，但是傳世本《論語》"五十以學《易》"之"易"字，漢初的《魯論》作"亦"，定縣漢簡《論語》也作"亦"，可見鐸錫二部至少在漢初已有交涉，也可能僅僅是魯地方音。當然，《魯論》是漢初所傳，但其作"亦"的底本可能早在戰國時期即已出現，鐸錫相通的時間或可再提前。不論如何，與"狄"同爲錫部字的"易"在東漢時期已與"亦"字同音，鄭玄除了説"《魯論》'易'讀作'亦'"，還説詩經《敬之》"命不易哉"之"易"音亦，這説明至少在東漢時期，"狄""亦"二字的韻部已經相同，因此東漢的許慎，也自然會誤以爲"狄"是以"亦"爲聲符的。③

研究者根據古文字資料，指出"狄"本從"火"，可從（參看下文）。關於"狄"字所從動物形，研究者意見比較統一，皆認爲從"犬"。金文中確釋的"狄"字有下揭諸形：

A1：![字] 史牆盤，《集成》10175，《銘圖》14541

---

① 原注：楚辭《九章·悲回風》有一個錫鐸合韻的例子：積擊策迹適愁適迹益釋。除"釋"是鐸部字之外，其餘諸字均是錫部字。《悲回風》末二句作"心絓結而不解兮，思蹇産而不釋"，《楚辭補注》説"一本無此二句"，雖然直接删去二句，使之成爲一個完全由錫部字組成的韻例，這樣最爲簡單，但是我們認爲原文還是應有此二句。《悲回風》以十個陽部字作爲韻脚開篇，那麼結尾時也有十個韻段也是很合理的。但是這個例子仍然比較可疑，因爲這二句也見於《九章·哀郢》，"釋"與鐸部的"蹠客薄"三字爲韻。所以我們懷疑，原文可能應作"思蹇産而不釋兮，心絓結而不解"，改爲以"解"爲韻，則此爲支錫的陰入合韻。
② 原注：羅常培、周祖謨《漢魏晋南北朝韻部演變研究》，中華書局，2007年，第62頁。
③ 陳志向：《利用古文字資料研究〈説文〉諧聲及相關問題》（指導教師：裘錫圭），復旦大學博士學位論文，2017年，第52頁。

A2：▨（▨）逑盤，《銘圖》14543

A3：▨ 曹伯狄簠蓋，《集成》04019，《銘圖》04977

B：▨ 曾伯霥簠蓋，《集成》04631，《銘圖》05980

▨ 曾伯霥簠蓋，《集成》04632，《銘圖》05979

▨（▨）曾伯霥壺，《江漢考古》2017年第6期第8—9頁

C：▨ 伯有父劍，《銘圖續》351

　　A類字形从"火"，A1屬於西周中期，A2屬於西周晚期，A類字形的時代比其他類字形的時代要早，可證"狄"最初應从"火"。B類字形在"火"形的上部添加一橫筆，與"亦"相近，研究者指出从"亦"之"狄"是由B類字形演變而來，可信。東周文字中，"冶"字常从"火"作，其中"火"形或變作"夾"，①這與"狄"字的變化同例。

　　結合A、B字形來看，A1、A2以及B的左邊所从動物形的下部皆作類似"力"形，這是"豕"形演變過程中最顯著的特徵，而在从"犬"的相關字形中則很少出現這種變化。如"家"本从"叚（豭）"得聲，但在甲骨文中，其所从"叚（豭）"形有許多已省變作"豕"形，商周非族名金文中"家"字基本上已从"豕"作，如小臣𫂙鼎（《集成》02653）作"▨"，默簋（《集成》04317）作"▨"，"豕"下部皆作類似"力"形。曹伯狄簠"狄"字左邊動物形下部類似"又"形，"家"字所从"豕"形亦有類似的變化。②這些可證上述金文"狄"字左邊所从形體應是"豕"而非"犬"。③

　　南宮乎鐘（《集成》00181）"家"作"▨"，"燹"作"▨"，它們所从之

---

① 參看董蓮池：《新金文編》中冊，作家出版社，2011年，第1545—1547頁。
② 同上注，第981—982頁。
③ 六年豕子韓政戈（《銘圖》17350）有从"犬"从"火"之字，與"狄"同形，據同批兵器銘文來看，實乃"狄"字的簡寫（參看郝本性：《新鄭出土戰國銅兵器部分銘文考釋》，《古文字研究》第19輯，中華書局，1992年，第115—125頁）。

"豕""犬"有别。甲骨金文中"象"往往是在"豕"的腹部或頭部多一斜筆或一圈形，①毛公鼎(《集成》02841)"象"字作"▨"，"家"字作"▨"，"圂"字作"▨"，它們所从"豕"形寫法相同。同銘"猒（厭）"作"▨"，所从"犬"形尾巴上翹，與同銘"豕"形明顯有別。猒簋(《集成》04317)"地"作"▨"，所从"象"形去掉頭部圈形後的"豕"形與同銘"家"字所从"豕"形寫法相同。同銘"獸"作"▨"，"獻"作"▨"，所从"犬"形尾巴上翹，與同銘"豕"形明顯有別。不嬰簋蓋(《集成》04329)"家"作"▨"，"豕"形下部"又"形是在類似"力"形的那類"家"字的基礎上演變而來，上部豕頭受下部的類化亦變作近似"又"形。同銘"獻"作"▨"，右邊所从是標準的"犬"形寫法，尾巴上翹，與同銘"豕"形寫法亦有别。由以上論述可知，"豕""犬"兩形在同一篇銘文中都出現時，鑄銘者一般是注意區分的。

史牆盤銘文中，"獸"字作"▨"，"猶（猷）"字作"▨""▨"，"象"作"▨"，而 A1"▨"左邊所从動物形與"獸""猶（猷）"所从之"犬"形寫法不類，而與"象"字去掉腹部那一斜筆後的"豕"形寫法相同，這亦可證 A1 左邊偏旁確是"豕"形而非"犬"形。

述盤銘文中，"獸"字作"▨"，"象"作"▨"，而 A2"▨"左邊所从動物形與"獸"所从"犬"形寫法不類，而與"象"字去掉頭部那一斜筆後的"豕"形寫法相同，這亦可證 A2 左邊偏旁應是"豕"形而非"犬"形。

C 左邊所从動物形尾部下垂而不上翹，亦宜看作"豕"形。

通過以上論證可知，上述金文"狄"字皆从"豕"作，如果同銘出現"犬"形，那它與"狄"字所从"豕"形是有明顯區分的，"狄"字應分析爲从

---

① 陳劍：《金文"象"字考釋》，《甲骨金文考釋論集》，綫裝書局，2007年，第243—272頁。

"火"从"豕"。

甲骨文、金文中有"犾"字,是一個从"犬""執"省聲的字,甲骨文中它或用作"遠邇"之"邇"。甲骨文中又有"臭"字,用作地名,郭沫若先生考釋此字時説:"臭即金文犾字……犾實臭之省。臭當从犬坒聲,坒者𠬞之異,从臼與从廾同意。是則臭若犾當是獮之古文矣。"①

金文中確定的用作"遠邇"之"邇"的字(下文用△來表示它們),作如下之形:

[字形] 大克鼎,《集成》02836　　　[字形] 番生簋蓋,《集成》04326

[字形]([字形])述盤,《銘圖》14543　　[字形] 文公之母弟鐘,《銘圖》15277

文公之母弟鐘"△"字右邊所从與同銘"[字形]"(獣)"所从"犬"形有別。大克鼎"△"字右邊所从與同銘"[字形](獣)"所从"犬"形有別而與同銘"[字形](家)"字所从"豕"形同。述盤"△"字右邊所从與同銘"[字形](獣)"所从"犬"形有別而與同銘"[字形](象)"字所从"豕"形同。由此可見以上"△"字應从"豕"而非"犬",可隸作"豙"。②

"豙"字,即"犾"字異體。研究者或認爲"豙"把"犾"所从之"犬"變作"豕"是與表聲有關。③

根據"豕""犬"在古文字中作爲偏旁時有相混之例以及"犾"字有異體作"豙"之例,是否可以推論出金文中"狄"字所从之"豕"也是从"犬"變過來的呢?答案是否定的,因爲"狄"字在兩周金文中已經出現過多次,皆是从"豕"作,而明確从"犬"的字形一例也没有。

綜上所述,我們認爲"狄"最初應是从"豕",从"犬"應該是比較晚的時

---

① 郭沫若:《殷契粹編》第 991 片考釋,科學出版社,1965 年,第 600—601 頁。
② 晉姜鼎(《集成》02826)"遠邇"之"邇"作"[字形]",該形右邊當是"豕"形之誤摹。
③ 田煒:《西周金文字詞關係研究》,上海古籍出版社,2016 年,第 132 頁。鄔可晶:《釋上博楚簡中的所謂"逐"字》,《簡帛研究 2012》,廣西師範大學出版社,2013 年,第 33 頁。

候才出現的訛體。①

關於"豕"的上古韻部,舊一般歸入脂部或支部。②《廣韻》紙韻弛小韻收"豕"字,反切是"施是切","豕"字在《切韻》音系中的音韻地位與"弛"字完全相同,都是紙韻開口三等上聲書母。又《廣韻》的支韻系字主要有兩個上古來源,一是上古支部,一是上古歌部。張富海先生據此認爲從"豕"字在中古的音韻地位來看,其所屬上古韻部最有可能的就是支部和歌部;又根據"地"或从"豕"等一些相關資料,論證"豕"字上古韻部應該是在歌部。③鄔可晶先生《釋上博楚簡中的所謂"逐"字》一文根據一些从"豕"之字如"逐"④"豩""祡"與"爾"聲字相通的現象,贊成"豕"字上古韻部歸入歌部。⑤

從張富海先生、鄔可晶先生所例舉材料看,把"豕"字上古韻部歸入歌部是有道理的。如果"豕"確實歸歌部,那麼與定母錫部的"狄"讀音不近,自然不能作"狄"的聲符。而"火"與"狄"讀音亦不近,自然也不能作"狄"的聲符。因此"狄"似乎應該是一個表意字。《清華簡(三)·説命上》簡4—6:"失仲是生子,生二戊(牡)豕。失仲卜曰:'我其殺之','我其已,勿殺'。勿殺是吉。失仲違卜,乃殺一豕。説于韋(韋)伐失仲,一豕乃觀保以逝,廼踐,邑人皆從。一豕陞(隨)仲之自行,是爲赤敦(俘)之戎。"⑥這段文字記載了"赤敦(俘)之戎"是來源於"豕",那麼"狄"字从"豕",是否説明"狄"這一民族的來源也是與"豕"相關呢,這有待進一步研究。上文所引陳志向先生説,認爲"'狄'可能是'逖'的本字,以火驅逐野獸,使之遠離"。如陳説"狄"是"逖"的本字,那麼从"豕"

---

① 甲骨文中常見一貞人名,作 形,可隸作"狄",研究者或釋作"狄"字,認爲"狄"字所从之"火"是"大"的訛變。此説不可信,因爲早期"大""火"兩形區別明顯,又兩周金文中確定的"狄"字皆从"豕"从"火",與"狄"顯然不同。
② 諸家之説參看張富海:《試論"豕"字的上古韻部歸屬》,《漢字文化》2007年第2期,第49—50頁。
③ 張富海:《試論"豕"字的上古韻部歸屬》。
④ 此字與"追逐"之"逐"無關,兩者是同形字關係。
⑤ 鄔可晶:《釋上博楚簡中的所謂"逐"字》,《簡帛研究2012》,第20—33頁。
⑥ 李學勤主編:《清華大學藏戰國竹簡(叁)》,中西書局,2012年,第122頁。

也遠比从"犬"合理,因爲"豕"是狩獵對象而"犬"是狩獵工具或獵人助手,驅逐的野獸宜是"豕"而不宜是"犬"。

把"豕"字上古韻部歸入歌部雖然很有道理,但也不是確定無疑的。張富海先生之所以主張把"豕"歸爲歌部,最主要的證據有:"地"或以"豕"爲聲旁,見於行氣玉銘、侯馬盟書、中山王圓壺等。戰國三晉璽印文字中有从阜从豕从它的字,"豕""它"皆聲,是兩聲字,可能就是"地"字的異體。上古音"地"歸歌部,因此"豕"歸歌部。"蠡"有異體作"蟸",後者所从的"豕"也是聲旁,"蠡"是歌部字,因此"豕"是歌部字。

這兩個證據皆牽涉到"象"與"豕"。《説文·十三下·土部》"地"字籀文作"墬","墬"字已數見於西周晚期的銅器銘文,而"豕""象"作爲偏旁常有混用的現象,①因此"地"字从"豕","蠡"有異體作"蟸",其中"豕"完全可看作"象"之省變,②沒有強證證明"豕"一定是聲符。

鄔可晶先生之所以贊成"豕"字上古韻部歸入歌部,是根據一些从"豕"之字如"逐""䝙""祳"與"爾"聲字相通的現象,而"邇"從歸月部之説,因此"豕"歸歌部。

其實"䝙"字,不僅見於西周金文、齊國古璽,還見於商代甲骨文。

---

① 陳劍:《金文"象"字考釋》,《甲骨金文考釋論集》,第 243—272 頁。謝明文:《説豕》,浙江財經大學主辦"古文字與漢語歷史音韻研究"高端論壇論文,2018 年 3 月 31—4 月 1 日(論集按語:正式刊於《青銅器與金文》第 3 輯,上海古籍出版社,2019 年,第 121—127 頁。已經收入本論文集)。單叔鬲(《銘圖》02957—02964)"單叔作孟祁尊▲"之"▲"是鬲的自名。一般釋作"犬",看作是"器"之省。從字形看,它實即"象"字,而金文中"器"字並不從"象"作,因此釋作"犬(器)"的意見肯定是有問題的。董珊先生認爲單叔鬲之"象"讀作"鬲"(董珊:《略論西周單氏家族窖藏青銅器銘文》,《中國歷史文物》2003 年第 4 期,第 40—41 頁)。單叔鬲(《銘圖》02965)中與"▲(象)"相當的字則作"豕",這是作爲單字時,兩者相混的例子。

② 周原甲骨 H31:4"隊(墜)"作"⿰阝豕",胡簋(《銘圖》05372)"墜"作"[圖]",保員簋(《銘圖》05202)"墜"作"[圖]",縣妃簋(《銘圖》05314)"隊(墜)"作"[圖]",其中周原甲骨與縣妃簋之形"豕"形中部已作近似"又"形,此即行氣玉銘(《銘圖》19750)"[圖]"、舒盍壺(《銘圖》12454)"[圖]"等"地"字"又"形所从出。侯馬盟書"墜"既作"[圖]"類形,又作"[圖]"類形,可知"地"字所从之"豕"無疑是省變而來。此外"豚""象"音近,"豚"形金文中一般从"又"作,我們認爲這應該與"豕"身中部變作近似"又"形的"象"形聯繫起來考慮(詳見另文)。

《懷特》1648+《合集》33231①"▨"、《合》39421(《合》31778 重)"▨",它們所從動物形尾巴下垂而不上翹,應是从"豕"而非从"犬",它們可分別隸作"㧅""㩖",彼此是異體關係。《懷特》1648+《合集》33231 是一版歷組卜辭,説明"㧅"形早在武丁時期就已經出現。"㩖"之於"㧅",猶如"奊"之於"狀"。《美》484 有"▨(▨)"字,其下部與同版的"犬"作"▨"有别,應是从二豕形,它與"㩖"應是異體關係,此亦可見从"豕"之"㩖"早已出現。從辭例看,甲骨文中"㧅""㩖"分别與"狀""奊"的用法相同。

古文字中,"逐"一般从"豕"作,但有異體从"犬"作"达"。鄔可晶先生認爲這不是"豕""犬"二旁簡單地互替之例,"达"中"犬"是狩獵工具或獵人助手,其表意方式與象人追逐野豬的"逐"有别。② "奊""狀",郭沫若先生認爲是"獡"之古文(參看上文),可信。"獡"這個詞與狩獵有關,因此"狀"以狩獵工具或獵人助手"犬"作意符是非常自然的,同樣它以狩獵對象"豕"作意符也是很自然的。"狀"與"㧅"的關係,跟"达"與"逐"的關係有相類之處。因此"㧅"中"豕"完全可看作意符,並没有充分證據證明它一定是聲符。至於用作"邇"的"逐"字,鄔可晶先生在《釋上博楚簡中的所謂"逐"字》一文的追記中根據楚文字"邇"或作"埶"增从"辵"旁之形,提出用作"邇"的"逐",不知有没有可能是由从"辵"从"㧅"之形省變而成的。③我們認爲這種可能性是完全存在的。《清華簡(五)·殷高宗問于三壽》簡15"▨"、《清華簡(七)·越公其事》簡 12"▨",可隸作"邇"。趙平安先生認爲它們是由从辵从㧅之字省變而來。戰國文字中用作"邇"的"逐"的聲符就是由甲骨文奊一類寫法省簡而來的。大約先省作邇,再省作逐。邇聲符上面部分由白和丨兩部分構成。丨係木的省變,豕係犬的訛變。④

---

① 周忠兵:《歷組卜辭新綴十一例》第十一組,先秦史研究室網站,2008 年 12 月 26 日。
② 鄔可晶:《釋上博楚簡中的所謂"逐"字》,《簡帛研究 2012》,第 20—33 頁。
③ 同上注,第 33 頁。
④ 趙平安:《試説"邇"的一種異體及其來源》,《安徽大學學報》(哲學社會科學版)2017 年第 5 期,第 87—90 頁。

按趙先生的意見,戰國文字中用作"邐"的"逐"的"豕"形,其來源可圖示爲:㚔——㒸——豕。甲骨文中"㚔"所從"木"形有省簡作"⌄"的例子,①而"⌄"類形作爲偏旁時有省簡作"丨"的例子。② 因此"邐"中"丨"確有可能是"木"的省變,但謂豕是犬的訛變,則没有必要,因爲甲骨文中本來就有从"豕"的"㧖""㒸"(參看上文)。結合"㧖""㒸"類形與趙先生説,用作"邐"的"逐"的"豕"形,其來源可修正爲:㧖——㒸——豕。③ 如果這一意見可信,則會進一步增强用作"邐"的"逐"是由从"辵"从"㧖/㒸"之形省變而來的可能性。如果真是這樣,那麽與"邐"通用的"逐"應分析爲"㧖"省聲,自然也就不能證明"豕"歸歌部。《説文》"貚"的或體作"㧖",其中的"豕"亦可看作"㧖"省聲。與"邐"通用的"逐"以及"貚"的或體"㧖"所從之"豕"當然也可看作是从"㧖"割裂而來從而保留了母字的讀音,並不能據此推論"豕毚"之"豕"最初的讀音。因此現有資料没有强證證明"逐""㧖""㧖"中"豕"一定是聲符,自然也就不能證明它歸歌部。

既然"豕"歸歌部没有鐵證,那"狄"字還有没有其他可能的分析? 如果"豕"的上古音如有的研究者那樣歸爲書母支部。④ "狄",定母錫部。聲母方面,定母與書母可發生關係,如"當""黨"是端母字,"賞"是書母字。"兑"是定母字,"敓"是定母字,"言説"之"説"是書母字。東周文字中,

---

① 劉釗等:《新甲骨文編》增訂本,福建人民出版社,2014 年,第 582 頁。
② 參看沈培:《説殷墟甲骨卜辭的"枳"》,《原學》第 3 輯,第 93 頁。謝明文:《説夙及其相關之字》,《出土文獻與古文字研究》第 7 輯,上海古籍出版社,2018 年,第 30—49 頁。論集按語:此文已經收入本論文集。
③ "邐"形省土,這與《郭店簡·緇衣》簡 43"遬(遬,邐)"同例。晉姜鼎(《集成》02826)"㧖(㧖)"字如果摹寫無誤,也可看作省土之例[論集按語:《清華簡(拾壹)·五紀》有"㪔"字,見於簡 16、44、69(清華大學出土文獻研究與保護中心編、黄德寬主編:《清華大學藏戰國竹簡(拾壹)》,中西書局,2021 年,第 29、43、56 頁),它與甲骨文中的"枳"無關。據文例,它顯然是同篇多見的"㪔"即"甹(執)"字省體,亦是類似省土之例]。"邐"字右上所從也可能與殷墟甲骨文中"㣺"[裘錫圭先生曾認爲它是"執"的異體,近來在《試釋殷墟卜辭的"埶"字》(待刊稿)一文中認爲它是"埶"字的表意初文。看校補記:裘先生文已刊於《古文字研究》第 32 輯,中華書局,2018 年,第 7—11 頁]字有關。
④ 郭錫良:《漢字古音手册》,北京大學出版社,1986 年,第 56 頁。唐作藩:《上古音手册》,江蘇人民出版社,1982 年,第 119 頁。

"兌""敓"可用作"言説"之"説"(參看《清華簡(一)·皇門》簡 3、《清華簡(一)·金縢》簡 6、10)。韻母方面,支、錫可對轉。如果"豕"的上古韻部確爲支部,那麽"狄"可徑直分析爲從"火""豕"聲。① 而這反過來也可爲"豕"的歸部提供新的綫索。

最後,我們歸納一下本文的主要結論。"狄"最初應是從"火"從"豕",這是可以肯定的。至於"狄"中"豕"到底是意符還是聲符,還有待將來更多的材料作進一步的研究。西周金文的"掾",研究者或認爲其右旁的"豕"是由"犬"變形聲化而來,這是不太準確的。從"豕"的"掾""㲋"在商代甲骨文中就已經出現,"掾"形甚至早至武丁時期,它們最初應是以狩獵對象"豕"作爲意符的。②

2018 年 3 月

　　本文曾提交給上海大學文學院主辦的"音韻學青年學者高端論壇"(2018 年 10 月 13—14 日,上海大學),正式刊於《文史》2019 年第 1 期,第 15—22 頁。

---

① 中山王䲨鼎(《集成》02840)"𤎷(㷓)"、中山王䲨壺(《集成》09735)"𤎷(㷓)",可分析爲從"火""易"聲,與從"火""豕"的"狄"不知是否有關,待考。
② 如果"豕"歸歌部正確的話,説明"掾""㲋"中意符"豕"兼有一定的表音作用。

説　冢[*]

《說文》："冢,高墳也。从勹、豖聲。"李家浩先生在《戰國時代的"冢"字》一文中釋出了許多戰國時代的"冢"字,但在該文中,李先生相信《說文》對"冢"字的分析。① 然而不少古文字研究者對《說文》的分析提出了異議,如張世超先生等著《金文形義通解》認爲"冢"从"豖"聲。② 何琳儀先生《戰國古文字典》在分析"冢"字時說：

冢(引者按：原文冢字皆用"｜"表示,下文不再說明),金文作 ▨（召壺）、▨（多友鼎）。从豩之初文,主聲。冢,端紐東部；主,端紐侯部。侯、東陰陽對轉。冢爲主之準聲首。戰國文字承襲金文。豩形或省作豕形,主形或譌變作 ▨、▨、▨ 等形,或豕形與主形借用部分筆畫,或加飾筆卜。③

季旭昇先生《說文新證》在解釋"冢"字字形時說：

---

[*] 本文受到國家社科基金青年項目"商代金文的全面整理與研究及資料庫建設"(項目編號16CYY031)、復旦大學"雙一流"建設人文社科一流創新團隊項目"出土文獻與古文字研究"子課題"商周金文拾遺——《集成》、《銘圖》、《銘續》未錄金文的整理與研究"(項目編號IDH3148004/005)的資助。

① 李家浩：《戰國時代的"冢"字》,《著名中年語言學家自選集·李家浩卷》,安徽教育出版社,2002年,第1—14頁。
② 張世超等著：《金文形義通解》,[日]中文出版社,1996年,第2286—2287頁。
③ 何琳儀：《戰國古文字典—戰國文字聲系》,中華書局,1998年,第360頁。

从豕,主聲。古文字"宗"、"宔(主)"同字;"宗(精紐冬部)"、"從(從紐東部)",二字音近可通,《包山》2.257"冢脯二笲",注520:"讀如豵。《說文》:'生六月豚也。'《周禮·夏官·大司馬》:'大獸小禽。'鄭司農注:'一歲爲豵,二歲爲豝。'"旭昇案：疑此爲"冢"之本義。《說文》誤"主聲"爲"勹",誤"豕"爲"豖聲"(當爲聲化所致)。①

　　《說文新證》在解釋其義時説:"疑爲'豵'。《說文》釋爲'高墳也',當爲假借('高墳'之本字應作塚)。"

　　周寶宏先生在分析"冢"字時説:"西周金文中冢字多用爲'大'義,而且冢字常見。大義與《說文》所釋'高墳'之義也相因,冢字从豕(或豖),主聲,本義當與大、與豕皆有關,秦漢文字與冢訛混。"②"冢"字在目前已經發表的商代文字中未見,它在西周金文中數見,作如下之形：

A：■ 親簋③,《銘圖》05362,西周中期前段

B：■■■ ④班簋,《集成》04341,西周中期

C：■ 趠簋,《集成》04266,西周中期

D：■ 多友鼎,《集成》02835,西周晚期(夷王世)

E：■ 智壺蓋,《集成》09728,西周中期

它們所處文例分別爲：

(1) 王乎(呼)乍(作)册尹册釐(申)令(命)親曰：叚(嘏)乃且(祖)服乍(作)A(冢)嗣(司)馬,女(汝)廼諫訊有粦(？),取遣(賸)十孚

---

① 季旭昇:《説文新證》,藝文印書館,2014年,第715—716頁。
② 李學勤主編:《字源》中册,天津古籍出版社,2012年,第804頁。
③ 親簋銘文彩照見於中國國家博物館、中國書法家協會:《中國國家博物館典藏甲骨文金文集粹》,安徽美術出版社,2015年,第199頁。
④ 三形分別選自《集成》04341A、04341B、04341C。劉心源《古文審》5.1摹作"■"(《金文文獻集成》第11册,香港明石文化國際出版公司、綫裝書局,2004—2005年,第467頁)。

（鋝），易（錫）女（汝）赤市（韍）、幽黄（衡）、金車、金勒、旂。　觀簋
(2) 王令毛公已（以）邦 B（冢）君、土（徒）馭、或人伐東或（國）肩戎。
　　　　　　　　　　　　　　　　　　　　　　　　　　　班簋
(3) 王若曰：趞，命女（汝）乍（作）嫠自（師）C（冢）嗣（司）馬，啻官僕、
　　射、士。　　　　　　　　　　　　　　　　　　　　趞簋
(4) 乃輟追，至于 D（楊）冢，公車折首百又十又五人，執訊三人。
　　　　　　　　　　　　　　　　　　　　　　　　　　多友鼎
(5) 王乎（呼）尹氏冊令（命）智，曰：啟（更）乃且（祖）考乍（作）E（冢）
　　嗣（司）土（徒）于成周八自（師），易（錫）女（汝）甚（秬）鬯一卣、幺
　　（玄）袞衣、赤巾〈市〉、幽黄（衡）、赤舄、攸（鋚）勒、綫（鑾）旂，用事。
　　　　　　　　　　　　　　　　　　　　　　　　　　智壺蓋

　　從西周金文看，"冢"字所從的"丆"與"主"字不類，它們不是一字。由於"主""冢"音近，東周文字中"冢"字所從之"丆"變作"主"應屬於變形聲化，因此不能據東周文字已經變形聲化从"主"聲的寫法來探討"冢"的本義。從目前資料看，"冢"字所從之"丆"究竟是什麽，並不清楚，應存疑待考。① 但據西周金文資料，我們可對它最初所從之動物形到底是什麽作一些討論。

　　商周金文中，"彖"字主要有下列三種寫法：②

F: ［字］趞觶，《集成》06516　　　［字］克鐘，《集成》00204—00208

　　［字］逑盤，《考古與文物》2003 年第 3 期第 10 頁圖一八

G: ［字］井侯簋，《集成》04241　　　［字］彔伯戎簋，《集成》04302

　　［字］史牆盤，《集成》10175

---

① "丆"不知是否與"匿"字所從之"匚"有關，待考。
② 陳劍：《金文"彖"字考釋》，《甲骨金文考釋論集》，綫裝書局，2007 年，第 243—272 頁。

H：[圖] 叔弓鐘，《集成》00272　　　[圖] 叔弓鎛，《集成》00285
[圖] 邾公華鐘，《集成》00245

　　F—H 中，表示"豕"形腹部的筆畫皆省去。G 中"豕"身上多出來的一斜筆，貫穿表示豕背部的筆畫，F 中那一斜筆位於豕的頸部，F 當由 G 變來。① 比較可知，A 實从 F，B 實从 G。C 與 B 相比，前者所从"[圖]"中的"豕"身上多出來的那一斜筆只不過未貫穿豕的背部而已。師寰簋(《集成》04313)"象"字，器銘作"[圖]"，蓋銘作"[圖]"，後者位於豕頸部的那一斜筆未貫穿頸部，而"[圖]"則是"豕"身上多出來的那一斜筆未貫穿豕的背部，兩者恰可類比。因此"[圖]"當是 B 中所从 G 類形的變體。《珍秦齋古印展》25 有人名"[圖]"字，《三晋文字編》釋作"豖"，②可信。大概當時寫該字的人已經不清楚"[圖]"類形豕背"ノ"形的來源及意義，於是在其基礎上又在豕背上加上圈形筆畫，把所从之"象"改作當時常見的 H 類形。此字所从象形實即 G、H 兩類象形的雜糅。《珍秦齋古印展》此例"豖"字亦説明東周文字中"豖"仍有从"象"作之例。據以上所論，可知 A、B、C 三者實際上都是从"象"。E 从夋(豰)，此類寫法的"豖"，西周金文僅此一見，東周金文似未見，似當看作"豖"的變體。D 从豕，東周文字中的"豖"當是承襲此類从"豕"的"豖"演變而來。《説文》从豕當是在从豕的基礎上變形聲化而來。古文字中有一些本非"豕"而是與"豕"相關之形，在文字的演變過程中往往變作"豕"。如"家"本从夋(豰)得聲，但在甲骨文中，其所从"夋(豰)"形有的已變作"豕"形，兩周金文中"家"字基本上都是从"豕"作。又如"象"作爲偏旁時，亦經常變作"豕"形。③ 據此再結合 A、B、C 出現的時代比从豕的 D 出現的時代要早，我們認爲"豖"很可能最早本是从"象"

---

① 陳劍：《金文"象"字考釋》，《甲骨金文考釋論集》，第 243—272 頁。
② 湯志彪：《三晋文字編》，作家出版社，2013 年，第 1339 頁。
③ 陳劍：《金文"象"字考釋》，《甲骨金文考釋論集》，第 243—272 頁。

的，从"豕"的寫法是後來的變體。

豖，上古爲端母東部，中古屬合口三等字；豕，上古爲透母元部，中古屬於合口一等字。兩者聲母同屬舌音。又東部和元部合口上古偶有通轉，張富海先生曾對此有舉例，如："疃"（元部合口），从童（東部）得聲；"窾"（元部合口）與"孔""空"（皆東部）同源；《尚書·堯典》："允釐百工，庶績咸熙"，"百工"即"百官"。① 因此，我們懷疑較早寫法的"豖"字所从之"豕"很可能有一定的表音作用。

新近出版的《商周青銅器銘文暨圖像集成續編》（下文簡稱《銘圖續》）0449 著録了一件左右簋，②其銘文中有如下一句話：

(6) 王命左右曰：尿（繼）乃且（祖）考乍（作）象嗣（司）工于希（蔡），易（錫）女（汝）幽黄（衡）、攸（鋚）勒、縊（鑾）旂，用事。

"嗣（司）"後之字，原作"▨"，《銘圖續》釋作"立（位）"。該形中間竪筆没有穿透上部横畫，與同銘"立"作"▨"有别，當改釋作"工"。"乃"前之字，原作"▨"，《銘圖續》釋作"更"。此字作尸形右邊有三小點，它實从尸从小，可隸作"尿"。它與"更"無關，應與金文中數見的"屍""屎"是一字異體。據"屍""屎"在金文中的一般用法，我們認爲"尿"可讀作訓"繼"的"繼"/"纂"。豆閉簋（《集成》04276）："王曰：閉，易（錫）女（汝）截（織）衣、⊘市（韍）、縊（鑾）旂，用併（屍）（繼）乃且（祖）考事。"其中"併（屍）"的用法與左右簋"尿"的用法相同。"嗣（司）"前一字，原作"▨"，《銘圖續》釋作"豖"，讀爲"豖"。《説文·豖部》："豖，豕絆足行豖豖。从豕，繫二足。"許多研究者已經指出此説有誤，並據甲骨文，指出"豖"本象"去勢之豕"之形。"▨"與"豖"明顯有别，而與 G 類寫法的"象"字寫法相合，故所謂"豖"字應改釋作"象"。

---

① 張富海：《毛公鼎銘文補釋一則》，《中國典籍與文化》2011 年第 2 期，第 152—154 頁。
② 吴鎮烽：《商周青銅器銘文暨圖像集成續編》第 2 卷，上海古籍出版社，2016 年，第 135 頁。

比較例（1）、例（3）、例（5），可知例（6）"豕嗣（司）工"之"豕"與"豕嗣（司）馬""豕嗣（司）土（徒）"之"豕"相當，又據上文所論較早寫法的"豕"字本從"豖"，而所從之"豖"可能有一定的表音作用，我們認爲左右篋之"豕"當是用作"豖"。"家"本從"叚（豭）"得聲，兩周金文中"家"字基本上都是從"豕"，但亦偶有以"叚（豭）"爲"家"者，見於頌鼎（《集成》02829），左右篋"豕"用作"豖"的例子正與之類似。例（6）這個例子正可反證較早寫法的"豕"字所從之"豖"確有一定的表音作用。

春秋早期的兩件復封壺（《銘圖》12447、12448）銘文中有如下一句：

(7) 齊大（太）王孫遱（復）封Ⅰ嗣（司）右大徒，戠〈諰〉〈畢〉①龏（恭）威（畏）諆（忌），不J夙夜，從其政事，趄₌（桓桓）乍（作）聖（聽）公命。

Ⅰ，復封壺甲拓本作"▨"，復封壺乙拓本作"▨"。J，復封壺甲拓本作"▨"，復封壺乙拓本作"▨"。《銘圖》皆釋作"豙"。② 我曾把它們都改釋作"豖"，並讀J爲墮。③ 魏宜輝先生亦把它們改釋作"豖"，並讀Ⅰ爲"專"，讀J爲"墮"。④ 傅修才先生在爲中華字庫金文包作釋文時，把Ⅰ改釋作"狟（主）"。

復封壺甲J與H寫法相同，確當改釋作"豖"，據文義當讀作"墮"。而Ⅰ與J在字形上既有聯繫而又有區別，區別在於前者中確實有類似"豆"之形。如果僅僅根據Ⅰ從豆，把它讀爲主，從語音以及文義兩方面看，都是非常合適的。但仔細比較，復封壺甲J（豖）中"凵"形位於豕背

---

① 我們曾把"戠"釋作"諰（畢）"（謝明文：《從語法角度談談金文中"穆穆"的訓釋等相關問題》，《古籍研究》總第57—58卷，安徽大學出版社，2013年，第53—61頁）。孟蓬生先生主張把"戠"讀作訓"敬"之"翼"（孟蓬生：《釋清華簡〈封許之命〉的"豙"字——兼論"豙"字的古韻歸部》，復旦大學出土文獻與古文字研究中心網站，2015年4月21日）。魏宜輝先生釋讀作"諰（愳）"（魏宜輝：《復封壺銘文補釋》，第一屆漢語史研究的材料、方法與學術史觀研討會暨南京大學漢語史研究所成立大會會議論文，2016年6月23—24日）。
② 吳鎮烽編著：《商周青銅器銘文暨圖像集成》第22卷，第412—419頁。
③ 謝明文：《從語法角度談談金文中"穆穆"的訓釋等相關問題》，《古籍研究》總第57—58卷，第53—61頁。
④ 魏宜輝：《復封壺銘文補釋》，第一屆漢語史研究的材料、方法與學術史觀研討會暨南京大學漢語史研究所成立大會會議論文，2016年6月23—24日。

上，而復封壺甲Ⅰ中類似"豆"之形亦是位於豕背上。復封壺乙J(象)中"㠯"形從豕背上脫離出來，位於豕背右側，而復封壺乙Ⅰ中類似"豆"之形亦從豕背上脫離出來，位於豕背右側。從這種對應關係來看，我們認爲Ⅰ與J在字形上應是有聯繫的，Ⅰ應是"象"之變體。據左右篕"象"用作"豖"之例，疑它在銘文中也可能表示"豖"這個詞。可能是由於要表示"豖"這個詞，而"象""豖"兩者語音畢竟不密合，Ⅰ就在J的基礎上把"象"中"㠯"形加以改造作近似"豆"形（豆爲定母侯部，豖爲端母東部，兩者聲母同屬舌音，韻部陰陽對轉）來表讀音。

舒盉壺（《集成》09734）銘文中有一句作：

(8) 或得賢佐司馬賈，而豖任之邦。

其中"豖"字，舊一般讀作"重"。《金文形義通解》認爲："學者或讀'豖'爲'重'，亦通，然'豖'本有大義，自可引申爲重義或厚重義，故不必以假借讀之。"①

中山王礜方壺（《集成》09735）有與例(8)相關的銘文作：

(9) 余知其忠信也，而𧧌任之邦，是以遊夕飲食，寧有遽惕。賈竭志盡忠，以佐佑厥辟，不貳其心，受任佐邦，夙夜匪懈，進賢措能，亡有轊息，以明辟光。

其中"𧧌"，舊一般被隸定爲从"言"、从"傅"，讀爲"專"。董珊先生認爲整個字可分析爲从"言""尌"聲，"尌"旁在這個字中是基本聲符，"尌"是此聲符的繁化，"尌任"應該讀爲"屬任"。董先生又把舒盉壺"豖任"與"尌任"聯繫起來考慮，他說：

"豖任"從前多讀爲"重任"。但是古書中"重任"一般都是用作名詞，沒有用作動詞的。古音"豖"跟"屬"聲母都是舌音，韻部爲陽入對轉，以音近而可構成通假關係，因此我們認爲，大鼎銘"豖任"也要讀爲"屬任"，正和方壺銘"尌任"文例相同。上舉《漢書·佞幸傳》顏師古注：

---

① 張世超等著：《金文形義通解》，第2288頁。

"屬，委也"，可見大鼎銘"委任"跟"屬任"的詞義也相同。此外，方壺銘文還說司馬賈"受任佐邦"，"受任"跟"委任""屬任"詞義相對。①

白於藍先生差不多在同時發表了《釋中山王𰯼方壺中的"屬"字》一文，其觀點與董珊先生的觀點不謀而合。②

董、白兩位先生認爲"𧜰"从"尌"聲，非常正確。他們把"𧜰任""冢任"都讀爲"屬任"，如果僅從𫐓盍壺、中山王𰯼方壺兩銘來看，他們的意見是非常有道理的。但如果上文我們關於 I 的分析可靠的話，有的問題恐怕應另外考慮。"齊太王孫復封 I（冢）司右大徒"之"I（冢）"與𫐓盍壺(《集成》09734)"或得賢佐司馬賈，而冢任之邦"之"冢"都位於動詞前面，兩者恐怕得綜合起來考慮。如果據後者讀作"屬"的意見，"冢𤔲（司）右大徒"似應理解爲"（復封）被委任管理右大徒"，但總覺文義不通暢。在例（1）（2）（3）（5）（6）中"冢"都是形容詞，作定語修飾其後的名詞，研究者一般據古書訓爲"大"。例（7）"齊太王孫復封冢司右大徒"與例（8）"或得賢佐司馬賈，而冢任之邦"之"冢"，我們認爲似乎没有必要破讀，它們應與作定語的"冢"統一起來考慮，只不過前者是副詞，作狀語修飾其後的動詞而已，③這種用法的"冢"應與"大""全面""總"一類意思比較接近。如果我們對例（7）I 的分析可信，據它所从之"豆"皆表音，又結合"尌"本从"豆"聲來看，那麽有没有可能應反過來，即例（9）"𧜰任之邦"之"𧜰"應讀爲"冢"呢？還是"𧜰"與"冢"只是偶然音近卻是表示兩個不同的詞呢？我們傾向後一種情形，至於事實究竟如何，有待進一步的研究。

寫於 2016 年 10 月
拙文蒙鄔可晶先生審閲指正

---

① 董珊：《中山國題銘考釋拾遺（三則）》，《北京大學中國古文獻研究中心集刊》第 4 輯，北京大學出版社，2004 年，第 351 頁。

② 白於藍：《釋中山王𰯼方壺中的"屬"字》，《古文字研究》第 25 輯，中華書局，2004 年，第 290—295 頁。

③ 按我們的意見，"冢任之邦"之"冢任"是偏正關係。中山王𰯼鼎(《集成》02840)有"㑣（委）任之邦"，"委任"是並列關係，似没有必要將它們加以牽合。

附記1：網友ee在武漢大學簡帛網簡帛論壇發帖《〈商周青銅器銘文暨圖像集成續編〉釋文校訂》，在談到左右簠(《銘圖續》0449)時認爲："'更'訛爲'尸'形，'豕'訛成'象'形，可疑。"(2016年11月4日)我們以筆名"無語"在該帖下對此有回應(2016年11月6日)。

2016年11月6日

附記2：本文曾提交給浙江財經大學主辦的"古文字與漢語歷史音韻研究"高端論壇(2018年3月31日—4月1日)。文中提及傅修才先生將Ⅰ改釋作"狟(主)"的意見又見於傅修才：《東周山東諸侯國金文整理與研究》(復旦大學博士學位論文，指導教師：裘錫圭，2017年，第24—25頁)，讀者可參看。另周代銘文中習見的、一般所謂的"得工"之"得"，我們贊成湯餘惠先生釋讀作"琢(豕)"的意見，"琢(豕)工"之"豕"與"豕司馬""豕司土""豕司工"之"豕"用法相同(詳另文)。

論集按語：《銘三》0522著錄了一件智簠，其銘與文中所引智壺蓋銘文基本相同，其中"豕"字从"豕"作。

原載《青銅器與金文》第3輯，上海古籍出版社，2019年，第121—127頁。

釋 "𠶷"

　　山東章丘縣明水鎮繡水村曾出土一件春秋早期鼎，現藏章丘市博物館，其銘作"△甘辜肇作尊鼎，其萬年眉壽，子子孫孫永寶用享"，其中用"△"表示之字，《文物》(1989年第6期，第68頁圖7)拓本作"▨"，《近出》336拓本作"▨"，《新收》1091拓本作"▨"，《銘圖》02193拓本作"▨"。常興照、寧蔭堂兩位先生隸作"𨛜"，並對它與鼎銘其他文字作了分析：

　　　　此字(引者按，指"𨛜")從"冎"從"言"從"邑"，言口可通，因而左
　　　　側還可隸寫爲"咼"。所以此字應爲一形聲字，即從邑，咼聲。以銘文
　　　　文義，此字應爲族名或國名。第二字"甘"，爲作器者名。"辜"爲享。
　　　　"肇"也寫作筆，"肇作某某"及下文"萬年眉壽"等，均爲金文習
　　　　用語。①

常興照、寧蔭堂兩位先生又聯繫典籍中的"過國""過氏"，認爲銅鼎銘文中的"𨛜"字，與"過"同聲符，聲近義通，又同爲國名，內中必有聯繫，如把鼎銘的"𨛜甘氏"作爲過氏西徙途中的遺裔，當不至大謬。兩位先生同時也

　　＊　本文受到國家社科基金青年項目"商代金文的全面整理與研究及資料庫建設"(項目編號16CYY031)的資助。
　　①　常興照、寧蔭堂：《山東章丘出土青銅器述要兼談相關問題》，《文物》1989年第6期，第70頁。

認爲"鄘"或當讀爲典籍中"郭氏之墟"的"郭"。①

"△",《近出》隸作"鄘",②《新收》《銘圖》皆隸作"鄘",③《新金文編》《西周金文字編》亦釋讀作"鄘",且把它單列爲字頭。④《濟南文物精粹·館藏卷》稱此鼎爲"'郭甘'銘銅鼎",⑤此説當本之於上引常興照、寧蔭堂兩位先生讀"郭"一說。上述諸家釋法的共同點皆是認爲"△"字右旁是"邑"。

《濟南文物精粹·館藏卷》著録了這件鼎銘的彩照,其中"△"字,彩照作"𩫖",它右旁顯然是"㦰",⑥其寫法與"𩫖"(𤔲簋,《銘圖》04670)、"𩫖"(𤔲簋蓋,《集成》⑦03761,《銘圖》04671)所从"㦰"旁寫法接近,此字可隸作"𧬨"。《説文》:"𧬨,𠧪惡驚詞也。从㦰、吕聲。讀若楚人名多夥。""吕,口戾不正也。从口、冎聲。""𧬨",異體或作"㖊",後者在《漢書》等書中常用作"禍"。金文中"過"字或从"冎"聲,或从"吕"聲。因此"𧬨"除去"言"旁之外的部分實即"𧬨"。我們認爲"𧬨"應即"𧬨"加注意符"言"而形成的繁體。"𧬨",《説文》訓爲"𠧪惡驚詞"。《説文解字注》:"遇惡驚駭之詞曰𧬨,猶見鬼驚駭之詞曰魖也。"⑧"𧬨"既是逢遇"惡"時發出的驚駭呼聲,那麽它加注意符"言"是非常直接的。又"言""口"作爲表義偏旁,常可换作,因此"𧬨"也可能是在"𧬨"形的基礎上把"口"换作"言"而來。

---

① 常興照、寧蔭堂:《山東章丘出土青銅器述要兼談相關問題》,《文物》1989年第6期,第70—72頁。

② 劉雨、盧岩:《近出殷周金文集録》第2册,中華書局,2002年,第190頁。

③ 鍾柏生等編:《新收殷周青銅器銘文暨器影彙編》,藝文印書館,2006年,第781頁;吴鎮烽:《商周青銅器銘文暨圖像集成》第4卷,上海古籍出版社,2012年,第393頁。

④ 董蓮池:《新金文編》上册,作家出版社,2011年,第843頁;張俊成:《西周金文字編》,上海古籍出版社,2018年,第342頁。

⑤ 濟南市文物局、濟南市博物館、濟南市考古研究所:《濟南文物精粹·館藏卷》,文物出版社,2018年,第118頁。

⑥ 庚嬴鼎(《集成》02748,《銘圖》02379)"𩫖(既)"所从"㦰"形寫法亦與之接近,但庚嬴鼎銘文是清人流傳下來的摹刻本,字形未必準確。

⑦ 中國社會科學院考古研究所:《殷周金文集成》,中華書局,1984—1994年。

⑧ (清)段玉裁:《説文解字注》,上海古籍出版社,1981年,第414頁。

䚄甘辜鼎"甙(䚄)"字的釋出,爲金文可釋字的總量又增加了一個,日後金文方面的字編、字典類工具書,可增列一"甙(䚄)"字頭。

"甙(䚄)""郭"韻部不近,兩者相通的可能性不高,把"甙(䚄)"讀作"郭氏之墟"之"郭"的可能性不大。商代晚期的過文簋(《銘圖》03637)銘文作"禍(過)文",亞過爵(《集成》07815,《銘圖》07095)銘文作"亞𤰼(過)",其中的"過"應是族名。西周早期的過伯簋(《集成》03907,《銘圖》04771)銘文作"迅(過)伯從王伐反荆,俘金,用作宗室寶尊彝",過伯爵(《集成》08991,《銘圖》08429)銘文作"𤰼(過)伯作彝",過伯鼎銘文作"過伯作寶尊彝",①過比父方彝銘文作"過比父作□伯尊彝,子子孫孫其永寶",②其中的"過"應是國族名。由此可見在商代以及西周皆有國族名"過"。

《左傳》襄公四年:"處澆于過,處豷于戈。"杜預注:"過、戈皆國名,東萊掖縣北有過鄉,戈在宋鄭之間。"説明山東境内曾有過國。《後漢書·杜欒劉李劉謝列傳》:"後陶舉孝廉,除順陽長。縣多姦猾,陶到官,宣募吏民有氣力勇猛,能以死易生者,不拘亡命姦臧,於是剽輕劍客之徒過晏等十餘人,皆來應募。"李賢等注:"過,姓也,過國之後,見《左傳》。"《風俗通·姓氏》:"過國,夏諸侯,後因爲氏。漢有兗州刺史過栩。"

從鼎銘來看,"甙(䚄)"字顯然是國名或族氏名,我們認爲它讀作同爲國族名的"過"是很有可能的,這樣一來,自商至春秋早期,金文資料中皆有了國族名"過"的踪迹。

殷墟甲骨文一殘辭中有"𤰼"(《合》③18015)字,《甲骨文編》《甲骨文字詁林》按語釋作"䚄"。④《殷墟甲骨刻辭類纂》隸作"㱃",釋作"歙"。⑤《甲骨文合集釋文》摹録原形作爲未釋字處理,⑥《甲骨文校釋

---

① 付强:《新見過伯鼎小考》,武漢大學簡帛網,2017年1月26日。
② 陳青榮、趙緼:《海岱古族古國吉金文集》第1册,齊魯書社,2011年,第78頁。
③ 《合》指郭沫若主編:《甲骨文合集》,中華書局,1978—1982年。
④ 中國科學院考古研究所編輯:《甲骨文編》,中華書局,1965年,第369頁;于省吾主編:《甲骨文字詁林》第1册,中華書局,1996年,第442—443頁。
⑤ 姚孝遂主編:《殷墟甲骨刻辭類纂》,中華書局,1989年,第167頁。
⑥ 胡厚宣主編:《甲骨文合集釋文》第2册,中國社會科學出版社,2009年,第922頁。

總集》釋作"歓",①《新甲骨文編》隸作"歓*",②《甲骨文字編》隸作"㱃"。③

《說文》:"欠,張口气悟也。象气从人上出之形。凡欠之屬皆从欠。""旡,歙食气屰不得息曰旡。从反欠。凡旡之屬皆从旡。"《說文》中从"旡"的字有"既""兓""䫴""㱃"四字,《說文》認爲前兩字所从的"旡"是聲符,後兩字所从的"旡"是義符。

"既""兓""䫴""㱃"四字,"既"出現的時代最早,大量見於商代甲骨文,而"㱃"字始出現於西周金文,"兓"出現於東周金文。據古文字中"既""㱃"所从偏旁,我們知道"旡"與"欠"的主要區別在於前者所从"口"形與其下的"人/卩"形方向相反,後者所从"口"形與其下的"人/卩"形方向相同。而"𣢗"字左部所从,"口"形與其下的"卩"形方向相同(皆向右),因此研究者認爲此字从"欠",把它隸作"歓""歓"是正確的。

甲骨金文中習見从"旡"的"䣴"字,唐蘭先生說:"䣴當是歌的異體,《廣雅·釋詁二》說:'歌,息也。'"④裘錫圭先生認爲:"此說(引者按:指上引唐先生說)當可信。《集韻》歌韻虎何切'訶'小韻以'呵''歌'爲一字,注曰:'《博雅》:呵呵、啞啞。笑也。一曰氣出。'"⑤《合》30926"䣴"作"𣢗","口"形與其下的"人"形方向相同,它明顯从"欠"。"兓"字本从"旡"作,舒蚉壺(《集成》09734,《銘圖》12454)从"欠"作"𣢗",東周竹簡文字中則常从"欠"作。⑥"既"字,東周文字中多見从"欠"之例。⑦"吹",一般从"欠"

---

① 曹錦炎、沈建華編著:《甲骨文校釋總集》第6卷,上海辭書出版社,2006年,第2110頁。
② 劉釗等:《新甲骨文編》增訂本,福建人民出版社,2014年,第519頁。
③ 李宗焜:《甲骨文字編》(下册),中華書局,2012年,第1373頁。
④ 唐蘭:《䣴尊銘文解釋》,《文物》1976年第1期,第63頁注15。
⑤ 裘錫圭:《說字小記》,《裘錫圭學術文集·金文及其他古文字卷》,復旦大學出版社,2012年,第422頁。
⑥ 李學勤主編、賈連翔、沈建華編:《清華大學藏戰國竹簡(肆—陸)文字編》,中西書局,2017年,第227頁。
⑦ 張守中:《侯馬盟書字表新編》,文物出版社,2017年,第58頁。

作，金文中多見，虞司寇伯吹壺(《集成》09694,《銘圖》12394)器銘作"㱿"，蓋銘作"㱿"，前者从"欠"，後者却从"旡"。散伯車父鼎甲(《集成》02697,《銘圖》02297)"㱿"、散伯車父鼎丁(《集成》02700,《銘圖》02300)"㱿"从"欠"作。此字在同人所作的散伯車父鼎乙(《集成》02698,《銘圖》02298)、散伯車父鼎丙(《集成》02699,《銘圖》02299)中分别作"㱿""㱿"，它們皆从"旡"作。根據以上諸"旡""欠"换作之例，再結合偏旁的組合來看，我們認爲"㱿"與"㱿"除去"言"旁的部分可看作異體關係，前者舊或釋作"骫"的意見可從。從鼎銘"骫(骫)"字來看，其右部"口"形下之"人/卩"形方向没有明顯的偏向，即不易判斷它的方向是向左還是向右，其右部這種形體也完全可以看作是反書的"欠"形，也就是説這種形體實處於"旡"與反書的"欠"之間。如果真是這樣，那麽"骫"本是从"欠"，後來才演變爲从"旡"的可能性也是存在的，鼎銘"骫(骫)"除去"言"旁的部分可看作是"㱿"到"骫"的中間環節。

《説文》："欮，咽中息不利也。从欠、骨聲。"《説文》："骫，芌惡驚詞也。"遭遇可怕之事發出驚駭呼聲時，自會出現有"息不利"的情況。"冎"，研究者一般認爲是"骨"的初文，可信。東周文字中，習見"褐"用作"禍福"之"禍"。① "欮"與"骫"韻部方面的關係猶如"骨"之於"冎(咼)"、"褐"之於"禍"。又聯繫甲骨文"㱿"形以及"䯊""欨""歌"之間的關係來看，② "欮"與"骫"可能是一語之分化。

《清華簡(伍)·厚父》簡10有如下兩字：

---

① 李學勤主編，沈建華、賈連翔編：《清華大學藏戰國竹簡(壹—叁)文字編》，中西書局，2014年，第6頁；李學勤主編，賈連翔、沈建華編：《清華大學藏戰國竹簡(肆—陸)文字編》，第5頁。《清華簡(捌)·治邦之道》(清華大學出土文獻研究與保護中心編，李學勤主編：《清華大學藏戰國竹簡(捌)》，中西書局，2018年)篇簡2"褐福"之"褐"亦用作"禍"。

② 關於"䯊""欨""歌"之間的關係，參看裘錫圭：《説字小記》，《裘錫圭學術文集·金文及其他古文字卷》，第422頁。

A：[字形]　　B：[字形]

它們所處文例爲：

　　民其亡A，廼弗畏不祥，亡顯于民，亦惟B之攸及，惟司民之所取。

A，整理者隸作"欯"，認爲："欯，即'鯀'，《説文·旡部》：'鯀，事有不善，言鯀也。'《廣韻·漾韻》或作'就'。此處讀爲'諒'，《詩·柏舟》'母也天只，不諒人只'，毛傳：'諒，信也。'"B，整理者隸作"歗"，認爲："歗，通'禍'。戰國簡帛中從骨聲字與從冎聲字可以通用。"①

　　整理者關於A、B的意見基本可從。A即"鯀"字異體，但在簡文中從"欠"（嚴格説來"欠"下加了兩小飾筆作"次"形，類似寫法的"欠"東周文字中習見）。B從字形看，應即《説文》"歗"字。根據偏旁的組合，"鯀"字簡文從"欠"以及"B（歗）"用作"禍"等幾方面來看，"B"與"[字形]"以及"[字形]"除去"言"旁的部分可看作異體關係，這對"歗""鯝"是一語分化的意見有利。"歗（鯝）"在簡文中用作"禍"，由此可見"旤"（"鯝"字異體）在《漢書》等書中常用作"禍"的用字習慣由來已久。

　　　　　　　　　　　　　　　　　2018年11月12日寫畢
　　　　　　　　　　　　　　　　　2018年11月18日修改
　　　　　　　　　　　　　　　　　2018年11月22日再改

原載《簡帛》第20輯，上海古籍出版社，2020年，第1—5頁。

---

① 李學勤主編：《清華大學藏戰國竹簡（伍）》，中西書局，2015年，第115頁。

結合傳世文獻與出土文獻談談"從"字的副詞用法*

《説文》:"从,相聽也,从二人。""從,隨行也,从辵从,从亦聲。"《説文》分"从""從"爲二字不妥,研究者指出"從"應是"从"添加意符"辵"而産生的異體字,①可從。"从/從"字的本義當爲"跟隨"。在出土文獻與傳世文獻中,"從"作動詞或介詞的用法習見,但它作副詞的用例則比較少見,研究者也很少談及"從"的副詞用法。下面我們就結合傳世文獻與出土文獻的一些例子談談"從"字的副詞用法。

(1) 列子行食於道,從見百歲髑髏,攓蓬而指之曰:"唯予與汝知而未嘗死,未嘗生也。若果養乎?予果歡乎?"

《莊子·至樂》

(2) 五月,庚申,鄭伯侵陳,大獲。往歲鄭伯請成于陳,陳侯不許。五父諫曰:"親仁善鄰,國之寶也。君其許鄭。"陳侯曰:"宋、衛實難,鄭何能爲?"遂不許。君子曰:"善不可失,惡不可長。"其陳桓公之謂乎!長惡不悛,從自及也。雖欲救之,其將能乎?《商書》曰:"惡之易也,如火之燎于原,不可鄉邇。"

《左傳》隱公六年

---

* 本文寫作得到國家社科基金青年項目"商代金文的全面整理與研究及資料庫建設"(項目編號16CYY031)的資助。

① 參看張世超:《説"從"》,《松遼學刊》(社會科學版)1985年4期,第38—39、45頁。

例(1)《莊子·至樂》的"從"字,舊一般屬上以"列子行食於道從"爲一句。成玄英疏:"攓,拔也。從,傍也。禦寇困於行李,食於道傍,仍見枯朽髑髏,形色似久。言百歲者,舉其大數。髑髏隱在蓬草之下,遂拔却蓬草,因而指麾與言。然髑髏以生爲死,以死爲生,列子則以生爲生,以死爲死。生死各執一方,未足爲定,故未嘗死,未嘗生也。"陸德明《經典釋文》:"道從如字。司馬云:'從,道旁也。本或作徒。'"郭慶藩《莊子集釋》:"道從當爲道徒之誤。從徒形相似,故徒誤爲從。《列子·天瑞篇》正作食於道徒。"①《莊子集解》把"從"屬下讀,並指出《列子·天瑞篇》"從"下有"者"字。②

例(1)相關內容,僞書《列子》作:

　　子列子適衛,食於道,從者見百歲髑髏,攓蓬而指,顧謂弟子百豐曰:"唯予與彼知而未嘗生未嘗死也。此過養乎?此過歡乎?"

陶鴻慶曰:

　　列子因見髑髏,攓蓬而指,以示弟子百豐,不當言"從者"。《莊子·秋水篇》作"從見百歲髑髏",無"者"字,當從之。從見者,蒙上之辭,言從道上見之也。(《莊子釋文》以道從連文,引司馬云,"從,道旁也。"非是。)後人誤讀從去聲,而臆增者字,則與下文意不相屬。

楊伯峻先生認爲:

　　陶以"從見"訓"從道上見",增字爲訓,似不確。從當依《釋文》作徒,字之誤也。《詩·王風·中谷有蓷》箋云:"徒用凶年深淺爲厚薄",《釋文》引沈注云,"徒當作從"。又《齊風·載馳》箋云,"徒爲淫亂之行",《釋文》,"徒,一本作從",皆其例也。徒與塗通,古同音也。食於道徒,即食於道路。(或訓道旁,於古無徵。)郭慶藩《莊子集釋·

---

① 以上諸家之説參看(清)郭慶藩撰、王孝魚點校:《莊子集釋》,中華書局,2004年,第624頁。
② (清)王先謙撰、沈嘯寰點校:《莊子集解》,中華書局,1987年,第153頁。

至樂篇》注云"《列子·天瑞篇》正作食於道徒",是郭所見《列子》有作徒者矣,當據改。者字後人所加,陶説是。惟陶誤《莊子·至樂篇》爲《秋水篇》,偶疏。《釋文》作"食於道徒",云,司馬彪云,徒,道旁也;一本或作從。①

王力波先生認爲:

> 從者:一説"從"是"徒"之誤,"者"是衍字,本應作"食於道徒,見百歲髑髏。"一説"者"是衍字,應作"食於道,從見百歲髑髏"。從見即因而看見。②

例(2)的"從",杜預注:"從,隨也。"《經義述聞》:"長惡不悛,從自及也。杜注曰:'從,隨也。'引之謹案:隨自及也,殊不爲詞。從疑當作徒,疑長惡不悛,無害於人,徒自害而已。隸書從字作従,形與徒相似,故徒譌作従。"③《助字辨略》:"隨猶尋也,言相尋而及也。"④《詞詮》認爲是副詞,譯作"隨也。"⑤ 楊伯峻先生認爲:"從,隨從,猶今言跟着,表時間之速。王引之以爲當作徒,不可從。"⑥《古書虛詞通解》亦認爲是副詞,此"從"即"隨即"之隨義,由動詞跟隨義虛化而來。⑦

例(1)《莊子·至樂》的"從"字,舊注一般屬上讀,訓作"傍/旁",可是"從"字本身並没有"旁"的意思。研究者或認爲是"徒"的誤字,而"徒"字本身亦没有"旁"的意思。大概是由於這一點,研究者在論及《列子》的"從"字時,意見有所不同(參看上文)。如陶鴻慶認爲《列子》的"從"屬下讀,"從見"是"從道上見之也"。楊伯峻先生雖然贊成"從"爲"徒"字之誤,但認爲"徒與塗通,古同音也。食於道徒,即食於道路"。

---

① 陶鴻慶説、楊伯峻説見楊伯峻:《列子集釋》,中華書局,1979 年,第 11 頁。
② 王力波:《列子譯注》,黑龍江人民出版社,2003 年,第 7 頁。
③ 王引之:《經義述聞》,《讀書劄記叢刊》第二集第 24 册,世界書局,1975 年,第 398 頁。
④ 劉淇:《助字辨略》,商務印書館,1937 年,第 3 頁。
⑤ 楊樹達:《詞詮》,中華書局,1978 年,第 318 頁。
⑥ 楊伯峻:《春秋左傳注》第 1 册,1981 年,中華書局,第 50 頁。
⑦ 解惠全、崔永琳、鄭天一:《古書虛詞通解》,中華書局,2008 年,第 67—68 頁。

古書中"從""徒"兩字訛混之例頗多,①又例(1)"從"本身就有"徒"的異文,據此認爲例(1)、例(2)的"從"可能爲"徒"字之誤,這完全是有可能的。不過西晋(含西晋)以前,"從""徒"兩字右上部的差別還是比較明顯的,②當時這兩字相訛混的可能性並不大,我們推測它們大量訛混的情形很可能是出現在隋唐以後(含隋唐)。③ 而杜預是魏晋時人,又根據其"隨也"之訓,可推知例(2)《左傳》的底本當作"從"而非"徒"。此外"徒"本身並没有"旁"的意思,如果例(1)的"從"爲"徒"字之誤,那麽"徒"還需要破讀爲"途/塗",文義才通順,這似乎不夠直接。結合出土文獻"從"的用法來看(參看下文),我們認爲例(1)、例(2)的"從"字皆可如字讀而不必采用訛字説。

(3) ……二子已發(廢),夷吾乃代,棄德反施,無仁而善倍(背),虜以入秦,身大蓐(辱)魄(恥),歸而從薨。　北大簡《周訓》簡78—80

例(3)《周訓》的"從",整理者:"'從',義爲'隨即'。《左傳》隱公六年'長惡不悛,從自及也'杜預注:'從,隨也。'"④我們認爲整理者把《周訓》"歸而從薨"之"從"與《左傳》隱公六年"從自及也"之"從"相聯繫,這是非常正確的。"從"用在動詞"薨"前,又結合文義可知它顯然是用作副詞。"而"在此應是承接連詞。"歸而從薨"表示夷吾從秦國歸來後馬上就死掉了。"从"的古文字字形象兩人前後相隨,跟隨是其本義。"跟隨"的動詞義進一步虛化,就可引申爲緊跟着、緊接着、隨即、馬上一類的意思。"從"强調"薨"這個動作緊接着"歸"這個動作發生。

---

① 參看上引楊伯峻説以及(清)王引之《經義述聞》,《讀書劄記叢刊》第二集第24册,第398頁。(清)王先謙:《漢書補注》,中華書局,1983年,第817頁。宗福邦、陳世鐃、蕭海波:《故訓匯纂》,商務印書館,2003年,第748頁。梁春勝:《楷書部件演變研究》,綫裝書局,2012年,第154頁。
② 毛遠明:《漢魏六朝碑刻異體字典》下册,中華書局,2014年,第128頁"從"、第894頁"徒"。臧克和主編:《漢魏六朝隋唐五代字形表》,南方日報出版社,2011年,第374—375"從"字、第370—371"徒"字。
③ 參看梁春勝《楷書部件演變研究》,第154頁。
④ 北京大學出土文獻研究所:《北京大學藏西漢竹書(叁)》,上海古籍出版社,2015年,第130頁。

(4) ……鮑叔有成勞于齊邦，侯氏錫之邑二百又九十又九邑與鄩之民人都鄙。侯氏從達之曰：世萬至於台孫子，勿或渝改。

鮑子鎛，《集成》00271

例(4)的"達"，趙平安先生認爲可以理解爲傳達、告訴。① 趙說近是。"達"與"敵"聲字常相通，②而"撤""徹"與从"折"聲的"誓"聲韻相同，我們懷疑"達"或可徑讀作"誓"。③ 例(4)的"從"修飾"達"，應是副詞。④ 上引例(4)是講鮑叔有功於齊，於是齊侯對鮑叔加以賞賜，齊侯又隨即誓告：子子孫孫永遠都不要改變自己對鮑叔的賞賜之命。"從"強調"達"這個動作緊接着"錫"這個動作發生。

下面我們再談談西周金文中兩例"從"字可能是用作虛詞的例子。

(5) 唯五年正月己丑，琱生有事，召來合事。余獻寢⑤氏以壺，告曰：以君氏令曰，余老之，公僕庸土田多諫，弋伯氏從許，公宕其參，汝則宕其貳，公宕其貳，汝則宕其一……

五年琱生簋，《集成》04292

"許"，研究者一般認爲是一個法律用語。"許"在銘文中作動詞，"從"用在它前面，"從許"既可能是聯合結構或連動結構，也可能是偏正結構。此"從"字，研究者或讀爲"縱"訓"緩"、訓"放縱"，或理解爲"聽從""依順"，或理解爲"跟從"。⑥ 與五年琱生簋"弋伯氏從許"相當的話，同人所作的

---

① 趙平安：《新出簡帛與古文字古文獻研究》，商務印書館，2009年，第88頁。
② 張儒、劉毓慶：《漢字通用聲素研究》，山西古籍出版社，2002年，第610頁。出土文獻中亦見"達"與"敵"聲字通假之例，如馬王堆帛書《老子》乙本"善行者無達迹"之"達"，馬王堆帛書《老子》甲本作"勶"，通行本作"轍"。
③ 叔弓鐘(《集成》00277)亦屬齊國器，其銘"達而朋剨"之"達"疑亦可讀作"誓"。
④ 金文中有不少"從"字，如交鼎(《集成》02459)"交從戰"、啟卣(《集成》05410)"啟從征"等，從句法位置看，它們也位於動詞前，在形式上與副詞"從"完全一樣，但結合文義以及虘鼎(《集成》02731)"虘肇從遣征"、啟尊(《集成》05983)"啟從王南征"來看，上述交鼎、啟卣中的這類"從"字顯然是動詞，即跟隨義，它與其後的動詞構成連動結構一起作句子的謂語。
⑤ 參看裘錫圭：《復公仲簋蓋銘補釋——兼說琱生器銘"寢氏"》，《裘錫圭學術文集·金文及其他古文字卷》，復旦大學出版社，2012年，第195—204頁。
⑥ 諸家之說參看金東雪：《琱生三器銘文集釋》，吉林大學碩士學位論文(指導教師：吳良寶)，2009年，第51—57頁。

兩件琱生尊(《銘圖》①11816、11817)銘文中皆作"弌許"。從兩件尊銘皆可省略"從"字來看,我們認爲簋銘的"從許"更可能是偏正結構,"從"是副詞,即"隨即"之意,作"許"的修飾語。"弌伯氏從許"即勸令伯氏馬上"許"之意。

  (6) 唯正月甲午,王在陽戹。王窺(親)令伯殆曰:毋俾農弋(特)。使厥友妻農,䢐廩厥帑、厥小子,小大事毋又田。農三拜稽首,敢對揚王休從(蓋銘)。作寶彝(器銘)。　　　　農卣,《集成》05424

  例(6)之"從",研究者或讀作"寵"。因爲西周同一件銅器上不同部位的銘文有連讀之例,所以農卣器銘"作寶彝",我們懷疑應與蓋銘連讀。"農三拜稽首敢對揚王休從作寶彝"可能應斷句作"農三拜稽首,敢對揚王休,從作寶彝",如果此説可信,那麽"從"也應該是一個副詞。"從作寶彝"表示農三拜稽首,對揚王休之後,隨即作了這件卣以資紀念。

  根據(3)(4),可以肯定"從"的副詞用法應該很早就已經出現。② 反觀(1)(2),我們認爲其中的兩例"從"字完全没有必要看作是"徒"的訛字,它們用"從"的副詞用法來解釋即可。例(1)《莊子·至樂》"從"字應屬下讀,"列子行食於道,從見百歲髑髏","從"亦是副詞,"從"强調"見"這個動作緊接着"行食於道"而發生,表示列子剛一行食於道,馬上就看到了百歲髑髏。僞書《列子》因不明此"從"字之意,故於其後補一"者"字,爲了彌合文義,後文又不得不數處改字,終致上下文"意不相屬"。例(1)相關内容亦見於《太平御覽》,其中卷第三百七十四人事部十五所引没有"從"字,③而卷第八百八十七妖異部三所引"道"後之字作"仄",④"仄"應該就是"从"的形近訛字。"从""從"本身並没有"旁"的意思,而"仄"與有"旁"義的/"側"音近可通。推測《太平御覽》妖異部所據《莊子》原作"从/從",因爲

---

  ① 吴鎮烽:《商周青銅器銘文暨圖像集成》,上海古籍出版社,2012年。
  ② 我們認爲在殷墟甲骨文的時代,"从"的副詞用法就已經萌芽,不過其意義與本文所討論的"從"的意義有别,詳另文。
  ③ (宋)李昉:《太平御覽》第2册,中華書局,1995年,第1727頁。
  ④ (宋)李昉:《太平御覽》第4册,第3943頁。

"从/從"本身没有"旁"的意思,於是後人有意把"从"改作一個與之形近而又與有"旁"義的"側"音近可通的"仄"來表示。

例(2)"長惡不悛,從自及也",我們贊同其中的"從"字是副詞,不過體會文義,此"從"字有連接句子的功能,似可看作關聯副詞。"從"連接"長惡不悛"與"自及也"兩個小句,強調"自及也"緊接着"長惡不悛"發生,表示某人如果"長惡不悛",隨即就會趕上災禍。

綜上所述,我們通過梳理出土文獻,可知"從"的副詞用法很早就已經出現,它的語義特點往往是強調一個動作緊跟着另一個動作而發生。結合出土文獻"從"的副詞用法,我們認爲例(1)、例(2)兩例"從"字實無必要看作是"徒"的訛字,用其副詞用法來解釋即可。

從目前的相關研究來看,研究者對"從"的副詞用法關注不多,我們希望通過本文的研究,能促進研究者對"從"字的副詞用法的認識。

看校補記:與本文所論用法相類的"從"字,沈培先生《再從語法角度看〈緇衣〉在流傳過程中的改動》(《簡帛》第 7 輯,上海古籍出版社,2012 年,第 107—121 頁)一文也有相關討論,請讀者參看。沈先生文蒙王挺斌先生告知,謹致謝忱。

本文曾提交並宣讀於新加坡耶魯-新加坡國大學院陳振傳基金漢學研究委員會舉辦、復旦大學出土文獻與古文字研究中心協辦的"出土文獻與中國古典學"國際學術研討會(2016 年 4 月 7—9 日,新加坡耶魯-新加坡國立大學學院),正式刊於《出土文獻與中國古典學》,中西書局,2018 年,第 115—120 頁。

《詩經·大雅·韓奕》
"淑旂綏章"新證*

《韓奕》第二章中的"淑旂綏章，簟茀錯衡，玄袞赤舄，鉤膺鏤錫，鞹鞃淺幭，鞗革金厄"①記錄了周王賞賜給韓侯的輿服，本文我們準備對其中的"淑旂綏章"略作討論。

關於"淑旂"，毛亨《傳》："淑，善也。交龍爲旂。"②鄭玄《箋》："善旂，旂之善色者也。"③孔穎達《正義》："'淑，善'，《釋詁》文。'交龍爲旂'，《司常》文。"④朱熹《詩集傳》："淑，善也。交龍曰旂。"⑤《詩經今注》："淑，美也。旂，畫有蛟龍的旗。"⑥《詩經注析》："淑，美。旂，畫有蛟龍的旗。"⑦《詩經綜合詞典》亦贊成"淑旂"之"淑"訓作"善"。⑧《詩經譯注》："淑旂，

---

* 本文受到國家社科基金青年項目"商代金文的全面整理與研究及資料庫建設"（項目編號 16CYY031）、復旦大學"雙一流"建設人文社科一流創新團隊項目"出土文獻與古文字研究"子課題"商周金文拾遺——《集成》、《銘圖》、《銘續》未錄金文的整理與研究"（項目編號 IDH3148004/005）的資助。

① （漢）毛亨傳、（漢）鄭玄箋、（唐）孔穎達疏：《毛詩正義》（《十三經注疏》整理本），北京大學出版社，2000年，第1444—1445頁。下文徑稱此書爲《毛詩正義》。
② 同上注，第1445頁。
③ 同上注，第1445頁。
④ 同上注，第1448頁。
⑤ （宋）朱熹：《詩集傳》卷十八，《四部叢刊三編》景宋本，第29頁。
⑥ 高亨：《詩經今注》，《高亨著作集林》第3卷，清華大學出版社，2004年，第525頁。
⑦ 程俊英、蔣見元：《詩經注析》，中華書局，1991年，第904頁。
⑧ 莊穆主編：《詩經綜合辭典》，遠方出版社，1999年，第801頁。

美麗的畫，交龍的旗。"①陳夢家先生認爲《左傳》定公四年分康叔以"少帛、綪茷、旃旌"之"少帛"應是"縿"，猶《韓奕》之"淑旂"，淑假爲叔爲少。②揚之水女士贊同陳夢家先生説。③

金文有"叔巿"之語（大克鼎，《集成》02836；師嫠簋，《集成》04324、04325），或作"鈢巿"（弭伯師耤簋，《集成》04257）。據金文文例，"叔巿"之"叔"應是表顏色之詞。前人已將"叔巿"之"叔"與"淑旂綏章"之"淑"相聯繫（參看下文），可從。由"叔巿"之"叔"是表顏色之詞可知"淑旂綏章"之"淑"舊一般訓作"善""美"是不正確的。

關於金文"叔巿"之"叔"，孫詒讓認爲"叔"通作訓"善"之"淑"，"叔巿"猶《韓奕》"淑旂"。④ 方濬益説與孫詒讓説同。⑤ 朱芳圃先生讀作"赤"。⑥ 郭沫若先生在《釋叔》中云：

> 叔巿亦叚借字，凡古文言巿，如赤巿、緼巿、朱巿，又如金文之載巿（孫詒讓釋纔巿，纔帛雀頭色，《禮經》作爵韠），皆箸其色，則叔殆叚爲素，叔素雙聲也。《玉藻》"韠，君朱、大夫素、士爵韋"。"叔金"蓋謂白金。《爾雅·釋器》"白金謂之銀"。⑦

楊樹達先生在《積微居·善夫克鼎三跋》中云：

> 易女叔巿，參同，苂恩。孫仲容讀叔爲淑，云："叔巿猶《詩·大雅·韓奕》云淑旂，《毛傳》云：淑，善也。"（《述林》柒之廿捌）方濬益説與孫氏同。余按銘文言巿者如朱巿赤巿，皆明其色，孫方二氏説與通例不合，殆非也。余疑叔當讀爲朱，朱與叔一聲之轉。朱字古韻屬

---

① 周振甫：《詩經譯注》，中華書局，2013 年，第 484 頁。
② 陳夢家：《西周銅器斷代》，中華書局，2004 年，第 439 頁。
③ 揚之水：《詩經名物新證》（修訂版），天津教育出版社，2007 年，第 278 頁。
④ 參看周法高主編：《金文詁林》，香港中文大學，1975 年，第 1712 頁。
⑤ （清）方濬益：《綴遺齋彝器款識考釋》，《國家圖書館藏金文研究資料叢刊》第 16 册，北京圖書館出版社，2004 年，第 351—352 頁。
⑥ 參看周法高主編：《金文詁林》，第 1711—1712 頁。
⑦ 郭沫若：《釋叔》，《金文叢考》，人民出版社，1954 年，第 230 頁。

侯部,叔字在覺部,音最近也。①

周法高先生亦主張讀作"朱"。② 龍宇純先生在《古文字與古經傳認知之管見》云:

> 毛傳說:"淑,善也。"善對惡言,以善狀旂無義,毛公鼎、番生簋有朱旂,以朱狀旂色。毛公鼎又有朱巿,克鼎有叔巿,叔巿當指巿色而言。叔與淑僅聲母清濁不同。郭沫若說叔借爲素,而二字韻遠,金文素字已成文字偏旁,也沒有假借的必要。周法高先生讀叔爲朱,金文既明有朱巿之稱,而朱與叔韻亦相隔,都不免爲臆度。《說文》:"儵,青黑繒發白色也。"叔、儵並音式竹切,古韻同幽部,叔當爲儵之借。淑字用法應同;或本即作叔,因後人不解,增水旁以取其義爲善。金文又有"叔金",即青黑色金,謂鐵。③

最近黃德寬先生在一篇文章中附帶論及了金文中的"叔巿",黃先生認爲"叔"與"素""朱"古音差別明顯,而"儵"與"叔"皆書紐覺部字,讀"儵"勝於讀"素"或"朱",但證據依然不足。黃先生根據出土文獻中"叔""戚"常讀作"肅"的用字習慣,懷疑金文中"叔巿"之"叔"可讀爲《說文》訓"五采備也"的"繡","繡巿"就是繪以五彩的韍。④

綜上可知,金文"叔巿"之"叔"舊主要有"淑""赤""朱""素""儵""繡"六種讀法。讀作訓"善"之"淑"與金文"巿"前之字常表顔色的文例不合,"赤""朱""素"三種讀法與用字習慣、語音皆不合,因此前四種意見顯然不可信。金文中另有"叔金"(吳方彝蓋,《集成》09898)、"白金"(粵鐘,《集成》00048;叔簋,《集成》04132;榮仲鼎,《銘圖》02412—02413)、"赤金"(麥鼎,《集成》02706;彔簋,《集成》04122;曶簋,《銘圖》05217)、"驛金"(亢鼎,

---

① 楊樹達:《積微居金文說》(增訂本),中華書局,1997年,第47頁。
② 周法高主編:《金文詁林》,第1713頁。
③ 龍宇純:《絲竹軒小學論集》,中華書局,2009年,第426頁。蘇建洲先生在審閱拙文後告知他曾就"淑旂綏章"寫了一則札記,文中亦贊同"淑旂"之"淑"讀作"儵"的意見。
④ 黃德寬:《新出戰國楚簡〈詩經〉異文二題》,《中原文化研究》2017年第5期,第5—9頁。

《銘圖》02420)等語,"叔金"之"叔"與"叔市"之"叔"、"淑旂綏章"之"淑"顯然亦當統一起來考慮。黃德寬先生說沒有提及"淑旂"之"淑"與"叔金"之"叔","繡"的讀法雖然於"叔市"之"叔"可通,於"淑旂"之"淑"亦可通,但於"叔金"之"叔"則難通。我們認爲舊說中"黸"的讀法最好。包山簡273號簡在記錄車上之物時有"黸旌"之語,其中"旌"前之字,从"鼠"从"貝"从"宀"从"攸"。《包山楚簡》認爲:"借作黸。《廣雅·釋器》:'黸,黑也。'"①李家浩先生贊成此說,又據《北堂書鈔》卷120引《周書》有"樓煩黑旌"之語,認爲包山簡"黸旌"猶《周書》"黑旌"。② 包山簡中記錄車上之物時,另有"朱旌"一語(簡269),"朱"是顏色詞。我們認爲把"黸旌"之"黸"讀作"黸"非常合適。由"黸旌"之語,亦可知把"叔金"之"叔"、"叔市"之"叔"、"淑旂綏章"之"淑"讀作"黸"是非常合適的。

關於"綏章",毛亨《傳》:"綏,大綏也。"③鄭玄《箋》:"綏,所引以登車,有采章也。"④陸德明《釋文》:"綏,本亦作'緌'。"⑤孔穎達《正義》:

"綏,大綏"者,即《王制》所謂"天子殺下大綏"者,是也。《天官·夏采》注云:"徐州貢夏翟之羽,有虞氏以爲綏。後世或無染鳥羽,象而用之。或以旄牛尾爲之,綴於幢上,所謂'注旄於竿首'者。"然則綏者,即交龍旂竿所建,與旂共一竿,爲貴賤之表章,故云"綏章"。王肅云:"章所以爲表章。"是也。⑥

朱熹《詩集傳》:"綏章,染鳥羽或旄牛尾爲之,注於旂竿之首爲表章者也。"⑦王先謙《詩三家義集疏》認爲:

"淑旂",旂也。"綏章",旐也。《出車》《采芑》並言"旂旐央央",

---

① 湖北省荆沙鐵路考古隊:《包山楚簡》,文物出版社,1991年,第66頁。
② 李家浩:《包山楚簡的旌旆及其他》,《著名中年語言學家自選集·李家浩卷》,安徽教育出版社,2002年,第265頁。
③ 《毛詩正義》,第1445頁。
④ 同上注。
⑤ 同上注。
⑥ 同上注,第1448頁。
⑦ (宋)朱熹《詩集傳》卷十八,第29頁。

《傳》:"央央,鮮明皃。"即《箋》所謂"善色"矣。《公羊·宣十二年傳》注:"加文章曰旃。"《釋文》:"綏本又作緌。"《禮·明堂位》"夏后氏之綏",鄭注:"綏當爲緌,讀如'冠蕤'之蕤。"是"緌"爲正字矣。今字通作"綏"。"綏章"連文,與《六月》"帛茷"連文同義。"茷"與"旆"同,章、帛皆謂"繒"也。以旆繼帛曰"帛旆",以綏繫於縿末,如爲文章,是曰"綏章"。①

《詩經今注》:"綏章,旗竿頭上飾以染色的鳥羽或旄牛尾。"②《詩集傳》《詩經今注》之説實本之《正義》,《詩三家義集疏》關於"綏"的解釋亦與《正義》同。但研究者也提出了不同於毛傳、鄭箋、孔疏的一些意見。如王引之在《經義述聞》中根據古書的一些記載,認爲"載羽旄於竿首者旌也,非旂也",從而反對《正義》的説法,他認爲:

> 竊疑綏者,文貌。《荀子·儒效》篇:"綏綏兮其有文章也。"綏綏即文章之貌,《注》以爲安泰之貌,失之。楊《注》曰:"綏或爲葳蕤之蕤。"字又作委,《仲尼》篇"委然成文以示之天下"《注》以委然爲俯就之貌,失之。是也。所畫於旂,交龍日月之章,綏綏有文,故曰綏章。綏章與淑旂文正相對也。③

馬瑞辰《毛詩傳箋通釋》云:

> 淑旂與綏章對文。王尚書謂綏者文貌,引《荀子·儒效》篇"綏綏兮其有文章也",謂綏綏即文章之貌,其説是也。綏本車中把之稱,字通作緌,又讀如蕤賓之蕤。《説文》:"蕤,艸木葉垂皃。""桵,艸木實桵桵也。讀若綏。"艸木葉實皆有文,故又通以爲文貌耳。④

林義光《詩經通解》認爲:"日月者天子之旂所畫,若韓侯之旂則不得有日月。蓋綏章謂龍章有文耳。"⑤

---

① (清)王先謙:《詩三家義集疏》,中華書局,1987年,第795—796頁。
② 高亨:《詩經今注》,《高亨著作集林》第3卷,第525頁。
③ (清)王引之:《經義述聞》,江蘇古籍出版社,2000年,第168頁。
④ (清)馬瑞辰撰、陳金生點校:《毛詩傳箋通釋》,中華書局,1989年,第1007頁。
⑤ 林義光:《詩經通解》,中西書局,2012年,第379頁。

于省吾先生認爲：

> 按王引之以綏章與淑旂爲對文，是也。惟以綏章爲"綏然有文"，亦非。綏、嘉古通。金文綏多作妥，蔡姞簋"用妥多福"，或者鼎"用妥眉彔"。嘉古讀如賀，與妥音通。《尚書・盤庚》"嘉績于朕邦"，漢石經嘉作綏。《左傳》宣十四年"嘉淑而有加貨"疏："嘉、淑皆訓爲善。""淑旂綏章"，應讀作淑旂嘉章。①

《詩經注析》："綏，古通嘉，也是美好的意思。（見于省吾《新證》）章，文章，即旗上的花紋。"②揚之水女士認爲旂上繪交龍，即所謂"綏章"。③《詩經譯注》把"綏章"解作"安全掛起"，又把淑旂綏章"譯作"善旂妥貼顯文章"。④

歸納起來，"綏章"之"綏"主要有"大綏""旂竿所建之綏""車綏""訓文貌之綏"、讀作訓"善"之"嘉"、解作"妥"等意見。而"章"有"采章""表章""龍章"等意見。

番生簋蓋（《集成》04326，《銘圖》05383）"易（錫）朱市（韍）、忩（總）（蔥）黄（衡）……金篳弭（弼）、魚葡（箙）、朱旂、旝（旜）、金莽二鈴"，其中"莽"字，研究者已指出是就杠、干（竿）而言。⑤陳劍先生根據研究者所指出的"沈子""沈孫"即"沖子""沖孫"亦即"童子""童孫"等綫索，讀"莽"爲"橦"。⑥《後漢書・馬融傳》："建雄虹之旌夏，揭鳴鳶之修橦。"李賢注："橦者，旗之竿也。"⑦"金橦"就是銅制的旗竿。

---

① 于省吾：《澤螺居詩經新證》，中華書局，1982年，第72頁。
② 程俊英、蔣見元：《詩經注析》，第904頁。
③ 揚之水：《說〈大雅・韓奕〉——〈詩經〉名物新證之三》，《中國文化》第14期，1996年，第41頁。但揚之水女士在後來集結出版的《詩經名物新證》以及其修訂版中刪掉了這一句話，應該是放棄了此説[揚之水：《詩經名物新證》，北京古籍出版社，2000年，第313頁。揚之水：《詩經名物新證》（修訂版），天津教育出版社，2007年，第278頁]。
④ 周振甫：《詩經譯注》，第481，484頁。
⑤ 郭沫若：《釋朱旂旝金莽二鈴》，《金文叢考》，第175—176頁。吳紅松：《西周金文賞賜物品及其相關問題研究》，安徽大學博士學位論文（指導教師：何琳儀），2006年，第102—103頁。
⑥ 此説我曾於2010年左右聞之於陳劍先生。又見陳劍先生2013年上半年"古文字形體源流研究"課程講義《01早期古文字"一形多用"綜論》。陳説又見鄔可晶：《西周金文所見有關"九旗"的資料》，《中國經學》第16輯，廣西師範大學出版社，2015年，第135—144頁。
⑦ （南朝宋）范曄撰、（唐）李賢等注：《後漢書》，中華書局，1965年，第1961頁。

聯繫"淑旂綏章"後面的"簟茀錯衡""玄衮赤舄"的内部都是並列關係來看,"淑旂"與"綏章"也應該是並列關係,王引之等人以"綏章"與"淑旂"爲對文的意見可從。又結合上引番生簋蓋銘文中作爲旌旗的"旂""旜"與作爲旗竿的"橦"同賜來看,"淑旂綏章"之"章"可能也是就"旗竿"而言。循着這種思路,我們懷疑"章"可能是與它形音皆近的"童"的誤字。"章"屬於章母陽部字,"童"屬於定母東部字,先秦出土文獻中東、陽兩部不少字關係密切,"章"字本身亦與東部發生關係,① 又"章""童"字形亦比較接近,故兩者有交涉之例。從東周至漢代的文字資料來看,"量"字下部或從"章",或從"童"。② 楚先祖"老童",《史記·楚世家》作"卷章",裴駰《集解》引譙周語:"老童即卷章。"③ "卷章"之"章"應該就是與它形音皆近的"童"的誤字。據此,"淑旂綏章"之"章"也可能是"童"的誤字,"童"當讀作"橦"。

《爾雅·釋天》:"注旄首曰旌。"邢昺疏云:

"注旄首曰旌"者,李巡曰:"旄牛尾著竿首。"孫炎曰:"析五采羽注旄上也,其下亦有旒縿。"郭云:"載旄於竿頭,如今之幢,亦有旒。"如是則竿之首有旄有羽也。故《周禮·序官》"夏采"注云:"夏采,夏翟羽色。《禹貢》徐州貢夏翟之羽,有虞氏以爲綏。後世或無,故染鳥羽象而用之,謂之夏采。"其職注云:"綏以旄牛尾爲之,綴於橦上,所謂注旄於竿首者也。"④

《禮記·雜記上》:"諸侯行而死於館,則其復如於其國。如於道,則升其乘車之左轂,以其綏復。"鄭注:"館,主國所致舍。復,招魂復魄也。如於其國,主國館賓,予使有之,得升屋招用褒衣也。如於道,道上廬宿也。

---

① 參看孟蓬生《"竜"字音釋——談魚通轉例説之八》,復旦大學出土文獻與古文字研究中心網站,2012年10月31日。此文正式發表於《歷史語言學研究》第7輯,商務印書館,2014年,第203—214頁。
② 參看孟蓬生《"竜"字音釋——談魚通轉例説之八》,第207頁。
③ (漢)司馬遷撰、(南朝宋)裴駰集解、(唐)司馬貞索隱、(唐)張守節正義:《史記》第5册,中華書局,1959年,第1689頁。
④ (晋)郭璞注、(宋)邢昺疏:《爾雅注疏》(《十三經注疏》整理本),北京大學出版社,2000年,第207—208頁。

升車左轂,象升屋東榮。'綏'當爲'緌',讀如蕤賓之蕤,字之誤也。緌,謂旌旗之旄也,去其旒而用之,異於生也。"①

《後漢書·輿服志上》"鸞旗者,編羽旄,列繫幢旁"之"編羽旄,列繫幢旁",②蔡邕《獨斷》作"編羽毛,引繫橦旁"。③

從以上所引可知,"橦"或作"幢","綏"或作"緌",而"綏"指旗纓,以旄牛尾或鳥羽爲之,常綴於幢上即綴於旗竿之首。"綏"既可指旗纓,也可特指所謂"注旄於竿首"的有虞氏之旌旗。如《禮記·明堂位》:"有虞氏之旂,夏后氏之綏,殷之大白,周之大赤。"鄭玄注:"四者,旌旗之屬也。綏當爲緌,讀如冠蕤之'蕤'。有虞氏當言緌,夏后氏當言旂,此蓋錯誤也。緌,謂注旄牛尾於杠首,所謂大麾也。"④《禮記·王制》:"天子殺則下大綏,諸侯殺則下小綏。"鄭玄注:"綏當爲緌。緌,有虞氏之旌旗也。"⑤

族名金文中"𣃔""𣃔"類形戈内之端所繫之"巾""㫃"即戈之纓飾,據西周金文可知其名爲"沙"或"屎"。郭沫若先生說:"所謂'彤沙'實即紅綏也。沙綏古本同音字,蓋古人借沙爲之者,後人則作綏也。"⑥又說:"戈纓謂之沙,旗纓謂之綏,或謂之緌,冠纓謂之蕤。"⑦中山王器上多次出現"𣃔"字,吳振武先生認爲它从"㫃"从"彤沙"之"沙"的象形初文得聲,可能就是當旗纓或有虞氏之旌旗講的"綏"(緌)的本字。⑧可見,從相關古文字資料看,"綏"可用作旗之纓飾之名。旗纓謂之綏(緌),正如研究者所指出的猶如戈纓謂之沙,冠纓謂之蕤。

---

① (漢)鄭玄注、(唐)孔穎達疏:《禮記正義》(《十三經注疏》整理本),北京大學出版社,2000年,第1342頁。
② (南朝宋)范曄撰、(唐)李賢等注:《後漢書》,第3649頁。
③ (漢)蔡邕:《獨斷》卷下,鄭國勳編:《龍溪精舍叢書》第70册,中國書店,1983年,第11頁。
④ (漢)鄭玄注、(唐)孔穎達疏:《禮記正義》(《十三經注疏》整理本),第1100頁。
⑤ 同上注,第437頁。
⑥ 郭沫若:《殷周青銅器銘文研究》,《郭沫若全集·考古編》第4卷,科學出版社,2002年,第40頁。
⑦ 同上注,第168—169頁。
⑧ 吳振武:《試說平山戰國中山王墓銅器銘文中的"旃"字》,《中國文字學報》第1輯,商務印書館,2006年,第73—76頁。

包山簡在記錄車上之物時，"旌"後部分或有"翠之首"一語，李家浩先生認爲"翠之首"是指"旌旗之杆首飾有翠鳥羽毛"，①可從。曾侯乙簡在記錄"旗"時，後面有"翠首"一語（簡6）；在記錄"斿"時，後面有"墨毛之首"（簡46）、"翠首"（簡72）、"玄羽之首"（簡79）、"朱毛之首"（簡86）等語；在記錄"旆"時，後面有"白皈之首"一語（簡68）。由此可知竿首載羽旄者並不僅僅限於"旌"，因此王引之反對"綏"是"竿上所建之綏"所持的理由"載羽旄於竿首者旌也，非旂也"不能成立。我們認爲前引《正義》等把"綏"解作"竿上所建之綏"大體是正確的，但把"章"解作"表章"之"章"則不可從，這是由於"表章"之"章"很難與"淑旂"之"旂"構成真正的並列關係。

包山簡中數見"旄中干"之語，研究者指出它就是《詩經·鄘風·干旄》的"干旄"，"中干"指旗竿，"旄中干"指"竿首注有旄的旗竿"。②《詩經·秦風·小戎》"蒙伐有苑"之"蒙伐"，安大簡作"尨帠（斾）"，③劉剛先生認爲其義即"雜羽裝飾的旌斾"。④"綏幢"結構與"旄中干""尨帠（斾）"相類，其義實指"竿首綴有旄牛尾或鳥羽等飾的旗竿"。"綏幢"與"淑旂"正好是並列關係，"淑旂綏幢"與"簟茀錯衡""玄袞赤舄"結構相同，都是並列結構。《韓奕》"旂""幢"同賜，這跟番生簋蓋銘文中"旂""旜"與"幢"同賜同例，⑤

---

① 李家浩：《包山楚簡的旌斾及其他》，《著名中年語言學家自選集·李家浩卷》，第265頁。
② 參看白於藍：《說"綏"》，《中國國家博物館館刊》2015年第1期，第57—58頁。劉剛：《〈詩·秦風·小戎〉"蒙伐有苑"新考》，《中原文化研究》2017年第5期，第13—15頁。
③ 劉剛：《〈詩·秦風·小戎〉"蒙伐有苑"新考》，《中原文化研究》2017年第5期，第14頁。
④ 同上注，第13—15頁。
⑤ 清華簡《封許之命》"錫汝蒼珪、秬鬯一卣，路車、驄玹、玉甞、鑾鈴、素旂、朱筓（旜）"[案："旜"字的釋讀參看石小力：《清華簡（伍）〈封許之命〉名物補釋二則》，《古文字論壇》第2輯，中西書局，2016年，第233—235頁]、元、馬四匹、攸（鋚）勒……"，其中"元"，整理者認爲試讀爲"靳"[李學勤主編：《清華大學藏戰國竹簡（伍）》，中西書局，2015年，第120—121頁]。暮四郎（網名）認爲"元"屬下讀作"元馬四匹"（武漢大學簡帛網簡帛論壇·簡帛研讀《清華五〈封許之命〉初讀》第16樓暮四郎的發言，2015年4月10日）。ee（網名）認爲"元"讀作"旗杆"之"杆"（武漢大學簡帛網簡帛論壇·簡帛研讀《清華五〈封許之命〉初讀》第24樓ee的發言，2015年4月13日）。我們認爲暮四郎、ee的意見皆可能。如果是前者，則"元馬四匹"之"元馬"與"用飲元駐乘馬"之"元駐"可比較。（張光裕：《新見〈用飲元駐乘馬匜〉銘試釋》，"第二十八屆中國文字學國際學術研討會"，2017年5月12—13日。（轉下頁）

彼此恰可互相發明。①

　　　　　　　　拙文蒙蘇建洲先生審閱指正，謹致謝忱。

　　　　　　　　　　　　　　　　　　　　2015 年 6 月初稿
　　　　　　　　　　　　　　　　　　　　2017 年 10 月修改

　　本文曾提交給香港中文大學中國語言及文學系、中國文化研究所劉殿爵中國古籍研究中心合辦的"古籍新詮——先秦兩漢文獻國際學術研討會暨中國文化研究所五十周年慶典"(2017 年 12 月 14—15 日)，並在會上宣讀，正式發表於《古籍新詮——先秦兩漢文獻論集》，香港中文大學出版社，2020 年，第 45—56 頁。

(接上頁) 正式發表於《青銅器與金文》第 2 輯，上海古籍出版社，2018 年，第 1—15 頁) 如果是後者，則簡文"素㫃、朱芊(旝)、元(杆)"與番生簋蓋"朱㫃、旝(旝)、金芊(橦)二鈴"恰可比較，"元(杆)"與"芊(橦)"同指旗杆。

　　牧簋(《集成》04343)"錫汝秬鬯一卣、金車……㫃、余馬四匹"之"余"，舊一般屬下讀作"駼馬四匹"。如果此説可信，則似對《封許之命》"元"屬下讀作"元馬四匹"的意見有利("元"似也可讀作"駼")。但古書中與"馬"相關的"駼"幾乎皆見於"騊駼"一語，又金文中賞賜車馬器時，"馬的某類專名"＋"馬"的格式似未見，因此"余"讀作"駼"的意見實可疑。我們懷疑"余"或可讀作"旟"。

① "尤"聲字與"章"聲字有間接相通的例子。如"尤"聲字與"詹"聲字常音近相通(張儒、劉毓慶:《漢字通用聲素研究》，山西古籍出版社，2002 年，第 1045 頁)，而"詹"聲字與"章"聲字有多例交涉的例子(參看孟蓬生《"竜"字音釋——談魚通轉例説之八》，第 211 頁)。《韓奕》之"章"也可能直接與番生簋蓋"芊"有關。但考慮到它們的讀音畢竟有距離，故我們正文不采取此説。

江蘇盱眙大雲山江都王陵
出土漆器銘文補釋[*]

江蘇盱眙大雲山江都王陵是一處保存比較完整的西漢諸侯王陵園，其中 M10 的墓主人，整理者認爲是江都王劉非的嬪妃淖姬。M10 出土了一批漆器銘文，漆耳杯（M10：83）外底中心針刻三行銘文，整理者釋作"公子强立事左辛府歲工長繁御"，認爲從字體、字義判斷此處銘文當爲戰國時期齊系文字。[①] 從齊系文字中常言"××立事歲"來看，整理者認爲該銘文屬於戰國時期齊系文字的意見應可信。[②] 下面我們將對 M10 中另外幾例可能與戰國晚期齊國或西漢初齊國有關的銘文試作討論。

一、釋"右 糟"

漆盤（M10：109）"▆"、漆耳杯（M10：124）"▆"，整理者皆釋作"左曹"。所謂"左"字顯然是"右"字，漆盤"右"下之字可釋作"糟"，漆耳杯"右"下之字可釋作"漕"，"糟""漕"皆讀作"糟"。"糟"作職官名，西漢齊國

---

[*] 本文受到 2013 年復旦大學新進校青年教師科研啓動資助項目"商周金文字詞考釋"（批准號 JJH3148005）的資助。

① 南京博物院、盱眙縣文廣新局：《江蘇盱眙大雲山江都王陵 M9、M10 發掘簡報》，《東南文化》2013 年第 1 期，第 51—69 頁。下引整理者意見皆出自此文，不再出注。

② 《左傳》宣公十八年（前 591 年）齊有"公子强"，與銘文"公子强"時代不合。

文字資料中多見。① "右糟"亦見於右糟鍾(《漢金文録》2.5.2),可見"糟"應分左右。② 此外又見"南糟"之稱(《考古學報》1985年第2期,第239頁圖15-3、4,第243頁圖19-1),但據與之同墓出土的其他文字資料來看,"南糟"之"南"似是南宫之省,並不是指"糟"有南北之分。據糟壺、③右糟鍾、齊大官甾(《考古學報》1985年第2期,第243圖19-6)以及南糟甾(《考古學報》1985年第2期,第243圖19-1)等可知糟當爲大(太)官屬官。李學勤先生認爲:"糟,本義是帶滓的酒,故大官下屬司釀酒的機構謂之糟。"④《禮記·月令》中有掌酒官大酋,作爲職官的"酋"與"糟"最初表示的很可能是同一詞。另漆盤(M10∶109)"右糟"二字左方有" "形,漆耳杯(M10∶124)"右糟"二字左方有" "形,比較可知,後者當釋作"十",前者當釋作"十斗"二字,其中"十"字的寫法與戰國中期的信安君鼎(《集成》02773)" "(十)"寫法相近,而"斗"則與三年詔吏鼎(《集成》02651)" "、長楊鼎(《漢金文録》1.8.1)" "、長楊鼎(《漢金文録》1.9.1)" "、烏氏鼎(《漢金文録》1.13.1)" "、黃山鼎(《漢金文録》1.13.2)" "、頻鼎(《漢金文録》1.29.2)" "等斗字寫法相近。與漆盤同墓出土的銅盤(M10∶49)(《東南文化》2013年第1期,第62頁)"十"作" ",以及比M10時代稍早的M2所出土的銅盤(M2∶100)中"十"作" "(《文物》2013年第1期,第61頁),玉棺片飾"十"作" "" "(《文物》2013年第1期,第61頁)等形,從漆盤(M10∶

---

① 山東省淄博市博物館:《西漢齊王墓隨葬器物坑》,《考古學報》1985年第2期,第223—266頁。
② 戰國文字中又有職官名"左酉/佤""右酉/佤",其中"酉/佤",研究者一般讀作"官曹"之"曹",其實讀作"糟"亦有可能。
③ 中國社會科學院考古研究所、河北省文物管理處:《滿城漢墓發掘報告》(上),文物出版社,1980年,第42頁。
④ 李學勤:《齊王墓器物坑銘文試析》,《海岱考古》第1輯,山東大學出版社,1989年,第354頁。

109)、漆耳杯(M10：124)"十"字中部未加短橫來看，它們很可能早至戰國晚期，應非西漢江都國之物。漆盤(M10：109)比較小，據整理者公布的資料，其口徑爲 25.4 釐米、底徑爲 11 釐米、高爲 6.7 釐米，不能容納十斗，"十斗"應非實際容積，這説明這些器物可能是明器而非實用器。漆盤"十斗"左邊還有兩字，其中一字是"右"字，寫法與漆耳杯(M10：124)"右"字近同，另一字不識，應是職官名。"右糟、十斗、右□"的文例與泰官鼎(《漢金文録》1.15.2)"泰(太)官、二斗十一斤、右般中"文例相近。

二、釋"粲人"

耳杯(M10：84)外底銘文有兩處，一處爲朱漆，銘文爲"食官"，另一處爲針刻，整理者認爲字體均不明。該耳杯銘文原作下揭形：

朱漆銘文"官"右邊一字原作"㑃（㑃）"，比較大武鄉西漢齊王墓出土的齊大官勺(《考古學報》1985 年第 2 期，第 238 頁圖 14 - 10)"粲"作"㑃"，齊大官鼎(《考古學報》1985 年第 2 期，第 235 頁圖 12 - 7)"粲"作"㑃"，齊大官罍(《考古學報》1985 年第 2 期，第 239 頁圖 15)"粲"作"㑃"，粲人包角(《考古學報》1985 年第 2 期，第 250 頁圖 24 - 1)"粲"作"㑃"，張家山漢簡"粲"作"㑃"，①可知它們字形非常接近，前者應是

---

① 張守中：《張家山漢簡文字編》，文物出版社，2012 年，第 195 頁。

"粢"之變體,其米下橫筆很可能是後者左邊兩撇筆間的那一短橫割裂而來。"粢"下一字原作"▉",顯然是"人"字。"粢人",官名,見於前引的齊大官勺、齊大官鼎、齊大官罍、粢人包角等器,而這些器皆是漢代齊國器。粢人,李學勤先生說:"又在畜官之下。'粢'字本義爲精米,與此不合。《爾雅·釋言》'粢,餐也。'注:'今河北人呼食爲餐。'是假借字(原注:郝懿行:《爾雅義疏》上之二),因而粢人就是餐人,大概是向王進飲食的人員。"①從齊大官勺、齊大官鼎、齊大官罍等銘文來看,"粢人"顯然是食官之屬,我們所釋的"粢人"正與"食官"同見於耳杯,這亦可反證我們的釋讀非常合適。"粢人""糟"兩種職官同見於大武鄉西漢齊王墓出土的不同器物中,此外還有一件罍腹刻"齊大(太)官畜粢人",另一處刻有"大(太)官糟"等字,②更是"粢人""糟"兩種職官名同見於一器之中(《考古學報》1985年第2期,第243頁圖19),這些亦可佐證本文關於"右糟""粢人"的釋讀。大武鄉西漢齊王墓出土的器物中,職官名"上米""下米"亦多見,李學勤先生認爲:"所謂'上米'、'下米',可能即指用不同的米釀造的酒。上米用稻米,醇厚可貴,盛以鐘、鈁;下米用稷、粟(原注:顏師古認爲稷即粟,其說不確,但可歸爲一類),比較澆薄,故盛以缶。缶只有一次偶用以裝上米。"③從大武鄉西漢齊王墓出土資料來看,可知糟的下屬有下米(大官南糟下米罍,《考古學報》1985年第2期,第238頁圖14-13、第238頁圖14-28、第239頁圖15-3;齊大官罍,《考古學報》1985年第2期,第243頁圖19-6),粢人的下屬也有下米(齊大官罍,《考古學報》1985年第2期,第239頁圖15-2)。因此根據同出於大武鄉西漢齊王墓的食官名"糟""上米""下米"來看,"粢人"必與它們有關,故我們認爲"粢人"之"粢"似不必破讀,"粢人"可能是指管理粢這種精米的職官或是管理粢米釀酒的職官。另耳杯"粢人"左下方還有兩字,其中下部一字似是"沖"字,"沖"

---

① 李學勤:《齊王墓器物坑銘文試析》,《海岱考古》第1輯,第353頁。
② 山東省淄博市博物館:《西漢齊王墓隨葬器物坑》,《考古學報》1985年第2期,第223—266頁。
③ 李學勤:《齊王墓器物坑銘文試析》,《海岱考古》第1輯,第353頁。

上之字不識,待考。

綜上所述,根據我們的考釋意見,又結合"粲人""糟"等職官名多次見於大武鄉西漢齊王墓出土的器物上而少見於其他諸侯國墓這一情況來看,我們認爲江都王陵 M10 出土的漆盤(M10∶109)、漆耳杯(M10∶124)、漆耳杯(M10∶84)同公子強漆耳杯一樣,可能原非江都國所有,而是齊國之器,其中漆盤(M10∶109)有可能同公子強漆耳杯一樣早至戰國晚期的齊國(M10∶109 漆盤的時代,參看前文討論)。

寫於 2013 年 9 月

原載《中國文字研究》第 22 輯,上海書店出版社,2015 年,第 93—95 頁。《中國文字研究》在刊發此文時,誤刪了相關注釋,此據原稿發表。

讀《清華簡（叁）》札記二則

一、釋《良臣》中的"龠"字

《清華簡（叁）·良臣》6—7號簡記載了齊桓公的幾位臣子：

齊桓（桓）公又（有）△寺（夷）虐（吾），又（有）䛷/宛（賓）須亡，又（有）侸（隰）朋。

△原作"龠"，整理者釋文作"龠"，其注釋云："龠寺虐，當即管夷吾。管仲名夷吾，古常云'管龠'，簡文'龠'疑爲'管'字之誤，'寺'則以音近通於'夷'。管仲列在《古今人表》'上中'。"①

《郭店簡·老子甲》："天地之間，其猶囷（橐）籥歟？"劉信芳先生説："籥字从竹，龠省聲，'龠'从叩聲。馬王堆漢墓帛書《十六經·前道》133行下：'道有原而無端，用者實，弗用者龠。'簡文'籥'應讀如'管'（古音同在文部見紐）。古冶煉鼓風之橐（風箱），以牛皮爲之，内置竹管以送風，'籥'即送風之竹管。其字帛書、王本均作'籥'……是鼓風之竹管或稱'籥'，或稱'籥'，所指則一。"②廖名春先生從劉説，並説："楚簡'籥'當爲元部字，上文'朋（間）'亦爲元部字，如爲'籥'，則爲藥部字，與上文不押

---

① 清華大學出土文獻研究與保護中心編、李學勤主編：《清華大學藏戰國竹簡（叁）》，中西書局，2012年，第157、160頁。
② 劉信芳：《荆門郭店竹簡老子解詁》，藝文印書館，1999年，第28頁。

韻。因此，故書當作'筦'。"①

李鋭先生根據《良臣》"管夷吾"作"△寺虐"的異文説："現在由清華簡可知管、龠爲同義換讀，則郭店簡與今本並無差别。唯從廖先生所説押韻考慮，似最初當作橐管，大概在楚地流傳而變爲橐籥。"②

孟蓬生先生從整理者釋"△"爲"龠"的意見，但認爲"龠""管"是通轉關係。③ 劉剛先生根據楚文字中"萑"形的上部和"龠"形上部往往寫得很相似，又把上引《郭店簡·老子》"筦"（引者按，劉文原作"萑"）字作爲"籥"字之訛的例子來論證"△"是"萑"字之訛，讀爲"管"。④

整理者認爲"△寺虐"即"管夷吾"這無疑是對的，但把"△"釋作"龠"且認爲是"管"字之誤則是我們不同意的。我們贊成上引郭店簡《老子》"筦"應從讀"管"之説，它與異文"籥"應是同義關係，而非同義換讀的關係，即它在簡文中當如廖先生所説是元部字，與"間"押韻，並不能換讀爲藥部字"籥"。"管""籥"雖然在很多義項上都比較相近，但在表示人名這一類特殊的專名時，它們之間恐怕很難構成同義的異文關係，更不可能是同義換讀。"龠""管"古音並不近，通轉之説亦恐難信從。楚文字中"萑"形上部雖然和"龠"形上部往往寫得很相似，但下部差别明顯，而且目前公布的先秦古文字資料中還找不到兩者訛混確定無疑的例子，所以認爲"△"是"萑"字之訛讀爲"管"的意見亦十分可疑。

從字形上看，△雖然與"龠"寫法相同，但我們認爲它在簡文中應釋作"龠"。

東周之前的甲骨金文中，"龠"作" "（《合集》18690）、" "[韓伯豐

---

① 廖名春：《郭店楚簡老子校釋》，清華大學出版社，2003年，第240頁。
② 李鋭：《讀清華簡3札記（一）》，清華大學簡帛研究網（http：//www.confucius2000.com），2013年1月4日。
③ 張惟捷：《説殷卜辭中的"縣"（梟）字》（復旦大學出土文獻與古文字研究中心網站，2013年5月16日）一文後面第3樓的評論（2013年6月12日）。此蒙蘇建洲先生提示，謹致謝忱。
④ 劉剛：《晋系文字的範圍及内部差異研究》，復旦大學博士學位論文（指導教師：裘錫圭），2013年，第223頁。此蒙蘇建洲先生提示，謹致謝忱。

鼎,《商周青銅器銘文暨圖像集成》(以下簡稱《銘圖》)02426]、"☐"(中山王嚳鼎,《集成》02840)等形,"侖"作"☐"(《合集》25749)、"☐"(《合集》25750)、"☐"(憲鼎,《集成》02731)、"☐"(侖簋,《集成》03652)、"☐"(士上卣,《集成》05421)等形。"侖"與不加倒口形的"侖"區別明顯,但與加了倒口形的"侖"的寫法則比較相近(差別只在於口形之有無)。在戰國文字中,"侖"形就常常混作這種加了倒口形的"侖"。

《上博簡(三)·彭祖》2號簡"綸"作"☐",用作"人倫"之"倫";《上博簡(六)·用曰》6號簡"綸"作"☐",用作"倫紀"之"倫"。這兩例"綸"字所從"侖"旁與"侖"形相同。《上博簡(三)·周易》58號簡"曳其輪"之"輪"作"☐",所從"侖"旁亦與"侖"形相同。《郭店簡·語叢四》20號簡"若兩輪之相轉,而終不相敗"之"輪"作"☐"。戰國文字中,"堇"形上部所從之"☐"常演變作"☐",這是"☐""☐"兩者交涉之例,由此可知《郭店簡·語叢四》"輪"所從"侖"旁亦是作"侖"形。① 以上這些例子是在偏旁中,"侖"旁與"侖"寫法相同之例。

《上博簡(一)·性情論》9號簡中用作"論"的字作"☐",《上海博物館藏戰國楚竹書(一—五)文字編》關於此字的按語云:"字形當是☐。"②《郭店簡·性自命出》17號簡中與之相應之字作"☐"。《郭店簡·成之聞之》31號簡"☐"及32號簡"☐"皆用作"人倫"之"倫"。《郭店簡·尊德義》1號簡"☐"、5號簡"☐"、25號簡"☐"、30號簡"☐"、35號簡"☐"亦皆用作"倫"。《古文四聲韻》1.36所引《義雲章》"論"字作"☐"。

---

① 滕壬生:《楚系簡帛文字編》(增訂本),湖北教育出版社,2008年,第792、1166頁;李守奎、曲冰、孫偉龍:《上海博物館藏戰國楚竹書(一—五)文字編》,作家出版社,2007年,第423、487頁。

② 李守奎、曲冰、孫偉龍:《上海博物館藏戰國楚竹書(一—五)文字編》,第277頁。

這些皆是獨體的"侖"與"龠"寫法相同之例。①

從以上所列衆多材料可知,不管是作爲偏旁還是作爲獨體字,"侖"形都可以寫作"龠"形。② 據此再結合簡文文義,我們認爲《良臣》"△"應該就是寫作"龠"形的"侖"字,簡文中讀作"管"。

侖,來母文部字,中古屬於合口三等。管,見母元部字,中古屬於合口一等。就聲母來説,來、見兩母有不少字關係密切。從諧聲例子來看,如"柬"是見母字,从之得聲的諫、揀是見母字,但練、煉、棟、湅、鍊等字則是來母字。從"侖"得聲的"綸巾"之"綸"即是見母字。從通假用例看,如"卵"是來母字,它可與見母字"卝"以及見母字"鯤"相通。③ "蓮"是來母字,它可與見母的"蕑"字相通。④

就韻部而言,元、文兩部關係密切,常見兩者相通之例。如《國語·周語上》"纂修其續"之"纂",《史記·周本紀》作"遵",纂是元部字,遵是文部字。"昆"是文部字,古書中它常可與元部字相通。⑤《周易·中孚》"有孚攣如"之"攣",馬王堆漢墓帛書本作"論"。傳抄古文中,曘字从"侖"聲作"暽"。⑥ 論、暽皆从"侖"聲,攣、曘皆爲元部字,這更是"侖"聲字與元部字相通之例。傳世古籍以及出土文獻中,雖然没有看到侖、管兩者直接相通

---

① 《楚地出土戰國簡册[十四種]》亦談到"侖""龠"相混的問題,推測楚簡 用爲"侖"是因形近混用(參看陳偉等著:《楚地出土戰國簡册[十四種]》,經濟科學出版社,2009年,第 207 頁注 31)。此蒙蘇建洲先生提示,謹致謝忱。

② "穌"字,《合集》1240 作 ,《合集》30693 作 ,所从"龠"旁作"侖"形,説明兩者確實形近易混。不過由於這兩例"穌"的資料時代較早,也有可能"龠""侖"兩字在較早階段曾有一段時間都用" "形來表示,後來兩者分化。即便事實如此,上引竹簡文字中"侖"寫作"龠"形恐怕不能看作是"侖""龠"曾經共用一形的遺迹,因爲上引"侖"寫作"龠"形的例子出現的時間都不太早,而且缺乏西周文字材料的相關證據。從目前資料看,上引"侖"寫作"龠"形的現象還是宜以"形近混用"來解釋。另漢代文字中亦偶見从"龠"之字而寫作从"侖"者,如"籥"作 即其例(參看漢語大字典字形組:《秦漢魏晉篆隸字形表》,四川辭書出版社,1985 年,第 293 頁)。

③ 張儒、劉毓慶著:《漢字通用聲素研究》,山西古籍出版社,2002 年,第 715、690 頁。

④ 同上注,第 727 頁。

⑤ 同上注,第 962 頁。

⑥ 徐在國:《傳抄古文字編》上册,綫裝書局,2006 年,第 322 頁。

之例,但是我們可以找到一些關於它們間接相通的例子。如"官"聲字與"夗"聲字可通,①"夗"聲字與"熏"聲字可通,②"熏"聲字與"侖"聲字可通。③"官"聲字與"叩"聲字可通,④"叩"聲字"昏"聲字可通,⑤今本《緇衣》與郭店本、上博本《緇衣》"王言如絲,其出如綸"之"綸"相對應的字作"緰"。"官"聲字與"卅"聲字可通,⑥"卅"聲字與"睘"聲字可通,⑦"曍""睔"相通(參看前文)。由以上所論可知"侖""管"兩者當音近可通。

綜上所述,我們認爲《良臣》"△"應釋作"侖"而讀作"管"。

二、釋《周公之琴舞》中的"彝"字

《清華簡(叁)·周公之琴舞》簡10—11"命不△筭,虔天之不易",其中△原作" ",整理者釋作"臣",讀爲"夷",書末字形表錄作" "。⑧ 黄傑先生指出此字"臣下部明顯還有'糸'形和'又'形的筆畫,當釋寫爲屡,釋讀待考"。⑨ 黄先生對字形的分析可信,我們認爲"屡"應即"彝"字變體。

東周金文中用作器名通稱的"彝"字作如下之形:

A: 王鬲,《集成》00611　　　　曾子斿鼎,《集成》02757

B: 會章鎛,《集成》00085

---

① 張儒、劉毓慶著:《漢字通用聲素研究》,第721頁;白於藍:《戰國秦漢簡帛古書通假字彙纂》,福建人民出版社,2012年,第806頁。
② 張儒、劉毓慶著:《漢字通用聲素研究》,第971頁。
③ 同上注,第944頁。
④ 張儒、劉毓慶著:《漢字通用聲素研究》,第738頁;白於藍:《戰國秦漢簡帛古書通假字彙纂》,第806頁。
⑤ 張儒、劉毓慶著:《漢字通用聲素研究》,第969—970頁。
⑥ 同上注,第720頁。
⑦ 同上注,第716頁。
⑧ 清華大學出土文獻研究與保護中心編、李學勤主編:《清華大學藏戰國竹簡(叁)》,中西書局,2012年,下册第113、140、209頁。
⑨ 黄傑:《再讀清華簡(叁)〈周公之琴舞〉筆記》,武漢大學簡帛網,2013年1月14日。

C：[图] 鄔子受鐘辛,《新收》511　　[图] 鄔子受鎛甲,《新收》513
　　　[图] 鄔子受鎛己《新收》518　　[图] 鄔子受鎛辛《新收》520

D1：[图] 曾姬無卹壺,《集成》09710

D2：[图] 王子臣俎,①《銘圖》06321

D3：[图] 蔡侯申盤,《集成》10171

E：[图] 鄭莊公之孫鼎,《銘圖》02409

F：[图] 競之定鬲甲,《文物》2008年第1期第81頁圖25

　　　[图] 競之定鬲乙《銘圖》03016

　　　[图]《銘圖》03017

西周金文中"彝"作"[图]""[图]""[图]"（參看《新金文編》1805—1845頁）等形，A種寫法的"彝"字承襲西周金文中的"彝"字而來，變化不大。B種寫法的"彝"字中表示某種動物的那部分與《説文》所謂"糸"形分離，而且所謂"糸"形重複書寫作"絲"。C以"金"爲意符，"金"旁相當於A中"彝"字所从的表示金屬塊的"[图]"，②故C實乃"彝"字異體。C所从"彝"旁可分析爲从尸、从絲、从収。與B相比，動物形已經變作"尸"形。甲骨金文中"尸"或用作"夷"，如夷方、淮夷之"夷"常假借"尸"來表示。吳王光鑑（《集成》10298、10299）"屖"用作"彝"，古籍中"夷""彝"通假亦多見。③ 可

---

① 銘文中的"遵"應讀作"尊"。
② 關於"[图]"的釋讀，衆説紛紜，有影響的主要有"呂""金"兩種釋法。其釋讀雖然有分歧，但有一點是可以肯定的，即作爲表意偏旁，它可以與"金"旁通用。關於此形比較近的相關討論可參看劉傳賓：《説"金"字的一種特殊形體》（復旦大學出土文獻與古文字研究中心網站，2010年12月1日）一文及該文後面的評論（論集按語：劉文正式發表於《中國國家博物館館刊》2014年第9期，第62—69頁）。董蓮池：《從金文勻、鈞的構形説"[图]"爲金之初文》，中國古文字研究會、復旦大學出土文獻與古文字研究中心編：《古文字研究》第29輯，中華書局，2012年，第313—317頁。
③ 張儒、劉毓慶著：《漢字通用聲素研究》，第773頁。

見"彝""尸"音亦近,因此C所從"彝"旁,其表示某種動物的那部分變作"尸",應該有變形聲化的因素。D從"彳"從"彝",銘文中假借作"彝"。史斿父鼎(《集成》02373)是西周早期器,其銘"彝"字作"▨",表示金屬塊的那兩小筆寫得與"彳"相近,頗疑D所從之"彳"即是在史斿父鼎"彝"左邊偏旁這一類寫法的基礎上進一步演變而來(兩小點演變爲"彳"類形,類似的變化可參看"率"字)。如果此説屬實,則D應看作"彝"字變體。D左邊所從與"彳"寫法完全一樣,後來的人可能由於不知其來源就徑直把它理解爲"彳",於是又出現了從"辵"從"彝"之字(見與兵方壺等)。D3所從"彝"旁與C所從"彝"旁近同。D1右上所從作"▨",與"勹"形以及"邊""司"等字所從的某些寫法相似,但它們彼此來源不同。D1右上既可能是動物形的直接訛變,也可能是在C、D3所從"尸"形的基礎上進一步訛變而來,但如果聯繫"尸""人"有時寫法相近以及"甸""朋"等字的演變來看,D1右上所從之"▨"應該是從"尸"形演變過去的。D2右上作"彐",應是由"尸"形演變而來,而D1右上所從之"▨"也可能是在D2右上"彐"的基礎上演變而來,這種演變軌跡與楚文字中"司"字的變化相類。① E從彳從幺從又,所從動物形從其尾巴上翹來看應是"犬"。F是"彝"字訛體,所從某種動物形與E同亦變作"犬"形,其從"幺"則與B、C、D、E相同,但"又"形訛變作"丌"形。

《周公之琴舞》"△"從"𠙴""幺""又"。② 古文字中"又""又"作爲表意偏旁常可互换。"𠙴"爲古文"夷",出土資料中"𠙴"亦常可用作"夷",而"彝""夷""尸"音近可通(參看上文),又"△"從"幺"則與B、C、D、E、F相同。《清華簡(壹)·皇門》"彝"作"▨",從"幺""又",這與"△"字相同。因此"△"顯然就是"彝"字。聯繫"△"與C所從"彝"旁"▨"以及古文字資料中"尸""𠙴"皆常用作"夷"來看,所謂古文夷"𠙴"應該就是"尸"的

---

① 李守奎、曲冰、孫偉龍:《上海博物館藏戰國楚竹書(一—五)文字編》,第435頁。
② "△"也可能當分析爲從"𠙴""茲""又","𠙴""茲"共用一横筆,東周文字中"彝"所從之"幺"或變作"茲",見於郘公鎛(《銘圖》15816)等。

繁體。

綜上所述,我們認爲"△"應該釋作"彝",它从"㠯"與C所从"彝"旁中動物形變作"尸"應該都有變形聲化的因素。根據簡文文義,"彝"似當如字讀,訓爲"常"。其後"筓"字似可讀作"憲"。《尚書·康誥》"肆汝小子封,惟命不于常"之"惟命不于常"似可與"命不彝筓"相比較。

附記:拙文第一則《釋〈良臣〉中的"侖"字》承蒙蘇建洲先生審閱指正,並且提出修改意見,謹致謝忱。拙文第二則《釋〈周公之琴舞〉中的"彝"字》初稿曾署名無語,於 2013 年 1 月 16 日發表在武漢大學簡帛網(http://www.bsm.org.cn)。此次發布稍作改動,主要觀點未變。

論集按語:《清華簡(伍)·殷高宗問於三壽》簡 20 从"㠯"从"目"之字當是"彝"字訛體。《清華簡(伍)·厚父》簡 6 之"彝"作"㤅"即訛从"目"。由《清華簡(捌)·虞夏殷周之制》簡 1 中的"管"字來看,"侖"很可能有一階段是同義換讀作"管",久而久之,後來就有了元部的讀音而可直接用作"管"字了。

原載《簡帛》12 輯,上海古籍出版社,2016 年,第 35—42 頁。

清華簡說字零札(二則)*

一、説 "霝"

《清華簡(伍)·命訓》篇簡12有如下字形：

▦(▦)

《逸周書·命訓》與之對應的字作"臨"，整理報告據之把上述字形釋作"霝(臨)"，①但没有分析字形。石小力先生對此字字形有詳細分析：

此字上從雨，下應即"臨"之省訛之形……"霝"字所從"臨"形則省去上部的站立"人"形和豎目"臣"形，所餘部分"似"形和"𠱠"形上下位置互換，導致該字訛變較甚。"臨"字省去上部"人"形和"臣"形之例如▦(上博簡《弟子問》簡9)；"似"形和"𠱠"形上下位置互换目前楚簡未見，可能來源於西周金文，如大盂鼎"臨"字作▦(四版《金

---

* 本文受到國家社科基金青年項目"商代金文的全面整理與研究及資料庫建設"(項目編號16CYY031)、復旦大學"雙一流"建設人文社科一流創新團隊項目"出土文獻與古文字研究"子課題"商周金文拾遺——《集成》、《銘圖》、《銘續》未録金文的整理與研究"(項目編號IDH3148004/005)的資助。

① 清華大學出土文獻研究與保護中心編、李學勤主編：《清華大學藏戰國竹簡(伍)》，中西書局，2015年，第126頁。

文編》頁583）。①

　　石小力先生認爲該字下部爲"臨"之省是對的，但把其上部分析爲"雨"則不妥。我們認爲該字上部應看作"需"，而下部是省寫的"臨"。"臨"之所以不作一般的"㗊"在"伈"下之形，而把"㗊"置於"伈"的上部，這與大盂鼎"臨"的字形無關，而是因爲"臨"要與上部的"需"共用"㗊"形。臨與粦聲字可通，②秦公簋（《集成》04315）、秦公鎛（《集成》00270）"高引有麐"之"麐"即"麟"字異體，它與秦公大墓石磬（《中研院歷史語言研究所集刊》第67本第2分）"高陽有靈（靈）"之"靈"表示同一個詞。③ 因此頗疑《命訓》"靈（臨）"字可看作是"需""臨"因語音相近糅合而成的形體。④"金"屬於見母侵部字，與"臨"音近，⑤而"令""需"關係極其密切。師𩰬簋（《集成》04325）器銘"金黃"之"金"，蓋銘作"令"，如果這不是偶然的訛誤，那麽這與把"靈（臨）"字看作是"需""臨"兩者的糅合似可互證。

　　番伯官曾鑵（《集成》09971）銘文作"唯番（？）白（？伯）官曾自作寶🔲，其萬年子子孫孫永寶用享"，其中"寶"後用作器名的字，研究者一般

---

① 石小力：《談談清華簡第五輯中的訛字》，《出土文獻》第8輯，中西書局，2016年，第129頁。

② 張儒、劉毓慶著：《漢字通用聲素研究》，山西古籍出版社，2002年，第1005頁。

③ 謝明文：《説秦公器"高引有麐"及"高陽有靈"》，《中國國家博物館館刊》2017年第3期，第72—75頁（論集按語：已經收入本論文集）。漢印"長沙麐（麐）長"之"麐（麟）"，趙平安先生讀作"酈"，認爲"長沙麐長"是長沙國酈縣之長的官印（趙平安：《秦西漢印章研究》，上海古籍出版社，2012年，第47頁）。"麐（麟）"之於"靈（靈）"，其語音關係猶如"麐（麟）"之於"酈"。

④ "令"與"令"聲字，研究者一般歸入耕部，也有研究者認爲真部應併收。從《詩經》以及古文字的相關用例來看，後一種意見更符合實際。"需"與"需"聲字，研究者一般亦歸入耕部。但從古文字資料來看，"粦"聲字與"需"聲字可通（參看上文），"晋"所从聲符"臸"與"需""令"亦皆有相通之例（參看下文），"粦""晋"皆屬真部字。又古文字資料中"需""令"關係密切，我們認爲"需"聲字與"令"聲字情形相類，也應真部併收。

⑤ "金""今"上古同屬見母侵部字，中古同屬開口三等字。《説文》認爲"金"从"今"聲，分析字形雖不妥，但亦可説明兩者音近。《厚父》簡12"䛒"，劉洪濤先生認爲應讀作"臨"（參看劉洪濤：《讀清華大學藏戰國竹簡第五册散札》，第二屆古文字青年論壇論文集，中研院歷史語言研究所，2016年1月28—29日，第214頁）。《清華簡（柒）·子犯子餘》簡11—12"用果念政九州而奠君之"之"念"，整理者疑讀爲"臨"（《清華大學藏戰國竹簡（柒）》，中西書局，2017年，第98頁）。

隸作"酉"而釋讀作"罍"。昶戉罍(《集成》09969)、昶戉罍(《集成》09970)兩器同銘,其中前者的自名相對清晰些,作"▨",研究者一般隸作"䍙"而釋讀作"罍"。此字除去下部口形以及口形右邊不清晰的筆畫外,餘下部分作"▨(臾)"。張亞初先生把番伯官曾罍之字隸作"酉"而釋爲"罍",把昶戉罍之字隸作"䍙"而釋爲"罍"。① 陳英傑先生認爲這幾器自名的寫法可能跟鬱鬯有關。②

研究者把上述自名之字釋作"罍",這大概是根據它們所屬的器形是罍來定字以及把它們所從的"林"看作了聲符。我們認爲把它們釋讀作"罍"是對的,但把它們所從的"林"單純看作聲符則未免把問題簡單化了,因爲如果這樣處理,那麼它們爲何從"臼"則沒有得到很好的解釋。鄭義伯罍銘文中有"我酒既清"之語,這爲考古工作者把罍列爲酒器提供了銘文方面的内證。③ 因此番伯官曾罍自名"▨"下部所從的"酒"當爲意符。再聯繫昶戉罍的自名"▨"來看,前者的"臾"顯然應看作是後者所從的"臾"省去了"宀"旁。從上引張亞初先生的隸定來看,他是把這兩個形體聯繫起來考慮的,可信。聯繫這兩個字形來看,我們認爲後者顯然當分析爲從"臾"得聲,前者顯然當分析爲從"臾"省聲。

甲骨文中"▨"(《合》14250)類形(爲方便討論,下文統一用"△"表示此字),党相魁先生指出它們象"以兩手持茅葦苫屋頂之形",釋爲"茨"。④ 周忠兵先生亦贊成"△"釋作"茨",並且加以詳細論證。⑤ 以之爲偏旁的

---

① 張亞初:《殷周金文集成引得》,中華書局,2001年,第150頁。
② 陳英傑:《西周金文作器用途銘辭研究》,綫裝書局,2008年,第195頁注2。
③ 謝明文:《鄭義伯罍銘文補釋》,《中國國家博物館館刊》2015年第7期,第64—70頁。論集按語:已經收入拙著:《商周文字論集》,上海古籍出版社,2017年,第253—264頁。
④ 党相魁:《甲骨文釋叢(續)》,《紀念王懿榮發現甲骨文110周年國際學術研討會論文集》,社會科學文獻出版社,2009年,第122—123頁。
⑤ 周忠兵:《釋甲骨文中反映商代生活的兩個字》,香港中文大學中國語言及文學系舉辦"香港中文大學中國語言及文學系五十周年系慶活動——承繼與拓新:漢語語言文字學國際研討會"論文,2012年12月17—18日。論集按語:此文正式刊於何志華、馮勝利主編:《承繼與拓新:漢語語言文字學研究》上卷,(香港)商務印書館,2014年,第513—518頁。

字,甲骨文有"㠱"(《合》27739)、"㠱"(《合》31785)兩字,金文有"㠱"(晉公盆,《集成》10342)、"㠱"(師衛鼎,《銘圖》①02378)、"㠱"(師衛簋,《銘圖》05142)等。我們認爲從字形會意的角度以及卜辭文義方面來看,把甲骨文"△"釋作"茨"非常合適。

番伯官曾䥼、昶戍䥼自名之字所從之"㠱"與甲骨文、金文中的"△"形顯然是一字。"次"聲字與"晉"聲字可通,如《易·巽》:"喪其資斧"之"資",馬王堆漢墓帛書本作"晉"。今本《緇衣》"資冬祁寒"之"資",郭店本、上博本《緇衣》皆作"晉"。晉,《説文》:"進也,日出萬物進。从日、从臸。"大徐以爲"臸,到也,會意",小徐則謂"从臸聲"。《韻會》《六書故》"臸"後亦有"聲"字。上博竹簡《弟子問》附簡有"巧言窒色"語,窒从宀臸聲,讀爲"令",而"令""霝"關係密切。上博七《凡物流形》甲本"聲好色"前之字,范常喜先生釋爲"窒",讀爲"靈"或"令",訓爲美善。② 又郭店本《緇衣》所引《吕刑》"非用臸"之"臸",③上博本作"霝",今本《尚書》作"靈"。從"臸"聲字既與"次"聲字相通,又與"霝"聲字相通來看,"次"聲字與"霝"聲字應音近。番伯官曾䥼、昶戍䥼器形皆是䥼,前者自名"㠱"從"㠱"省聲,後者自名"㠱"從"㠱"得聲,這從語音上恰可反證把"△"釋作"茨"應可信從。④ 番伯官曾䥼"㠱"從其意符來看,它大概是"䥼"的異體,而昶戍䥼自名"㠱"的下部所從意符由於不清楚,它既可能是"䥼"的異體,也可能是"䥼"的假借字。

昶戍䥼、番伯官曾䥼的自名之字的聲符是"㠱(茨)",但我們認爲這幾

---

① 吴鎮烽:《商周青銅器銘文暨圖像集成》,上海古籍出版社,2012年。
② 范常喜:《〈上博七·凡物流形〉"令"字小議》,武漢大學簡帛網,2009年1月5日。
③ 壽縣朱家集銅器銘文中亦有"窒""臸"字,研究者一般讀作"令"。相關討論可參看石小力:《東周金文與楚簡合證》,上海古籍出版社,2017年,第32—37頁。
④ 如果上述我們關於昶戍䥼、番伯官曾䥼的自名之字的分析正確,亦可説明"霝"應真部併收。

器中"鷽"所從的"林"可能同時兼有表音的作用。"臨""林"音近可通。①
"林"之於"鑪"，猶如"臨"之於"䨴"，彼此恰可互證。這亦可說明《命訓》
"鸝（臨）"字確可看作是"䨴""臨"因語音相近糅合而成的形體。

二、說 "𦎫"

《清華簡（柒）·子犯子余》簡5有如下字形：

𦎫

它所處文例爲：

> 口口於難，𦎫輶（留）於志。幸得又（有）利不忻（憖）②蜀（獨），欲皆𠦪（斂？）之。事又（有）訛（過）焉，不忻（憖）以人，必身廛（擅）之。

整理報告把上述字形釋作"瞿（諤）"，注釋說：

> 瞿疑爲"雊"字省，即"鸋"字，讀爲"諤"。《文選·韋孟〈諷諫〉》"諤諤黃髮"，李善注："諤諤，正直貌。"輶，從車，䓃聲，讀爲"留"。《管子·正世》"不慕古，不留今"，尹知章注："留，謂守常不變。"③

王寧先生認爲：

> 整理者對"諤留"不能言無據，但總覺文意不太通暢。"瞿"釋"雊"是，但疑當讀爲"𩒹"或"愕"，訓"驚"，《玉篇》："𩒹，驚𩒹也。"《廣韻·入聲·鐸韻》："愕，驚也。"引申爲"錯愕"，《後漢書·寒朗傳》：

---

① 張儒、劉毓慶著：《漢字通用聲素研究》，第1005頁。師衛鼎（《銘圖》02378）、師衛簋（《銘圖》05142、05143）"豐公使衛陟于厥畜臨，射于覺竝城"之"臨"，疑或可讀作"林"。
② 馮勝君：《清華簡〈子犯子餘〉篇"不忻"解》，武漢大學簡帛網，2017年5月5日。
③ 清華大學出土文獻研究與保護中心編，李學勤主編：《清華大學藏戰國竹簡（柒）》，中西書局，2017年，第95頁。《子犯子餘》一篇由陳穎飛女士整理，她在《論清華簡〈子犯子餘〉的幾個問題》（《文物》2017年第6期，第81頁）一文中亦持相同意見，認爲此字是新見字，疑爲"雊"字省，即鸋字，讀爲諤，訓爲"直"。

"而二人錯愕不能對",李注:"錯愕,猶倉卒也",即倉促、倉猝,就是因爲驚恐而忙亂的意思。①

王寧先生在上引文中又認爲"於難"前二字闕文疑是"吾主"二字,"輶"當即"䌷"字,讀爲"籀",是讀的意思,"志"即上博簡八《志書乃言》的"志書"。"□□於難,翟輶於志"大意即"吾主(重耳)遭難的時候,驚慌中閱讀志書"。

侯乃峰先生認爲:

> 所謂"諤留於志",似乎不辭。我們懷疑所謂的"翟"字,當釋爲"蓳",上部筆畫稍有訛變,字可讀爲"勸";"輶"當讀爲"懋",上古音"卯"聲與"矛"聲音近可通,例多見。②《說文》:"勸,勉也。""懋,勉也。从心,楙聲。《虞書》曰:'時惟懋哉。'"《戰國策·宋衛策·齊攻宋宋使臧子索救于荆》"荆王大説,許救甚勸",姚宏注:"勸,力也。""勸""懋"二字同義連用,簡文"勸懋於志"當謂勉力於個人之志向。《國語·晉語四》:元年,"公屬百官,……輕關易道,通商寬農。懋穡勸分,省用足財,利器明德,以厚民性。"其中"懋穡勸分"一句,用字正可與簡文對讀。③

羅小虎先生認爲整理者的意見可商,他認爲此字上半部分與"戰""獸"諸字的相關部分近似,它或可分析爲从佳,單省聲。在簡文中可讀爲"癉",訓爲"勞"。輶字从留得聲,可讀爲"勞"。"癉勞",二字同義連文。"癉勞於志",爲志向而勞苦之意。《楚辭·九思》:"望舊邦兮路逶隨,憂心悄兮志勤劬"之"勤劬"與"癉勞"意思相近。《左傳》昭公十三年:"我先君文公,狐季姬之子也……亡十九年,守志彌篤。"簡文中説"□□於難",應該指的就是文公在外流亡之事。簡文中的"癉勞於志"也可以認爲是"守

---

① 王寧:《釋清華簡七〈子犯子餘〉中的"愕籀"》,復旦大學出土文獻與古文字研究中心網站,2017年5月4日。
② 原注:張儒、劉毓慶:《漢字通用聲素研究》,第103—104頁。
③ 侯乃峰:《讀清華簡(七)零札》,《中國文字學會第九屆學術年會會議論文集》,貴州,2017年,第213—214頁。侯先生的意見曾以網名"汗天山"發表於武漢大學簡帛網簡帛論壇·簡帛研讀《清華七〈子犯子餘〉初讀》第50樓,2017年4月30日。

志彌篤"的一種表現。①

《清華簡(壹)·楚居》"咢"作"𪚥"(簡6),《清華簡(叁)·祝辭》"咢"作"𪚥"(簡3)、"𪚥"(簡4)、"𪚥"(簡5)。《清華簡(壹)·楚居》"鼉"作"𪚥"(簡12),《清華簡(貳)·繫年》"鄂"作"𪚥"(簡9)。上述"咢"字或"咢"旁明顯从"口",而"𪚥"上部與同篇多見的"口"形不類,與上述"咢"形上部的"口"形亦區別明顯,因此我們認爲"𪚥"字絶非"雔"字之省。"雚",从萑、吅聲。吅,从二口。"𪚥"與"雚"亦明顯有别,當非一字。

瞿姒簋甲(《陝西金文集成》1525、《銘圖》04675)、瞿姒簋乙(《陝西金文集成》1526、《銘圖》04676)銘文中有一國族名用字,拓本分別作"𪚥""𪚥",照片分別作"𪚥""𪚥",②舊一般隸作"瞿",③《海岱古族古國吉金文集》釋作"雚"。④ 根據"單"字的隸定來看,此字可以隸作"瞿"。

"單"字或作"𪚥"類形,或作"𪚥"類形,後者在上部加了一弧形筆畫。⑤ 同類的變化如"單"字繁體作"𪚥",或作"𪚥""𪚥"類形。⑥ "獸"作"𪚥",又或作"𪚥"。⑦ 根據"單"字或"單"旁上部的變化,我們認爲《子犯

---

① 武漢大學簡帛網簡帛論壇·簡帛研讀《清華七〈子犯子餘〉初讀》第96樓,2017年7月6日。
② 張天恩主編:《陝西金文集成》第13卷,三秦出版社,2016年,第162、164頁。
③ 鍾柏生、陳昭容、黃銘崇、袁國華編:《新收殷周青銅器銘文暨器影彙編》,藝文印書館,2006年,第501頁。陝西歷史博物館編:《陝西歷史博物館新入藏文物精粹》,三秦出版社,2011年,第16頁。吳鎮烽:《商周青銅器銘文暨圖像集成》第9卷,第420—421頁。張天恩主編:《陝西金文集成》第13卷,第162、164頁。《新見金文字編》作爲未識字處理(陳斯鵬、石小力、蘇清芳編,福建人民出版社,2012年,第467頁)。
④ 陳青榮、趙縕:《海岱古族古國吉金文集》第1冊,齊魯書社,2011年,第585—586頁。
⑤ 參看董蓮池:《新金文編》上册,作家出版社,2011年,第135頁。
⑥ 參看容庚編著,張振林、馬國權摹補:《金文編》,中華書局,1985年,第959頁。
⑦ 參看容庚編著,張振林、馬國權摹補:《金文編》,第959—960頁。董蓮池:《新金文編》下册,第2054—2055頁。

子餘》"▨"字應該就是由瞿姒簋"瞿"字演變而來的。類比"萑"字，我們認爲"瞿"應該是某一種鳥的象形字，其上部與"單"形上部類似的部分應該是其圓形頭角或圓形耳朵之形。

中山王䜌鼎(《集成》02840)"吾老賈，奔走不聽命，寡人懼其忽然不可得，憚憚慄慄，恐隕社稷之光"，其中"寡人"後面一般徑釋作"懼"的字，《銘文選》1.880 著錄的拓本比較清楚，作"▨"。① 從文義以及偏旁組合來看，此字釋讀作"懼"，可從。此字上部是兩個大圓圈，每個大圓圈中間有一個小圓圈，小圓圈左右各有一小點，比較同銘多見的"目"旁來看，此字最上部可看作是"䀠"的變體。但"䀠"形與"隹"形中間還有筆畫，這是一般的"瞿"形未曾有的，②因此該字"心"上部分"▨"形似不宜簡單地看作是"瞿"。我們認爲它應該與"▨"聯繫起來考慮，前者既可能是後者把上部的兩個圈形變形聲化作"䀠"演變而來，也可能是後者與"䀠"或"瞿"因音近糅合而來。這說明"瞿""▨"的讀音應該與"䀠""瞿"非常接近。③

---

① 馬承源主編：《商周青銅器銘文選(二)》，文物出版社，1987 年，第 612 頁。
② 參看滕壬生：《楚系簡帛文字編》(增訂本)，湖北教育出版社，2008 年，第 372 頁。李學勤主編，沈建華、賈連翔編：《清華大學藏戰國竹簡(壹—叁)文字編》，中西書局，2014 年，第 266 頁。
③ 族名金文中的"䀠"族爲姒姓[參看張懋鎔：《再論"周人不用族徽説"》，《古文字與青銅器論集》第 3 輯，科學出版社，2010 年，第 27 頁。謝明文：《試論"䀠"族及其族系》，《商代金文的整理與研究》下編之八，復旦大學博士學位論文(指導教師：裘錫圭)，2012 年，第 631—641 頁]。"瞿姒"之"瞿"，既可能是姒姓女子的父家族氏，也可能是姒姓女子的夫家族氏。如果是前者，則説明國族"瞿"亦是姒姓。又瞿姒簋時代屬於西周晚期，而"䀠"族銅器從已公布資料來看主要出現在商代晚期以及西周早期，最晚者爲西周中期前段。那麽西周晚期的姒姓之"瞿"與西周早中期的姒姓之"䀠"族是否有關，這有待進一步研究。
晉侯穌鐘(《銘圖》15299)"▨"字，其中間部分"▨"形，研究者一般把它與"萑"相聯繫(關於鐘銘此字的相關討論，可參看范常喜：《晉侯穌編鐘銘所記二地名新詮》，鄒芙都主編：《商周青銅器與先秦史研究論叢》，科學出版社，2017 年，第 38—47 頁)。從"▨"上端作近似兩個圓形來看，它也可能應與"▨""▨"相聯繫，它與下部"又"形結合可能即構成"獲"。根據我們對"▨"字語音的分析，"▨"形在整個字中應兼有表音作用。

"□□於難，❐轎於志"一句的大意，應該是講晉文公雖然遭遇逃亡之難，但仍堅守其志向，上引羅小虎先生對其文義的理解大體可信。整理者讀"轎"爲"留"，似可從。《説文》：'瞿，鷹隼之視也。从隹、䀠，䀠亦聲。凡瞿之屬皆从瞿。讀若章句之句。'"䠓，走顧皃。从走、瞿聲。讀若劬。"古書中"瞿"聲字與"句"聲字亦相通。① "❐"或可讀作訓"勤"、訓"勞"的"劬"。"劬轎於志"之"劬"與上文羅小虎先生説所提及的《楚辭·九思》："望舊邦兮路逶隨，憂心悄兮志勤劬"之"劬"可合觀。

《爾雅·釋詁》："劬勞，病也。"郝懿行《爾雅義疏》："劬勞者，力乏之病也。《詩·凱風》及《鴻雁》傳並云：'劬勞，病苦也。'《楚辭·九嘆》云：'躬劬勞而瘏悴。'劬者，《禮·内則》云'見於公宫則劬'，鄭注：'劬，勞也。'《鴻雁》，《釋文》引韓詩云：'劬，數也。'頻、數亦勞也。通作瞿，《素問·靈蘭秘典論》云：'窘乎哉，消者瞿瞿。'王砅注：'瞿瞿，勤勤也。'又通作懼，《方言》云：'懼，病也。'是懼、瞿、劬並聲義同。"②《説文》："勞，劇③也。" "癜，劇聲也（小徐本作'病也'）。从疒，叡聲。"段注："劇者，病甚也。癜者，病甚呻吟之聲。"④又"虞"聲字與"瞿"聲字音近相通，⑤頗疑"勞，劇也"之"劇"與訓"病"、訓"勤"的"瞿""懼"應有密切關係。《詩經·唐風·蟋蟀》："好樂無荒，良士瞿瞿。"毛傳："瞿瞿然顧禮義也。"《漢語大詞典》認爲是"勤謹貌"。⑥《蟋蟀》之"瞿瞿"，《清華簡（壹）·耆夜》中周公所作《蟋蟀》作"思＝"。從"良士瞿瞿"位於"好樂無荒"後面來看，此"瞿瞿"很可能也是訓"勞"、訓"勤"一類意思。如是，則説明訓"勞"、訓"勤"之"瞿"早在周代

---

① 張儒、劉毓慶著：《漢字通用聲素研究》，第381頁。
② （清）郝懿行：《爾雅義疏》第1册，北京市中國書店，1982年，第76頁。
③ 段注認爲"劇"當作"勮"［（清）段玉裁：《説文解字注》，上海古籍出版社，1988年，第700頁］。
④ （清）段玉裁：《説文解字注》，第352頁。"劇"字見於《説文》新附字。
⑤ 張儒、劉毓慶著：《漢字通用聲素研究》，第396頁。
⑥ 漢語大詞典編輯委員會、漢語大詞典編纂處：《漢語大詞典》第7卷，上海辭書出版社，1986年，第1262頁。

就已出現,①那麼"▣"可徑讀作"瞿"。

　　附記:第一則札記的主要内容原題《甲骨金文"茨"字補説》,寫於2014年1月,今據之改寫。

2017年8月

　　論集按語:《子犯子餘》"鞴",石小力先生後來有專文討論(石小力:《釋戰國楚文字中的"軌"》,《漢語字詞關係研究(一)》,中西書局,2021年),請讀者參看。與中山王𢕚鼎"懼"字寫法相關的字形,亦見於《清華簡(拾壹)·五紀》簡1、101、125(參看石小力:《清華簡〈五紀〉中的幾個用字現象》,第四届古文字與出土文獻語言研究學術研討會暨出土文獻語言文字研究青年學者論壇論文集,2021年,第160頁。清華大學出土文獻研究與保護中心編、黄德寬主編:《清華大學藏戰國竹簡(拾壹)》,中西書局,2021年,第23、72、83頁)。

　　本文曾提交給香港浸會大學饒宗頤國學院、澳門大學中國語言文學系、清華大學出土文獻研究與保護中心聯合舉辦的"清華簡國際研討會"(香港·澳門,2017年10月26日—28日),並在會上宣讀,正式發表於《出土文獻》第13輯,中西書局,2018年,第116—123頁。

---

① "魚""侯"兩部通假的現象未必能上推到東周時期,如果訓"勞"、訓"勤"之"瞿"早在周代就已出現,那麼訓"勞"、訓"勤"之"劬"與"瞿"很可能本來是義近音别的兩個詞,後來由於語音發生變化,才變得音義皆近。

《封許之命》"瑬玩"補釋*

清華簡《封許之命》敘述周成王的賞賜時有"瑬玩"一詞,它所處相關簡文(簡5—6)如下:

易(錫)女(汝)倉(蒼)珪、巨(秬)鬯一卣,欶(路)車、瑬玩、玉暑、繺(鑾)鈴、素旂、朱笄(旜)、①元(杆),②馬四匹,攸(鋚)勒、[圖][圖]、羅纓、鉤、膺、③暴(鑣)、緈(繇)、④匿(柅)。⑤

---

* 本文受到國家社科基金青年項目"商代金文的全面整理與研究及資料庫建設"(項目編號16CYY031)、復旦大學"雙一流"建設人文社科一流創新團隊項目"出土文獻與古文字研究"子課題"商周金文拾遺——《集成》、《銘圖》、《銘續》未錄金文的整理與研究"(項目編號IDH3148004/005)的資助。

① 石小力:《清華簡(伍)〈封許之命〉所載"朱旂"考》,武漢大學簡帛網,2015年4月12日。石小力:《清華簡(伍)〈封許之命〉名物補釋二則》,《古文字論壇》第2輯,中西書局,2016年,第233—235頁。

② 參看武漢大學簡帛網簡帛論壇·簡帛研讀·《清華五〈封許之命〉初讀》第24樓ee的發言(2015年4月13日)。"素旂、朱笄(旜)、元"似可與下文所引番生簋蓋(《集成》04326,《銘圖》05383)"朱旂、旜(旜)、金莶(橦)二鈴"比較,"元"與"莶(橦)"相當,故"元"可能即表示旗杆之"杆"。當然"元"如研究者所指出的屬下讀亦通。

③ "鉤""膺"爲兩物的意見參看石小力:《清華簡(伍)〈封許之命〉"鉤、膺"補説》,武漢大學簡帛網,2015年4月12日。石小力:《清華簡(伍)〈封許之命〉名物補釋二則》,《古文字論壇》第2輯,第235—238頁。又武漢大學簡帛網簡帛論壇·簡帛研讀·《清華五〈封許之命〉初讀》第23樓松鼠(網名)所引吳振武先生説(2015年4月13日)。

④ "暴(鑣)""緈(繇)"的釋讀從陳劍先生説。陳劍:《〈清華簡(伍)〉與舊説互證兩則》,復旦大學出土文獻與古文字研究中心網站,2015年4月14日。

⑤ "匿(柅)",奈我何(網名)認爲即考古發現的"弓形器"(參看武漢大學簡帛網簡帛論壇·簡帛研讀·《清華五〈封許之命〉初讀》第42樓發言。2015年4月21日。論集按語:蘇建洲先生近來著文認爲"匿"讀作"珥"(蘇建洲:《〈清華五·封許之命〉簡6"匿"字考》,《出土文獻》第14輯,中西書局,2019年,第119—129頁)。

"璁玎",整理者讀作"蔥衡",解釋説:"蔥衡,市上玉飾,見《禮記·玉藻》。'玉'下一字疑係'瞏(環)'字之訛。毛公鼎、番生簋(《集成》四三二六)均有'蔥黄(衡)'和'玉環'。"①

王寧先生把"睪"釋作"臽"而讀爲"笒",認爲"玉笒"即金文中的"玉琮",亦即《廣雅·釋器》所説的"琟",它也是玉器,因此與玉類的蔥衡(珩)同列。② 可見王寧先生亦是贊成整理者關於"璁玎"的意見。

病書生(網名)認爲"睪"疑从"否"得聲,不一定是車馬器,疑讀爲"杯"。③ 易泉(網名)回應此意見時説:"我也有讀作'杯'的懷疑,但是從上下文看,似覺得有點突然。"病書生對此反駁道:"恩衡,指玉器,也突兀。"言下之意病書生是以恩衡指玉器來立論的。

蚊首(網名)認爲"睪"中間部分與 兩貝下的部分相似,並且説:"如果可能,則A(引者按,指"睪")讀爲'鞃鞃佩璲'之'璲',係一種佩玉。'黄(衡)'又即'珩',舊認爲是佩玉,唐蘭先生認爲指衣帶,可取。玉佩以組綬系於帶,關係密切。"④可見蚊首不同意整理者關於"璁玎"的意見,而是根據唐蘭先生説認爲簡文的"玎"即"黄(衡)"指衣帶。

許可先生疑"睪"是"早"之異體,讀爲"瑤",即"蓋弓帽"。此處《封許之命》中所賜之物當爲"玉瑤",與前後所言之蔥衡、鑾鈴、素旂等車馬器並舉。⑤ 言下之意,可知許先生認爲簡文的蔥衡是車馬器,但並没有指出它具體所指爲何物。

子居(網名)認爲:

> 由於清華簡《封許之命》中"璁衡"之前並未言"市",而且自"路

---

① 李學勤主編:《清華大學藏戰國竹簡(伍)》,中西書局,2015年,第120頁注26。
② 王寧:《讀〈封許之命〉散札》,復旦大學出土文獻與古文字研究中心網站,2015年4月28日。
③ 參看武漢大學簡帛網簡帛論壇·簡帛研讀·《清華五〈封許之命〉初讀》第19樓。2015年4月12日。
④ 參看武漢大學簡帛網簡帛論壇·簡帛研讀·《清華五〈封許之命〉初讀》第37樓。2015年4月15日。
⑤ 清華大學出土文獻讀書會:《清華簡第五册整理報告補正》,清華大學出土文獻研究與保護中心網站,2015年4月18日。

車"以下至"馬四匹"之前所列舉的諸物當皆爲車具,因此筆者以爲,清華簡《封許之命》的"瑒衡"似並非是對應於《采芑》的"蔥珩",而是與西周金文中的"造衡"及先秦傳世文獻中的"錯衡"爲同類物品,《莊子·馬蹄》:"加之以衡扼。"釋文:"衡,轅前橫木縛軛者也。""瑒衡"當是指玉飾的車轅前橫木。①

從以上的論述可知,簡文的"玬(衡)"有玉器説、衣帶説、車衡説三種意見。我們認爲子居的意見是非常正確的,下面我們就對此説作補充論證。

(1) 易(錫)女(汝)瓚(秬)鬯一卣(卣),鄩(祼)圭瑒(瓚)寶,朱市(韍)、㣇(㥭)(蔥)黃(衡)、玉環、玉瑹(琮)、金車、䡆(雕)②緙較(較)、朱鞹、囧(䩙)、靳(䩸)、虎冟(冪)熏裏、厷③厄(軛)、畫(畫)轉、畫(畫)輯(轎)、金甬(桶)、造(錯)衡、金瞳(踵)、金豙(䡝)、朸(約)晟、金箪(簟)弼(茀)、魚葡(箙)、馬三(四)匹、攸(鋚)勒、金嘆(鉤)、④金膺(膺)、朱旂二鈴(鈴)。

毛公鼎(《集成》02841,《銘圖》02518)

(2) 易(錫)朱市(韍)、㣇(㥭)(蔥)黃(衡)、韖鞣(璲)、玉䥽(環)、玉瑹(琮)、車、電(靷)、⑤鈴、䡆(雕)緙較(較)、朱閦、囧(䩙)、靳(䩸)、虎冟(冪)熏裏、造(錯)衡、厷厄(軛)、畫(畫)轉、畫(畫)輯(轎)、金瞳(踵)、金豙(䡝)、金簟弼(茀)、魚葡(箙)、朱旂、旜(旝)、金荓(檀)⑥二鈴。 番生簋蓋(《集成》04326,《銘圖》05383)

---

① 子居:《清華簡〈封許之命〉解析》,清華大學出土文獻研究與保護中心網站,2015年7月16日。
② 冀小軍:《説甲骨金文中表祈求義的奉字——兼談奉字在金文車飾名稱中的用法》,《湖北大學學報》(哲學社會科學版),1991年第1期,第35—44頁。
③ 陳劍:《釋西周金文中的"厷"字》,《甲骨金文考釋論集》,綫裝書局,2007年,第234—242頁。
④ 吳振武:《焂戒鼎補釋》,《史學集刊》1998年第1期,第4—6頁。
⑤ 李春桃:《釋番生簋蓋銘文中的車馬器"靷"》,《中國國家博物館館刊》2012年第1期,第67—71頁。
⑥ 此説曾聞之於陳劍先生。

清華簡整理者實際上是以簡文"璁玩""玉睪"與毛公鼎、番生簋的"蔥黃(衡)"和"玉環"的辭例作對比,從而說明蔥衡是市上玉飾,睪係"睘(環)"字之訛。乍一看,簡文"璁玩、玉睪"的辭例與毛公鼎"蔥衡、玉環"辭例完全一致,這容易給人一種印象:即便不能證明簡文"璁玩"是玉器,但至少能證明它當與毛公鼎的"蔥衡"表示同一個詞語。

我們認爲簡文的"璁玩"與毛公鼎、番生簋銘文中的"蔥衡"辭例完全不同,它們不可能是同一物。

在周代册命金文中,賞賜品的排列往往是同類相從,即 A 類的賞賜品往往排列在一塊,B 類的賞賜品往往排列在一塊,A 類中的某一物品不會出現在 B 類的組合中,B 類中的某一物品亦不會出現在 A 類的組合中(車器、馬器兩類中有個別例外。因爲這兩類關係密切,一般統稱車馬器,故有的器物既可置於車器後亦可置於馬器後,參看下文)。例(1)毛公鼎、例(2)番生簋銘文中的"蔥衡",它們位於服飾類的"市(韍)"後面,這與册命金文中其他的"黃(衡)"文例相合。我們略舉三例如下:

(3) 易(賜)女(汝)玄衣黹屯(純)、赤市(韍)、朱黃(衡)、䜌(鑾)、旂、① 攸(鋚)勒,用事。　　　　　　　　頌鼎(《集成》02829)

(4) 命女(汝)赤市(韍)、朱黃(衡)、玄衣黹屯(純)、䜌(鑾)、旂(旗)。
　　　　　　　　　　　　　　　　　即簋(《集成》04250)

(5) 易(錫)女(汝)玄衣黹屯(純)、𢦏市(韍)、冋黃(衡)、戈琱㦸敵必(柲)彤弨(彤)沙(緌)、旂、䜌(鑾),用事。　　呂簋(《銘圖》05257)

結合文例,可知例(3)—(5)中的"黃(衡)"顯然屬於服飾類,例(1)毛公鼎、例(2)番生簋銘文中的"蔥黃(衡)"之"黃(衡)"與它們用法相同。金文中這種用法的"黃(衡)",唐蘭先生指出即繫市(韍)的帶,②可從。

上述金文中的"黃(衡)"屬於服飾類,它們與車器類物品(車、旂、鑾等)

---

① 金文中"鑾旂",舊不少研究者認爲是一物,中間不斷讀。據金文,"鑾旂"或作"旂鑾",或單言"旂",或單言"鑾",可知它們應爲兩物,中間宜斷讀。
② 唐蘭:《毛公鼎"朱韍、蔥衡、玉環、玉瑹"新解——駁漢人"蔥珩佩玉"説》,《唐蘭先生金文論集》,紫禁城出版社,1995 年,第 86—93 頁。

分列,且往往位於車類物品的前面。清華簡《封許之命》的文例與册命金文類似,我們認爲其賞賜品亦當同類相從。"瑽玩"前面是"路車",後面的"鑾鈴""素旂"等亦是車器,因此"瑽玩"當屬於車器無疑,它與金文中屬於服飾類的"蔥衡"不可能是同一種東西,"玩"不可能讀爲服飾類的"衡"。根據"瑽玩"屬於車器,"玩"最直接的讀法當如子居所言讀爲車轅前橫木之"衡"。

目前,我們和研究者合作整理了一套內史差編鎛、鐘銘文,其中編鎛4件,編鐘9件,編鐘銘文能連讀。在鎛四銘文中涉及賞賜車馬器的部分作"駐_(駐馬)(牡馬)元(四匹)、䜌(鑾)、旂、焂(鋚)勒、恩(鏓)衡",在鐘四銘文中涉及賞賜車馬器的部分作"龍旂、䜌(鑾)、焂(鋚)勒、鏓衡"。"衡"位於馬器"鋚勒"後面,用《説文》訓作"馬勒口中的"衡"來解釋似乎是最直接的釋法。但仔細想想,此種釋法恐有問題。《説文》:"衡,馬勒口中也(大徐本"中"後無"也"字)。"《説文解字注》:"也,當作者。革部曰:'勒,馬頭落衡也。'落謂絡其頭,衡謂關其口,統謂之勒也。其在口中者謂之衡。①"《説文》:"勒,馬頭絡衡也。"《説文解字注》:"落、絡古今字。糸部繯下云:'落也。'知許之不作絡矣。《釋名》:'勒,絡也。絡其頭而引之。'按,网部:'羈,馬落頭也。'金部:'衡,馬勒口中。'此云'落衡'者,謂落其頭而衡其口,可控制也。"②可見"勒"應包括"衡",③鎛、鐘銘文前已言錫"鋚勒",後文似不當再言賞賜屬於"勒"的"衡"。又馬具"衡"不見於其他周代金文,當時能否單獨賞賜還有待證明。此外,如解釋爲馬具,"衡"前"鏓"字的意思也難以落實。

因爲車器、馬器關係密切,所以一般把它們統稱爲車馬器。在册命金文中,屬於車馬器這個大類的賞賜品往往是排列在一塊的。但屬於車器、馬器兩個小類的賞賜品有時候並不是嚴格地同小類相從,即同一種物品有時可能排列在車器後,有時却可能排列在馬器後。如師克盨(《集成》04467)"朱旂"處在車器"金甬"之後、馬器"馬四匹、鋚勒"之前,㦱簋蓋(《集成》

---

① (清)段玉裁:《説文解字注》,上海古籍出版社,1988年,第713頁。
② 同上注,第110頁。
③ "衡"在商周墓葬中常見,它作爲一種重要的馭馬器具,但沒有在西周的册命金文中作爲賞賜物單獨出現。究其原因,大概正是因"勒"已經包括了"衡",故西周册命賞賜勒時沒有必要再特別説明賞賜衡。

04255)"旂"位於"馬"的前面,在大多數册命金文中,"旂"亦是排在馬器"鋚勒"之前,可知它當屬於車器。① 但在毛公鼎銘文中,"朱旂"不置於車器一類的排列中,而處在馬器"金膺"的後面。親簋(《銘圖》05362)銘文中,"旂"不置於"金車"後而置於馬器"金勒"後。在上引内史㠱鎛四銘文中,"旂"與"䜌"處在"牡馬四匹"與"鋚勒"之間。鑒於"旂"的這種情況,我們懷疑内史㠱編鎛、鐘銘文中"鋚勒"後面的"鏓衙"也有可能並非馬器而是車器。

内史㠱編鐘七有屬於服飾類的"蒽衡",原作"𬕕術",上引内史㠱編鐘四銘文中"鋚勒"後面的"鏓衙"原作"𰀁衙"。而内史㠱九件編鐘銘文能連讀,也就是説"𬕕術""𰀁衙"實際上是出現在同一篇銘文中。因此根據"𬕕術""𰀁衙"的寫法,我們認爲書寫者實際上應該是在有意識地區分在語音上可能會發生混淆的兩個詞,前者添加義符"巿"表示它與巿(韍)有關,後者添加義符"金"表示它與銅有關。"術"顯然當分析爲从巿、行聲,它應該就是服飾類之"衡"的專字。② 據"𬕕術",我們認爲"𰀁衙"之"衙"極可能是一個从金、行聲的字,它與"馬勒口中"的"衘"只不過是同形字關係而已。如果"𰀁(鏓)衙"不是馬器而是車器,那麽它與《封許之命》"璁玧"表示的應該是同一個詞,"衙"亦當讀作表示車轅前横木之"衡"。《儀禮·既夕禮》:"薦乘車,鹿淺幦,干、笮、革靾,載旜,載皮弁服,纓、轡、貝勒縣于衡。"勒可縣于衡,説明兩者有一定關係。"𰀁(鏓)衙(衡)"位於"鋚勒"之後,不知是否與此有關,待考。

下面,我們來談談"璁玧(衡)"之"璁"以及"𰀁(鏓)衙(衡)"之"鏓"的意義。

《説文》:"璁,石之似玉者。"用此意來解釋"璁玧(衡)"之"璁"顯然不合適。《説文》:"鏓,鎗鏓也。一曰:大鑿平木者。"《説文解字注》把"大鑿平木者"改作"大鑿中木也",並説:

"中木也",各本作"平木者",《玉篇》《廣韻》竟作"平木器",今正。鑿非平木之器。馬融《長笛賦》:"鏓硐隤墜。"李注云:《説文》曰:

---

① 據"旂"字較繁的字形(參看董蓮池:《新金文編》中册,作家出版社,2011年,第872—875頁),也可知"旂"屬於車器。
② 師𩵦鼎(《集成》02830)"朱㶇"之"㶇",研究者或認爲它之所以从"巿",是受其前"赤巿"之"巿"的類化。聯繫"術"字來看,我們認爲它也應該是服飾類之"衡"的專字。

'鏓,大鑿中木也。'然則以木通其中皆曰鏓也。"今按,中讀去聲,許正謂大鑿入木曰鏓,與種植、舂杵聲義皆略同。《詩》曰:"鑿冰沖沖。"傳曰:"沖沖,鑿冰之意。"今四川富順縣卬州,鑿鹽井深數十丈,口徑不及尺,以鐵爲杵,架高縋而鑿之,俗稱中井。中讀平聲,其實當作此鏓字。……《釋名》曰:"轂,言輻輳入轂中也。"輳入,正"鏓入"之謂。①

"鎗鏓"之"鏓"見於梁其鐘(《集成》00188),戎生編鐘(《銘圖》15243)則用"銿"字來表示。但據"鏓"的一曰以及段注,可知大鑿入木曰鏓,輻入轂中亦可曰鏓,因此我們認爲"鏓銜(衡)"之"鏓"是指銅飾件入衡中,"鏓銜(衡)"即指有銅飾的衡。"瑽玩(衡)"之"瑽"則是指玉飾件入衡中,②"瑽玩(衡)"即指有玉飾的衡。爲了進一步説明這個問題,我們接下來看看與"鏓衡"有關的"錯衡"。

"錯衡",金文中見於上引的毛公鼎以及番生簋,古書中見於《詩經》《史記》等書。《説文》:"錯,金涂也。"《説文解字注》:"涂,俗作塗,又或作搽。謂以金措其上也。"③金文"錯衡"之"錯",研究者或據《説文》"金涂"之訓來作解。④

《大雅·韓奕》:"淑旂綏章,簟茀錯衡。"毛傳:"錯衡,文衡也。"《小雅·采芑》:"約軝錯衡,八鸞瑲瑲。"毛傳:"錯衡,文衡也。"孔穎達《正義》爲毛傳解釋説:"知錯衡必爲文衡者,錯者,雜也,雜物在衡,是有文飾。其飾之物,注無云焉,不知何所用也。"《史記·禮書(一)》:"人體安駕乘,爲之金輿錯衡以繁其飾。"司馬貞《索隱》:"錯鏤衡扼爲文飾也。《詩》曰'約軝錯衡',毛傳云:'錯衡,文衡也。'"⑤

從考古發掘中的實物來看,"衡"上常見各種銅配件。揚之水女士據

---

① (清)段玉裁:《説文解字注》,第710頁。
② "鏓銜(衡)""瑽玩(衡)"是否分別與"金路""玉路"有關,待考。
③ (清)段玉裁:《説文解字注》,第705頁。
④ 陶北溟:《舊雲盦金文釋略·毛公鼎》,《金文文獻集成》第27册,香港明石文化國際出版有限公司、綫裝書局,2004—2005年,第408頁。高亨:《〈毛公鼎〉銘箋注》,《金文文獻集成》第29册,第56頁。
⑤ (漢)司馬遷撰、(南朝宋)裴駰集解、(唐)司馬貞索隱、(唐)張守節正義:《史記》,中華書局,1959年,第1158頁。

此指出"文衡"實由衡上的各種銅配件所組成，①可信。但"錯"本身並没有"文"的意思，"文"應該是"錯"所導致的結果，所以將"錯衡"逕訓作"文衡"不妥當。據考古實物"衡"上常見各種銅配件來看，我們贊成"錯衡"之"錯"應據《説文》"金涂"之訓，其義即段注所説"以金措其上也"，"錯衡"實即上面有銅飾的衡。上引《史記》"爲之金輿錯衡以繁其飾"之"錯"，張守節《正義》："錯作'鏓'，七公反。"②江淹《恨賦》："别艷姬與美女，喪金輿及玉乘。"李善注："《史記》曰：'爲之金輿鏓衡以繁其飾。'"由此可知《史記》"金輿錯衡"之"錯衡"，有異文或作"鏓衡"。"鏓衡""𦈢(鏓)衡(衡)""瑽玩(衡)"表示的顯然是同一個詞，由《史記》"鏓衡"，可確證《封許之命》"瑽玩"可用作車器。只不過前者與銅飾有關，後者與玉飾有關。"錯""鏓"讀音不近，因此《史記》"錯衡"與其異文"鏓衡"肯定不會是通假關係。前文我們已論"鏓衡"之"鏓"乃銅飾件入衡中，"鏓衡"實即裝有銅飾的衡，而"錯衡"亦是指上面有銅飾的衡。"鏓衡""錯衡"兩者意義恰好比較接近，這恐非偶然。我們認爲正是因爲它們意思相近，所以才能構成異文。反之，從它們之間能構成異文，亦可證我們關於它們的意見應該是比較可信的。

從上文的討論可知，清華簡《封許之命》的"瑽玩"應讀作"瑽衡"，它確實當如子居所言指玉飾的車轅前横木。

2016 年 7 月

本文曾提交給華南師範大學主辦的"首届古文字與出土文獻語言研究國際學術研討會"（廣州，2016 年 12 月 16 日—19 日），並在會上宣讀，正式發表於《出土文獻語言研究》第 3 輯，暨南大學出版社，2020 年，第 170—174 頁。

---

① 揚之水：《説〈大雅·韓奕〉——〈詩經〉名物新證之三》，《中國文化》第 14 期，1996 年，第 42—43 頁。
② （漢）司馬遷撰、（南朝宋）裴駰集解、（唐）司馬貞索隱、（唐）張守節正義：《史記》，第 1158 頁。

出土文獻與古文字研究青年學者訪談 020：謝明文*

編者按：爲了向青年研究人員和在讀學生提供學習、研究出土文獻與古文字的經驗，復旦大學出土文獻與古文字研究中心約請從事相關研

圖一

* 本文受到國家社科基金冷門絕學研究專項學術團隊項目"中國出土典籍的分類整理與綜合研究"（批准編號：20VJXT018）、國家社科基金一般項目"商周甲骨文、金文字詞關係研究"（批准編號：21BYY133）的資助。

究並卓有成就的部分學者接受我們的訪談，題爲"出土文獻與古文字研究青年學者訪談"，由"古文字微刊"公衆號、出土文獻與古文字研究中心網陸續發布。衷心感謝各位參與訪談的學者。

1. 請介紹一下您學習和研究出土文獻與古文字的經歷。

我本科（2001—2005 年）就讀於湖南師範大學中文系，大二時進入了實行淘汰制的基地班。如果往前追溯的話，我接觸古文字這門學科可以追溯到本科的某一學期，當時鄭賢章老師給我們開了一門與甲骨有關的選修課，似乎還發過一册不是正式出版的資料。大概是上課就不曾認真聽過，關於這門課程的僅有記憶就是從課堂上得知了李學勤先生與裘錫圭先生的大名，然後是期末考試時一册資料被撕成 N 份，大家一起動手找答案。至於課程講授的具體内容，現在没有一點印象，過去也没有一點印象，可見這門課程當時並没有在我心裏激起什麼浪花。這也説明我後知後覺，没有啥預見性，如果早知我後來會沉迷於古文字，當年上課肯定會是另一番場景。

本科期間衆多課程中，我對古漢語稍微有點興趣。於是在大學畢業保送首都師範大學文學院時，我自然傾向跟古漢語相關的方向。當時首師大相關方向有三個，一是古文字，一是音韻，一是訓詁。我覺得自己連普通話都説不好（直至現在，依舊鄉音濃濃），想必音韻也學不好，而訓詁方面是位女老師，日後請教問題可能不太方便，於是就這樣用近似排除法選擇了古文字方向，跟隨黄天樹先生學習古文字。

黄老師給我們那一届開設的課程先是金文，然後才是甲骨。那時學生不多，上課就在文科樓六樓的一間小資料室。上課時大家隔得距離很近，上甲骨課是最緊張的，因爲冷不丁地會被點到名，然後被問到某一版甲骨上有多少條卜辭？屬於什麽組類？釋文如何？每次黄老師點名時，我都會把頭埋得低低的，希望不要被點到……

研一的時候，我晚上睡覺基本都失眠，白天也昏昏沉沉，對古文字壓根提不起什麽興趣。失眠的原因當然很多，主要恐怕是經濟壓力大以及我與妻子（時任女友）分隔兩地。當時首師大的補助是每月 255 元，但其中很大一部分我基本上都用來購買電話卡打公用電話了，所以在生活學習方面幾乎没啥錢，最拮據的時候，連續啃了好幾天饅頭。和家里每次通話時，父母總是叮囑我要吃好點，要舍得吃，但從來没提錢的事情（我和我弟弟上大學後，基本上都是自力更生）。我知道父母也是無能爲力，所以我每次總是回答"好、好、好……"。爲了緩解經濟壓力，去幹過在大街小巷散發傳單的活（最後没拿到工資），在室友帶領下做過編校的臨時活。剛開始去找家教工作的時候，先是碰到一黑中介，交了中介費，結果後來就找不到人了。整個研一過得比較狼狽，自己感覺前途渺茫。一言以蔽之，研一學習完全不在狀態。當時想提前結束這種狀態，於是萌生了提前畢業的念頭。當我硬着頭皮向黄老師表達我的這一想法時，結果可想而知，黄老師立馬生氣了，狠狠批評了我一頓（參看拙著《商周文字論集》後記）。這一頓批評大有驚醒夢中人的意味。

　　研二時，我的家教工作紅紅火火，不僅還掉了之前借同學的錢，而且還請女友去北京旅遊了一趟，當然也有結餘去複印書籍了。學習方面，我在黄老師的調教下，很快進入了角色，喜歡上了古文字。當時有一間固定的資料室供大家自修，記得那時方稚松師兄常待資料室，帶我們看書學習，去食堂吃飯還時不時會帶一罐橄欖菜，我們平常有啥疑問就向方師兄請教。在首師大除了黄老師的甲骨、金文、《説文》課之外，還聽過馮蒸老師的音韻學課。當時張富海老師還未給研究生上課，但偶爾會來資料室給我們侃一通學界八卦，甚是有趣。

　　北京，是一個學習古文字的好地方。當時我和同門多次騎自行車去外校旁聽過古文字方面的課，如去北大蹭過李家浩先生的課，北師大蹭過趙平安先生的課。但外校蹭課蹭得最多的是李學勤先生的課，李先生金文的課程我完整地聽過。每次李先生上課，教室都是爆滿，北京高校相關專業的各路人馬都會趕來，我和同門們每次都是提前從首師大騎自行車（50分鐘左右）趕到清華先占好位置。李先生上課很風趣，課堂上有時會突然蹦出一個英語單詞，會突然説到某某動畫片，印象最深的是李先生每講完一篇銘文會帶領大家一起將銘文朗誦一遍。我剛邁進古文字的大門就有機會去感受大師的風采，那是求學路上很幸福的一段時光。一年多前，李先生仙逝，我很懷念他。

　　因爲碩士期間金文是先開設的課程，自然接觸的材料也多一些，於是我選擇金文作爲我的主攻方向。黃老師給我擬定的碩士論文題目是《〈大雅〉〈頌〉之毛傳鄭箋與金文》，可惜我當時學力有限，最後寫出來的東西非常粗糙，遠未達到黃老師的要求。但通過碩論的寫作，我對《殷周金文集成》（下文簡稱《集成》）著錄的金文資料還算是比較熟悉了，當時複印的六卷本《殷周金文集成釋文》不知翻過多少次，這爲我以後的學習打下了很好的基礎。

圖二　碩士論文答辯會合影（左起：馮蒸、宋均芬、鄭張尚芳、黃天樹）

2008年，我有幸被復旦大學出土文獻與古文字研究中心錄取攻讀博士學位。入學不久，恰逢《首陽吉金——胡盈瑩、范季融藏中國古代青銅器》一書出版，中心學生們拿到書後非常興奮，大家都躍躍欲試，想大幹一番。拿到書的當天晚上一群兄弟姐妹就在自習室通宵起來，準備寫點東西。我感興趣的是應侯視工簋銘文，因爲覺得可以與應侯視工鼎、師寰簋銘文對讀。經過奮戰，第二天早上我先寫完了小文《攻研雜志（四）——讀"首陽吉金"札記之一》，然後就發在了中心網站。① 結果剛一發表，遠在

---

① 雪橋：《攻研雜志（四）——讀"首陽吉金"札記之一》，復旦大學出土文獻與古文字研究中心，2008年10月23日。

"米國"講學的陳劍老師就在"秋秋"群里將我一頓猛拍,批評這有啥好寫的。鄔可晶、程少軒等哥們見狀,立馬關掉電腦、叫停了正在進行中的小札記,回宿舍睡覺去了。沒過幾天,裘先生也知道了這事,當面將我狠批了一頓,大意是説這種文章不要寫,不要過於追逐新材料,根據新材料寫一些大家都能看出來的東西沒意思,要在已有材料中寫出大家看不出來的東西才算真本事。剛入學,我本來是激情似火,誰知接連挨批,心裏真是拔涼拔涼的,沮喪極了。但正是有中心老師們的這種嚴格要求,我在日後的求學路上才能較好地學會一些好的治學方法以及如何根據材料把握寫文章的分寸等。

博士入學不久,裘先生根據我在甲骨文與金文方面有一些基礎以及商代金文與甲骨文聯繫較緊密從而建議我博士論文整理商代金文。我當時覺得商代金文絕大部分都是族名金文,長篇記事金文很少,而且已有相關碩博士論文,自己可能寫不出東西。這一基調一直影響着我,以致整個博士論文的寫作過程很苦惱、很無趣,常常是"三天打魚,兩天曬網",好在

圖三　博士論文答辯會合影
(前排左起:陳劍、裘錫圭、彭裕商、周亞、劉釗、汪少華,後排左起:謝明文、張傳官)

延期一年後勉強寫完博士論文《商代金文的整理與研究》，並於 2012 年 6 月 3 日順利通過答辯。

畢業後我留在出土文獻與古文字研究中心工作，繼續研究心愛的古文字，感覺生活非常愜意。儘管工作的前幾年有非升即走以及經濟方面的壓力，但仍一門心思扎進古文字研究，懶得去多想。2013 年 10 月，小兒雨田出生，我接下來就是嘗遍帶娃的種種艱辛。2017 年，雨田上幼兒園，我感覺自己一下子解放了很多，有點空閑時間了。於是好了傷疤忘了疼，我和妻子決定響應國家二胎政策。天有不測風雲，2019 年 4 月，也就是我妻子懷胎六個多月的時候，我偶然查出身患大病，然後在醫院經過一系列治療，7 月底治療結束。在我治療結束前一周，二寶出生，但我却一點開心不起來，因爲治療中與治療後，各種副作用接踵而至，對我身心造成了極大影響。屋漏偏逢連夜雨，在猪年快要結束的時候，由於大人的疏忽，大寶雨田半夜大出血引發休克，被緊急送往醫院搶救，在 ICU 病房呆了近一周，險些掉了小命。總之，我這個猪年的生活過得遠不如猪，心情一度絕望，幸好有家人、親戚、領導、同事、朋友們的多方幫助，才讓我渡劫成功，我心中非常非常感激（這幾個月的詳細經歷，待他日另行敘述）。這些意外的打擊，讓我很長一段時間都心灰意冷，也給我的學術研究帶來了嚴重的影響。但冷靜想想，我心中也就釋然了。出來混，遲早是要還的，自己這次生病很大原因應該是之前過度透支身體所致，這次就當個警報，提醒自己以後務必多加注意勞逸結合。另外，自己的垃圾文章自然也會因此少了很多，這未嘗不是一件好事。儘管明知前路艱辛，但我生活依舊，古文字研究依舊……

2. 您目前主要的研究領域有哪些？該領域今後的預想研究或擬待研究的方向和課題有哪些？

我主要的研究領域是商周甲骨文、金文字詞考釋。目前最急切的工作就是將國家社科基金青年項目早點結項，然後在博士論文的基礎上結合新資料修改出版一本專著《商代金文研究》，也算是對博士生涯的一個交代。商周金文異文現象，雖然有過幾篇碩士論文做過研究，但近些年金文新出資料很多，有很多異文值得玩味，個人覺得商周金文異文現象值得進一步整理。我一直對這個題目很有興趣,但遲遲沒有付諸行動,現在我的一位碩士生已着手進行整理,如能達到預期效果,也算了却我的一樁心願。說實在的,我個人一般不太願預想或擬定日後的方向或課題。我看書喜歡追尋自由、簡單的快樂,研究內容隨緣。有了擬研究課題後,目的性強,壓力也就大了,看書的自由與樂趣也就降低了。從我喜歡上古文字以來,我看書就一直是天馬行空的節奏,上一秒看的是甲骨,下一秒看的可能就是金文,頻道切換比較快。一般都是隨意看看,有時看出了問題,覺得可以寫文章了,然後去查閱資料,又發現了新問題,結果是本來想寫的没寫完,又被新發現的問題吸引帶偏了節奏……自己就完全沉迷於這個周而復始的過程。

3. 您在從事學術研究的過程中,在閱讀、收集資料、撰寫論文、投稿發表等方面有什麽心得體會?

碩士期間,黃天樹老師就特别强調資料收集,我從那時候開始就養成了用電腦收集資料的習慣,或在 word 中作筆記,或直接在圖片上編輯作筆記,或在 PDF 上添加附注。用電腦做筆記,主要是檢索方便,而且在時空方面的限制也較小。就某一問題收集資料時要做到全面,即别人注意到的資料我都有,别人没注意到的資料我也有。撰寫論文,可先擬一個提綱,然後按提綱展開内容。如用 word 寫作時,大題目下先擬定幾個小題目然後設置爲不同層級的標題,再按各小標題展開内容,特别是寫長篇文章更應如此。這樣顯得眉目清晰,條理清楚。訓練多了,還會增强自己的邏輯思維能力。投稿發表方面我没有什麽心得體會,但據我給多家刊物審稿的情況來看,可簡單說一下我所看稿件普遍存在的一些問題。① 缺乏新意。很多文章通篇没有什麽有價值的觀點,寫的是一些常識性的東西,還往往没把握到位。② 分不清證據與解釋。有不少涉及考釋的文章,完全没有文字學上的積極證據,通篇全是在主觀解釋字形,有的甚至在這種不確定的個人解釋的基礎上再闡發歷史,結論自然難以讓人信服。③ 繁簡轉化問題突出。古文字文章在不同的書刊上發表時,繁簡有不同的要求。有不少文章在繁簡轉化時,存在大量錯誤,這也反映這部分作者態度很不認真。投稿時應盡量避免上述問題,這樣投稿通過的概率應該會高一些。

4. 對您迄今爲止的學習和研究影響較大的著作或學者有哪些(或哪幾位)?

對我的學習和研究影響最大的學者有黃天樹先生、裘錫圭先生和陳劍先生。三位先生的共同點是治學嚴謹,這深深地影響着我的學習和研究。

黃老師是我古文字研究方面的領路人。黃老師《甲骨文合集》等書上面記滿了各種筆記(詳細情況可參看王子楊先生訪談,我在此就不重複了),堪稱寶典。他總是和我們説"好記性不如爛筆頭",強調作筆記的重要性。入學後,黃老師先是要求我將每一年的古文字相關文章分類整理好目録。當時,信息遠没有現在這麽發達,也没有"古文字微刊"這樣的平臺。我就經常去學校圖書館翻閲各種書刊,然後將搜集到的文章目録加以整理,這樣對當前古文字的研究情況就有了一定程度的了解。平時的學習中,黃老師同時要求我們把看到的相關資料都記録到書上。有一次,黃老師跟我説,你去單面複印一套《殷周金文集成引得》,然後將平時看到的新增字頭與相應辭例增補在另外空白的一面。後來我去單面複印了一套,結果變成了厚厚的八大本。遺憾的是,這套複印本我没怎麽用,主要是我後來做筆記的形式换成電腦了。在黃老師的指導與影響下,我對資料收集尤其重視,也養成了一些積累資料的習慣。碩士期間,我曾按内容或作者姓名將收集到的文章編過多本論文集並反復閲讀。如按内容編過《述器論集》等,按作者將裘門弟子的散見文章打印出來編過一本《群英會》,將當時裘先生散見的甲骨文、金文文章編過《裘先生集外集一》《裘先生集外集二》(2008 年復旦考博複試的時候,我還厚着臉皮帶了這兩本《集外集》請裘先生簽了名,這是我人生中最典型的一次追星行爲)。

關於做筆記,剛開始,完全是東施效顰,我也弄了幾個小本本和一堆卡片,在上面記載一些讀書筆記。結果是卡片東一張、西一張,用時完全找不到了。某一個學期,我從朋友那借了 2 000 元,去中關村買了一臺二手筆記本電腦。那是人生中第一次用上電腦,相當開心。當我覺得自己好像不太適合作紙質筆記的時候，就決定在電腦上作筆記。後來特別是甲骨文的相關筆記，我一律用電腦處理。像《甲骨文合集》這一類的原材料基本上都有 JPG 格式圖片電子版，我就采取編輯的形式將看到的相關信息直接粘貼複製到相應圖片的空白處，連學者們的新綴合圖版我也盡量粘貼到相應位置（現在寫文章、上課調取資料的時候，感覺甚是有用）。金文方面，我當時建了個 Excel 文件，重要的銅器銘文和相應的研究目錄都輸入其中。正是黃老師的引導，讓我在學到具體古文字知識的同時，也重視並學會了資料的收集。

　　裘先生對我的影響主要體現在寫文章方面。裘先生的考釋文章堪稱學界典範，資料翔實，邏輯清晰，論證嚴密，連注釋中都充滿學問。還有那種實事求是的態度，讓人欽佩不已。裘先生著作中"附記""補記""追記""編按"一類詞語多見，正是實事求是態度的具體體現。我自己寫文章也效仿了裘先生的這一做法，該補充資料就補充資料，該反省自我就反省自我，該否定自己的舊說就否定。

　　陳劍老師對我的影響不僅體現在我的學術研究方面，還體現在我的教學工作方面。研究方面，主要體現在寫文章要追求高境界。我寫小文《攻研雜志（四）》，陳老師猛拍磚（參看前文），這就是提醒我寫文章要有境界的例子。還有一個類似的小例子，也頗值得一提，至少對我來說，印象深刻。讀書期間，有一次董珊老師來中心，然後大家在外面聚餐，酒沒喝過癮，於是買了啤酒在資料室接着喝。喝至半夜，董老師説，我給你們做個講座，然後就打開電腦給我們講起東西來（董老師是性情中人，行筆至此，不禁想起復旦譚樸森會議晚餐時董老師去機場折返的那一幕……）。講畢，我將自己一直認爲的邾公孫班鎛（《集成》140）"▨▨是保"中舊缺釋的兩字應該釋作"室家"的意見①向董老師請教，董老師肯定了我的意見。然後在旁邊喝酒的陳劍老師探過頭來，瞥了一眼，説了句"這有啥好説的"（熟悉陳老師風格的人完全可自行腦補復原當時的情景）。我馬上

---

① 這一意見正式出現在幾年後發表的《晋公盞銘文補釋》（《出土文獻與古文字研究》第 5 輯，上海古籍出版社，2013 年）一文的一個注釋中。

意識到，這種問題太 low 了，以後讀書寫文章要時刻注意提升自己的境界。陳老師的境界，我雖不能至但心嚮往之。我資質愚鈍，自己寫文章當然不能像陳老師那樣一貫追求"有意思"。我對"有意思"這一境界抱着隨緣的態度，能寫出固然好，寫不出也不強求。但給讀者一些可靠的新知，不作虛妄之言，則是我寫文章的一大底綫。

陳老師上課，信息量巨大，我學到了不少新知，這深深影響我後來的教學工作。所以當自己身爲人師每次開講"殷周金文選讀"的時候，也非常希望能像陳老師那樣在課堂上講授大量的知識。雖然一周只有兩節課，但除了上課結束的當天與第二天感覺輕鬆一些，其他時候皆是繃得緊緊的，都是憋着勁想各種問題，總想着能給學生講一些書本上看不到的新知，晚上備課到兩三點是常態，有時候發現問題一興奮，結果弄弄天就亮了。正是由於效仿陳劍老師的上課風格，所以我每次開課，都能寫出不少文章。

回想自己的古文字學習之路，我起步並不算早，但幸運的是，我遇到了一群好老師並深受他們的影響，幾乎没走什麽彎路。

5. 請結合您的學習和研究經歷，爲初學者提供一些建議。

我的研究重點主要是商周甲骨文、金文字詞考釋，因此，我下面所談的一些方法、建議之類大多也僅限於這一方面（這些内容我每次開設"殷周金文選讀"課程時作爲方法論都詳細談過，下面擇要選取一部分）。

5.1 重視原材料

研究某一版甲骨文或某一件青銅器銘文時，首先要力圖收集全所有相關著録信息，從中找出最清晰的照片、拓本。有的文字不識或釋讀有誤，並不是因爲文字難認，而是因爲所據拓本、照片不清楚。如《甲骨文合集》（下文簡稱《合》）23715"丁酉卜，大，貞：小㚔老，隹（唯）丁△"、《合》23716"丁酉卜，大，貞：小㚔老，隹（唯）丁△。八月"之"△"，舊有"叶""甾""由"等釋法，《合》23716又著録於《龜甲獸骨文字》1.26.7，其中"△"

作"▨",比較清晰。《合》23715,《殷商甲骨文》著錄了其清晰彩照,其中"△"作"▨",非常清晰。從這些較清晰的字形可知它們顯然應改釋作"舌"。① 裸卣,《集成》04774 所收拓本蓋銘作"▨",器銘作"▨",舊一般釋作"丮",我們在博士論文中指出《賽克勒藏商代青銅禮器》(下文簡稱《賽克勒》)所錄該卣器銘拓本作"▨",這樣就與"▨""▨"等形聯繫起來了,"丮"的釋法自然也就不攻自破了。禦卣(《集成》04775)"▨",由於拓本不清晰,舊一般缺釋,我們在博士論文中指出《賽克勒》所錄該卣拓本作"▨",據這種清晰拓本,對古文字釋讀稍有了解的人自會將它與甲骨文的"▨"字即裘錫圭先生考釋的"抵禦"之"禦"初文相聯繫。亘弜亥簋[《商周青銅器銘文暨圖像集成》(下文簡稱《銘圖》)03859]"▨",最末一字,《銘圖》等一般釋作"未",胡長春先生《新出殷周青銅器銘文研究》、虞晨陽先生《〈近出殷周金文集錄二編〉校訂》主張釋作"方"。《鄭州博物館文物精華》著錄的簋銘中,末字作"▨",據之可知所謂"未"或"方"乃"亥"之誤釋。十一年皋落戈(《銘圖》17303)"十一年,佫(皋)莙(落)△命(令)少曲㑀(夜),工帀(師)舒意,冶午",其中△字作"▨",舊有"太""會""罙""守""大"等釋法,②《新金文編》置於附錄二 0664 號作爲不識字處理。《洛陽出土青銅器》《河洛文明展》皆公布過戈銘的清晰彩照,其中△作"▨",可摹作"▨"。它顯然可與竹書文字中的"▨"字異體"▨"加以認同。竹書文字中"▨"作爲聲旁或單字皆有與"大"相通之例,《越公其事》《鄭文公問太伯》"▨""大"同見,用法不同。"▨"(研究者或釋作

---

① 甲骨文中這類用法的"舌"字是作爲"言"字來用的,參看拙文《談甲骨文中的兩例"舌"字及相關問題》(未刊稿)。論集按語:正式發表於《甲骨文與殷商史》新 11 輯,上海古籍出版社,2021 年,第 234—242 頁。

② 諸家說法參看周波:《戰國韓地名"皋落、上皋落"考證》,《古文字研究》第 31 輯,中華書局,2016 年,第 212—213 頁。

"太",或認爲是"大"字異體,或認爲是"钦"字初文)、"大"應該是形音皆有密切聯繫的兩個字。據此,皋落戈"■令"當釋讀作"太/大令"("大令"亦見於八年新城戈)。所謂宜無戟(《銘圖》16745)的自名,舊皆釋作"或(戟)",認爲是从"丯"聲。此字,2010年出版的《長治分水嶺東周墓地》所錄摹本作"■",近年出版的《山西珍貴文物檔案(1)》公布的清晰彩照作"■",顯然應徑釋作从"軏"聲的"戟"。像以上這些本没有釋讀難度但相關著作中却往往誤釋的例子不勝枚舉,很大的原因就是所據拓本、照片不清楚。因此,初學者務必養成重視原材料的習慣,這樣在以後的研究中自然會避免很多錯誤。

5.2　注意文字資料的"出土單位"

《集成》《銘圖》等許多集成性的大型金文著録書所收金文資料往往是按器類排列的。但我們在研究金文時要盡量恢復它們的出土信息,將同一出土單位的金文作爲一個整體來考慮相關問題。字詞考釋中如注意資料的出土單位,可進一步確定字與字的異體關係、通假關係等。如甲骨文、金文中的"■(徙)",不少研究者釋作"徙"。其實從"徙"字的字形演變看,它與甲骨、金文中的"徙"絶不相涉。若注意到温縣小南張村出土的5件商代銅器銘文中,族名"徙""步"同出的話,自可進一步論定"徙"絶非"徙"字,它與"步"應該是繁簡體或通用字的關係。厝觶(《集成》06509)"乙丑,■(厝)錫貝于公仲,用作寶尊彝"與庶觶(《集成》06510)"乙丑,公仲錫庶貝十朋,庶用乍(作)寶尊彝"相比較,兩者記日干支相同,内容相近,"錫"的直接賓語都是"貝",施事都是"公仲",只不過厝觶用被動句,庶觶用主動句而已。又"庶""厝"音近,兩者似有關聯。如果注意到它們均出自琉璃河西周早期燕國墓地的M251的話,便可以進一步肯定"庶""厝"是通假關係,兩者所指應是同一個人。族名金文中"■"類形,舊一般缺釋,如果注意到"■""■"同出一墓的話,自可確定它們是異體關係。族名金文中"■""■"與"■""■"雖有很大差異,如結合銘文内容又注意到它們同出一地的話，自可確定它們是異體關係，只是字形訛變過甚而已。族名金文中的"▨""▨"，《銘圖》等一般將前者隸作"忍"，將後者釋作"貫、負"。如果注意到它們同出一墓的話，自可知這實際上反映了"心"與"貝"形近相訛的現象，亦可確定它們是異體關係。亞覃尊（《集成》05911）"▨"銘文，舊一般誤釋，如果注意到與之同墓及同墓區出土的銅器銘文，自可將尊銘正確地釋讀出來。①

5.3　熟悉各類工具書的使用

初學者應熟悉各類工具書的使用，其中首要的是熟悉文字編，因爲通過翻閱文字編，能短時間内熟悉字形，了解被研究者普遍接受的一些釋法。翻閱文字編時有如下一些注意點：① 注意同一個字頭下那些比較特別的寫法。因爲同一字頭下那些寫法比較特別的字形跟其他常見寫法的字形有時根本就不是一個字。如果有辭例證明特異寫法之形與常見寫法之形確是一字異體，那就要思索特異寫法形成的原因。② 通過文字編檢索到的字形，如果需要引用，務必核對原書（因爲文字編經常會出現出處有誤、字形切割有誤或誤摹誤修等情況）。③ 注意附録未識字部分，將有關字形記熟，做到一有相關新資料，就能迅速將之與附録相關字形聯繫。

5.4　對器形和紋飾要給予一定程度的關注

在商周文字考釋中，對器形和紋飾給予一定程度的關注，可爲字詞解釋指明方向。如對霸伯簋、晋侯壺、九如園藏方甗、仲𩰬父壺、晋侯對鼎、仲𩰬父簋、十四年陳侯午敦、楚王鼎、邿慶鼎諸器的器形、紋飾有一定關注的話，那麽這些器銘中的"山簋""華壺""旁甗""旁壺""匐鼎""鈴簋""鍨敦""匜鼎"等詞語的意思也就迎刃而解了。②

————————

①　參看拙文《商代金文的整理與研究》上編 237 號，復旦大學博士學位論文（指導教師：裘錫圭），2012 年，第 308—311 頁。

②　以上參看拙文《讀〈中國出土青銅器全集〉瑣記》，《出土文獻與古文字研究》第 9 輯，上海古籍出版社，2020 年，第 153—166 頁。論集按語：已經收入本論文集。

5.5　及時關注新發表的資料

新材料常常能解決舊問題,考釋古文字不僅要及時關注自己領域的新資料,也要關注其他領域的新資料。這一點大家都有明確的共識,我在此也就不贅述了。

5.6　及時閱讀當前的碩博士論文

碩博士論文應該是收集資料最全面的,並且還能反映當前的一些前沿問題。及時閱讀每一年的碩博士論文,可更好地掌握相關資料以及學界動態。可舉一個我個人閱讀博士論文有收穫的例子。2012年我拜讀李春桃先生博士論文《傳抄古文綜合研究》時,看到書中提及《説文》"𩔁（頯）"字,當時心中咯噔了一下,心想這是什麽鬼。因爲我對《説文》很不熟悉,在没讀到李先生的文章時,我對《説文》"𩔁（頯）"没有一點印象。看過李先生大作後,心中就對這個不熟悉的字形開始琢磨起來,心想先秦古文字中似未見確定的"𩔁"字。它不見於目前已經發表的先秦古文字,其原因有兩種可能:一種可能是先秦本來有"𩔁"字,只是暫時還未發現而已。還有一種可能,它是後來新出現的一個字或者是某個字的訛字。後來拜讀鵬宇先生博士論文《兩漢鏡銘文字整理與考釋》文字編部分時,發現"顳（顳）"字異體有的寫作近似二頁之形,馬上就聯繫到之前琢磨的《説文》"𩔁（頯）"字。但兩個字形一樣的字既可能是同一個字,也可能是同形字,然後我又翻檢了一些漢代相關資料,從讀音和用法皆可證明《説文》"𩔁（頯）"字乃是"顳（顳）"字訛體。正是由於拜讀了李春桃先生、鵬宇先生的博士論文,後來我寫作了小文《説𩔁及其相關之字》。

當然,碩博士的水平有高有低,可優先閱讀那些水平比較高的碩博士的論文(初學者如對此不了解,可向周邊師友咨詢哪些碩博士論文比較優秀)。

5.7　多看、細看古文字方面的經典著作,體會其中的精髓

裘錫圭先生在考釋文字時曾指出:"在古文字裏,形聲字一般由一個

意符(形)和一個音符(聲)組成。凡是形旁包含兩個以上意符,可以當作會意字來看的形聲字,其聲旁絕大多數是追加的。也就是説,這種形聲字的形旁通常是形聲字的初文。"裘先生的這一意見完全可以當作考釋古文字的一條定律。我個人在閱讀裘先生的論著中,對這一定律印象很深,有些小體會。後來我的《説臨》《釋"顛"字》《試論"揚"的一種異體》等文皆是受此啓發而作。

5.8　聯繫其他古文字資料

考釋古文字時,古文字字形的上串下聯是必須的。目前考釋甲骨文、金文,必須聯繫其他古文字資料,否則難有大的突破(具體例子可參看陳劍、蔣玉斌、王子楊等先生的相關文章,此不贅述)。

5.9　多閱讀《詩經》《尚書》

比起簡帛等出土資料,研究商周甲骨文、金文,對閱讀古書的要求要低得多。如果初學者對商周甲骨文、金文感興趣而又没有時間廣覽古書的話,至少要抽時間多閱讀《詩經》《尚書》,因爲周代金文中不少詞句都能與《詩經》《尚書》合觀。如虢叔旅鐘(《集成》00238—244)"旅敢肇帥型皇考威儀,淄(?祇?)御于天子,卣/卣天子多賜旅休,旅對天子魯休揚,用作朕皇考惠叔大䚄(林)龢鐘"之"卣/卣",舊説中雖然有不少研究者將它看作連詞,但最流行的説法是將它徑釋作"廼"或看作"廼"之訛字。主要原因是"廼"作爲一個表承接關係的虚詞,在甲骨、金文、簡帛等古文字材料以及古籍中習見,又傳抄古文中就有"卣"訛作"廼"的例子。但如果閱讀《詩經》《尚書》,就會發現其中與"卣/卣"音近的"攸"有很大一部分也是表承接關係的連詞,這樣自會將虢叔旅鐘"卣/卣"與《詩經》《尚書》中表承接關係的"攸"相聯繫。① 近年公布的莽父簋銘文"唯六月初吉甲午,莽父御于朕天君雁(應)厌(侯),卣易(錫)莽父馬乘、車、虎冟、希徫、緣(鑾)、茇(雕)䡞,莽父叔(敢)對陽(揚)朕天君休命,用乍(作)朕皇且(祖)寶殷

---

① 參看拙文:《談談古文字中的連詞"攸"》,張顯成主編:《古漢語語法研究新論》,西南師範大學出版社,2015年,第121—126頁。收入拙著:《商周文字論集》,上海古籍出版社,2017年,第309—318頁。

（簋），用旂（祈）蘽（禱）瞖（眉）耉（壽）、永命，子=（子子）孫=（孫孫）用言（享）"，這爲"䵣"的連詞用法又提供了新的用例。

5.10 古文字考釋已進入精密化階段，分析字形一定要細緻

目前古文字考釋已進入精密化階段，分析字形務必非常細緻，這樣才能辨析那些似是而非的意見，才能在考釋中更好地有所突破。下面結合近年來我的實戰經驗試舉兩例。如商周金文中"[圭]""[賣]""[待]""[讀]"等形，舊的主流意見是將它們所從與"㞢"聯繫。後來研究者或據新出現的楚簡"[㚔]"類字形，將上述字形所從與"耑"聯繫，但不少研究者在楚簡資料公布後仍主張上述諸形與"㞢"聯繫。其實從字形來看，上述諸形是無法納入"㞢"的演變序列中去的，舊將它們相聯繫肯定是不對的。我個人認爲，番生簋蓋的"[讀]"形尤其重要，舊有研究皆忽視了這一個很重要的字形，缺乏對它的細緻分析。它除去辵旁後的部分作"[賣]"，其下部實是"大"人形，"大"形上部的"[圭]"顯然即"圭"。"[賣]"實可看作"圭""耑"兩者因音近而產生的糅合之形，"[讀]"可看作"待""[㚔]"兩者因音近而產生的糅合之形，再結合東周兵器銘文中一些"端"字的寫法，便可知將"[圭]""[賣]""[待]""[讀]"等形與"耑"聯繫的意見應該是正確的。① 又如甲骨文中的"[字]"類形，研究者一般是將它下部看作"亥"，單純從典賓類的寫法來看，這一意見似乎沒有問題。如果對字形不作精密分析的話，大部分人的認識恐怕也是停留在它從"亥"這一意見（或將"[字]"類形釋作"兮"，也是不對的）。但如果細緻分析相關字形，聯繫"[字]"在不同組類的異體以及這些組類中"亥"形的寫法，就可摒棄舊說，從而得出新說，即"[字]"等形實從"丂/亏"，它應即周代文字中多見的"分/

---

① 參看拙文《說耑及相關諸字》，《文史》2020年第3輯，第5—18頁。

旮"字初文,"羲"與《說文》訓爲"驚辭也"之"圶"後世所從之"兮"形實是"分/旮"形訛省而來。①

5.11 盡量了解一些音韻方面的相關知識,避免一些不應犯的錯誤

古文字考釋中通假濫用的現象很常見,如金文方面衆多著録書、工具書將西周金文中本讀作"祓"的"猶(猷)"通作"福"就是比較典型的例子。近年來,蒙同道邀請,我有幸參加過幾次古文字與上古音聯姻的會議,越發感覺自己音韻方面的欠缺,只能在以後的學習研究工作中努力去彌補,希冀少犯一點錯誤。現在音韻方面的工具書、網絡檢索工具很多,古文字初學者在學習的過程中,努力了解一些音韻方面的相關知識,勤翻勤查,就能避免不少錯誤。

5.12 記録疑難問題,建立文檔

平常碰到疑難問題,就建立相應文檔,以後在閱讀過程中碰到相關資料就扔進相應文檔裹,這也就是江湖流傳的陳劍先生"資料長編"模式。我個人經驗,這個建立"資料長編"文檔的過程就是一個搜集證據破案的過程,往往是中途就能得出結論。比較起來,反而寫文章要無趣得多。因爲寫之前答案基本上已有了,探索的樂趣嚴重降低,寫出來只是將破案結果告訴讀者而已。

5.13 建立一份學者關注名録,閱讀抓住主要對象

現在古文字的相關文章已經很多,相信隨着强基計劃的展開,古文字方面文章數量肯定會爆發式地增長。但每個人的精力有限,不可能看完每一篇文章(當然有不少文章也没有必要看)。初學者如果追求每一篇文章都要看的話,一是時間不夠,還容易陷入在衆多説法中不知所從而被帶偏節奏的境地。我個人的經驗是要抓住主要閱讀對象,即初學者如對某一領域感興趣,可咨詢身邊的師友在這一領域哪些學者的研究是最好的,然後就緊跟這些學者的研究成果,有盈餘時間的話再延伸閱讀其他學者

---

① 參看拙文《釋甲骨文中的"旮"及相關諸字——兼論丏、亥係一形分化》,《出土文獻與古文字研究》第 10 輯,上海古籍出版社,2022 年,第 42—67 頁。

的研究。在學習的過程中，初學者也要不斷培養自己的識人識文能力，如果閱讀了某位先生不同時段的數篇文章，發現皆是有問題的，那麼日後對這位先生的文章就不要怎麼關注了，將節省下來的時間花在刀刃上。

5.14 勤練筆，多修改舊稿，但不要急着發表，寫好後一般要放一段時間看看是否有相關資料證實或證僞自己的意見，特別是自己不堅信的意見更不要急着發表

勤練筆是爲了訓練自己的寫作能力。但文章寫出來，未必一定要馬上發表。平常看裘錫圭先生、陳劍先生的文章時，發現他們很多文章都是寫好後放了很長一段時間才發表。我自己寫文章基本上也是遵循這一作法，先是寫出來放一段時間，自己反覆看幾次，覺得差不多了再與一些同道分享，然後再根據反饋意見修改，改定後再放一段時間然後才去投稿。這樣做的好處是可以將遺漏的材料補上，更好地保證結論的準確，避免不應有的失誤。正是有這種習慣，我常常會及時發現錯誤，將自己一些離譜的文章"封殺"。

5.15 對學術要有敬畏之心

記得有一次上課時，陳劍老師感歎爲什麼很多人觀點錯得離譜却沒有半點反思，自己如發現自己文章結論錯了，會很難受（原話記不清了，此爲撮述大意）。我自己寫文章就一直有陳老師這種感受，發現結論弄錯了會難過好一陣子。在我看來，這就是對學術懷有敬畏之心。研究古文字，恐怕所有人都有過掉進坑裏犯錯的經歷，但對學術懷有敬畏之心，自我要求肯定會高，更不會去亂寫，這樣掉進坑裏犯錯的概率明顯會減少很多。

6. 在數字化和信息化的時代，電腦技術或網絡資源對您的研究具有什麼樣的影響或作用？

在數字化和信息化的時代，每一個人將不可避免地受到電腦技術或網絡資源影響，只是具體到個人，影響程度有所不同而已。就我個人而言，我從碩士階段起，就慢慢培養起用電腦作筆記的習慣，很多相關信息就保存在電腦中。現在古文字方面電子書的數量越來越多，質量也越來

越高,通過網絡獲取相關資料也越來越便捷,我近年來讀書寫作大多數情況下已經脫離了紙質本,主要是靠電腦以及網絡資源。

7. 出土文獻與古文字研究與衆不同的一點,在於許多論文或觀點是發布在專業學術網站上甚至相關論壇的跟帖裏的,您如何看待這一現象?您對相關的學術規範有何認識或思考?

出土文獻與古文字研究領域許多論文或觀點是發布在專業學術網站上或相關論壇,我認爲這有它積極的一面,就是研究者能很快交流自己的研究成果,促進學術的發展。但同時也有它消極的一面,即論壇上的觀點很多過於隨意,有時引用起來甚是麻煩。如果初學者過多浸淫於論壇這些比較隨意的觀點,很容易滋生不嚴謹的學風。我個人在學生階段還經常會去論壇整個馬甲遛一遛、瞧一瞧。工作後因個人時間緊張就基本上不逛論壇了,但寫文章時會盡量搜索,只要看到了,不管是論壇,還是個人微信之類,都會引用。當然如果刊物有限制的話,會酌情調整。我個人認爲在相關論壇發表論文或觀點時,網站一定要加強規範,注意引導,這樣不負責任的、比較隨意的觀點可能會因此少一些。同時研究者也要自覺要求自己,沒有一定把握的觀點不要隨意在論壇發表,有發明的觀點盡量早點成文方便學界引用。

8. 您如何處理學術研究與其他日常生活之間的關係?學術之外您有何鍛煉或休閒活動?

我的學術研究與其他日常生活之間從來都是混爲一體的,常常是你中有我,我中有你。自從有了小孩後,我讀書時間基本碎片化,特別是現在二寶還小,整天圍着她轉,好好看書已成一種奢望。想要搞點研究基本上都是要見縫插針,一般都是趁娃睡覺的時候才能稍微心安地幹點活。在家忙得多次連手機放哪都不知道,往往是需要時通過家人的手機撥打去尋找,以致我經常不能及時回覆朋友的信息,借此機會向大家表示歉意。

由於我身體曾出現過很大的毛病,已經不適宜劇烈運動,現在學術之外的鍛煉就是散散步,有空的時候就小區走一走。接下來的鍛煉要整一整"燕子飛",針對日益突出的腰椎盤膨出問題。我平常久坐缺乏鍛煉,以致身體出現大問題,這是一個反面典型,希望各位同道吸取我的教訓,搞科研的同時鍛煉好身體。

我平常的休閑活動就是看影視劇和下象棋。

小時候對武俠古裝題材的影視很着迷,經常幻想自己也成爲劇中的那些大俠,持劍走天涯。這一偏好到現在依舊保持,需要放鬆時,我會觀賞一些武俠古裝影視,儘管内容粗糙幼稚,但我並不介意,因爲我追尋的是一種感覺、一種兒時的情懷。近年看過的相關影視劇有《花千骨》《楚喬傳》(不知第二部何時開播?)、《錦衣之下》等。我看影視,既不走心,也不過腦,經常是看了不久就忘了,小鮮肉們的名字也往往記不住。如果工作忙又碰到想看的電視劇時,我就直接跳過中間的 N 集一桿子進入大結局。有時連大結局都没空看的話,我就直接百度一下劇情簡介,分分秒秒就過一把癮。

下象棋是我初中時候就培養起來的興趣。那時我的兩任數學班主任很喜歡下象棋,一下課他們就對弈,我就常常圍觀,很快就喜歡上了象棋。當時棋力增長很快,初生牛犢不怕虎,經常會去附近村子找會下棋的人對弈。讀中師時,由於學業非常輕鬆,經常會去市中心的廣場找棋攤下棋(擺攤人擺了很多副象棋,去下棋的人自行選擇對弈,贏者免費下棋,輸的人給兩毛錢的棋盤費)。讀大學時,我依舊迷戀這個充滿勝負的世界,參加學校的棋藝活動,平常會在中文系、歷史系、化學系找認識的棋友對弈,周末會去當時湖師大附近著名的"墮落街"(可惜現在整改了,不好玩咯)花五元找一家網吧通宵上網下棋(偶爾網吧看韓劇)。讀碩士、博士時,由於喜歡上了古文字專業,我覺得下象棋太耽誤時間又費神,於是徹底放棄了這項愛好。參加工作後,由於偶然的機緣,我加入了復旦教工象棋協會,又開始重拾這項久違的愛好。可惜早已手藝回潮,棋力再也回不去了。現在我下象棋是有節制地娛樂,即過一段時間就在 App 或小程序"天天象棋"上玩幾把,偶然控制不住時間還迷戀的話,我就索性卸掉相關程序等下次癮犯了再下載殺幾局。可以説,下象棋是最能讓我集中注意力、進入忘我境界的活動。

9. 您認爲當前不利於出土文獻與古文字學（尤其是其中您比較熟悉的研究領域）發展的因素有哪些？應該如何克服？

當前不利於出土文獻與古文字學發展的因素有不少，最突出的是越來越追逐經濟利益的社會大環境。在這一大環境中，人文學科發展的空間越來越受限，學者受到的各種誘惑也越來越多，急功近利的現象比較突出。出土文獻與古文字學領域亦不例外。既然立志於出土文獻與古文字學，那就要甘於坐冷板凳，甘於寂寞，苦中作樂，潛心問學，自會作出不錯的成績。

近幾年由於國家層面的介入，出土文獻與古文字學領域一下子變得冷門不冷了。這對出土文獻與古文字學的發展既是有利因素，同時也是不利因素，我們自己要有清醒的認識。不利因素就是大家各分一杯羹，一窩蜂上，缺乏協作，導致了大量的重複勞動。如果學者不慎陷入其中，其學問無疑會受到很大的影響。另一方面是目前國家加大了出土文獻與古文字學相關人才的培養力度，而缺乏相應的就業機制的跟進，最終也會影響出土文獻與古文字學的發展。因此，當前迫切需要各研究單位開展協同攻關，避免重複勞動。政府也應制定相應的就業政策，讓培養出的人才有用武之地。

10. 您平時是如何指導學生進行學術研究的？請您介紹一些經驗或教訓。

在指導學生進行學術研究方面，目前我還處在探索階段，沒有什麼經驗可言。就最近幾年我接觸學生的情況而言，我感覺學生問學的主動性往往不夠，就是老師如果不主動找學生聊論文，學生一般是不會主動向老師請教論文的。我個人覺得，如果要導師很好地指導學生進行學術研究，師生之間的互動以及配合尤其重要。學生學習碰到困難，不要鑽牛角尖，要及時問，要多問。老師對學生提出的問題肯定是盡自己最大的可能去解答，並且通過學生的提問可及時糾正學生的錯誤。我自己將來的設想是有條件開課的時候就盡量上上課，與學生的接觸自然就增多，師生間關於學問的交流自然也會增加。另外與學生建立定期見面的制度，讓學生各自介紹最近的讀書情況以及讀書心得，老師答疑解惑，並根據學生的各自情況布置相應的學習任務。

11. 請問您對甲骨金文（尤其是文字考釋方面）未來的研究有什麼期待與展望？

現在的甲骨文、金文字詞考釋，已經進入瓶頸階段，如果單憑它們本身的資料，基本上是很難再有重大突破。未來的甲骨文、金文字詞考釋最讓人期待的就是東周竹簡資料的陸續刊布，其中的新資料很可能會解決甲骨文、金文中的一些疑難字詞的釋讀。我對甲骨文、金文字詞考釋的展望具體有如下幾個方面：

1. 字形分析要越來越精密化，加強形體演變規律的研究，建立偏旁變化的譜系表

目前的古文字考釋要求字形分析越來越精密化，這樣才能更好地有所突破（參看前文）。同時要求研究者要有"同一字形未必是同一個字，不同的字形可能是同一個字"的基本認識，加強形體演變規律的研究，建立偏旁變化的譜系表，這樣更能促進甲骨文、金文的考釋。

2. 疏通文義

目前，許多單版的甲骨文、單篇的金文，其上的文字都認識，但我們却讀不懂其中的內容。因此未來亟待有能力的單位或個人組織力量，加強對甲骨文、金文整篇文義的研究，吸收目前學界最新且合理的研究成果，多出版一些如《卜辭通纂》《兩周金文辭大系圖錄考釋》一類疏通文義的專著。

3. 漢語史研究方法的介入

商周甲骨文、金文中同一個詞的不同義項之間，關係比較複雜，古文字研究者關注不多。以後甲骨文、金文字詞考釋，可引入漢語史、詞彙史研究者的一些研究方法，加大對甲骨文、金文核心詞彙、常用詞彙等方面的研究。

此文初稿曾發表於"古文字微刊"公衆號（2020 年 8 月 29 日）以及"復旦大學出土文獻與古文字研究中心網站"（2020 年 8 月 29 日）。

附録　近年發表文章詳細目録*

△1.《金文札記二則》,《古漢語研究》2010 年第 3 期,第 22—24 頁。

△2.《小議〈合集〉22258 中的"由"》,《殷都學刊》2011 年第 4 期,第 6—7 頁。

3.《"㯱"、"㯰"等字補釋》,《中國文字》新 36 期,藝文印書館,2011 年,第 99—110 頁。

4.《試説商代小臣䀠玉器銘文中的徝》,《語言研究集刊》第 8 輯,復旦大學出版社,2011 年,第 276—281 頁。

△5.《試説金文中的"叟"字》,《中國文字》新 37 期,藝文印書館,2011 年,第 135—146 頁。

△6.《固始侯古堆一號墓所出編鎛補釋》,《出土文獻與古文字研究》第 4 輯,上海古籍出版社,2011 年,第 102—111 頁。

△7.《三䖒鼎銘文簡釋》,《中國文字》新 38 期,藝文印書館,2012 年,第 131—138 頁。

△8.《從語法角度談談金文中"穆穆"的訓釋等相關問題》,《古籍研究》總第 57—58 卷,安徽大學出版社,2013 年,第 53—61 頁。

△9.《伯句簠銘文小考》,《中國文字研究》第 18 輯,上海書店出版社,2013 年,第 56—59 頁。

△10.《晉公盨銘文補釋》,《出土文獻與古文字研究》第 5 輯,上海古籍出版社,

---

* 序號前加△者表示該文收入了《商周文字論集》,加☆者表示該文收入了《商周文字論集續編》,不加符號者表示未收入上述兩種論文集。

2013 年,第 236—257 頁。

△11.《釋金文中的"鋚"字》,《中國文字》新 39 期,藝文印書館,2013 年,第 117—124 頁。

△12.《釋甲骨文中的"叔"字》,《出土文獻研究》第 12 輯,中西書局,2013 年,第 1—9 頁。

△13.《説交鼎銘文中所謂的"即"字》,《文史》2013 年第 4 期,第 265—266 頁。

△14.《臣諫簋銘文補釋》,《中國國家博物館館刊》2014 年第 3 期,第 46—54 頁。

△15.《新出宜脂鼎銘文小考》,《中國文字》新 40 期,藝文印書館,2014 年,第 203—208 頁。

△16.《釋"顛"字》,《古文字研究》第 30 輯,中華書局,2014 年,第 493—498 頁。

△17.《金文叢考(一)》,《出土文獻》第 5 輯,中西書局,2014 年,第 42—51 頁。

△18.《説臨》,《出土文獻與古文字研究(第 6 輯)——復旦大學出土文獻與古文字研究中心成立十周年紀念文集》,上海古籍出版社,2015 年,第 101—108 頁。

△19.《釋東周金文中的幾例"酷"字》,《出土文獻》第 6 輯,中西書局,2015 年,第 82—90 頁。

△20.《釋西周金文中的"垣"字》,《中國文字學報》第 6 輯,商務印書館,2015 年,第 69—72 頁。

△21.《鄭義伯𦉜銘文補釋》,《中國國家博物館館刊》2015 年第 7 期,第 64—70 頁。

△22.《金文"肇"字補説》,《中國文字》新 41 期,藝文印書館,2015 年,第 147—158 頁。

△23.《霸伯盤銘文補釋》,《中國文字》新 41 期,藝文印書館,2015 年,第 159—174 頁。

△24.《談談青銅酒器中所謂三足爵形器的一種別稱》,《出土文獻》第 7 輯,中西書局,2015 年,第 4—12 頁。

△25.《談談古文字中的連詞"攸"》,《古漢語語法研究新論》,西南師範大學出版社,2015 年,第 121—126 頁。

△26.《釋甲骨文中的"抱"——兼論"包"字》,《中國書法》2015 年第 11 期,第

131—135頁。

☆27.《江蘇盱眙大雲山江都王陵出土漆器銘文補釋》,《中國文字研究》第22輯,上海書店出版社,2015年,第93—95頁。

△28.《金文叢考(二)》,《出土文獻綜合研究集刊》第3輯,巴蜀書社,2015年,第26—36頁。

△29.《說腹、飽》,《甲骨文與殷商史》新5輯,上海古籍出版社,2015年,第94—99頁。

△30.《談談金文中宋人所謂"簠"的自名》,《中國文字》新42期,藝文印書館,2016年,第135—144頁。

△31.《說瘳與蔑》,《出土文獻》第8輯,中西書局,2016年,第15—29頁。

△32.《說罰及其相關之字》,《饒宗頤國學院院刊》第3輯,2016年,第1—15頁。

△33.《"或"字補說》,《出土文獻研究》第15輯,中西書局,2016年,第14—33頁。

△34.《釋蔡侯器銘文中的"熙"》,《古文字研究》第31輯,中華書局,2016年,第196—198頁。

☆35.《讀〈清華簡(叁)〉札記二則》,《簡帛》第12輯,上海古籍出版社,2016年,第35—42頁。

△36.《侯古堆一號墓編鎛"音"字補釋》,《華夏考古》2016年第3期,第123—124頁。

△37.《競之鼎考釋》,《出土文獻》第9輯,中西書局,2016年,第64—72頁。

☆38.《試說麥方尊的"奴"》,《古漢語研究》2016年第4期,第42—45頁。

☆39.《牧簋"粘"字補說》,《中國文字研究》第24輯,上海書店出版社,2016年,第50—52頁。

☆40.《說秦公器"高引有慶"及"高陽有靈"》,《中國國家博物館館刊》2017年第3期,第72—75頁。

☆41.《談談周代金文女子稱謂研究中應該注意的幾個問題》,《出土文獻》第10輯,中西書局,2017年,第53—61頁。

☆42.《新出登鐸銘文小考》,《中國文字學報》第7輯,商務印書館,2017年,第79—83頁。

☆43.《釋魯侯簋"逝"字兼談東周文字中"噬"字的來源》,《青銅器與金文》第 1 輯,上海古籍出版社,2017 年,第 222—227 頁。

☆44.《金文叢考(三)》,《商周青銅器與先秦史研究論叢》,科學出版社,2017 年,第 48—56 頁。

☆45.《談談甲骨文中可能用作"庭"的一個字》,《出土文獻綜合研究集刊》第 6 輯,巴蜀書社,2017 年,第 27—34 頁。

☆46.《曾伯克父甘婁簋小考》,《出土文獻》第 11 輯,中西書局,2017 年,第 36—44 頁。

☆47.《結合傳世文獻與出土文獻談談"從"字的副詞用法》,《出土文獻與中國古典學》,中西書局,2018 年,第 115—120 頁。

48.《試論商周"或"族的分衍與聯合》,《杭州師範大學學報》2018 年第 2 期,第 127—131 頁。

☆49.《說夙及其相關之字》,《出土文獻與古文字研究》第 7 輯,上海古籍出版社,2018 年,第 30—49 頁。

☆50.《金文叢考(四)》,《古文字研究》第 32 輯,中華書局,2018 年,第 238—243 頁。

☆51.《釋徐州北洞山西漢楚王墓出土陶文"容"字與說古文字中的"分"字及相關之字》,《紀念羅君惕先生語言文字學術研討會論文集》,上海教育出版社,2018 年,第 131—145 頁。

☆52.《試談猷器中兩例"聲"字的讀法》,《青銅器與金文》第 2 輯,上海古籍出版社,2018 年,第 315—322 頁。

☆53.《清華簡說字零札(二則)》,《出土文獻》第 13 輯,中西書局,2018 年,第 116—123 頁。

54.《鳳母叔觶銘文補釋》,《出土文獻研究》第 17 輯,中西書局,2018 年,第 41—46 頁。

☆55.《說"狄"》,《文史》2019 年第 1 輯,第 15—22 頁。

☆56.《伯刕律簋銘文小考》,《商周金文與先秦史研究論叢》,科學出版社,2019 年,第 14—21 頁。

☆57.《談諫簋"今余唯或嗣命汝"中所謂"嗣"》,《出土文獻與傳世典籍的詮釋》,

中西書局,2019 年,第 31—40 頁。

☆58.《試論"揚"的一種異體——兼説"圭"字》,《甲骨文與殷商史》新 9 輯,上海古籍出版社,2019 年,第 234—246 頁。

☆59.《説冢》,《青銅器與金文》第 3 輯,上海古籍出版社,2019 年,第 121—127 頁。

☆60.《"䧹"族銅器銘文的整理與研究》,《西部史學》第 3 輯,西南師範大學出版社,2019 年,第 55—63 頁。

☆61.《甲骨文舊釋"益"之字新釋——兼"易"字新探》,《中國國家博物館館刊》2019 年第 12 期,第 7—21 頁。

☆62.《西周金文車器"䡇"補釋——兼論〈詩經〉"鞗䪉"》,《漢字漢語研究》2019 年第 4 期,第 62—70 頁。

☆63.《甲骨文"肖""夋"補釋》,《出土文獻與古文字研究》第 8 輯,上海古籍出版社,2019 年,第 84—95 頁。

☆64.《封子楚簠小考》,《出土文獻綜合研究集刊》第 10 輯,巴蜀書社,2019 年,第 89—94 頁。

☆65.《〈詩經・大雅・韓奕〉"淑旂綏章"新證》,《古籍新詮——先秦兩漢文獻論集》,香港中文大學出版社,2020 年,第 45—56 頁。

☆66.《承禄鈹銘文小考——兼談上古漢語中"成"的一種用法》,《古漢語研究》2020 年第 4 期,第 94—100 頁。

☆67.《釋"䗞"》,《簡帛》第 20 輯,上海古籍出版社,2020 年,第 1—5 頁。

☆68.《〈封許之命〉"璁玩"補釋》,《出土文獻語言研究》第 3 輯,暨南大學出版社,2020 年,第 170—174 頁。

69.《釋"賊"》,《古文字研究》第 33 輯,中華書局,2020 年,第 196—202 頁。

70.《説尚及相關諸字》,《文史》2020 年第 3 輯,第 5—18 頁。

71.《也説"盜"、"鑄"》,《甲骨文與殷商史》新 10 輯,上海古籍出版社,2020 年,第 172—183 頁。

☆72.《讀〈中國出土青銅器全集〉瑣記》,《出土文獻與古文字研究》第 9 輯,上海古籍出版社,2020 年,第 153—166 頁。

73.《巢及相關諸字補釋》,《第七届中國文字發展論壇論文集》,2021 年,河南大學出版社,第 49—64 頁。

74. 《談談所謂賓婦丁父辛卣銘文的釋讀》,《青銅器與金文》第 6 輯,上海古籍出版社,2021 年,第 19—23 頁。

75. 《談甲骨文中的兩例"舌"字及相關問題》,《甲骨文與殷商史》新 11 輯,上海古籍出版社,2021 年,第 234—242 頁。

76. 《陳喜壺銘文補釋》,《中國國家博物館館刊》2021 年第 9 期,第 56—63 頁。

77. 《商代金文與西周金文字詞關係對比研究》,《漢語字詞關係研究(二)》,中西書局,2021 年,第 1—22 頁。

78. 《談談豆形器的自名以及它與燈名的關係——以出土資料爲中心》,《出土文獻綜合研究集刊》第 14 輯,巴蜀書社,2021 年,第 1—28 頁。

79. 《楺伯盤銘文考釋》,《出土文獻與古文字研究》第 10 輯,上海古籍出版社,2022 年,第 68—76 頁。

80. 《釋甲骨文中的"旨"及相關諸字——兼論丏、亥係一形分化》,《出土文獻與古文字研究》第 10 輯,上海古籍出版社,2022 年,第 42—67 頁。

81. 《談"寶"論"富"》,《文獻》2022 年第 1 期,第 112—122 頁。

82. 《吴虎鼎銘文補釋》,《出土文獻》2022 年第 2 期,第 51—58 頁。

後　　記

　　這本論文集收入我近年的文章共 33 篇。諸文盡量保持發表時的原貌，但因各篇寫作時間不同，在不同的書刊刊發的格式也不同，本論集作了一些技術性的統一。其中有一些文章的寫作時間在正式發表時由於書刊的要求被删去，本論集依據原稿補上其寫作時間。文章在觀點以及材料方面有所修正補充的，已在文中或文後加"論集按語"予以説明。

　　本書出版，距離第一本論文集出版，差不多五年，但我的心境已全然不同。

　　五年前的我滿懷理想，雄心壯志，心中有無數讀書、寫作計劃，只争朝夕不負韶華，將科研視作生命中最重要的事情。我的上班時間比較自由，很多工作時間花在了家中雜事上。爲了彌補，那時我在家基本上都是處於見縫插針的狀態，一有機會，就盯着書看。特别是每天晚上等孩子睡覺以後，我就開足馬力，熬夜到很晚，總想將白天浪費的時間補回來。由於工作很容易進入忘我狀態，常常忽視身邊的很多東西。比如某某東西，我妻子告訴我放在哪哪哪，我幾乎一轉眼就忘記找不着，然後又反復去問她。我妻子那時總是調侃我説："老謝，如果我跟兒子與你一周不見，恐怕你就不認識我們是誰了……"有時也抱怨，説我太珍惜時間了，有空的時候只惦記書，想跟我好好説話都没機會……

　　現在的我，時而迷茫，時而惆悵，時而悲天憫人，生活節奏慢下來了很多，對古文字没有以前那麽執着，對生活却多了幾分感悟……所有的這些變化源於我這幾年的遭遇。

2019年4月,也就是我妻子懷二胎六個多月的時候,我在一次偶然的檢查中中了大獎,查出身患大病,然後經過了好幾個月的治療。2020年1月,由於大人的疏忽,大寶險些掉了小命。在不到一年的時間裏,我承受了太多的壓力,心中陡生的那種無助感、無力感,就像一張張無形的大網,緊緊地裹束着我,讓人窒息,我一度陷入了絕望的境地。幸好有家人、親戚、領導、同事、朋友們的多方幫助,我才渡劫成功,心中十分感激。這一段痛苦的經歷,時至今日,我仍不願去回想,就像一場噩夢,讓我覺得恍如隔世。渡劫後的我,覺得以前那種工作狀態很對不起家人,所以慢慢注重了生活中的儀式感,如時不時陪我妻子在家看個電影、送束鮮花之類。以致我妻子好幾次感慨地説:"老謝,我怎麼感覺你生病後,我們反而更幸福了!"

2020年1月下旬,新冠疫情大爆發,嚴重改變了人們的生活方式。直至今日,新冠病毒依舊肆虐,疫情仍然沒有結束的迹象,"天下苦疫情久矣!"上海近一段時間在"奥密克戎"變異株的衝擊下,損失慘重……讓人心情沉重。我非常希望疫情趕緊結束,魔都恢復正常,世界恢復正常。

疫情期間,我們封控在家,每天需要去各種團購群尋找需要的物資、關注物資的配送進展,還要管大寶的網課學習、作業輔導以及全天候陪小寶玩耍,工作效率極其低下,心中無比焦慮。因沒提前準備打印機,最近老師布置的複習試卷都沒法打印出來給孩子做,我們只好根據老師在"曉黑板"平臺上布置的試卷抄寫,給孩子純手工製作了好幾套試卷,其中數學試卷有如下一道題:

(小胖家到學校需要20分鐘)一天,小胖提早50分鐘去上學,走到校門口發現忘帶作業了,如果這時回家拿作業來得及嗎?會不會遲到?

列式計算:

答:(　　)遲到。(填"會"或"不會")

看到題目時,我和我妻子討論過,覺得這一題有歧義,並不適合二年級的小朋友。後來聽大寶説,數學老師在試卷分析時已經意識到了這一題有歧義，並加了附加條件以明確題意。

這一道題，雖然不適合二年級的小朋友，但我覺得可以借它在此發揮一下。所謂"提早 50 分鐘"既可能是相對上課時間而言，也可能是相對小胖平常的上學時間而言。如果是後者，理論上還應包括一種特殊情形，即小胖屬於那種平常每天遲到的學生，即便此種情況，平常每天遲到時間在 10 分鐘以內與超過 10 分鐘，答案又有所不同。

這一道數學題説明了有的問題看似簡單，但如果没有全面的分析，就不能得出準確而完整的答案。古文字考釋又何嘗不是這樣呢？如果研究者不考慮各種可能性，不能全面整合相關資料，只從某一角度立論或對自己有利的材料出發，又如何能得出正確的考釋呢？

面對這一道數學題，不同的人出發點不一樣，關注點不同，答案自然也就不一樣，所謂"橫看成嶺側成峰，遠近高低各不同"。同樣，在現代社會"信息不對稱"已經成爲一種常態的情況下，關於同一件事，不同的人獲得的信息不一樣，得出的結論自然也可能有所不同，很多事情不一定要非此即彼……

由這一道數學題還可以聯想到，通告等公文中如果采用模糊性話語或有歧義的話語，只會引起人們認知的混亂。如果信息發布者爲了掩蓋事實真相，有意采用模糊性話語或有歧義的話語，只會喪失公信力……

感謝中心主任劉釗老師以及其他老師慨允將小書列入中心"出土文獻與古文字研究叢書"資助出版，感謝裘先生、裘師母以及中心各位老師對我的幫助和關愛，感謝中心這個大家庭對我的關懷。

感謝學界師友們一直以來對我的幫助。

感謝顧莉丹女士盛情邀稿，感謝責編姚明輝先生對小書的細心編校。

最後感謝我的父母、妻子對我工作的理解，感謝大寶雨田、小寶雅南給我帶來許多快樂。

謝明文
2022 年 4 月封控期間寫於美岸

圖書在版編目(CIP)數據

商周文字論集續編 / 謝明文著. —上海：上海古籍出版社，2022.7
(出土文獻與古文字研究叢書)
ISBN 978-7-5732-0298-7

Ⅰ.①商… Ⅱ.①謝… Ⅲ.①漢字－古文字－商周時代－文集 Ⅳ.①H121-53

中國版本圖書館 CIP 數據核字(2022)第 103360 號

責任編輯　姚明輝
封面設計　黄　琛
技術編輯　耿瑩禕

出土文獻與古文字研究叢書
商周文字論集續編
謝明文　著
上海古籍出版社出版發行
(上海市閔行區號景路159弄1-5號A座5F　郵政編碼201101)
(1)網址：www.guji.com.cn
(2)E-mail：guji1@guji.com.cn
(3)易文網網址：www.ewen.co
上海展强印刷有限公司印刷
開本700×1000　1/16　印張23.75　插頁7　字數342,000
2022年7月第1版　2022年7月第1次印刷
印數：1—2,100
ISBN 978-7-5732-0298-7
K·3163　定價：118.00元
如有質量問題，請與承印公司聯繫
電話：021-66366565